KB220635

종교개혁과 인간

종교개혁과 인간

발 행 일 2021.07.15.

발 행 인 안 민

편 집 인 이신열

발 행 처 고신대학교 출판부

　　　　　고신대학교 개혁주의학술원

　　　　　kirs@kosin.ac.kr / www.kirs.kr

　　　　　부산시 영도구 와치로 194　051) 990-2267

판　　권 고신대학교 개혁주의학술원 - 개혁주의 신학과 신앙 총서 15

제　　목 종교개혁과 인간

저　　자 김용주, 조용석, 황대우, 류성민, 김진홍, 박상봉, 김요섭, 양신혜, 이남규,
　　　　　권경철, 우병훈, 이신열

I S B N 978-89-86434-08-8

종교개혁과 인간

개혁주의 신학과 신앙 총서 제15권을 펴내며

작년 2020년 맹위를 떨쳤던 코로나19가 올해에는 백신의 출현으로 많이 완화되는 모습을 보이기 시작했다는 소식은 반가운 소식이 아닐 수 없습니다. 그러나 아직 코로나19가 완전히 사라지거나 그 위력을 상실한 것은 아니기 때문에 계속 조심해야 할 필요가 있습니다. 모든 것이 합력하여 선을 이룬다는 로마서 8장의 말씀이 다시 생각나는 시기인 것 같습니다. 하나님이 우리를 보호하시고 인도하신다는 말씀을 통해서 우리는 어떤 형편과 환경에 처한다 하더라도 각자 맡은 일에 더욱 열심을 내어 매진해야 할 줄로 압니다.

지난 3년간 '종교개혁과 하나님', '종교개혁과 그리스도', 그리고 '종교개혁과 성령'이라는 주제로 개혁주의 신학과 신앙 총서를 발간했는데 올해에도 같은 취지에서 '종교개혁과 인간'이라는 제목으로 15번째 시리즈를 내놓게 되었습니다. 종교개혁의 개신교 전통이 하나님께서 기록된 말씀을 통해서 허락해 주신 교리들을 소중하게 여기고 이에 대해서 집중적 연구 결과들을 내놓았다는 사실을 발견하면서 21세기 개혁신학을 추구하는 우리 모두에게도 신학 연구의 막중한 사명이 주어져 있음을 새삼 깨닫게 됩니다. 삼위일체 하나님께서 택하신 자녀들을 사랑하시고 구원을 베풀어 주심에 있어서 인간이라는 주제는 결코 간과될 수 없는 중요한 주제임이 분명합니다.

'종교개혁과 인간'이라는 제목으로 발간되는 이 책을 위하여 열 두 분의 국내 개혁신학자들이 연구와 다양한 업무로 바쁜 가운데도 정성을 다하여 소중한 원고를 작성하여 보내 주셨음에 진심으로 감사드립니다. 이번 호에는 저를 포함하여 김용주, 조용석, 황대우, 류성민, 김진흥, 박상봉, 김요섭, 양신혜, 이남규, 우병훈, 권경철 박사님들께서 수고해 주셨습니다. 독일 비텐베르크의 종교개혁자 루터에서 시작하여 스위스 제네바의 정통주의 신학자 튜레틴에 이르기까지 유럽 대륙과 영국의 다양한 개혁주의 신학자들의 인간론을 각각의 독특한 시각으로 새롭고 맛깔스럽게 고찰해 주신 노고에 다시 한 번 감사드립니다.

21세기 한국교회의 개혁주의 신학이 더욱 왕성하게 발전하여서 온 누리에 하나님의 나라가 두루 확장되는데 더욱 힘차게 기여할 수 있게 되기를 바랍니다. 아울러 여러 독자들께서는 이 책을 통해서 종교개혁과 개신교 정통주의 신학의 진수를 충분히 그리고 의미있게 누릴 수 있으실 것을 확신하면서 발간사에 갈음하고자 합니다.

개혁주의학술원장 이신열

차 례

/

마틴 루터의 인간론

/

김용주

(안양대학교 겸임교수, 분당 두레교회 담임목사)

Martin Luther(1483-1546)

전남대학교 사범대학 독어교육과를 졸업하고 총신대 신대원에서 목회학 석사(M.Div.)과정을 졸업한 후 독일로 건너가 베를린 소재 훔볼트대학교에서 교회사 루터 전공으로 박사학위(Dr.theol.)를 받았다. 현재 안양대 신대원 겸임교수로 가르치고 있고 분당두레교회 담임 목사로 섬기고 있다. 저서로는 『루터, 혼돈의 숲에서 길을 찾다』(익투스, 2012)와 『칭의, 루터에게 묻다』(좋은 씨앗, 2017), 『자유주의 신학이란 무엇인가?』(좋은씨앗, 2018)과 『신정통주의 신학이란 무엇인가』(좋은씨앗, 2019)가 있다.

김용주

I. 서론

마틴 루터의 종교 개혁은 "하나님께서 하나님이 되게 하라"(Let God be God)는 명제에서 시작되었다고 볼 수 있다. 그의 칭의론 조차도 하나님께 영광이라는 대전제를 위하여 봉사하고 있다고 봐야 한다. 이런 그의 신학의 특징으로 말미암아 인간은 대체로 부정적으로 그려지고 있다. 그는 에라스무스와의 의지에 관한 논쟁(1525)에서, 인간의 의지는 짐승의 등과 같아서 하나님과 악마 중 누가 타느냐에 따라 움직임의 방향이 달라질 수밖에 없는 노예의지로 폄하할 정도였다고 주장했다. 이러한 루터의 인간론은 자유의지를 가진 존엄한 존재로 이해하고자 했던 근대인들의 비판을 면할 수 없었다. 20세기 루터 르네상스가 일어나면서 홀(Karl Holl)을 중심으로 루터에 대한 연구가 그의 저작을 중심으로 좀 더 객관적으로 진행되면서 그에 관한 평가들이 많이 달라지고 있지만, 그래도 여전히 그의 인간 이해는 정당하게 평가를 받지 못하고 있다.

루터에 관한 이러한 부정적인 평가는 그가 활동하던 때에도 마찬가지여서, 스콜라 신학자들과 인문주의자들은 그를 인간의 이성과 자유의지를 인정하지 않고 인간을 하나님이나 악마에 의하여 조종되는 존재로 인간의 존엄을 훼손했다고 그를 혹독하게 비판했다. 루터는 이런 자신에 대한 부정적인 평가들을 의식하고 있었으므로, 비텐베르크 대학 교수로서의 초기 시절부터 시작해서 그의 생애 내내 줄곧 그의 인간 이해를 피력하였고, 특히 그가 가장 왕성한 활동을 하며 그의 신학을 심화시키고 만개시킬 때에, 인간에 관한 토론(*Disputatio de homine*, 1536)을 비롯해서 갈라디아서 강의(1531), 시편강의(1532), 창세기 강의(1535-45) 등에서 인간에 관한 자신의 견해를 좀 더 분명하게 제시한다.

  나는 특히 그의 여러 작품들 중에서 『인간에 관한 토론』에 집중하려 하는데, 이는 이 토론이 그의 인간론에 관한 집약된 해석이라고 말할 수 있기 때문이다. 하지만 이 토론을 본격적으로 다루기 전에 먼저 이 토론 이전의 작품들에 나타난 인간 이해를 개괄적으로 살펴보려 하는데, 이는 그가 그의 인간론을 학문 활동의 중간 시기에 갑작스럽게 강조한 것이 아니라, 처음부터 계속하여 점진적으로 발전시키고 있기 때문이다. 이런 배경을 토대로 하여 인간에 관한 토론을 집중적으로 탐구하고, 그런 다음 그의 마지막 강의인 창세기 강의를 통해서 그의 인간론 중 중요한 내용인 하나님의 형상에 관하여 살펴보고자 한다.

  루터의 인간 이해를 본격적으로 살펴보기 전에 우선적으로 언급해야할 점은, 루터가 인간에 대하여 다룰 때, 인간론 전반을 다루는데 관심이 없었고 단지 성경이 말하는 인간에 대하여, 즉 하나님 앞에(Coram Deo) 있는 인간에 대하여 다루고자 했다는 점이다. 그는 철학자들이 말하는 인간이 아니라 성경이 말하는 인간, 하나님 앞에서의 인간에 관심이 있었다.[1] 또 한 가지 언급할 점은, 루터는 인간을 다루되 구속사적으로, 구원사의 틀에서 다루고 있다는 것이다.[2] 그러므로 그는 인간에 관한 토론문 등의 작품들을 통하여, 그가 비록 철학적 인간 이해를 언급하고 있다 하더라도, 체계적인 인간론을 구성하려는 데는 관심이 없었으며, 성경이 말하는 인간, 하나님 앞에 서 있는 인간이 어떻게 구원을 받을 수 있는지에 대하여서 집중적인 관심을 보이고 있다. 우리가 이러한 두 가지 점들을 고려하면서 루터의 작품들에 나타난 인간에 관한 진술들을 살피게 될 때 그의 인간론을 좀 더 객관적으로 파악할 수 있을 것이다.

---

1 Leif Grane, *Modus loquendi theologicus* (Leiden: E. J. Brill, 1975), 84.; Hans-Martin Barth, *Martin Luthers Theologie* (München: Gütersloher Verlagshaus, 2009), 286ff.
2 Bernhard Lohse, *Luthers Theologie* (Göttingen: Vandenhoeck & Ruprecht, 1995), 259ff.

II. 『인간에 관한 토론』 이전에 나타난 루터의 인간 이해

루터의 초기 작품들 중에서 그의 인간론의 특징을 잘 나타내 주고 있는 작품은 1519년의 『갈라디아서 주석』이었다. 그는 이 주석에서 당시의 교회에서 받아들이고 있던 인간이 영, 혼, 육으로 구성되어 있다는 삼분설에 대하여 비판하고, 인간이 영혼과 육체로 구성되었다는 이분설을 주장하고 영과 육을 전인(totus homo)과 관계시키는데, 이 점이 그 당시 루터의 인간론의 가장 중요한 특징이라고 말할 수 있다.[3]

인간에 대한 루터의 이러한 이해는 그가 1520년에 썼던 『그리스도인의 자유』에서 더욱 분명하게 나타나고 있다. 그는 이 논문에서 주로 바울의 글들을 인용하면서 한 인간 안에 두 인간, 즉 영적 인간과 육적 인간이 존재하고 있다는 점을 강조하면서, 그리스도인은 "만물에 대한 가장 자유로운 주인이면서 만물의 가장 충실한 종인" 모순적인 존재로 살아간다는 점을 강조한다. 루터는 자신의 글들 여러 곳에서 한 인간 안에 있는 이원성(이중성)에 대하여, 즉 영적-육적, 영혼-육체, 내적 인간-외적 인간, 새 인간-옛 인간의 공존과 투쟁에 대하여 말한다. 하지만 헤그룬트가 잘 지적했듯이, "이러한 차이는 영혼-육체 이원론으로 혼동되어서는 안 되며 단지 전체 인간(totus-homo) 고찰의 전조로 이해되어야한다. 우리는 여러 부분들 중에서 더 고등한 혹은 더 저등한 영혼의 능력들에 대하여 생각해서는 안 된다."[4]

---

3 Bengt Hägglund, *Luthers Anthropologie*, Leben und Werk Martin Luthers von 1526-1546, Bd. 1, (Göttingen: Vandenhoeck & Ruprecht, 1983), 64.
4 Bengt Hägglund, *Luthers Anthropologie*, 65.

루터가 철학적 인간 이해와 신학적 인간 이해를 구분하면서 이성의 역할에 대하여 좀 더 구체적으로 말하고 있는 작품은 1532년의 『시편 강의』 (*Enarratio Psalmi LI*, 1532)였다. 그는 인간은 세계와의 관계에서는 이성적 동물이라는 점을 인정하면서도 하나님 앞에서 자기를 판단할 때 죄인이라고 분명히 말한다. 그는 이렇게 인간을 죄인으로 알고 고백하는 것은 이성이 보고 듣는 철학적 진리가 아니며, 영만이 보고 듣는 신학적 숨겨진 진리라고 말한다. 그는 시편 51편 주석의 서문에서 다음과 같이 말하고 있다. "우리는 여기에서 인간은 합리적인 동물이라고 정의하는 철학적 인간에 관하여 다루지 않는다. 이러한 것들은 물리학에 속하며 신학에 속하지 않는다. 이렇게 법학자는 소유 자로서 그리고 그의 소유의 주인으로서 인간에 관하여 말한다. 의사는 건강한 자와 환자로서의 인간에 관하여 말한다. 하지만 신학자는 죄인으로서 인간에 대하여 토론한다. 이것이 신학을 위한 인간의 본질이고, 신학자는 인간은 이러 한 그의 본성이 죄에 의하여 파괴되고 있다고 느낀다는 것을 다룬다."[5]

우리는 루터의 초기의 저작들을 통해서, 그가 인간을 스콜라 신학자들처럼 아리스토텔레스 철학의 개념의 틀을 빌어서 이해하지 않고, 바울에 근거하여 하나님 앞에서, 죄인의 칭의와의 관계에서 이해하려고 노력하고 있음을 본다. 그는 이런 과정에서 교부들의 인간 이해에 대해서도 어떤 점에서는 따르지 않기도 한다. 하지만 그의 이런 인간 이해는 철학적 인간 이해의 핵심인 이성적 인 인간에 대하여 그가 어떤 입장을 취하고 있는지를 좀 더 분명하게 표명해야 했다. 그래서 루터는 인간에 관한 토론(1536)을 통하여 철학적 인간 이해와 신학적 인간 이해를 비교하며 인간에 관한 자신의 이해를 좀 더 명확하게 제시 해 주고 있다.

---

5 Bengt Hägglund, *Luthers Anthropologie*, 68.

III. 『인간에 관한 토론』(*Disputatio D. Martin Lutheri de homine*, 1536)에 나타난 인간 이해[6]

루터가 인간에 관하여 여러 작품들에서 말했지만, 이 토론문은 인간에 관한 물음이 그 당시 그의 신학적 사고의 중심에 서 있었다는 증거라고까지 말할 수 있다.[7] 그는 여기에서 철학적 인간 이해와 신학적 인간 이해를 비교하면서 양자 사이의 차이를 분명히 하고 인간에 관한 자신의 이해를 명확히 전달하고 있다.

1. 철학적 인간 이해

인간에 관한 토론문은 40개의 논제로 이루어져 있는데, 루터는 이 논제들 중에서 Th. 1-19에서는 철학적 인간론을 다루고 있고, Th. 20-40에서는 신학적 인간론을 다루고 있다. 그는 Th. 1에서 철학의 인간 이해를 요약하여 제시하고 있다. "인간의 지혜인 철학은 인간이 합리적이고, 감각과 육체를 지니고 있는 동물(Philosophia, sapientia humana, definit, hominem esse animal rationale, sensitiuum, corporeum)이라고 정의한다."[8] 여기에서 그가 말하는 철학은 이성, 인간의 이성, 인간의 지혜와 같은 의미에서 사용하고 있다고 볼 수 있다. 그는, 이 토론문을 상세하게 분석했던 에벨링(G. Ebeling)

---

6 Martin Luther, *Disputatio de homine*, Studienausgabe, hers., Hans-Ulrich Delius, Bd. 5 (Berlin: Evangelische Verlagsanstalt), 129-133.
7 Bengt Hägglund, *Luthers Anthropologie*, 68.
8 Luther, *Disputatio de homine*, 129.

이 잘 정리해 주고 있듯이, 이 논제를 통하여 우선적으로 아리스토텔레스를 비롯한 대부분의 그리스 철학자들과 르네상스 학자들 그리고 아리스토텔레스 철학을 신학으로 끌어들였던 스콜라 신학자들도 받아들였던 토론의 여지가 없는 가장 근본적이고 가장 광범위한 인간에 관한 정의를 요약하여 제시하고 있는데, 루터는 이 토론을 통하여 중세 세계관의 요점이라고도 말할 수 있는 인간 규정의 권리와 한계에 관하여 토론하고자 하는 자신의 주장을 분명히 하고자 했다.[9]

　루터는 우선 이러한 철학적 인간 이해를 긍정적으로 받아들인다. 그는 "이성 (ratio)은 하나님께서 주신 모든 것들 중 머리(caput)이고, 이생의 나머지 최상의 그리고 신적인 것들 앞에 있다(Th. 4)"[10]고 말하면서, 이성을 피조물이 가진 것들 중에서 최고로 높이 평가하며, 하나님께서 인간에게 주신 최고의 선물이라고 주장한다. 그의 이러한 이성에 대한 높은 평가는 이 시기에 갑자기 나온 것이 아니라 자신의 초기의 작품을 비롯한 그 이후의 여러 작품들에서 시종일관 주장해왔던 평가였다. 그는 스콜라 신학에 대하여 강하게 비판했던 초기의 로마서 강의에서조차도 인간의 이성 그 자체의 신적 기원과 이성이 인간에게 주어진 최고의 선물이라는 사실에 대하여 비판하지 않았다.[11] 그는 Th. 5에서도 이성을 하나님께서 인간에게 주신 최상의 선물이며, 이성을 통하여 법학과 의학 등 여러 학문들이 꽃을 피우게 되었으며, 다른 동물들과 사물들과 자신을 구분하며, 땅에 대한 주인으로서 하나님의 위임을 받아 그것들을 다스리게 되었으며, 이성에게 주어진 이런 영예는 타락을 통하여서도 잃어지지 않았다고

---

9 Gerhard Ebeling, *Disputatio de homine*, Lutherstudien Bd.2 (Tübingen: More Siebeck, 1982), 1ff.

10 Luther, *Disputatio de homine*, Th. 4: "Et sane verum est, quod Ratio omnium rerum res et caput, et prae caeteris rebus huius vitae optimum et divinum quiddam sit."(129)

11 Grane, *Contra Gabrielem* (Copenhagen: Gyldendal, 1962), 325.

까지 말한다.[12]

하지만 루터는 철학에 대하여 비판하는 논제들인 Th. 10-19에서 이성이 가진 한계에 대하여서도 분명하게 언급하고 있다. 이성은 자신에게 이런 영예가 주어졌다 하더라도, 자기 자신을 전으로부터도(a priore), 후로부터도(a posteriore) 알지 못했으며(Th. 10), 만일 우리가 철학 혹은 이성을 신학에 비교한다면, 철학은 인간에 관하여 전혀 모르는 것으로 나타날 것이고(Th. 11), 아리스토텔레스는 자신이 말하는 네 가지 원인(causa materialae, formalae, efficientae, finalae)에 대하여서도 제대로 된 설명을 하지 못하고 있다고 지적한다(Th. 12-16). 그는 거듭나지 않은 인간은, 그가 비록 이성을 소유하고 있다 할지라도, 자기 자신을 볼 수가 없으며, 심지어는 거듭난 인간이라 할지라도 그래서 하나님과 관계와 교제를 가지고 있는 상태에서 조차도 자신을 볼 수 없으며, 다른 인간의 충고나 인식의 도움을 통해서도, 다른 인간들이 이미 그들의 죄성으로 인하여 헛된 것에 굴복하고 있음으로 인하여, 자신을 알 수 없다고 주장한다(Th. 17-19).[13] 그는 이러한 논제들을 통하여 철학이 인간에 관하여 올바로 정의를 하지 못한다는 지적과 동시에, 신학이 인간을 어떻게 정의했는지에 대하여 말하기 시작한다.

2. 신학적 인간 이해(Th. 20-40)

루터는 신학은 자신의 충만한 지혜로부터 인간을 온전히 그리고 완전한 인간으로 정의한다고 말한다(Th. 20).[14] 그는 신학이 말하는 인간은 육체와 정신으

---

12 Luther, *Disputatio de homine*, Th. 5: "Quae est inventrix et gubenatrix omnium Artium, Medicinarum, Iurium, quidquid in hac vita sapientiae, potentiae, virtutis et gloriae ab hominibus possidetur."(129) Th. 6-9(129)에서 이성에게 주어진 영예에 대하여 계속 설명함.

13 Luther, *Disputatio de homine*, 130.

로 호흡하는 하나님의 피조물로서 처음부터 죄 없이 하나님의 형상으로 결코 죽지 않도록 창조되었지만(Th. 21), 이러한 인간은 타락한 후에 악마의 권세에, 죄와 죽음의 힘에 영원히 굴복되어 있다고 말한다(Th. 22). 그는 인간이 타락 이전과 이후가 달라졌고, 특히 타락 후에 하나님의 형상을 완전히 잃고 죄와 죽음의 힘에 영원히 굴복되어 있다고 주장한다.

루터는 타락후의 인간의 상태에 대하여 언급한 한 후에, 스콜라 신학자들이 의지했던 아리스토텔레스의 권위 대신에 바울의 권위에 근거하여 인간에 대한 그의 생각을 본격적으로 피력한다. 그는 Th. 23에서 인간의 구원을 위해서 예수 그리스도가 절대적으로 필요하다고 강변한다. "(인간은) 하나님의 아들 예수 그리스도를 통하지 않고서는 〈그를 믿지 않는다면〉 (이것들로부터) 해방될 수 없으며 영생의 선물이 주어지지도 않는다."(Nec nisi per Filium Dei Christum Ihesum liberanda 〈si credat in eum〉 et vitae aeternae donanda.)[15] 그는 이렇게 되어야하는 이유는 죄를 범한 후에 인간의 이성이 "악마의 권세 하에 놓이게 되었기" 때문이라고 말한다(Th. 24). 그는 타락 후에 인간은, 그가 왕이든, 주인이든, 종이든, 지혜자이든, 의인이든 간에, 전체 (totus) 인간이 그리고 모든(omnis) 인간일지라도, 죄와 죽음 하에 놓이게 되고 죄인은 악마 아래서 압제를 받고 있다고 말한다(Th. 25).[16] 루터는 타락 후에는 인간이 전체 인간으로서 모든 인간이 타락했다는 점을 주장하면서, 스콜라 신학자들이 주장했던바, 타락 후에도 인간 안에 아직 남아 있는 이성이나 의지의 능력에 의해 선을 행할 수 있고 은혜를 받을 준비를 할 수 있다는 생각을 비판하기 시작한다.

---

14 Luther, *Disputatio de homine*, Th. 20: "Theologia vero de plenitudine sapientiae sue hominem totum et perfectum definit."(131)

15 Luther, *Disputatio de homine*, 131.

16 Luther, *Disputatio de homine*, 131.

(1) 아리스토텔레스 철학에 경도된 스콜라 신학의 잘못된 인간 이해 비판(Th. 26-31)

루터는 스콜라 신학자들의 이런 주장들은 신학적인 인간에 대하여 전혀 알지 못하는 아리스토텔레스를 끌어들인 결과로 생긴 문제라고 지적하면서, 아리스토텔레스 자신의 인간 이해도 비판하지만 스콜라 신학자들이 그를 잘못 사용하여 인간을 잘못 이해하고 이렇게 잘못된 이해에 근거하여 잘못된 구원론을 고안해내는 것에 대해 Th. 26-31에서 강도 높게 비판한다.

그는 "타락 후에도 자연적인 것들(naturalia)이 온전한 채로(integra) 남아 있다고 말하는 사람들은 불경하게 철학적으로 말하는 것이지 신학적으로 말하는 것이 아니다(Th. 26)."고 주장한다. 그는 스콜라 신학자들이 주장하는바 타락을 통해서 모양(similitudo)에 해당하는 초자연적인 선물들(dona supranaturalia)은 잃었으나, 형상(imago)에 해당하는 자연적인 선물들(dona natura)은 잃지 않았다는 주장들은 불경하게 철학적으로 말하는 것이지 신학적으로 말하는 것이 아니라고 비판한다.

그는 또한 타락 후에도 인간 안에는 선한 의지(bona voluntas)가 남아 있어서 "인간은 자기 안에 있는 것을 행함을 통하여(faciendo, quod in se est) 하나님의 은혜와 생명을 획득할 수 있다고 말하는 사람들도 비슷하다"(Th. 27)고 말한다. 그는 더 나아가서 신학에 대하여 전혀 알지 못하는 아리스토텔레스의 주장을 근거로, 이성을 통하여 최상의 것들을 성취할 수 있다고 주장하는 사람들도(Th. 28), 인간 안에는 인간 위에 하나님의 얼굴빛이 비추이는 표징이 있기 때문에 자유 의지는 올바른 명령과 선한 의지를 이끌 수 있다고 주장하는 사람들도(Th. 29) 비판한다. 그는 인간에게는 선과 악을 그리고 생명과 죽음 등을 선택할 능력이 있다고 주장하는 사람들이 있는데(Th, 30), 이런 방식으로 말하는 사람들은 인간이 누구인지 이해도 못하고 그런 것을 말하는 것에 대하여 스스로 알지도 못한다고 말한다(Th. 31).[17]

우리는 루터가 스콜라 신학의 인간 이해를 비판하는데 있어서는, 유명론자들과 같은 일부의 스콜라 신학자들만 비판하는 것이 아니라, 그 당시의 주요 대학을 지배하고 있었던 토마스주의자 등과 같은 스콜라 신학자들 전체를 싸잡아 비판하고 있다는 점에 유의해야 한다. 그의 스콜라 신학 비판은 이미 비텐베르크 교수 사역의 초기에서부터, 특히 로마서 강의 때부터 본격적으로 시작되고 있음을 볼 수 있다.

그는 어거스틴의 펠라기안 반박서들을 통하여 바울을 새롭게 이해하면서, 바울이 인간과 칭의에 대하여 당시의 스콜라 신학자들이 말하는 방식과 완전히 다르게 이해하고 있다고 생각한다. 그는 스콜라 신학자들이 인간에 관하여 아리스토텔레스적으로 말하는 방식으로(modus loquendi Aristoteli), 구체적으로 아리스토텔레스의 니코마코스 윤리학식으로(Ad Aristoteli in Etica) 말하였지, 성경이 말하는 방식(Ad Scriptura)과, 구체적으로 바울이 말하는 방식(modus loquendi Pauli)과 다르게 말하고 있다고 주장한다.[18] 그는 어거스틴의 저술들을 통하여, 특히 그의 『자연과 은혜』, 『영과 문자』에 관한 책들을 통하여 바울이 원죄를 주장하고 있으며 은혜가 임하든 임하지 않든 인간은 그리스도의 도움이 없이는 구원을 받을 수 없다는 사실을 깨닫게 되었다.

그의 이런 새로운 깨달음들은 토마스주의자들뿐만 아니라 스코투스자들의 가르침들과 충돌을 하지 않을 수 없게 되었고 그 때부터 시작해서 그가 죽을 때까지 스콜라 신학에 대하여, 특히 이 신학의 인간론과 구원론에 대하여 지속

---

17 Luther, *Disputatio de homine*, 132.
18 Leif Grane, *Modus loquendi theologicus*, 84ff.

적으로 비판한다. 루터의 초기의 저술들과 이후의 저술들에서 나타난 스콜라신
학자들의 인간 이해에 관한 진술들을 다섯 가지로 요약할 수 있다. 1. 인간
본성은 타락 후에도 온전하게 머물러 있다. 2. 인간은 자신 안에 있는 것을
행하면서 은혜를 획득할 수 있다. 3. 이성은 자신으로부터 항상 최상의 것을
향하여 선택할 수 있다. 4. 인간은 자유 의지를 가지고 있다. 5. 인간은 선과
악, 삶과 죽음을 선택할 수 있다.[19] 유명론자들을 향한 비판은 1, 2, 4, 5이고
토마스주의자들을 향한 비판은 1과 3이라고 말할 수 있다.

(2) 유명론자(Nominalist)들의 인간 이해 비판

루터는 인간은 타락 후에도 아직도 자신 안에 남아 있는 선한 의지가 선을
행함을 통하여(faciendo, quod in se est) 하나님의 은혜와 생명을 획득
(mereri) 할 수 있다고 말하는 사람들을 비판한다(Th. 27). 그는 이 문장으로
유명론의 대표자들인 스코투스(D. Scotus)와 가브리엘 비엘(G. Biel) 그리고
오캄(W. Ockam)을 비판하는데, 이들은 인간을 조종하는 것은 토마스 학파와
는 달리 이성이 아니라 의지라고 말하며, 인간의 의지는 타락한 후에도 선을
행할 수 있으며 구원에 기여할 수 있다고 주장했기 때문이었다.

그는 특히 유명론자들이 주장했던 "자신 안에 있는 것을 행하라(facere
quod in se est)" 이론을 비판했다. 이들은 인간이 자기 안에 있는 것을 최소한
의 것(minimal)이라도 행하면(faciendo quod in se est), 하나님께서 그에게
은혜를 거절하지 않는다고 말하기도 하고, 자신 안에 있는 것을 행하는 자에게
하나님은 오류 없이 은혜를 부어 주신다(facienti quod in se est,
infallibiliter Deus infundit gratiam)라고 말하기도 하면서 인간에게는 은

---

19 Walter Mostert, *Luthers Verhältnis zur theologischen und philosophischen
   Überlieferung*, Leben und Werk Martin Luthers von 1526 bis 1546, 366ff.

혜를 받을 준비를 할 수 능력이 남아 있다고 보았다.

　루터는 이미 초기의 로마서 강의 시절부터 인간이 은혜를 받기 위한 어떤 준비를 할 수 있다는 이런 주장들을 비판했다. 그는 유명론자들이 주장하는 은혜를 위한 준비에 관계되는 여러 가지 개념들이, 예를 들어서 야기시키는 행위(actus eliciti), 명령(dictamen)이나 자연의 빛(lumen naturae)등의 개념들은 똑같이, 인간이 은혜 없이 죄를 범하지 않고 하나님을 섬길 수 있다는 전제에 서 있다고 비판한다. 그는 유명론자들의 이런 주장 속에서 펠라기안주의를 발견한다고 주장하면서, 그들이 주장하는 선한 의향(bona intentio)론은 의지의 약점을 숨기고 참된 하나님 공경을 뿌리 뽑는데 기여하게 되며, 이로부터 거짓 안전과 모든 참된 하나님 공경을 멸절시키는 교만이 생겨난다고 비판한다.[20]

(3) 토마스주의(Thomist)자들의 인간 이해에 대한 비판

　루터는 이 토론문에서, 유명론의 이론처럼 드러내놓고 비판하지 않았다 하더라도, 토마스주의자들에 대해서도 동일한 비중으로 비판하고 있다. 우리는 토마스 아퀴나스의 주요 관심사였던 행복론에서 그의 잘못된 인간 이해가 가장 잘 나타나고 있음을 볼 수 있다. 그가 세우려고 했던 행복론은 아리스토텔레스 철학에 크게 빚을 지고 있어서 그의 철학의 토대 위에서 수행되고 있다고까지 말할 수 있다.

　아리스토텔레스는 그의 『니코마코스 윤리학』에서 인간의 행동은 궁극적으로 행복을 목표로 하며, 인간은 이런 행복에 이성을 통한 순수한 학문 활동을 통해서 도달하며, 따라서 지성을 가진 소수의 사람들만이 이런 행복에 도달할

---

20 Leif Grane, *Contra Gabrielem*, 335ff.

수 있다고 보았다. 하지만 토마스는 인간이 땅의 행복이 아니라 하늘의 행복에 도달하게 되는 것은 아리스토텔레스처럼 지성을 통해서가 아니라 사랑을 통해서 도달한다고 말했는데, 이는 사랑은 인간을 넘어서 있는 실제적인 대상을 향해 있지만, 지성은 축복된 봄(visio beatitudo)으로 은혜를 받지 않는 한에서는 하나님을 그의 피조물들로부터 단지 간접적이고 부정적으로만 볼 수 있기 때문이라고 말했다.

가톨릭 신학자 라너(K. Rahner)는 토마스는 올바른 이성(recta ratio)과 선한 의지(bona voulntas)를 전제하고 행복을 세우려는 아리스토텔레스 철학의 기본사상들을 충실히 따랐다고 주장한다. 토마스가 그의 사상으로부터 땅을 향했던 그의 철학이 결코 생각하지 못했던 인간의 목적에 대한 물음들에 대한 통찰들을 얻었으므로, 그의 목적론과 행복론에서는 모든 것이 조화 있게 함께 연결되며, 하나님과 이 세상의 사물들, 하나님의 의지와 피조물들의 목적과 목표, 이편과 저편, 이상과 현실이 조화 있게 공존하게 된다고 말한다.21 토마스는 아리스토텔레스를 수용하면서도 이편은 은혜 없이 저편에 이르지 못한다고 말하며 그를 넘어서려 하는데, 그의 이러한 생각은 "은혜는 자연을 폐지하지 않고 도리어 세우고 완성한다."는 말에 잘 나타나 있다.

더 큰 문제는, 토마스의 행복론에 대한 이러한 기본 사상이 그의 구원론과 연결되어 나타난다는 점이다. 그는 구원에 있어서 자연의 역할을 전적으로 배제하지 않으며, 구원에 있어서도 구원이 인간의 노력 없이 전적으로 은혜로만 이루어진다는 생각을 반대한다. 그는 인간의 고등한 부분인 이성은 타락 후에도 이 세상에 관계된 문제뿐만 아니라 하늘에 관계된 문제들까지도 어느 정도 알 수 있어서 의지에게 선을 행하도록 지시할 수 있으며, 은혜가 주입되

---

21 Karl Rahner, *Die Lehre der Glückseligkeit*, Sämtliche Werke, Bd. 1, Herder, Freiburg, Basel, Wien, 272-273.

면, 인간의 의지는 이성의 명령에 따라 선을 행할 수 있고 공적을 세울 수 있다고 말했다. 그는 인간에게 욕망들(passiones)이 있지만, 그 자체들로는 선이나 악이 아니며, 이성의 지시만 따르면 선을 욕망할 수 있다고 본다.[22]

하지만 루터에게 있어서 인간의 행복은 전적으로 하나님의 은혜의 선물이다. 그는 인간의 노력과 하나님의 은혜의 보완 행위가 합하여 행복이 이루어진다는 토마스의 생각을 비판한다. 그는 토마스를 신학에 아리스토텔레스를 끌어들여서 신학과 교회를 망친 장본이라고 할 정도로 그의 이런 아리스토텔레스의 수용을 강하게 비판한다.[23] 그가 이 토론문에서 타락 후에도 자연적인 것들이 온전한 채로 남아있다고 말하는 사람들은 불경하게 철학적으로 말하는 것이지 신학적으로 말하는 것이 아니며(Th. 26), 더 나아가 인간에 관하여 신학적으로 전혀 알지 못하는 아리스토텔레스를 끌어들여서 이성을 통하여 최상의 것들을 성취할 수 있다고 주장하는 사람들(Th. 28)이라고 말한다. 이 토론문은 바로 이 토마스주의자들의 위의 주장들을 비판하는 내용이라고 볼 수 있다.

(4) 바울의 인간 이해에 기초한 루터 자신의 인간 이해

루터는 이렇게 스콜라 신학자들의 잘못된 인간 이해를 비판한 후에 마침내 바울을 통하여 자신의 인간 이해를 결론적으로 피력한다. 그는 바울이 롬 3장에서 말하듯이, 인간은 행위들 없이 믿음으로 의로워진다고 주장하면서, 인간의 규정을 짧게 요약하자면, 인간은 믿음으로(fide), 오직 은혜를 통하여(per gratiam) 의로워지고 구원을 받는다고 주장한다(Th. 32-33).[24]

---

22 Volker Leppin, *Thomashandbuch* (Tübingen: Mohr Siebeck, 2016), 347-362.
23 Walter Mostert, *Luthers Verhältnis zur theologischen und philosophischen Überlieferung*, 364.
24 Luther, *Disputatio de homine*, Th. 32: "Paulus Rom. 3. Arbitramur hominem iustificari fide absque operibus, breviter hominis definitionem colligit, dicens, Hominem iustificari fide." Th. 33: "Certe, qui iustificandum dicit, peccatorem et

그는 마지막으로 아리스토텔레스의 네 가지 원인 도식을 가지고 와서 아리스토텔레스를 비판하고 동시에 자신의 인간 이해를 피력한다. 그는 인간은 죄 아래(sub peccato) 놓여 있으므로, 이 생의 인간은 자신의 미래의 생명의 형상(forma)에 이르기 위한 하나님의 순전한 질료(materia)일 뿐이라고 말한다(Th. 34-35). 그는 전체 피조물이 현세에서 헛된 것에 굴복하고 있는 것처럼, 질료는 하나님에게 미래의 자신의 영광의 형상을 위해서 있다고 말한다(Th. 36). 그는 또한 인간은 이 삶에서 자신의 미래의 형상을 위하여 있는데, 이는 하나님의 형상(imago Dei)이 개혁되고 완성되어야 할 것이기 때문이고(Th. 38), 인간은 이 현재와 미래 사이(interim)에서는 점점 더 의로워지고 점점 더 오염된다고 말한다.

그런데 이 마지막 여섯 조항에 대한 해석이 쉽지 않다. 그는 이 점을 의식하고 이 토론문과 거의 같은 시기에 강의했던 창 1장의 하나님의 형상에 대한 이해에서 좀 더 분명하게 그의 의도를 알려주고 있다.

IV. 창세기 강의(1535-45)에 나타난 인간 이해

위의 인간에 관한 토론문(1536)은 루터가 창세기 강의를 시작했던 때와 거의 같은 시기에 작성이 되었음으로 인간에 관한 이해에 있어서 내용이 중첩되어 있다. 특히 루터가 창 1:26의 "우리가 우리의 형상과 모양을 따라 사람을 만들자"라는 구절의 해석에서 그의 인간론에 있어서 매우 중요한 부분인 하나님의 형상에 관하여 자세히 다루고 있으므로 이 구절을 통하여 그의 인간에

---

iniustum, ac ita rerum coram Deo asserit, sed per gratiam saluandum."(133)

관한 이해를 파악하고자 한다.

루터는 인간은 하나님의 계획과 섭리에 따라 만들어졌으므로 여타의 다른 피조물들과는 다르며 그것들을 훨씬 능가하며,[25] 인간이 다른 피조물들과 같은 점도 많지만, 다른 동물들보다 더 높고 더 좋은 삶을 가지며,[26] 아담이 하나님의 형상을 지니고 있음으로 인하여, 그가 동물적인 삶을 가질 뿐만 아니라 불멸의 삶도 가지는데, 이 불멸의 삶은 아직 분명히 나타나지 아니하고 바라고 있는 중(in spe)이었다고 말한다.

그는 먼저 하나님의 형상(imago)에 대한 스콜라 신학자들의 이해를 소개한다. 그는 대부분의 스콜라 신학자들이 아우구스티누스의 형상 이해를 따르면서, 형상을 영혼의 능력들로, 즉 기억(memoria), 정신(mens) 혹은 지성(intellectus) 그리고 의지(voluntas)로 이해했다고 주장하며 그들이 설명하는 방식을 소개한다. 그들은 신성 안에서는 말씀은 아버지의 본질로부터 나고, 성령은 아버지의 만족(complacentia)이듯이, 인간 안에서 마음의 말씀은 기억으로부터 나오는데, 이는 그것은 정신이기 때문이고, 이것이 나온 후에 정신을 보고 그것을 기뻐하는 의지가 나오는 것으로 설명한다. 그는 계속하여 스콜라 신학자들이 모양(similitudo)을 어떻게 이해했는지에 대하여서도 말한다. 그들은 하나님의 모양은 은혜의 선물들(in donis gratuitis)안에 있으며, 자연이 은혜를 통하여 완성되듯이 형상의 완성(perfectio imaginis)과 같으며, 모양은 기억이 소망을 통하여, 지성은 신앙을 통하여, 그리고 의지는 사랑을 통하여 장식되는 것(ornata)이라고 말한다. 그는 그들이 이러한 방식으로 인간

---

25 Martin Luther, Vorlesung über 1. Mose, *WA* 42: "Primum igitur significatur hic insignis differentia hominis ab omnibus aliis creaturis. ... cum dicit singulari Dei consilio et providentia hominem esse conditum. Ac significat hominem esse creaturam longe exellentem reliqua animalia."(42)

26 Luther, *WA* 42, 42-43.

은 하나님의 형상으로 창조되었다고 말하는데, 이것은 곧 인간은 정신, 기억 그리고 의지를 가지고 있다는 것이고, 똑같이 인간이 하나님의 모양으로 창조 되었다는 것은, 지성은 신앙을 통하여 밝아졌으며, 기억은 소망 혹은 지속을 통하여 강화되었으며, 의지는 사랑을 통하여 꾸며졌다는 것을 의미하는 것이라 고 말한다.

그는 스콜라 신학자들의 하나님의 형상과 모양에 대한 이러한 잘못된 이해는 인간의 자유의지에 대한 잘못된 평가로 이어지고, 그 결과로 잘못된 구원관이 세워진다고 지적한다. 그는 그들이 하나님은 자유로우시고, 인간은 하나님의 형상으로 만들어졌으므로, 인간도 자유로운 기억, 정신 그리고 의지를 가지고 있다는 논법을 만들어냈고, 그 결과로 인간의 자유의지는 구원을 이루는데 있어서 선행하고 효과를 일으키는 원인으로 공조(共助)한다는 이론을 만들어냈 다고 주장한다. 루터는 스콜라 신학자들의 이 같은 주장이 비록 인간과 귀신들 이 넘겨졌어도, 인간에게는 자연적인 것들은, 즉 기억, 정신, 의지 등은 온전하 게 남아있어서, 인간이 이러한 자연적인 능력을 통해서 구원을 받기 위해 무언 가를 할 수 있다고 주장하는 신비주의자인 디오니시우스의 입장과 별 다를 바가 없다고 지적한다.[27]

루터는 이렇게 스콜라 신학자들의 형상 이해를 비판한 다음 이제 본격적으로 자신의 입장을 피력한다. 그는 이러한 하나님의 형상이 죄를 통하여 잃어졌다 (amissa est)고 말한다. 그로 인하여 우리가 기억, 의지, 정신을 가지고는 있지 만, 가장 타락하고 가장 해롭게 무기력하게 된 채로, 전적으로 마비되고 더러워 진 채로만 가지고 있다고 말한다. 그는 기억, 의지, 정신 등과 같은 그런 힘들이 하나님의 형상이라면 사탄도 하나님의 형상으로 지어졌다는 말이 성립된다고

---

27 Luther, *WA* 42, 45.

말하며 하나님의 형상을 이런 식으로 해석하는 스콜라 신학자들을 비판하고 있다.

그는 아담에게 부과되었던 하나님의 형상은 걸출하고 가장 고상하였고, 어떠한 죄의 나병(lepra)이 이성 안에도 의지 안에도 머무르지 않았고, 내적 감각과 외적 감각들도, 즉 모든 감각이 가장 깨끗하였으며, 지성은 가장 순전하였고, 기억은 최상이었고 의지는 가장 순수하였으며, 가장 아름다운 안전 속에, 죽음에 대한 모든 두려움 없이, 어떤 적막도 없이 있었다고 말한다. 하지만 타락 후에 죽음은 마치 나병처럼 모든 감각들 속으로 기어들어 갔으므로, 지성을 통하여 그러한 형상에 도달할 수 없을 정도가 되었고, 모든 것이 해롭게 되었다고 말한다.28

그는 이런 맥락에서 자신이 하나님의 형상을 어떻게 이해하고 있는지 분명히 제시한다. 그는 하나님의 형상을, 아담이 자신의 본질 속에서 그의 형상을 가졌다는 것, 그가 하나님을 알았고 하나님이 선하다고 믿었다는 것, 죽음과 모든 위험들에 대한 두려움이 없이 하나님의 은혜에 만족하였다는 것으로 해석한다. 하지만 그는 하나님께서 아담과 하와에게 이 형상을 부여하시면서, 그들이 이 형상을 통하여 안전하게 살고 죽음을 느끼지도 보지도 않게 될 것이고, 하나님이 사시는 것처럼 살게 될 것이라고 말씀하시면서도, 그들이 죄를 범한다면 이런 형상을 잃을 것이고 그들이 죽을 것이라고 분명히 말씀하셨다는 점도 강조한다.29 그는 아담이 하나님의 형상으로 지어졌으므로 그 안에는 조명된 이성(ratio illuminata)과 하나님에 대한 참된 지식(vera notitia dei) 그리고 하나님과 이웃을 사랑하기 위한 가장 올바른 의지(voluntas rectissima)가 있었지만, 죄를 통하여 그리고 끔찍한 타락을 통하여, 육체만

---

28 Luther, *WA* 42, 46.
29 Luther, *WA* 42, 47.

죄의 문둥병으로 기형화되었을 뿐만 아니라, 이 삶에서 사용되는 모든 것들이 부패해 있다고 말한다.[30]

루터는 하지만 그런 형상이 이제 복음을 통하여 수리되어진다(reparetur)고 주장한다. 그는 복음은 우리가 더 좋은 형상으로 개혁되어지도록 (reformemur) 만들어 주는데, 이는 우리가 영생과 영생의 소망 속에서 믿음을 통하여 거듭나게 되어(renascimur), 그리스도께서 말씀하신 것처럼, 하나님 안에서 하나님과 함께 살며 우리가 그와 하나가 되게 하기 때문이라고 말한다. 그는 우리는 생명 그 자체만을 위해서가 아니라 의를 위해서도 거듭나게 되는 데, 이는 신앙은 그리스도의 공적을 붙잡을 뿐만 아니라 우리가 그리스도의 죽음을 통하여 해방되도록 세워주기 때문이라고 말한다. 하지만 이 의는 이 삶에서는 단지 시작되지만 결코 육체 안에서 완전하게 될 수는 없으며, 새로운 피조물의 부패된 형상이 복음을 통하여 이 생에서 수리되기 시작하지만 이 생에서는 완성되지는 않는다고 분명히 말한다.[31]

요약하면, 스콜라 신학자들이 하나님의 형상을 논할 때 어거스틴과 교부들의 노선을 따르면서, 인간은 타락 후에 모양에 해당하는 의와 거룩은 잃었으나 형상에 해당하는 이성과 정신과 의지는 부패하지 않고 온전히 보존되어 있다는 주장을 하였던 반면, 루터는 스콜라 신학자들과는 달리 하나님의 형상과 모양을 인간 안에 있는 어떤 자질의 결핍이나 소멸을 의미하지 않으며, 하나님과의 관계에서 이해하였으므로, 타락 후에 인간 안에 어떤 자질은 소멸되고 어떤 자질은 남아 있는 것이 아니라 전인(totus homo)으로서 하나님에 대한 신뢰 의존 등을 잃어버려 그와 올바른 관계를 맺을 수 없는 지경에 놓이게 되었고 그 결과로 죄와 죽음의 힘에 영원히 처해지게 되었다고 보았다. 그는 하지만

---

30 Luther, *WA* 42, 47-48.
31 Luther, *WA* 42, 48.

복음을 통하여 이 형상은 더 좋은 쪽으로 수리되고 개혁되고 있으며 비록 이 생에서는 완성되지 않지만 계속하여 의롭게 되어간다고 주장한다.

V. 결론

루터는 인간을 논하되 성경에서 말하는 인간, 하나님 앞에서의 인간에 대하여, 죄인의 구원과의 관계에서 논한다. 그리고 바울이 인간에 관하여 말하는 방식과 스콜라 신학자들이 말하는 방식이 뿌리부터 다르다는 사실로 인하여 스콜라 신학자들의 인간 이해를 비판하고 있다. 그가 인간에 대하여 과격하게 폄하하고 있는 내용들이 있지만, 이것들은 당시의 스콜라 신학의 낙관적 인간론에 대하여, 또한 에라스무스와 같은 절충적 인간론에 대한 논쟁 상황에서 벌어진 것이라고 봐야지, 그의 인간론이 전체적으로 부정적인 것이나 결정론적인 것이 아니다.

루터는 인간은 타락한 후에도 이성적 동물로서 이 세상에서 하나님의 뜻을 행할 수 있고 이 세상의 질서를 유지하고 이 세상을 발전시키는데 기여할 수 있다고 분명히 말한다. 그는 인간의 이성에 높은 위치를 부여할 뿐만 아니라 인간의 의지 역시 이 세상의 것들이나 일들과 관계해서 여전히 선택의 자유를 가지고 있다는 것을 인정한다. 그러나 그는 이런 이성과 의지를 비롯한 인간이 자랑하는 모든 것이 타락 후에는 빛을 잃었고 선보다 악을 사랑하게 되었으며 하나님과 이웃을 사랑하는 쪽으로 사용될 수 없는 상태에 놓이게 되었으므로, 인간의 구원과 관계해서는 그것들은 전혀 기여할 수 없고, 인간은 오직 은혜를 통해서만 오직 예수 그리스도, 오직 은혜를 통해서만 구원을 받을 수 있다고 주장한다.

  인간은 예수님을 믿음으로 하나님과의 관계를 다시 회복하게 되었고 의와 거룩의 형상뿐만 아니라 지성과 감정과 의지를 바로 사용하여 하나님의 창조를 지키고 보존하고 충직한 이 세상 지킴이가 될 수 있게 되었다. 이런 새 창조의 일은 복음을 통하여 중생함으로써 일어난다. 중생한 인간 안에 성령이 내주하시어 인간을 타락 이전의 본래의 모습으로 회복해 가도록 돕는 일을 하신다. 하지만 하나님의 형상의 완전한 회복은 이 생에서는 결코 이루어지지 않는다. 인간은 그 날을 향한 소망을 가지고 살아간다. 루터의 인간 이해는 이런 점에서 결코 결정론적이거나 절망적이지 않다. 인간은 회복될 수 있고 하나님의 도움을 받으면서 인간에게 주어진 이성과 의지 등을 가지고 이 세계 안에서 사명을 감당하며 완전한 회복의 날을 기다리며 살아갈 수 있다.

츠빙글리의 신학적 인간론 연구

조용석

(안양대학교, HK+연구교수)

Huldrych Zwingli(1484-1531)

독일 Ruhr-Universität Bochum (Dr. Theol.) 졸업. 안양대학교 HK+ 연구교수로 있으며, 주요 연구분야는 16세기 유럽 프로테스탄트 종교개혁 및 팍스 몽골리카(Pax Mongolica) 시대 아시아 기독교 역사이다. 주요저서로는 『16세기 유럽 프로테스탄트 종교개혁』(도서출판 동연)가 있다.

조용석

I. 글을 시작하며

츠빙글리의 신학적 인간론은 그의 저서 『참된 종교와 거짓 종교에 대한 주해』(*De vera et falsa religione commentarius*, 1525) 전반부에서 분명하게 전개되고 있다. 그에게 있어서 신학적 인간론은 절대자 하나님과 질적으로 구분되는 죄인으로서의 인간에게 참된 구원의 길을 제시하기 위한 필수적인 전제로서, 참된 종교로서의 기독교 변증을 위한 중요한 서론이 된다. 최종적으로 이는 하나님 말씀으로서의 성경에 근거한 절대자 하나님의 섭리의 전적인 인정과 수용으로 귀결된다. 이와 관련하여 절대자 하나님에 대한 인식을 참된 인간인식의 출발점으로서 제시하면서, 죄인으로서의 인간에 대한 성경적 해석을 시도한다. 본 논문은 다음과 같이 전개될 것이다.

1. 절대자 하나님 인식 : 인간 인식의 출발점
2. 죄인으로서의 인간
3. 참된 구원으로의 길

II. 절대자 하나님 인식 : 인간인식의 출발점

절대자 하나님과 피조물 인간의 관계를 극명하게 대비시키며, 인간 존재의 의미를 파악할 수 있도록, 참된 하나님 인식은 올바른 인간인식의 출발점으로서 요청된다. 죄인으로서 인간은 참된 하나님 인식을 통하여 자신의 한계를 인지하고, 자신의 능력을 통한 구원의 가능성을 부정하게 되기 때문이다. 츠빙글리는 참된 하나님 인식에 대하여 논증하기 위하여, 우선적으로 하나님의 존재의 의미를 파악하는 것과, 존재하신다는 사실을 구분하며, 후자의 경우, 비기독교인들 또한 이를 인정한다고 선언한다. 즉 하나님 말씀으로서의 성경에 근거한 하나님 인식과 이와 무관한 하나님 인식을 소개하며, 하나님의 존재의 의미에 대하여 인간은 결코 파악할 수 없지만, 그럼에도 불구하고 하나님이 존재하신다는 사실 그 자체에 대하여 어느 누구도 부정할 수 없다고 역설한다. 그에 의하면, 로마서 1장 19절은 이와 같은 하나님 인식의 근본적인 전제를 의미한다.[1]

"하나님이 무엇인가에 대한 것은 아마도 인간 이해력을 넘어서지만, 그가 계시다는 것은 인간의 이해력을 초월하지 않는다. 수많은 지혜로운 사람들은 하나님의 존재를 의심하지 않는 것까지 이르렀다."[2]

하나님은 스스로 존재하시는 분[3]이시며, 완전하시며 절대적이신 최고선 (summum bonum)이시다.[4] 이는 결과적으로 피조물로서의 인간과 절대자

---

1 Horum omnium fundamentum est, quod Paulus Romanis 1. [Röm. 1. 19] scripsit: "Notitia dei", inquiens, "inter ipsos manifesta est; nam deus illis manifestavit."(이 모든 것들의 근거는 바울의 로마서 1장 말씀이다. 하나님을 알만한 것이 그들 속에 보임이라. 이는 하나님께서 그들에게 보이셨느니라) Huldrych Zwingli, *De vera et falsa religione commentarius,* Huldreich Zwinglis Sämtliche Werke, III, 642. (원문출처: Huldreich Zwinglis Sämtliche Werke, hrsg. Von Emil Egli, Georg Finsler, Walter Köhler, Oskar Farner, Fritz Blanke, Leonhard von Muralt, Edwin Künzli, Rudolf Pfister, Joachim Staedtke, Fritz Büsser, Markus Jennz. Bde. 1-14, Berlin/Leipzig/Zürich 1905-1991). 약자: Z.

2 "Quid sit deus, fortasse supra humanum captum, verum, quod sit, haud supra eum est; multi enim sapientium huc penetraverunt, ut deum esse non ambigerent." Huldrych Zwingli, *De vera et falsa religione commentarius,* Z III, 641.

3 "hoc esse primum in cognitione dei, ut sciamus eum esse, qui natura est, qui ipse est, et a nullo accipit, ut sit."(하나님 인식에서 가장 첫 번째가 그 분은 본성으로 존재하시며, 스스로 존재하시고, 다른 것으로부터 존재를 받지 않으시고 존재하시는 분이심을 우리가 아는 것이다.) Huldrych Zwingli, *De vera et falsa religione commentarius,* Z III, 644.

하나님의 질적 차이를 강조할 수밖에 없다. 그에 의하면, 영원한 신적인 것과 인간의 차이는 인간과 딱정벌레의 차이와는 비교 자체가 불가능하다.5 따라서 인간의 이성적 능력을 통하여 하나님을 인식할 수 없으며, 이를 초월하는 믿음을 통하여 참된 하나님 인식은 가능하다.6 그 믿음은 절대적 하나님에 대한 굳건한 신뢰로서, 인간의 이성적 능력을 초월한다. 그에게 있어서 하나님 인식은 인간의 이성적 능력을 초월한 믿음의 영역 안에서 가능한 것으로서, 최종적으로 절대자 하나님에 대한 인식을 인간의 믿음과 관련시킨다. 그럼에도 불구하고 인간의 믿음은 인간 스스로 창조해 낸 것을 결코 아니다. 그는 하나님 인식을 강조하는 이유를 다음과 같이 역설한다.

> "첫째로 오직 하나님 말씀에 근거를 두었기 때문이다. 둘째로 하나님 인식과 경배에 이르는 것은 인간 능력에 달려있는 것이 아니라고 분명하게 보여주었기 때문이다."7

---

4 "Hoc solum deus est, quod perfectum est, id est: absolutum et cui nihil desit, cuique omnia adsint, quae summum bonum deceant."(완전한 것, 곧 절대적인 것, 결핍이라고는 없고, 최고선에게 속한 모든 것, 그것만이 하나님이시다.) Huldrych Zwingli, *De vera et falsa religione commentarius,* Z III, 647.

5 "Porro, quid deus sit, tam ex nobis ipsis ignoramus, quam ignorat scarabeus, quid sit homo. Imo divinum hoc infinitum et aeternum longe magis ab homine distat, quam homo a scarabeo, quod creaturarum quarumlibet inter se comparatio rectius constet, quam si quamlibet creatori conferas." (더욱이 하나님이 무엇인지를 우리는 우리로부터 딱정벌레가 인간이 무엇인지를 모르는 것 만큼이나 알지 못한다. 이 신적이며 무한하고 영원한 것이 인간과 차이가 나는 것은 인간이 딱정벌레와 차이 나는 것보다 훨씬 더 하다. 왜냐하면 피조물 서로를 비교하는 것이 피조물과 창조주를 비교하는 것보다 합당하기 때문이다.) Huldrych Zwingli, *De vera et falsa religione commentarius,* Z III, 643.

6 "Constat igitur ociosa esse, quae hactenus de dei cognitione attulimus, nisi fides accedat." (그래서 내가 지금까지 하나님 인식에 관해서 제시한 것은 거기에다가 믿음이 따라오지 않으면 무의미하다는 것은 확실하다.) 654.

7 "Primum enim divinis solummodo fulti sumus oraculis; deinde palam ostendimus non humanarum virium esse, ut in dei cognitionem adorationemque deveniamus,." Huldrych Zwingli, *De vera et falsa religione commentarius,* Z III, 54.

그는 하나님과 다른 존재와의 연관성을 부정하며 스스로 존재하시는 분이라고 강조하면서도, 그럼에도 불구하고 결코 하나님을 정적인 존재로서 묘사하지 않으며, 만물의 근원으로서, 만물의 생명력을 부여하는 근본적인 생명의 능력으로 이해한다.[8] 이는 중세 스콜라 신학의 전통을 넘어서는 것으로서, 비록 그가 하나님을 최고선(summum bonum)으로 규정하며, 중세 스콜라 신학의 전통을 고수했다고 하더라도, 그의 하나님 인식은 하나님 존재의 역동성을 강조하면서, 그의 신학사상의 핵심주제를 하나님의 섭리로 수렴시킨다. 태초에 하나님의 창조사역이 존재했던 것이 아니라, 현재까지 만물을 통치하시며 돌보시는 하나님의 섭리는 하나님의 구원사역으로 확장된다. 그에게 있어서 하나님의 섭리는 창조론의 영역이 아니라, 구원론적 전망 속에서 전개되는 하나님의 역동적인 역사개입으로서, 하나님의 섭리의 영역 속에서 인간의 자유의지는 결코 개입할 수 없다.[9] 바로 이 사실이 중세 스콜라 신학의 전통과 츠빙글리의 종교개혁신학이 극명하게 구별되는 지점으로서, 여기서 츠빙글리는 하나님 말씀의 유무에 따라 철학과 참된 신학의 의미를 구별한다. 즉 하나님은 최고선이시지만, 이는 중세 스콜라 신학의 전통에 근거하여 표현했을 뿐, 최고선으로서의 하나님은 역동적으로 인간의 역사에 개입하시는 분으로서, 만물의 통치와 돌보심을 통하여 최종적으로 참된 구원의 길로 인도한다. 따라서 '철학'의 영역 속에서 인간의 이성을 통하여 조작된 하나님의 존재의 의미는

---

8 "deum, ut est esse omnibus et consistere, ita et vitam motumque esse omnium, quae vivunt et moventur." (하나님께서는 만물의 존재이고, 또 유지하게 하시는 분이듯이 그 분은 살아 있고 또 움직이는 모든 것들의 생명과 움직임이실 수밖에 없다.) Huldrych Zwingli, *De vera et falsa religione commentarius*, Z III, 646.

9 "Nam ex providentiae loco praedestinationis, liberi arbitrii meritique universum negotium pendet." (예정, 자유의지, 공로의 문제 전체는 하나님의 섭리에 의해 좌우된다.) Huldrych Zwingli, *De vera et falsa religione commentarius*, Z III, 650.

인간이 고안했기 때문에, 결코 진리가 될 수 없다. 참된 진리는 오직 하나님의 입을 통하여 선포된 하나님 말씀이다. 그는 다음과 같이 말한다.

하나님이 무엇인가라는 질문에 대해서 철학으로부터 신학자들이 가지고 온 것이 위선이고 거짓 종교이다. 혹시 어떤 사람들이 그것에 관해서 참된 것을 말했다고 한다면, 그것은 하나님 입으로부터 왔다.10

III. 죄인으로서의 인간

츠빙글리는 『참된 종교와 거짓 종교에 대한 주해』에서 인간의 위선을 인간의 죄성을 증명하는 결정적인 증거로 간주하며, 이를 강력하게 비판한다. 이와 같은 인간의 위선의 근원은 인간의 자기사랑으로서, 이것이야말로 아담과 하와의 타락과 에덴동산에서의 추방을 설명할 수 있는 중요한 신학적 단서가 된다. 이는 하나님이 되고 싶은 인간의 자기본성을 의미한다.

"그 본성은 하나님으로부터 갖추어진 그 본성이 아니라, 인간이 그의 집에 만족하지 않고, 선과 악을 알아서 하나님과 같아지고 싶은 것이다."11

뿐만 아니라 영과 육의 대립구도에 근거하여 인간의 원죄인 자기사랑의 근원

---

10 "Fucus ergo est et falsa religio, quicquid a theologis ex philosophia 'quid sit deus' allatum est. Quod si quidam de hoc quaedam vere dixerunt, ex ore dei fuit." Huldrych Zwingli, *De vera et falsa religione commentarius,* Z III, 643.

11 "non ea natura, qua institutus fuerat praeditusque a deo, sed qua sorte, quam deus dederat, non contentus domi suae voluit boni malique peritus, imo deo aequalis fieri." Huldrych Zwingli, *De vera et falsa religione commentarius,* Z III, 657.

을 분석한다.[12] 인간은 타락한 이후의 본성에 의거하여, 영이 아니라, 육을 향하여 존재할 수밖에 없다. 육을 향한 인간의 본성을 통하여 답습되는 인간의 원죄는 자기사랑으로서, 하나님이 아니라 피조물의 우상화로 귀결되며, 최종적으로 위선을 통하여 인간의 원죄는 구체적으로 표현된다. 츠빙글리는 이를 "죄의 죽음과 본성"이라고 규정한다. 그는 다음과 같이 말한다.

> "그러나 자기 사랑으로 말미암아 하나님 사랑에서 굴러 떨어져 버렸다. 인간은 이제 자기 자신의 종이며, 그는 하나님과 그 밖의 다른 어떤 것보다 자기를 더 사랑한다. 이것이 죽는다는 것이며, 이것이 죄의 죽음이고, 이것이 추락한 인간의 죄의 본성이다."[13]

최종적으로 인간은 자기사랑으로부터 비롯된 원죄와 이로 인하여 파생되는 위선과 이기적 본성으로 인하여, 인간 자신에 대하여 결코 분명하게 인식할 수 없다. 인간의 자기사랑은 인간에게 있어서 우월감을 파생시키는 중요한 원인이 된다.[14] 또한 하나님을 배신한 인간의 자기사랑은 인간에게 어떠한

---

12 "Mala igitur mens, malusque est animus hominis ab ineunte aetate [cf. 1. Mos. 8. 21], quia caro est, quae sui amans est, gloriae, voluptatis, reique cupida, utcunque dissimulet, quaecunque praetexat." (인간의 정신과 영이 어릴 때부터 악하다. 그가 육이기 때문이고, 자신과 명예, 쾌락, 욕망, 부를 사랑하기 때문이다.) Huldrych Zwingli, *De vera et falsa religione commentarius,* Z III, 659.

13 "Descivit autem ab amore dei per amorem sui ad se ipsum. Sui ergo ipsius servus est, se magis amat quam deum, quam etiam quemquam. Atque hoc tandem est mortuum esse, haec est peccati mors, hoc ingenium peccati lapsique hominis est." Huldrych Zwingli, *De vera et falsa religione commentarius,* Z III, 659.

14 "Fixum tamen ac immotum stat, quod omnia hominis cuiusvis consilia peccatum sunt, quatenus ut homo consulit. Omnia enim ad se ipsum refert, sibi uni studet, de se ipso honoratius sentit quam de alio." (하여튼 인간의 모든 생각과 계획들이 인간에게서 나오는 한 죄라는 점은 흔들릴 수 없는 사실이다. 왜냐하면 인간은 모든 것을 자신과 관련시키고, 자신 한 사람에게만 노력하며 자신을 다른 사람보다 명예롭다고 여기기 때문이다.) Huldrych Zwingli, *De vera et falsa religione commentarius,* Z III, 663.

구원의 손길이 미치지 않는 한, 하나님이 되고 싶은 인간이 하나님께 돌아가지 못하게 한다.[15] 인간의 자기사랑으로 인하여, 하나님이 아니라 피조물을 향한 시선을 거두지 않는 한, 인간에게 있어서 어떠한 긍정적인 희망을 발견할 수 없다.[16] 바로 이 지점에서 하나님은 인간에게 있어서 인간이 스스로 성찰할 수 있는 결정적인 역할을 수행한다. 인간은 자신의 존재의 의미를 파악할 수 없는 한계를 지니고 있기 때문이다.

"하나님은 인간에게 인간이 자신의 불순종, 배신, 비참함이 아담보다 못하지 않는다는 것을 알게 한다"[17]

따라서 창조주 하나님께 대한 간구를 통하여 인간의 존재의미를 파악할 수 있도록 간구해야 한다. 그는 다음과 같이 말한다.

"인간의 창조주이신 주 하나님으로부터 인간의 인식이 하나님 인식처럼 간구되어야 한다."[18]

---

15 "Relinquat deus Adamum! Nunquam redibit ad eum, a quo aufugit; relinquat hominem! Numquam eum quaeret, a quo creatus est. Quisque enim sibi deus est." (하나님께서 아담을 버리셨다! 아담은 자기가 도망쳐온 그 분께 다시는 돌아가지 않는다. 하나님께서는 인간을 버리셨다! 인간은 자신을 만들어 주신 분을 전혀 찾지 않는다. 왜냐하면 인간은 스스로에게 하나님이기 때문이다.) Huldrych Zwingli, *De vera et falsa religione commentarius*, Z III, 667.

16 "Ut vel hinc discamus mentem nostram, ad quamcunque tandem creaturarum, ad quaecunque consilia, ad quascunque spes sese convertat, nihil quam erumnas, calamitates, ultimamque miseriam."(우리 영은 그 어떤 피조물을 향하든지, 그 어떤 계획을 세우든지, 그 어떤 소망을 품든지간에 항상 오직 걱정, 곤란과 처절한 비참에 빠지게 된다는 사실이다.) Huldrych Zwingli, *De vera et falsa religione commentarius*, Z III, 665.

17 "Exponit deus hominem sibi, ut inobedientiam, proditionem ac miseriam suam non minus agnoscat, quam Adam." Huldrych Zwingli, *De vera et falsa religione commentarius*, Z III, 668.

18 "A domino igitur deo hominis conditore hominis cognitio non minus petenda est, quam eius ipsius cognitio."(인간의 창조주이신 주 하나님으로부터 인간의 인식이 하나님 인식처럼 간구되어야 한다.) Huldrych Zwingli, *De vera et falsa religione commentarius*, Z III, 656.

인간의 자기사랑은 스스로 하나님이 되고 싶은 욕망의 표현으로서, 인간의 말을 하나님의 말씀으로 둔갑시키는 결정적인 요소로 작용한다. 이것이야말로 츠빙글리의 신학적 인간론의 핵심주제로서, 인간이 참된 종교가 아니라 거짓 종교에 탐닉하게 되는 필연적 원인으로서 제시된다. 그럼에도 불구하고 인간이 하나님이 되고 싶은 욕망을 버리고, 오직 하나님 말씀으로서의 성경에 근거하여 절대자 하나님만을 바라보며, 절대자 하나님을 향한 유일한 통로로서 예수 그리스도를 참된 구원자로서 인식할 때만이, 인간의 비참한 상황은 극복될 수 있다. 더 나아가 피조물 우상숭배의 미신적 관습을 버리고, 오직 하나님의 절대주권을 인정하게 된다. 그는 다음과 같이 말한다.

> "하나님께서는 우리에게 곧 믿음과 순결만 요구하시기 때문에 우리에 의해서 만들어진 다양한 형태의 신들을 숭배함보다 더 해로운 재앙은 생각해 낼 수 없었다. 그 신들을 숭배함에 우리는 매달려 왔고 –우리가 우리 자신의 발상들을 매우 중요하게 여기는 것 같이 – 이 숭배를 참된 하나님 숭배 자리에 갖다 두었다."[19]

이후 칼빈의 1559년 『기독교 강요』 최종판은 츠빙글리보다 정교한 형태의 하나님-인간 인식을 보여주고 있다. 하나님 인식은 인간 인식의 전제이며, 인간 인식은 하나님 인식의 전제로서, 이 두 가지 신학적 인식은 상호밀접한 관계를 형성하고 있다.

---

[19] "Qum ergo haec sola requirat a nobis deus: fidem et innocentiam, non potuit nocentior pestis excogitari, quam varius dei cultus nostra industria inventus. Eum enim amplexi sumus (ut omnia nostra magnifacimus) pro vero isto dei cultu, qui fide et innocentia constat." Huldrych Zwingli, *De vera et falsa religione commentarius, Z* III, 910.

"우리의 최고의 모든 지혜, 곧 참되며 건전한 지혜는 두 부분으로 구성되어 있다고 생각되어야 한다. 하나님과 인간의 인식(하나님과 인간을 인식) 그러나 두 가지 지식은 여러 줄로 연결되어 있어, 이 중에서 어떤 것이 선행하며, 어떤 인식이 발생하는 것에 대하여 알아내는 것은 그리 쉬운 일이 아니다."[20]

이와 관련하여 칼빈은 죄인으로서의 인간이 자신의 존재의 의미를 충분히 인지할 때, 하나님을 인식할 수 있는 통로를 확보하게 된다고 강조한다. 인간은 시내를 따라 샘의 근원으로 올라나는 것처럼, 축복의 근원이신 하나님께 가게 된다고 비유[21]하며, 특별히 최초 인간의 범죄로 인한 비참한 파멸로 인하여, 하나님을 바라보게 된다고 언급한다.[22] 더 나아가 자신의 비참한 상황에 대하여, 단순한 동정이 아니라 미워할 때만이 하나님을 간절히 사모할 수 있다고 언급하면서, 하나님 인식에 대한 간절한 열망을 표현한다.[23] 결과적으로 올바른 인간인식이 하나님을 찾게 하며, 발견하게 만든다. 그는 다음과 같이 말한

---

20 "Tota fere sapientiae nostrae summa, quae vera demum as solida sapientia censeri debeat, duabus partibus constat, Dei cognitione et nostri. Caeterum quum multis inter se vinculis connexae sint, utra tamen alteram praecedat, et ex se pariat, non facile est discernere." Calvin, Johannes, *INSTITUTIO CHRISTINAE RELIGIONIS* (1559), Ioannis Calvini Opera Selecta III, 31. (원문출처: Ioannis Calvini Opera Selecta, 5 Bde. Hg. v. P. Barth, W. Niesel [und D.Scheuner]. München 1926-52). 약자: OS

21 "Deinde ab his bonis quae guttatum e caelo ad nos stillant, tanquam a rivulis ad fontem deducimur:(하늘로부터 우리에게 이슬처럼 떨어지는 이 선함으로부터, 마치 개울에서 샘의 근원으로 가는 것처럼 인도된다.) Johannes Calvin, *INSTITUTIO CHRISTINAE RELIGIONIS*, OS III, 31.

22 "Praesertim miserabilis haec ruina, in quam non deiecit primi hominis defectio, sursum oculos cogit attolere." (특별히 최초 인간의 범죄로 말미암아 빠지게 된 그 비참한 파멸은 우리로 하여금 위를 바라보게 한다.) Johannes Calvin, *INSTITUTIO CHRISTINAE RELIGIONIS*, OS III, 31.

23 "atque adeo malis nostris ad consideranda Dei bona excitamur: nec ante ad illum serio aspirare possumus, quam coeperimus nobisipsis displicere."(우리는 우리의 악함을 통하여 하나님의 선함을 생각하도록 격려받는다. 그리고 우리는 자신을 미워하기 전에는 하나님을 진지하게 열망할 수 없다." Johannes Calvin, *INSTITUTIO CHRISTINAE RELIGIONIS*, OS III, 32.

다.

> "그러므로 그(인간)의 인식은 우리를 격려하여 하나님을 찾게 하며, 마치 손으로
> 이끄는 것처럼, 우리가 하나님을 발견하도록 인도한다. 한편 인간은 분명히
> 먼저 하나님의 얼굴을 바라본 후에, 그의 직관으로부터 자신을 조사하지 않는다
> 면, 결코 순수한 인간 인식에 도달하지 못한다."[24]

　루터와 더불어 스위스의 1세대 종교개혁자였던 츠빙글리는 하나님 인식과
인간인식의 상호관계와 관련하여, 참된 하나님-인간 인식을 위하여 하나님께
간구해야 하며, 이성적 능력이 아니라 신앙의 중요성을 역설했다. 스위스 제네
바에서 활동했던 2세대 종교개혁자였던 칼빈 또한 신앙의 영역에서 츠빙글리
와 동일하게 하나님-인간 인식이 가능하다고 신학적으로 판단하면서도, 이를
넘어 하나님-인간 인식의 상호관련성을 강조하며, 츠빙글리보다 더욱 더 하나
님-인간 인식을 위한 신앙적 열망을 강조한다. 전체적으로 고찰한다면, 칼빈의
하나님-인간 인식이 매우 정교하며, 양자의 상호관련성을 구체적으로 명시함
으로써, 중세 스콜라 신학이 보여 주었던 추상적인 하나님 인식의 허구를 우회
적으로 비판하는 듯하다. 죄인으로서의 인간의 현실을 묵인한 추상적인 하나님
존재에 대한 철학적 사변은 결코 인간을 참된 구원으로의 길로 인도하지 못한
다. 물론 종교개혁시기 1세대 개혁자들의 주요한 신학적 화두는 '구원론'이라
는 사실을 염두할 필요가 있다. 루터의 칭의론과 츠빙글리의 섭리 및 예정론은
양 개혁자의 핵심적인 신학적 화두를 제시하고 있다는 사실을 전제한다면,

---

24 "Proinde unusquisque sui agnitione non tantum instigatur ad quaerendum Deum, sed etiam
reperiendem quasi manu ducitur. Rursum hominem in puram sui notitiam nunquam pervenire
constat nisi prius Dei faciem sit contemplatus, atque ex illius intuitu ad se ipsum inspiciendum
descendat." Johannes Calvin, *INSTITUTIO CHRISTINAE RELIGIONIS*, OS III, 32.

양자는 인간의 구원과 관련된 필수적인 신학적 질문에 대한 대답이라고 이해한다면 바람직할 것이다. 루터와 츠빙글리의 구원론적 관심은 죄인으로서의 인간을 주목하며, 인간의 구원의 가능성을 인간의 신앙과 하나님의 은혜, 그리고 섭리와 예정을 통하여 그 해법을 모색하는 것으로 귀결되었다. 이와 같은 종교개혁시기 신학적 컨텍스트를 염두한다면, 츠빙글리가 하나님-인간인식을 『참된 종교와 거짓 종교에 대한 주해』의 서두에 제시하며, 하나님의 절대주권에 근거한 섭리를 강조했던 그의 신학적 의도를 충분히 파악할 수 있을 것이다.

1536년 스위스 바젤에서 출판한 칼빈의 기독교 강요 초판은 루터의 신학적 입장인 율법-복음의 관계에 근거하여 서술되었다면, 1559년 기독교 강요 최종판은 츠빙글리 신학의 핵심주제였던 하나님-인간 인식을 서두에 제시하며, 루터의 칭의론과 츠빙글리의 섭리, 예정론이 보여주는 신학적 지평을 구원론적 전망 속에서 교회론으로 수렴하면서, 인간의 구원의 가능성을 성경에 근거하여 실제적으로 모색했다. 이 사실을 염두한다면, 칼빈의 의도했던 하나님-인간 인식의 밀접한 상호관련성이 내포하는 구원론적 함의를 충분히 인지할 수 있을 것이다.

IV. 참된 구원으로의 길

츠빙글리는 이상 소개한 인간이해에 근거하여, 인간의 자기사랑을 통하여 시작된 위선과 피조물의 우상화로부터의 구원의 가능성을 모색한다. 그는 보편적 의미로 사용되는 '종교'의 개념을 활용하여, 기독교의 특수성을 설명하는 방식으로 기독교 변증을 시도한다. 비유하자면, 그는 르네상스 인문주의 운동의 영향을 받았던 당시 인문주의자들을 향해, 소위 기독교에 대한 인문학적 접근을 시도했다고 볼 수도 있을 것이다. 즉 그는 인문주의자들 사이의 통용되는 '종교'의 개념을 기독교의 특별계시에 적용함으로써, 기독교야말로 보편적 의미의 종교라는 사실을 논증하고자 했던 것이라고 판단된다. 부연하자면, 그에게 있어서 하나님 말씀의 보편성을 부각시키며, 이를 '종교' 개념에 반영시키는 것이야말로 당시 르네상스 인문주의의 문화적 토양 속에서 기독교를 새롭게 변증하는 것이라고 생각했을 것이다.

하나님과 분리된 피조물로서의 인간의 비참한 상황에 대한 인식은 인간으로 하여금 필연적으로 절대자 하나님을 신뢰하도록 인도하며, 이 과정이 '종교'라고 규정된다. 따라서 이 상황 속에서 '종교'는 인간의 삶을 구성하는 필수적 요소가 된다. 그러나 하나님을 신뢰하는 방식에 따라 종교는 참된 종교와 거짓 종교로 구별될 수밖에 없다. 왜냐하면 인간은 절대자 하나님을 전적으로 신뢰한다고 표현할 수 있지만, 실제로는 하나님으로 둔갑한 피조물을 숭배하며, 표면적으로 볼 때 '종교'적인 삶을 영위하는 것처럼 위장될 수 있기 때문이다. 즉 인간의 자기사랑과 위선이 인간의 말을 하나님의 말씀으로 둔갑시키며, '종교'의 참된 의미를 퇴색시키고 있기 때문이다. 그는 참된 종교와 거짓 종교로 구분하고자 하는 이유에 대하여 다음과 같이 언급한다.

> "이것은 내가 '참된' 또 '거짓'이라는 단어를 추가함으로써 종교를 미신으로부터 구분하고자 하는 용도이다. 하나님 말씀이라는 참된 샘에서 종교를 제시하고 나서 다른 잔으로 미신을 제시하려는 것이다."[25]

---

[25] "Dum autem additione 'veri' et 'falsi' religionem a superstitione distinguimus, in eum usum fit, ut, cum religionem ex veris verbi dei fontibus propinaverimus, altero veluti poculo superstitionem quoque praebeamus." Huldrych Zwingli, *De vera et falsa religione commentarius*, Z III, 639.

그에게 있어서 참된 종교와 거짓 종교를 구분하는 기준은 하나님 말씀인 성경으로서, 성경에 근거하여 하나님 말씀과 인간의 말을 명확하게 구분한다. 그는 다음과 같이 주장한다.

"그것을 통하여 성경 뿐만 아니라 신앙의 본성 자체에서도 피조물의 그 어떤 말도 하나님의 말씀으로 받아들여질 수 없다는 사실이 드러난다. 왜냐하면 피조물의 말 안에서 조용하고 평화로운 의식이 주어지지 않기 때문이다."[26]

오직 하나님 말씀만을 붙들고 있는 자들만이 참된 신앙인[27]으로서, 그들은 하나님 말씀을 통하여 양육을 받고 힘을 얻는다.[28] 그는 난파된 자들이 널빤지를 붙들고 바다 위에 떠 있는 것을 비유하며, 신앙인들은 하나님 말씀을 붙들고 살아야 한다고 강조한다.[29] 이것이야말로 참된 구원의 길로서, 하나님 인식에 근거하여 죄인으로서의 인간을 올바로 인식한 신앙인들에게 있어서 참된 종교

---

26 "Quibus iterum non modo ex scriptura, sed etiam ex ipsius fidei natura manifestum fit, quod nullius creaturae verbum pro verbo dei recipi potest, quia in creaturae verbo non redditur quieta pacataque conscientia." Huldrych Zwingli, *De vera et falsa religione commentarius, Z* III, 671.

27 "Constat igitur eos modo vere pios esse, qui ab unius dei pendent oraculis. Id autem quam necessarium sit ad veram pietatem, ipsius domini verbis patebit."(한 분이신 하나님의 말씀에만 붙어 있는 자들만이 참된 신앙인이라는 것은 확실하다. 그것이 참된 경건에 얼마나 필요한지는 하나님의 말씀에서 드러날 것이다.) Huldrych Zwingli, *De vera et falsa religione commentarius, Z* III, 670.

28 "Pius ergo solus est, quem verbum dei alit, reficit, confortat. E diverso vero sequitur, quod pius nullo alio verbo pasci potest quam divino."(하나님 말씀으로 양육받고 갱신하며, 강해지는 오직 경건한 자가존재한다. 다른 진실이 따른다. 경건한 자는 하나님의 말씀 이외에 다른 말씀으로는 양식을 먹을 수 없다는 것이다.) Huldrych Zwingli, *De vera et falsa religione commentarius, Z* III, 670-671.

29 "Verbum ergo domini, qui fideles sunt, sic amplectuntur, ut naufragi tabulas."(따라서 신앙인들은 난파된 배의 널빤지처럼, 하나님의 말씀을 붙들어야 한다.) Huldrych Zwingli, *De vera et falsa religione commentarius, Z* III, 670.

이다. 이와는 달리 인간의 말을 하나님의 말씀으로 둔갑시킨 자들을 숭배하는 거짓 종교가 존재한다. 교황, 공의회의 결정사항이 하나님 말씀과는 무관한 인간의 말이라고 강조하며, 로마-가톨릭 교회가 거짓 종교라고 우회적으로 비판한다. 그에게 있어서 거짓 종교는 교황, 공의회, 추기경이 고안한 인간의 말을 하나님의 말씀으로서 수용하는 미신화된 로마-가톨릭 교회였다.

> "인간의 말을 하나님의 말씀처럼 붙들고 있는 자는 불신자이다. 따라서 인간이나 공의회의 합의와 결정을 하나님의 말씀과 동등시한다면, 그것은 미친 짓이며, 매우 불경건한 것이다."[30]

로마-가톨릭 교회처럼 교황, 공의회의 결정사항을 하나님 말씀이라고 이해한다면, 이것이야말로 거짓 종교이다. 츠빙글리는 하나님이 아닌 피조물을 의지하는 생각 및 행위 자체를 거짓 종교라고 주장한다.[31] 즉 거짓 종교는 창조주이시며 구원자이신 하나님을 바라보지 않고, 유한하며 사멸한 운명의 피조물을 하나님으로 착각하며 경배하는 것으로서, 인간의 자기사랑과 위선, 이기심이 만들어낸 결과물이다. 인간이 임의적으로 고안한 로마 가톨릭 교회의 전통에 대하여 비판적인 입장을 견지했던 츠빙글리에게 있어서, 참된 종교는 인간의 말이 만들어낸 거짓 종교의 이데올로기를 거부하며, 참된 종교는 하나님 말씀으로서의 성경에 근거하여 개혁된 기독교를 의미했다.[32]

---

30 "Impii sunt, qui hominis verbum tanquam dei amplectuntur. Furor igitur est et extrema impietas, quorundam, sive hominum sive conciliorum, placita et decreta verbo dei aequare." Huldrych Zwingli, *De vera et falsa religione commentarius*, Z III, 674.

31 "Falsa religio sive pietas est, ubi alio fiditur quam deo. Qui ergo quacunque tandem creatura fidunt, vere pii non sunt."(거짓 종교 혹은 경건은 하나님 외에 다른 자를 믿는 것이다. 결과적으로 어느 곳에서든지 항상 피조물들을 신뢰를 하는 자들은 참으로 경건한 자들이 아니다.) Huldrych Zwingli, *De vera et falsa religione commentarius*, Z III, 674.

32 츠빙글리의 종교개혁사상이 거짓 종교로서의 자유를 지향하고 있다는 점에 있어서, 그의 종교

지금까지 소개한 츠빙글리의 신학적 인간론과 참된 종교와 거짓 종교의 구분은 인간의 자기사랑, 위선, 이기적 본성이 어떻게 극복될 수 있는지 구원의 여정을 제시한다. 그의 인간론은 결코 단순한 인간 본성에 대한 부정적 인식을 의미하지 않는다. 오히려 인간 본성에 대한 철저한 현실적 인식으로서, 인간의 죄성이 어떻게 삶의 현실 속에서 표현될 수 있는가에 대한 체험적 인식이다. 그는 로마-가톨릭 교회의 전통이 성경에 근거하여 수립된 것이 아니라, 하나님 말씀처럼 위장한 인간의 말이며, 인간이 고안한 종교적 전통 속에서 인간의 삶이 구속되어 있는 당시 현실을 직시했다. 그는 인간의 말이 하나님 말씀으로 둔갑해가는 과정을 목격하며, 순수한 하나님 말씀으로의 소급만이 인간의 말을 하나님 말씀으로 둔갑시킨 거짓 종교를 극복할 수 있다고 확신했다.

V. 글을 정리하며

그는 1519년 흑사병과의 투병을 통하여 하나님의 섭리를 체험한 이후, 인간의 자유의지를 긍정했던 에라스무스와는 다른 독자적인 종교개혁신학을 전개하게 되었다. 즉 츠빙글리는 하나님의 절대적 주권과 하나님과 피조물 인간의 명백한 차이 및 절대자 하나님을 향한 피조물 인간의 전적 신뢰를 강조하며, 인간의 자유의지를 강조했던 에라스무스의 신학적 입장을 거부했던 것이다. 그럼에도 불구하고 츠빙글리에게 있어서 에라스무스의 윤리화된 기독교의 구현은 결코 폐기될 수 없는 중요한 신학적 이상으로 존재했다. 오히려 그는 에라스무스를 추종했던 스위스 인문주의자들의 윤리적 이상이 하나님의 절대

개혁은 자유의 종교개혁을 의미한다고 할 수 있을 것이다. Berndt Hamm, *Zwinglis Reformation der Freiheit* (Neukirchen-Vluyn: Neukirchener Verlag 1988), 38-39.

적 주권의 확립을 통하여 실현되어야 한다고 주장했다.

이와 관련하여 그가 추구했던 참된 종교(vera religio)는 인간의 자유의지가 아니라, 초월적 절대자 하나님과 피조물 사이의 명백한 차이 및 하나님을 향한 피조물 인간의 전적인 신뢰에 근거하여 실현되는 윤리화된 기독교라는 사실을 유념할 필요가 있다. 그가 지향했던 하나님 말씀에 근거한 참된 종교의 실제적 모습을 다음과 같이 표현하고 있다.

> "왜 우리는 그 공허하고 무익한 것들로부터 참되고 확고한 것들, 즉 그리스도의 말씀대로 종교 전체를 포괄하는 것, 정의, 신앙, 자비로 자발적으로 이전하지 않는가?" 우리는 하나님께는 믿음을, 우리 자신과 다른 자들에게는 의와 순결, 고난을 겪은 모든 사람들에게는 자비를 베풀 의무가 있다."[33]

더 나아가 그는 에라스무스의 성경인문주의 운동의 영향을 받아, 성서 본문을 중요하게 여기면서도, 이를 성령의 빛에서 해석하는 말씀과 성령의 신학자로서 본인의 종교개혁사상을 정립하게 되었다. 츠빙글리는 루터와 동일하게 sola scriptura의 가치를 공유하였음에도 불구하고, 이를 직접적으로 언급하는 대신, "하나님 말씀"이라는 표현을 주로 사용하면서, 성경의 중요성에 대하여 우회적으로 표현했다. 또한 그는 루터와 동일하게 하나님 말씀으로서의 성경과 성령의 상호보완적 관계를 견지하면서도, 루터보다 좀 더 강하게 성령의 역할을 강조했다. 심지어 루터는 츠빙글리를 "열광주의자"라고 비난하기도 했다. 정리하자면, 츠빙글리는 루터와 동일한 입장을 견지하지만, 루터보다

---

[33] "Cur tam gravatim ab inutilibus nugis ad vera ista solidaque: iusticiam, fidem, misericordiam, transimus, quibus Christus totam religionem complexus est? Fidem illi debemus, iusticiam ac innocentiam tum nobis tum aliis, misericordiam omnibus egentibus." Huldrych Zwingli, *De vera et falsa religione commentarius*, Z III, 674.

더 강도 높게 성령의 역할을 중점적으로 강조하고 있다고 간주할 수 있을 것이다. 특히 츠빙글리가 물세례 이후 성령세례를 강조하고 있다는 사실은 이를 방증한다.

바로 이 지점에서 그의 전체 신학사상의 면모를 파악할 수 있는 중요한 신학적 원칙이 발견된다. 이미 언급했던 것처럼, 츠빙글리의 신학적 원칙은 "하나님과 피조물의 질적인 차이"로서, 이는 그의 종교개혁사상의 핵심적 주제로서, 개혁교회 특유의 신학적 전통으로 계승되었다. 이와 같이 그가 역설했던 하나님과, 피조물이며 죄인으로서의 인간을 대비시키면서 강조했던 하나님의 절대주권은 인간의 우상화에 대한 비판으로 귀결되었다. 바로 이 지점에서 그의 인간론이 내포하고 있는 신학적 함의가 드러난다. 인간의 우상화를 야기시키는 결정적인 요인은 바로 인간의 자기사랑으로서, 위선과 이기심의 근원이다. 이를 통하여 인간은 하나님과 동일한 존재가 되기를 염원한다. 이것이야말로 원죄가 현실화되어 표현된 구체적인 인간의 모습으로서, 이를 극복하고자 한다면, 결코 인간 스스로의 능력으로는 불가능하다. 오직 피조물 인간의 말과는 전적으로 대립되는 하나님 말씀만이 이와 같은 답습되는 인간의 원죄를 극복할 수 있으며, 이는 하나님의 아들이신 예수 그리스도의 은혜를 통하여 최종적으로 구원된다. 따라서 그에게 있어서 하나님과 인간의 대립이 중요한 신학적 원칙으로서 절대적인 신학적 규범을 제시한다. 그는 이와 같은 신학적 의도를 가지고, 성상과 성화는 하나님이 아니라 피조물을 숭배하는 것으로 이해했기 때문에 교회 안에 있는 성상과 성화들을 제거했다. 이와 유사하게 그는 빵과 포도주가 실제적인 예수님의 살과 피로 변한다고 주장하는 로마 가톨릭 교회의 화체설 또한 강력하게 비판했다. 왜냐하면 화체설은 인간이 만든 빵과 포도주를 숭배하는 결과를 낳게 된다고 이해했기 때문이었다. 그는 다음과 같이 비판한다.

> 오직 하나님만 경배받으셔야 하며(마태복음 4:10), 결코 어떤 피조물도 숭배받
> 아서는 안 되기 때문에, 신학자들은 순수한 그리스도의 인간성이 우상숭배와
> 구별되어 경배될 수 있다는 것을 부인한다.(인간성은 숭배되어서는 안 된다.)
> 빵을 숭배하는 것은 최고의 불경건이 아닌가? 그들이 빵이 아니라 그리스도의
> 몸을 예배한다고 주장하는 말은 도대체 무엇인가? 피조물을 숭배하는 것이
> 아닌가?"[34]

필자는 츠빙글리의 신학적 인간론을 소개하기 위하여, 그가 주로 활용했던
'종교'의 개념에 근거하여, 그의 하나님-인간 인식의 내용의 연관성을 추적했
다. 인간의 말이 하나님 말씀으로 둔갑하여 피조물이 숭배되는 거짓종교와
하나님의 말씀을 통하여 오직 하나님만이 경배받는 참된 종교의 결정적인 차이
는 피조물의 우상화 여부로서, 예수 그리스도의 복음은 인간이 임의적으로
고안한 거짓 종교의 구속을 넘어, 올바른 하나님-인간인식을 통한 참된 종교로
의 길로 인도한다. 정리하자면, 그의 신학적 인간론은 결과적으로 피조물로서
의 인간이 우상화되는 근본적인 원인 및 인간의 우상화를 극복할 수 있는 성경
적 대안을 제시했다.

---

34 "Cum enim solus deus adorandus sit [cf. Matth. 4. 10], et creatura prorsus nulla, ita, ut etiam
theologistae negent puram humanitatem Christi citra idololatriae discrimen adorari posse,
quomodo non est summa impietas panem adoravisse? Quid vero est, quod dicunt se panem
non adorare, sed corpus Christi? An iam non creaturam adorant?" Huldrych Zwingli, *De vera
et falsa religione commentarius*, Z III, 817.

/

하나님의 형상: 부써의 인간론

/

황대우

(고신대학교 학부대학 교수, 교회사)

Martin Bucer(1491-1551)

고신대학교 신학과(Th. B.)와 신학대학원(M. Div.), 그리고 대학원 신학과(Th. M.)를 거쳐 네덜란드 Apeldoorn 기독개혁신학대학교에서 "Het mystieke lichaam van Christus. De ecclesiologie van Martin Buceren Johannes Calvijn"(2002)라는 논문으로 신학박사(Th. D.) 학위를 받았다. 현재 고신대 학부대학 소속 교회사 교수, 고신대개혁주의학술원 책임연구원, 한국칼빈학회 명예회장이다. 저술로는 『칼빈과 개혁주의』, 『종교개혁과 교리』, 『교회연합운동의 선구자 부써』가 있고, 편저로는 『라틴어: 문법과 구문론』, 『삶, 나 아닌 남을 위하여』, 『고신교회의 태동;원자료와 논문』 번역서로는 『기도, 묵상, 시련』, 『문답식 하이델베르크 신앙교육서』, 『루터: 약속과 경험』이 있다.

황대우

Ⅰ. 서론

성경은 인간이 하나님의 형상과 모양으로 창조되었다고 가르친다. 하지만 오늘날 이와 같은 성경의 가르침은 진화론적 과학에 의해 심각한 도전을 받고 있다. 심지어 창세기 1-3장의 기록을 역사적 내용으로 볼 수 없다는 견해가 유일한 대안적 해석인 것처럼 유포되고 있다. 다윈(Charles Darwin)의 진화론이 성경의 창조론을 대체하거나 최소한 주도적으로 통합하는 모양새다.[1] 창조론은 진화론에 의해 역사에서 신화로 전락한 것 같다.

성경의 창조기사에서 역사성을 제거하면 아담도 역사상 최초의 인간으로 인정받기 어렵다. 고전적인 창조론을 수용하는 학자들이 아담을 역사적 인물, 최초의 인류로 인정하는 반면에, 진화적 창조론자들은 아담을 역사적 인물로 간주하지 않는다.[2] 21세기 기독교 안에서 핵심 논제 가운데 하나인 아담의 역사성 논란은 16세기 종교개혁자들에게 아무런 문제가 되지 않았다. 아담을 인류의 첫 조상으로 인정하지 않은 종교개혁자는 없기 때문이다.

오늘날 신의 존재를 믿고 인간을 하나님의 피조물로 인정하는 기독교 과학자들 대부분은 진화론을 전부 받아들이지도 않지만 진화론 자체를 완전히 부인하지도 않는다. 그들은 기독교적인 창조론과 과학적인 진화론을 통합하기 위해 새로운 대안을 제시하는데, '바이오-로고스'(Bio-logos) 견해가 바로 그것이다.[3] 이 용어는 '생명'을 의미하는 그리스어 '바이오스'와 '말' 혹은 '말씀'을

---

1 참고. 제럴드 라우, 『한 눈에 보는 기원논쟁』, 한국기독과학자회 역 (서울: 새물결플러스, 2016); 대릴 찰스 편, 『창조기사논쟁』, 최정호 역 (서울: 새물결플러스, 2016); 찰스 할튼 & 스탠리 건드리 편, 『창세기 원역사 논쟁』, 주현구 역 (서울: 새물결플러스, 2020). 마지막 책은 창세기 1-11장의 기록에 대한 세 가지 해석적 견해를 제시한다.
2 참고. 매튜 배럿 & 아델 B. 케인데이 편, 『아담의 역사성 논쟁』, 김광남 역 (서울: 새물결플러스, 2015). 여기에는 아담의 역사성에 대한 네 가지 견해가 소개되어 있다.

의미하는 그리스어 '로고스'의 결합어다.

생명의 신비 때문에 신의 존재를 인정하지 않을 수 없다는 '바이오-로고스' 견해를 지지하는 기독교 과학자들이 아담을 역사적 인물로 간주할 수 있을지는 몰라도 그를 하나님의 유일한 형상으로 인정하기는 쉽지 않을 것 같다. 왜냐하면 그들도 인간이 단세포에서 다세포로, 즉 단순한 생명체에서 복잡한 생명체로 생명이 진화하는 과정에서 존재하게 된 것이라고 보기 때문이다. 즉 인간은 신비한 생명체의 진화론적 산물이라는 것이다.

하지만 16세기 주류 종교개혁자들은 예외 없이 성경의 가르침에 따라 인간을 하나님의 형상으로 정의한다. 현대 기독교 과학자들의 눈에는 그와 같은 종교개혁자들의 인간 창조론이 성경 문자주의의 결과물로 보일지도 모른다. 하지만 하나님의 형상으로서의 인간 창조론은 신학적으로 포기할 수도, 양보할 수 없는 기독교의 핵심 교리 가운데 하나다. 이것이 무너지면 성육신하신 그리스도 중심의 구원 교리 전체가 심각한 훼손과 왜곡에 직면하게 된다.

다른 주류 종교개혁자들처럼 스트라스부르의 종교개혁자 마틴 부써(Martin Bucer) 역시 인간을 하나님의 형상으로 인정한다. 즉 인간은 지상의 모든 피조물 가운데 유일하게 하나님의 형상으로 창조된 존재라는 것이다. 그래서 이 글은 부써의 인간론을 하나님의 형상(imago Dei)이라는 용어로 정의하고 기술한다. 여기서 우리는 부써가 주장하는 하나님의 형상으로서의 인간이 신학적으로 무엇을 의미하는지 살펴볼 것이다.

---

3 프랜시스 콜린스, 『신의 언어』, 이창신 역 (서울: 감영사, 2011). 저자 콜린스는 인간게놈프로젝트를 총지휘한 유전학자로서 우주의 기원에 관한 입장들인 무신론, 불가지론, 창조론, 지적설계론, '바이오-로고스' 이론가운데 마지막 유신론적 진화론을 자신의 기독교적 우주론으로 제시하고 주장한다.

II. 하나님의 창조 원리와 목적

부써에게 창조원리는 하나님의 선하심과 사랑이다. 선하신 하나님이 온 우주와 만물을 사랑으로 창조하셨다는 것인데 이것은 하나님의 속성과도 일치한다. 모든 피조물의 존재 이유와 목적이자 사명은 자신이 아닌 다른 피조물을 섬기도록 선하게 창조되었다는데 있다. 섬김의 창조목적은 주종관계에서 종이 주인을 섬겨야 하는 것과 차원이 다르다. 피조물의 섬김은 창조원리인 하나님의 선하심과 사랑에 기초하기 때문이다. 즉 사랑의 섬김을 의미한다. 창조주와 피조물은 주종관계의 의무적인 섬김보다 더욱 친밀한 사랑으로 맺어진 관계다.

부써의 주장에 따르면 "하나님은 만물을 자신의 뜻대로 창조하셨다. 그러므로 만물은 하나님을 향하고 그분께 순종해야 한다."[4] 여기서 부써는 창조된 만물과 창조주 하나님 사이의 존재의 본질적 차이를 인정하는데, 심지어 어떤 탁월한 피조물도 창조주 하나님을 신적으로 섬길 능력이나 가능성이 없다고 단언할 정도다. "이것은 마치 인간에 의해 만들어진 무엇이 이해력과 대화능력을 갖춘 것처럼 자신의 인간 주인을 인간적으로 섬길 수 없는 것과도 같다."[5] 즉 피조물인 인간이 창조주 하나님을 신적으로 섬기는 일은 불가능하다.

인간은 다만 하나님을 섬기되 자신의 인간적인 능력으로 섬길 수 있을 뿐이다. 부써에 따르면 심지어 창조주 하나님은 불가해하시고 완전하신 신적 존재

---

[4] *Martin Bucers Deutsche Schriften* (Guetersloh: Gert Mohn, 1960ff) 1, 45,13-14(Das ym selbs niemant): "*Gott hat alle ding umb seint willen geschaffen.* darumb solten sye alle uff yn gericht und ym dienstlich sein." (이하 *BDS*로 인용함)

[5] *BDS* 1, 45,17-19(Das ym selbs niemant): "…, wie dann auch ein menschlich gemacht in menschlichem, als do ist vorston etwas und reden, seinem macher nit mag dyenstlich sein." AI 시대를 맞이한 오늘날에도 부써의 이 말은 어느 정도 유효하다. 아무리 우수하고 정밀하게 만들어진 AI 인간이라 해도 AI일뿐 결코 '인격과 양심' 등으로 구성된 인간성을 갖춘 인간과 동등한 무엇이 될 수는 없을 것이다.

이므로 피조물인 우리의 섬김이 불필요하다. 그럼에도 부써는 창조의 목적을 '섬김'으로 정의한다. 섬김의 일차적 대상은 다른 피조물이다. 모든 피조물은 자신에게 부여된 용도와 기능에 따라 자신이 아닌 다른 피조물들을 섬기도록 창조되었기 때문이다. 그 중에서도 특별히 인간을 섬겨야 한다. 하지만 인간 역시 다른 피조물을 사랑으로 섬겨야 한다는 점에서 창조 목적의 예외일 수 없다.

인간과 다른 피조물의 관계가 상호 섬김의 요소로 묶여 있지만, 부써에 따르면 그 섬김의 방식은 다르다. 이것은 인간이 다른 피조물을 선하고 유용하게 다스리는 방식으로 다른 피조물을 섬겨야 하는 반면에 다른 피조물은 인간에게 유익하도록 복종하는 방식으로 인간을 섬겨야 한다는 것이다. 이런 차이는 하나님이 정해 놓으신 창조의 원리와 질서에 따른 것으로 하나님이 "좋다"라고 인정하신 내용이다. 여기서 '좋다'는 말씀을 성경은 다른 존재에게 유익을 줄 때만으로 한정하고, 이런 유익을 주실 수 있는 것도 하나님 한 분뿐이라고 가르친다.[6]

부써에게는 섬김뿐만 아니라 '창조주 하나님을 아는 것'도 창조의 목적이다. "그분은 우리와 모든 피조물을 창조하시되, 자신의 선하심이 알려지도록, 또한 그러한 선하심으로부터 존재하게 된 피조물이 그 선하심을 누리고 그분의 존재를 알도록 창조하셨다. 그러므로 그분의 피조물인 우리는 그분의 선하신 통치 속에서 하나님을 섬길 수 있고 또 섬겨야 한다. 즉 각각의 피조물은 하나님이 그들을 만드시고 그들에게 주신 것을 가지고 다른 모든 피조물들을 선하게 [섬겨야 한다]."[7] 피조물이 자신의 창조주를 모르고 섬길 수는 없기 때문이다.

---

6 *BDS* 1, 47,21-29(Das ym selbs niemant).
7 *BDS* 1, 45,29-46,3(Das ym selbs niemant): "Dieweil er aber darumb uns und alle creaturen geschaffen hat, uff das sein gutigkeit bekant würd und etwas wer, das, wie es von solcher do wer, das es auch stets genusß und seinem wesen noch

III. 하나님 형상과 영적 존재

부써에 따르면 인간이 하나님이 지으신 목적에 맞게 모든 것을 사용하는 것은 고귀하고 신령한 일일뿐만 아니라, 또한 영광과 유익을 가져다주는 일이다. 이것은 하나님이 인간을 자신의 형상대로 창조하신 목적, 즉 섬김과 선행이라는 목적에 부합한다. "인간이 모든 피조물을 바르게 사용함으로써 그들을 섬긴다는 증거는 하나님이 인간을 그와 같이 창조하셨다는 것, 즉 섬기고 선행하도록 인간에게 사랑과 의지를 심으셨다는 것이다."8 하나님이 인간에게 사랑과 의지를 주신 이유는 섬김과 선행이라는 창조 목적 때문이다.

부써에 따르면 지상의 모든 피조물 가운데 하나님의 영적인 뜻을 이해하고 이 뜻을 완수하기를 간절히 소원하는 존재는 인간뿐이다. 왜냐하면 인간만이 하나님의 형상으로, 즉 영적 존재로 창조되었기 때문이다. 인간은 흙으로 만들어진 동물처럼 육적 존재이면서 또한 하나님과 천사와 같은 영적 존재다. "육체를 가진 모든 피조물 가운데 오직 인간만이 하나님의 형상대로 창조되었는데, 이것은 그가 영적인 것을 이해하고 소원할 수 있도록 하고, 또한 이렇게 함으로써 하나님의 뜻을 이해하고 또한 [그 뜻을] 완수하기까지 추구하는 것이다."9

---

erkante,…"

8 *BDS* 1, 47,14-17(Das ym selbs niemant): "Noch über disen dienst, den der mensch allen creatuen, so er ir recht gebraucht, beweiset, hat gott ym seinsgleichen geschaffen, gegen dem er ym auch yngepflantzt hat lieb und willen zu dyenen und wolzuthun."

9 *BDS* 1, 50,38-51,1(Das ym selbs niemant): "So dann der mensch allein under allen leiplichen creaturen nach gotlicher bildtnüß geschaffen ist, das er auch geistlich ding verston und wollen mag und dadurch gotlichs willens verstendig werden und

하나님의 형상으로 창조되었다는 것은 인간이 영적 존재라는 뜻인데, 이 사실을 부써는 인간의 아버지가 하나님이시라는 증거로 제시한다. "교사: 그 다음은 무엇인가? 아이: 아버지입니다. 교사: 누구의 아버지이신가? 아이: 먼저, 그분의 독생자이신 우리 주 예수 그리스도의 [아버지이신데], 바로 이분을 통해 하나님은 나의 아버지도 되십니다. 교사: 왜 하나님이 너의 아버지도 되시는가? 아이: 하나님은 저를 자신의 형상으로 창조하셨고 또한 자신의 성령으로 세례를 통해 자신의 성품을 따라 거듭나게 하셨기 때문입니다."[10]

하나님이 인간의 아버지가 되시는 근거는 두 가지, 즉 하나님의 형상으로 만들어졌다는 인간의 창조와 성령과 세례로 거듭나게 되는 죄인의 중생이다. 하나님이 자신의 형상과 모양으로 창조하신 인간은 "하늘과 땅에 있는 모든 피조물의 주인"이 되었고 하나님 외에는 어떤 것도 인간을 지배할 수 없었는데, "바로 이 때 하나님은 처음으로 인간의 하나님이 되셨으며 자신을 그들에게 말씀 속의 하나님으로 나타내셨다."[11] 부써에게 하나님 형상으로의 인간 창조는 하나님이 인간의 하나님과 아버지가 되신다는 강력한 증거다.

부써에 따르면 자연인에게 있는 두 가지 다른 본성, 즉 육체와 영혼은 각기 고유하고 특별한 기능을 가지고 있다. 육체는 영혼과 달리 먹고 마시고 잠자는 것과 같은 일을 하는 반면에, 영혼은 육체와 달리 계획하고 생각하고 창작하는

---

nachfolgend zu erfüllung solches,..."

10 *BDS* 6/3, 162,12-15(Katechismus von 1534): "U. ... Was folget? K. Vatter. U. Wes vatter? K. Fürnemlich unsers herren Jesu Christi, der sein eingeborner son ist, durch denselbigen aber ist er auch mein vatter. U. Wieso ist er auch dein vatter? K. Da hat er mich zu seiner bildnus geschaffen und durch seinen heyligen geyst im tauff zu seiner art widergeporen."

11 *BDS* 14, 84,4-8(Replik Bucers auf Pilgram Marpecks Glaubensbekenntnis): "Auch durch das wort ward der mennsch ain herr gesetzt aller creaturlichen ding vnnder dem himl vnd auf erden, vnd mocht kain ding vber jn herschen, als got allain. Da ist das erst mal got ain got der mennschen worden Vnd sich jn erzaigt als ain got im wort."

것과 같은 일을 한다. 하나님도 인간에게 이 두 가지 본성을 다스리도록 두 가지 다른 통치방식을 정하시고 세우셔서 각각의 본성에게 자체의 고유한 통치 방식을 제공하셨는데, 이것은 각기 다스려야 하는 본성이 도달하는 범위를 넘어서 상호 간섭하지도 할 수도 없도록 하기 위해서다.[12]

부써의 주장에 따르면 창세기의 말씀처럼 태초에 하나님이 인간을 "자신의 모양과 형상에 따라"(zu seinem ebenbild vnd gleichnuß) 창조하셨는데, 여기서 모양과 형상으로 표현된 "하나님의 모습"(Gottes bildtnus)은 결코 육체적인, 즉 외적이고 가시적인 얼굴이나 형태에 따른 "같음과 닮음, 같아 보임과 닮아 보임"(gleich vnd änlich sein vnd sehen)으로 이해하지도 말아야 한다. 부써는 모양과 형상이란 외적이거나 가시적인 육체가 아닌, 내적이며 불가시적인 영혼에서만 찾아야 하고 찾을 수 있는 요소라고 생각하기 때문이다.

"하나님은 영이시고 가시적 육체도, 살과 뼈도 없는 영이시기 때문에 하나님의 형상에 따라 만들어졌다는 [말씀]은 영혼에 관한 것이다. 즉 하나님이 태초에 인간에게 이성적이고 지성적인 영혼을 심으셔서 하나님에 대한 바른 지식을 가진 존재로 만드셨으므로 인간은 자기 자신의 능력으로 제1계명에 따라 하나님을 주님으로 바르게 사랑하고 두려워할 수 있었으며 만사에 그분을 신뢰할 수 있었다. 영혼의 이런 지식이 하나님의 참된 모양 혹은 형상인데, 이런 모양

---

12 *BDS* 17, 160,7-14(Von der Kirchen mengel vnnd fähl): "Dann gleich wie der naturlich mensch an sich hatt zwo underschiddenliche naturen, leib vnd seel, welcher ein jeder ire eigne vnd sunderliche wirckung hat, der leib andere dann die seel, als eßen, drincken, schlaffen etc., vnnd auch dagegen die seel andere dan der leib, wie dann sindt sinnen, dencken, dichten etc., also hatt auch Gott dem menschen, diße zwo naturen zu regieren, zwey vnderschiddenliche regiment geordnet vnd eingesetztt vnd einer jeden natur jhr Regiment zugeeignet, das sich dann auch nit wyther außstreckenn soll noch khan, denn sich die natur, die es regieren soll, außbreitet."

이나 형상에 따라 인간은 창조되었다."13

부써의 설명에 따르면, 인간이 하나님의 모양과 형상으로 창조되었다는 것은 "인간이 하나님을 바르게 인식할 수 있고 그분께 온전히 순종할 수 있는" 존재라는 의미다.14 또한 인간은 하나님을 주님으로 바르게 사랑하고 경외할 수 있는 자발적이고 능동적인 주체, 즉 창조주 하나님에 대해 바르게 작동하는 선한 이성과 의지를 가진 영적 존재이다. 따라서 부써는 하나님의 모양과 형상인 인간을 동물과 완전히 다른 차원의 존재, 즉 하나님과 천사와 같은 영적 존재로 본다. 세상을 다스리는 인간의 통치능력도 이 영적 존재로부터 기원하는 것이다.

"나의 천사는 자신에게 부족한 것이 없으나 그가 우리에게는 도달할 수 없다. 그러므로 그를 우리와 같이 창조하되, 마치 우리, 즉 나 하나님 아버지와 아들과 성령인 우리가 우리의 신적 본질과 선함을 공유하는 것처럼, 그도 역시, 동일한 본성과 동일한 선을 가진 천사와 동료가 되도록 만들자! 또한 그도 역시 하나님의 형상인 [다른] 인간을 취하도록 하여 육적인 것과 영적인 것, 그의 본성이 이 두 성품이기 때문에, 그 두 가지로 섬길 수 있고 이해할 수 있도록 하자!"15

---

13 *BDS* 17, 160,22-29(Von der Kirchen mengel vnnd fähl): "…, dieweil Gott ein geist ist vnd ein geist keinen sichtbaren leib, auch nicht fleisch vnd bein hatt, sonder ist von der seel geredt, die ist zu Gottes bildtnuß erschaffen; das ist Gott hatt anfengklich dem menschen ein vernunffige vnnd verstendige seel eingepflantzett, welche getzierett gewesen mitt rechter erkandtnuß Gottes, das der mensch hatt künnen auß seinen selbs krefften Gott den herren recht lieben, förchten vnnd im vber alle ding vertrauwen, nach luth des ersten gebotts, vnd dise erkandtnuß der selen ist die ware bildtnüs oder gleichnus Gottes, nach welcher der mensch gemacht ist."

14 *BDS* 17, 160,30-32(Von der Kirchen mengel vnnd fähl): "Aber dise herrliche bildtnuß, die ein wunderbarlich groß liechtt gewesen, dadurch auch der mensch Gott recht erkennen vnd ihm vollkommen gehorsam leisten können hett,…"

15 *BDS* 1, 48,8-16(Das ym selbs niemant): "Meine engel dorffen sein nit. an uns kan

이것은 창세기 1장 26절, "하나님이 이르시되 우리의 형상을 따라 우리의 모양대로 우리가 사람을 만들고"에 대한 부써의 상세한 해설로써 삼위일체 하나님이 친히 의논하시는 장면이다. 인간은 하나님의 형상으로 창조되었기 때문에 다른 육체적인 피조물이 결코 경험할 수 없는 "영적인 유익을"(geistlichen nutz) 생산해 낼 수 있는데, 부써는 이것을 이해의 능력인 '지성'으로 규정한다. 지성 즉 이성 덕분에 인간은 먼저 창조주 하나님을 바르게 알고, 또한 천사와 인간을 포함한 모든 피조물을 바르게 안다.

위 인용문에서 알 수 있듯이 부써는 인간을 '천사'로 지칭한다. 부써에게 천사는 하나님처럼 육체가 없는 영적인 존재이지만, 인간은 육체를 가진 천사, 즉 육적 존재이면서 동시에 영적 존재라는 것이다. 부써는 인간이 육적 존재로 창조되었기 때문에 하나님의 피조 세계를 육적으로 이해하고 섬길 수 있는 반면에, 영적 존재로 창조되었기 때문에 영적 존재인 하나님과 천사들을 영적으로 이해할 수 있을 뿐만 아니라 교통할 수 있다고 보는 것 같다. 부써가 이해하는 인간은 영적 존재와 육적 존재 사이에 있고 두 영역을 공유하는 존재다.

하나님이 인간과 다른 피조물 사이에 상호 섬김이라는 통치 방법을 정해 놓으셨기 때문에 모든 피조물은 질서에 따라 다른 피조물을 섬기되, 특별히 인간에게 유익이 되도록 섬겨야 한다. 이런 상호 섬김을 통해 인간과 만물은 또한 하나님의 선을 수행한다. 하지만 모든 피조물에게 부과된 이와 같은 공통의 섬김을 넘어 인간은 "하나님의 형상을 따라 창조되었기 때문에 하나님과

---

er nit gereychen. so lasßt uns ym seins gleichen schaffen. uff das er, wie wir, ich gott vatter, sun und heiliger geist, unser gottlich wesen und gutigkeit gemeyn haben. auch die engel gleicher natur und gleicher gutheit genossen seind. das also er, der mensch, auch seins gleichen habe, dem er in beydem leiplichem und auch geistlichem, dieweil sein natur beyder art ist, dyenen und fürstandig sein moge."

천사처럼 영적으로 이해할 수 있고 사랑할 수 있는" 영적 존재다.[16] 부써는 이런 영적인 이해와 사랑의 능력이 인간의 올바른 이성과 온전한 의지에 직결되는 것으로 본다.

IV. 하나님 형상의 타락

부써가 복음서 주석을 출간한 1530년까지 에라스무스로부터 받은 신학적 영향을 연구하여 박사학위를 받은 크뤼거(Krüger)는 다음 해에 자신의 연구논문을 책으로 출간했는데, 거기서 부써가 이성을 인성의 최고 우위 자리에 있는 것으로 보았으며 죄와 타락을 이성이 나약해진 결과로 간주한 것이라고 주장한다.[17] 부써가 생각하는 최초의 인간 타락은 죄 없이 창조된 아담의 이성이 잘못된 판단으로 하나님의 뜻을 무시한 사건이요, 이성이 하나님의 뜻을 분별하지 못하는 눈먼 상태가 되어 육체의 탐욕을 옹호하고 변명하는 결과를 초래한 사건이다.[18]

부써의 주장에 따르면 태초의 아담은 죄 없이 창조된 피조물이다.[19] 또한

---

16 *BDS* 1, 48,1-3(Das ym selbs niemant): "Aber dieweil der mensch noch gottlicher bildtnüß geschaffen was, das er wie gott und die engel auch geistlich mochte verston und lieben,..."

17 Friedhelm Krüger, *Bucer und Erasmus. Eine Untersuchung zum Einfluss des Erasmus auf die Theologie Martin Bucers* (Wiesbadem: Franz Steiner Verlag GMBH, 1970), 131-137. 이성을 제왕적인 것으로 간주하여 이성뿐만 아니라 의지도 첫 타락의 영향을 받지 않았다고 생각하는 에라스무스의 사상은 확실히 부써에게서 찾아보기 힘들다.

18 Friedhelm Krüger, *Bucer und Erasmus*, 135: "Ratio siquidem ignara Dei uoluntatis, pro carnis cupiditatibus perpetua iudicat."(이성은 하나님의 뜻을 무시함으로써 육신의 욕망을 지속적으로 변호한다.) 원문을 확인하지 못해 재인용함.

19 *BDS* 6/3, 61,15(Katechismus von 1534): "Adam was je erstlich on sünd geschaffen."

죄는 "인간의 본성이 아닌 악한 대적으로부터"(von der natur des menschens, sonder vom bosen feynd) 기원한 것이다. 이와 같은 타락으로 창조원리인 사랑의 섬김이 부패하고 변질되었다고 부써는 말한다. "만일 [사람의] 본성이 죄로 인해 부패하지 않았더라면 그렇게 심겨진 상호 간의 사랑이 영적이고 육적인 두 측면 모두에서 어떤 이기심도 어떤 부족함도 없었을 것이며, 오히려 율법 없이도 하나님의 온전한 율법에 맞추어 서로를 친절하게 섬기면서 살았을 것이다."20

부써에 따르면 이런 타락은 먼저 천사들에게 발생했다. 히브리서 1장 14절 말씀처럼 본래 "모든 천사는 섬기는 영으로서 구원 받을 상속자들을 섬기라고 보내심"을 받았지만 악한 천사들은 "타락함으로써 인간과 모든 피조물을 손상시켰으며 완전히 기울어져 재기 불능이 되도록 파괴했을 뿐만 아니라, 더 이상 다른 피조물로부터 어떤 유익도 얻을 수 없게 되었다. 저주받은 자들, 즉 하나님이 친히 버리신 자들은 하나님의 모든 피조물이 대적해야만 하는 [자들이었다]."21

죄를 범함으로써 타락하게 된 악한 천사가 사람과 함께 있을 때 인간의 타락 사건이 발생했는데, 부써는 이 사건 이후 인간이 "하나님으로부터 떨어져 나갔다"(er von gott gewichen)고 본다. 타락으로 하나님에게서 멀어진 인간

---

20 *BDS* 1, 48,31-35(Das ym selbs niemant): "Und wo die natur nit durch die sünd vergifft worden wer, wer solcher yngepflantzter liebe gegen einander in geistlichem und leiplichem on allen eigen gesuch kein mangel erschinnen, sonder gantz gottlichem gesatz gemäß on gesatz in freüntlichem dyenst gegeneinander gelebt worden."

21 *BDS* 1, 48,38-49,2(Das ym selbs niemant): "…, (dann Heb. i [14] stot: *Sye seind alle dienstbare geister, ußgesandt zum dyenst umb deren willen, die ererben sollen die saligkeit*) seind aber noch irem übertretten dem menschen und creaturen zu schaden und verderben gantz geneygt und uffsetzig und entpfahen sye auch kein nutz mer von andern creaturen als die verdampten, welchen so gott selb abgeseyt hat, muß wider sye sein alle creatur."

은 "이기적이게 되어 이제는 자기 자신의 유익만을 추구하지만 그것을 얻지 못할 뿐만 아니라, 그가 모든 피조물로부터 얻을 수 있고 얻어야 하는 모든 선함과 즐거움들을 이미 빼앗겨버렸고 또 매일 빼앗긴다. 왜냐하면 하나님이 저 배신자들을 배신하시는 것처럼 모든 피조물도 그들을 배신하기 때문이다."[22]

부써에게 타락은 하나님을 사랑하지 않는 문제의 결과다. 여기에는 천사의 타락도 인간의 타락도 예외가 아니다. 타락과 범죄는 모두 하나님을 사랑하지 않기 때문에 발생하는 것이다. 천사도 인간도 창조주 하나님이 그들에게 베푸신 사랑으로 그분을 계속 사랑했다면 그들이 타락하는 일은 벌어지지 않았을 것이다. 사랑의 결여와 결핍이 곧 선의 결여와 결핍을 낳는다. 사랑의 결핍은 하나님처럼 되고자 했던 교만으로 드러났고, 선의 결여와 결핍은 하나님을 배신하는 불순종으로 드러났다.

타락으로 인하여 다른 피조물, 즉 모든 동물과 식물에 대한 인간의 통치능력도 약화될 수밖에 없었다. 이것은 인간의 지식이 약화된 결과다. 타락함으로써 우리는 "하나님에 대한 지식과 더불어 피조물에 대한 지식도 잃어버렸다."[23] 그래서 하나님을 사랑함으로 그분을 바르게 섬기는 법도 모르고 또한 다른 피조물을 바르게 다스림으로 그들을 섬기는 법도 모른다. 오로지 자신의 유익만을 추구하는 이기적인 인간이 되고 말았다. 섬김을 필요로 하지 않으시는 하나님의 창조 이유와 목적은 피조물이 창조주의 선하심과 존재를 아는 것이

---

22 *BDS* 1, 49,3-8(Das ym selbs niemant): "..., ist er eygennützig worden, das er yetzt niemants dann sein selbst nutz suchet und doch den nit allein nit erlanget, sonder hat sich beraubt und beraubt sich taglich alles guten und genoß, so er mochte und solt von allen creaturen haben. Dann wie sich gott verkert mit dem verkerten, also verkeren sich auch mit ym alle creaturen."
23 *BDS* 1, 49,22-23(Das ym selbs niemant): "Mit der erkantnüß gottes ist uns auch erkantnüß der creaturen entfallen,...."

다.

하나님을 안다는 것은 곧 하나님을 사랑하고 섬긴다는 뜻인데, 하나님을 떠난 인생은 더 이상 하나님을 사랑하지도 섬기지도 않는다. 따라서 "우리가 하나님을 섬기며 살기를 원하지 않는 것처럼, 마땅히 피조물도 우리를 섬기지 않는다. 우리가 창조주를 원하지 않는 만큼의 크기로 피조물의 결핍을 겪는다. 우리가 사탄을 따르고 하나님을 무시한 결과, 우리도 배신의 죄에 넘겨졌다. 그로 인해 우리는 아무에게도 유익을 주지 못하고, [오히려] 우리에게 자주 발생하는 [상황]은 수많은 재앙을 불러오는 것과 영원한 형벌을 받는 것이다."[24]

부써에 따르면 세상의 모든 재앙과 혼돈, 그리고 죽음은 타락의 결과이며 일종의 형벌이다. 모든 종류의 오용과 악용도 타락의 결과로 발생하는 것이다. 시기, 질투, 미움, 비방, 비난, 모함, 사기, 교만, 무시 등과 같이 인간관계를 파괴하는 모든 종류의 나쁜 성향과 태도도 자신만의 유익을 추구하는 인간의 이기심에서 비롯된 것이라는 사실을 누가 부인하겠는가? 피조물이라면 마땅히 창조주 하나님만을 찬양하고 그분께만 영광을 돌려야 하지만 타락하여 이기적인 인간은 창조주를 모독할 뿐만 아니라, 피조물을 그분의 자리에 놓기를 좋아한다.

사랑의 하나님을 배신하고 떠난 인간은 "자신의 유익만을 추구하지만 정작 그런 유익을 얻지 못할 뿐만 아니라, 모든 피조물로부터 얻을 수 있고 얻어야만 했던 선함과 즐거움조차도 몽땅 빼앗겨버렸으며 지금도 매일 빼앗긴다. 왜냐하

---

24 *BDS* 1, 49,23-50,4(Das ym selbs niemant): "..., und wir ym nit wollen zu dyenst leben, also von rechts wegen werden unserm dyenst auch sein creaturen entzogen. Wollen wir den schopfer nit, billich mangeln wir auch der geschopft. Deim teüffel haben wir gefolget und gott veracht, darumb seind wir auch in den verkerten synn geben, das wir niemant nutz konden sein, sonder so vil an uns gelegen menigklich schaden zufugen und uns die ewig verdamnüß."

면 하나님이 배신한 사람들을 대적하시는 것처럼 모든 피조물들도 하나님과 함께 그들을 대적하기 때문이다.... 하나님을 사랑하는 자들에게는 모든 것이 합력하여 선을 이루는 것이 확실하듯이 하나님을 사랑하지 않는 자들에게는 의심의 여지없이 모든 것이 합력하여 멸망을 이루기 때문이다."25

부써는 인간이 불순종함으로 하나님을 배신하고 떠났기 때문에 만물, 즉 동물과 식물을 하나님의 뜻에 따라 유용하고 유익하게 다스리는 법을 상실했을 뿐만 아니라, 만물도 더 이상 인간의 통치에 온전히 순종하기는커녕 오히려 반항하고 대적하게 되었다고 주장한다. 첫 아담의 타락으로 인해 "우리는 하나님에 대한 지식과 더불어 피조물에 대한 지식도 잃어버렸다."26 인류가 겪는 모든 재해의 원인은 하나님과 만물에 대한 올바른 지식의 상실 때문이다. 이것은 사랑과 진리의 하나님을 버리고 증오와 거짓의 사탄을 따른 결과다.

세상은 질서의 상생에서 혼돈의 아귀다툼으로 변질된 아수라장이다. 모든 피조물은 "자신들의 의지와 상관없이 허무한데 굴복한다. 믿음이 없는 자에게는 유일하게 선하신 하나님이 없기 때문에 선한 것이 결코 있을 수 없고 오직 헛된 것만 있게 된다. 그래서 그들은 헛된 것들을 위해서만 만물을 사용한다."27 만물에 대한 인간의 질서 있는 통치는 무질서한 통치로 변질되었음에도

---

25 *BDS* 1, 49,4-13(Das ym selbs niemant): "..., das er yetzt niemants dann sien selbst nutz süchet und doch den nit allein nit erlanget, sonder hat sich beraubt und beraubt sich taglich alles guten und genoß, so er mochte und solt von allen creaturen haben. Dann wie sich gott verkert mit dem verkerten, also verkeren sich auch mit ym alle creaturen.... Dann wie gewisßlich denen, so gott lieben, alle ding zu gutem helffen. also sonder zweifel helffen zu verderbnüß denen, so yn nit leben, auch alle ding."

26 *BDS* 1, 49,22-23(Das ym selbs niemant): "Mit der erkantnüß gottes ist uns auch erkantnüß der creaturen entpfallen, ..."

27 *BDS* 1, 50,12-13(Das ym selbs niemant): "..., seytenmal sye underworffen ist der eytelkeit on iren willen. Dann wie die glaublosen menschen nüt seind dann lutere eytelkeit, lar alles guts (dann sye gottes lar seind, der allein gut ist) also brauchen sye auch aller ding nur zu eiteler eytelkeit."

불구하고 하나님은 창조 세계가 완전히 무질서한 혼돈에 빠지지 않도록 은혜를 베푸신다. 또한 신음과 탄식 속에 있는 만물도 구원의 날이 오기만을 학수고대한다.

창조주 하나님은 타락 이후 죄악으로 가득하게 된 세상을 버리지 않으시고 죄악과 무질서로부터 세상을 구원하기로 작정하셨다. 그러므로 창조주 하나님은 자신을 구원자 하나님으로 계시하신다. 타락이 인간으로부터 시작되었기 때문에 하나님의 구원 작정은 인간의 구원이 핵심이다. 이 작정은 그 근거가 오직 하나님의 선한 뜻뿐이라는 것 외에 알려진 것이 없다. 다만 삼위일체 하나님이 제2위이신 독생자를 자신과 자기 백성 사이의 중보자, 즉 메시야로 이 땅에 보내신다는 구원 작정을 점진적으로 계시하셨다. 그리스도는 곧 두 번째 아담이시다.

V. 하나님 형상의 회복

"아담은 그리스도의 모형이다."[28] 자신의 요한복음주석에서 부써는 첫 아담을 "생명이 살아 있는 자들의 육체의 시조와 시초"(autor et initium vitam viventium corporis)이며 "육체적 생명의 기원"(vitae corporalis origo)이라 부르고, 첫 아담과 다른 천상적 아담이신 그리스도를 "성도들의 시조"(autor sanctorum)이며 "영적이고 천상적인 생명 자체의 기원"(vitaeque spiritualis et coelestis ipsi origo)이라 부른다. 또한 첫 아담이 죄 없이

---

28 *Martini Buceri Opera Latina* (Leiden: E. J. Brill, 1982ff) 2, 143(Enarratio in evangelion Johannis): "Adam typus Christi."(이하 *BOL*로 인용함)

창조되었기 때문에 그리스도 역시 참된 아담의 후손이시면서도 죄가 전무하신 분으로 하늘에서 오신 다른 아담이라 불리신다고 주장한다.[29]

바울이 우리 주 예수 그리스도를 아버지 하나님과 하나의 영혼이라 부르는데, 그 이유는 예수 그리스도를 통해 우리를 향한 하나님의 모든 선의와 선행이 우리에게 도달하기 때문이다. 하늘 아버지는 자신의 독생자를 자기 백성의 머리와 통치자로 세우셨고, 자신의 성령을 통해 그들을 그리스도의 동참자로 삼으셨다. 아버지는 만물을 바로 독생자를 통해 창조하셨을 뿐만 아니라, 또한 그리스도를 통해 만물을 재건하길 원하셨다.[30] 그리스도는 이전의 죄인으로 지금 자신의 지체인 자들과 아버지 하나님 사이의 유일한 화해 중보자시다.

이 화해를 위해 하나님의 제2위이신 말씀이 모든 하늘 영광을 버리시고 비천한 인간으로 이 땅에 구원자로 오셨다. 그분은 불순종으로 타락한 아담이 처벌받은 영원한 사망을 제거하시고 온 세상을 구원하시기 위해 친히 인간이 되셨는데, 이것은 하나님께서 그리스도 안에서 구원시기로 계획하신 작정의 결과이며, 또한 이기적인 모습으로 변질되어 자신의 유익만을 추구하는 인간에게 또 다시 긍휼을 베푸시는 사랑의 결과다. 그리스도는 두 번째 아담, 즉 불순종한 아담과 달리 순종하시는 아담으로 이 땅에 오셨다.

첫 번째 아담에 의해 죄가 세상에 들어왔고 이 죄로 인해 사망이 들어왔기 때문에 죄를 지은 모든 사람에게 사망이 이르러 왕 노릇 하게 되었다. 저 아담은

---

29 *BDS* 6/3, 61,16-17(Katechismus von 1534): "... das der herr, wie wil ein wares Adams kind, aber doch on alle sünd ist, hat in der heylig Paulus dem anderen Adam geheissen von hymel:..."

30 B. Eph.(1527), 23verso: "Dominum autem nostrum IESVM Christum cum patre Deo coniunxit, quod per eum omnis in nos Dei & beneuolentia & beneficentia deriuentur. Vt enim meruit hanc nobis sua morte, ita posuit cum pater suis caput & principem, qui suo spiritu eius quoque participes, illos reddat. Condita sunt per eum omnia. Iohan.i. ita instaurare quoque cuncta per ipsum pater uoluit, ..."

오실 자의 모형, 즉 구원자이신 예수 그리스도의 모형이다. 중보자 그리스도는 순종의 아이콘이시다. "한 사람이 순종하지 아니함으로 많은 사람이 죄인 된 것같이 한 사람이 순종하심으로 많은 사람이 의인이 되리라."(롬5:19) 첫 번째 아담의 불순종으로 인해 죄와 사망이 왕 노릇 했지만 이제 두 번째 아담 그리스도의 순종 덕분에 은혜와 의의 선물을 받은 자는 생명 안에서 왕 노릇할 것이다.

부써에 따르면 그리스도는 "세상을 향한 하나님 사랑"(dilectio Dei erga mundum)의 결정체다. 여기서 세상이란 "모든 종족의 사람들"(omne genus hominum. 직역하면 '사람들의 모든 종족'임)을 의미하는데, 이런 세상을 하나님은 자신의 독생자를 죽이기까지 사랑하신다.31 아버지 하나님은 자신의 독생자를 구원자로 이 땅에 보내셔서 인간이 되게 하시고 고통을과 수치의 십자가에 못 박히도록 내어주셨다. 이것이 세상을 사랑하시는 하나님의 놀라운 구원 방법이다. 죄인이 구원 받는 길은 의인이신 그리스도와 연합하는 것 외에는 전혀 없다.

육체가 되신 그리스도는 하나님이 인류와 화해하실 수 있는 희생제물이셨고,32 하나님은 우리의 모든 죄를 그리스도에게 담당시키셨다.33 우리 주 예수 그리스도의 아버지이신 하나님은 성령을 통해 다시 태어난 그리스도인들, 즉 선택받은 자들의 아버지이시기도 하다. "만일 하나님께서 우리의 아버지이시고 예수 그리스도는 그분의 이름대로 자기 백성의 구원자요 구속자이시므로 우리의 주님이시라면 우리는 지금 이미 믿음으로 그분의 선의에만 아니라, 이로 인해 하나님과 그리스도의 저런 평화인 참된 행복에도 동참하는 것이

---

31 *BOL* 2, 137(Enarratio in evangelion Johannis).
32 B. Eph.(1527), 29recto: "Solus ergo Dominus noster Iesus Christus hostia illa fuit, quae placare Deum humano generi potuit, ..."
33 *BDS* 1, 52 (Das ym selbs. 1523): "Der herr hat ym uffgeleyt unser aller ungerechtigkeit, die hat er mit freüden tragen."

확실하다."[34]

오직 성령의 은혜로 그리스도와 연합할 때만 죄인은 의인으로서 하나님의 형상을 회복할 수 있다. 왜냐하면 죄 없으시고 의로우신 그리스도는 "보이지 않는 하나님의 형상이시요 모든 피조물보다 먼저 나신" 분이시기 때문이다.(골 1:15) 부써는 주장하기를, 주님이시며 하나님의 독생자이신 그리스도는 "아버지의 형상"이시다. "이것은 충만한 지혜와 의와 능력이다. 이것은 주 그리스도에 관하여 솔로몬의 모형 아래 약속된 것이었다.(삼하 7[:14]; 대상 17[:13])"[35] 여기서 부써는 하나님의 형상을 "지혜와 의와 능력"으로 간주한다.

부써에게 "하나님의 모양과 형상"이 "하나님의 지혜와 의"를 의미하는 것은 분명하다.[36] 왜냐하면 그는 그리스도께서 우리를 "지혜로운 자와 의로운 자"(sapientes et iustos)로 회복시키셨다고 주장하기 때문이다.[37] 그리스도인의 모범은 완전한 지혜와 의로 충만하신 그리스도이시다. 그리스도인에게 하나님의 형상은 그리스도 안에서, 그리스도와 함께 회복된다. 즉 그리스도와의 교제를 통해 손상된 형상은 회복된다. 하지만 이것은 하나님 형상의 완전한 회복을 의미하지 않는다. 이 땅에서 그 회복은 다만 시작과 과정일 뿐이다.

지상의 그리스도인은 그리스도와의 교제를 통해 하나님의 완전한 형상을 맛보고 경험할 수 있을 뿐, 그리스도와 달리 완전하게 회복된 형상을 소유할

---

34 B. Eph. (1527), 23verso: "..., si enim Deus pater, & IESUS Christus, qui iuxta nomen suum seruator & beator est suorum, Dominus noster existit, certi sumus, ut beneuolentiae eorum, ita & solide felicitatis, quae pax illa Dei & Christi est, nos compotes & iam per fidem esse, ..."

35 *BOL* 2, 105(Enarratio in evangelion Johannis): "... Patris imago [Col 1,15; Hbr 1,3], hoc est plena sapientia, iustitia atque potestas [cf. Sap 7,24-26]. Hoc de Christo Domino sub typo Schlomoh promissum fuit, 2 Schmuel 7[14] et 1 Chro. 17[13]."

36 *BDS* 17, 127,23-24(Ein summarischer vergriff): "..., der Gottlichen bildtnus und gleichheit, das ist: der Gottlichen weissheit und gerechtigkeit,..."

37 *BOL* 2, 171(Enarratio in evangelion Johannis).

수는 없다. 그리스도 안에서 성령에 의해 거듭난 그리스도인이 이 땅에서 죄 짓지 않고 사는 새로운 삶을 시작한 것은 사실이지만 아직 죄 짓지 않을 수 있는 상태에 도달하지 못했기 때문에 하나님의 형상인 지혜와 의를 완전하게 회복한 것은 아니다. 그리스도는 하나님의 완전한 형상이신 반면에 지상의 그리스도인은 그리스도 안에 살지만 여전히 불완전한 형상이다.

VI. 하나님 형상의 완성

인간이 되신 그리스도 예수는 하나님과 인간의 유일한 중보자이시며 하나님의 독생자이시다. 하늘 아버지는 천상이나 지상의 모든 것을 그리스도를 통해 갱신하기를 기뻐하신다. 하나님의 독생자로서 인간 그리스도는 "하나님의 아들들의 머리이시며 우리가 모든 것을 그분의 충만함으로부터 받았기 때문에 우리는 하나님의 자녀가 되었다고 말하는 것이다. 그렇기 때문에 그분 이전에는 단 한 번의 죄도 짓지 않은 인간은 아무도 없었고 하나님의 형상을 완전하게 소유한 인간도 없었다."[38]

부써에 따르면 "십자가에 달리신 예수 그리스도는 우리의 구원과 의와 지혜이시다."[39] 구원 받은 자들에게 그리스도는 "하나님의 의와 구원과 거룩함 이외의 다른 무엇도 아니시다."[40] 그리스도인도 그리스도께서 우리를 위해 획득하

---

[38] *BOL* 2, 158-159(Enarratio in evangelion Johannis): "*Unigentus* [Io 3,16] autem etiam sic dicitur quia caput filiorum Dei est [cf. Eph 4,15] et *de cuius plenitudine accepimus omnes* [Io 1,16] ut et nos *filii Dei* essemus [cf. Io 1,12; Rm 8,17]. Adhaec, nemo praeter eum homo *absque peccato* [Hbr 4,15] unquam fuit et *Dei imaginem* [Col 1,15] plene obtinuit."

[39] *BOL* 2, 434-435(Enarratio in evangelion Johannis): "...: *Iesum Christum et hunc crucifixum nostram salutem, iustitiam et spientiam esse.*"

신 하나님의 지혜와 의와 거룩함을 새롭게 얻고 누린다. 하지만 이 땅에 사는 동안 그것을 충분히 완전하게 얻거나 누릴 수는 없다. 그리스도인이 하나님의 형상인 의와 지혜를 충분하고 완전하게 누리는 일은 미래의 사건, 즉 종말 이후의 사건이다.

의로우신 하나님과 불의한 인간 사이를 중보하시기 위해 이 땅에 인간으로 오신 독생자 그리스도는 하나님의 형상을 완전하고 충분하게 소유하셨지만 지상의 그리스도인에게 회복된 형상은 여전히 불완전하다. 타락으로 손상된 하나님 형상은 그리스도 안에서 완전하게 회복되었으나 그리스도 안에서 살아가는 지상의 그리스도인에게는 완전히 회복된 상태가 아니다. 신자는 그리스도 안에서 이미 구원 받은 자이지만 지금 여기서 구원 받고 있고 장차 구원 받게 될 자이다. 하나님 형상의 완전한 회복은 종말을 통해 이루어질 것이다.

"그리스도의 나라는 이 세상으로부터 기원하지 않는다. 즉 외적인 지배에 속한 것이 아니다. 무슨 이유로 그것은 외적인 영광과 부와 능력과 지속적으로 무관하고 머리이신 그리스도와 또한 [그의] 지체에 [속한 것인가]! 그러므로 갱신으로 결국 그리스도와 함께 다스리게 될 우리가 세상의 배설물이라는 것은 옳다."[41] 부써는 그리스도께서 친히 이 땅에 가져오신 하나님의 나라와 이 세상 전부를 다스릴 전권을 부여받으셨음에도 불구하고 이 세상에 속하지 않는다는 기본적인 기독교 진리를 재천명한다.

하나님께서 왕으로 다스리시는 하나님의 나라, 그리스도께서 왕으로 다스리

---

40 *BOL* 2, 314(Enarratio in evangelion Johannis): "Qui nimirum nihil aliud est, quam *Dei iustitia, redemptio et sactificatio.*"

41 *BOL* 2, 521(Enarratio in evangelion Johannis): "Regnum Christi non est de hoc mundo [Io 18,36], id est situm in externo dominatu. Unde et gloria, divitiis et potentia externa usque destituitur, ut in capito Christo, ita et membris [cf. Eph 5,23.30]. Ergo hic reiectamenta mundi [cf. 1 Cor 1,28] nos esse oportet, in regeneratione demum cum Christo regnaturos [cf. Apc 22,5]."

시는 그리스도의 나라는 모든 지상에 세워진 나라와 다르다. 왜냐하면 그 나라는 결코 세상적인 것이 아닌, 천상적인 나라이기 때문이다. 삼위일체 하나님께서 자신의 백성을 위해 친히 세우신 나라이며 지상에서 시작된 나라가 아니라 천상에서 시작된 나라이기 때문이다. 그 나라는 그리스도께서 이미 이 땅에 가져오셨기 때문에 인간에게 계시된 나라다. 하지만 그 나라 전체의 정확한 정체는 오직 하나님께만 아시며 인간의 눈이나 이성으로 파악 불가능한 신비다.

"우리의 생명은 그리스도와 함께 하나님 안에 감추어져 있다. 우리가 어떻게 될 것인지는 아직 공개되지 않았다. 하지만 그리스도께서 완전하게 공개되실 때, 영광 받으신 자로 나타나실 때 우리도 역시 그분과 함께 영광 중에 나타나게 될 것이고 또한 그분과 같아질 것이다."[42] 여기서 우리가 그리스도와 같아진다는 의미는 우리가 독생자처럼 신성의 본질을 갖는다는 뜻이 아니라, 우리가 그리스도처럼 하나님 형상을 완전하게 회복한다는 뜻이다. 우리와 그리스도의 닮음은 본질적인 것이 아니라 형상적인 것이다.

개인적으로 혹은 교회적으로 하나님 형상의 회복은 지금 여기서 시작되지만 그 형상의 완전한 회복은 종말론적인 미래 사건이다. 왜냐하면 그것은 완성될 하나님 나라와 그리스도의 나라에서 이루어지게 될 것이기 때문이다. 하나님 형상의 완전한 회복은 하나님의 지혜와 의로 충만하게 되어 하나님처럼 거룩하게 되는 것이다. 즉 하나님의 나라에서 그리스도와 함께 하나님의 온전한 영광을 누리는 것이다. 그러므로 지상의 모든 신자는 그 형상이 완전하게 회복되기를 간절히 소망하며 산다. 이 소망은 신자에게 신자다운 삶을 선물하고 요청한

---

[42] B. Eph. (1527), 52recto: "Modo uita nostra abscondita est cum CHRISTO in DEO, & nondum apparuit, quod futuri sumus, manifestato autem plene Christo, cumque gloriosus apparuerit, tunc et nos cum illo manifestabimur in gloria & similes ei erimus. Colloss. 3. et 1. Iohan. 3."

다.

VII. 결론

스트라스부르의 종교개혁자 마틴 부써의 인간론은 한 마디로 '하나님의 형상으로 창조된 인간'이라는 개념으로 요약될 수 있다. 부써는 창조원리도 재창조원리도 모두 하나님의 사랑으로 규정한다. 즉 창조주로서 하나님께서 만물을 사랑으로 창조하시면서 그것이 사랑의 질서로 유지되길 원하셨다. 또한 하나님의 피조 세계가 타락으로 창조원리를 벗어나 이기적인 욕망으로 무질서와 혼동으로 달려갈 때에도 하나님께서는 구원자로서 변함없는 사랑을 보여주셨다. 그 사랑의 결정체는 이 땅에 인간으로 오신 독생자 예수 그리스도이시다.

하나님께서는 사랑으로 창조된 만물이 자신의 소임을 다함으로써 서로를 사랑하길 원하셨다. 또한 인간을 하나님의 모양과 형상으로 창조하셔서 그에게 피조 세계를 사랑으로 다스리도록 명령하셨다. 하지만 첫 인간 아담이 이기적인 욕심 때문에 하나님의 명령을 어기고 타락함으로써 피조 세계 전체를 죄와 사망의 굴레에 빠뜨렸다. 죄와 사망 아래 신음하는 온 인류와 만물을 여전히 사랑하시는 하나님은 그들을 구원하기 위해 독생자를 보내셔서 십자가에 달려 죽게 하심으로 이 세상에 대한 자신의 사랑을 결정적으로 보여주셨다.

하나님께서 창조하신 만물은 두 번째 아담이신 그리스도 덕분에 죄와 사망의 권세로부터 벗어날 수 있게 되었다. 죄와 사망 아래 놓인 세상을 구원하시기 위해 인간이 되신 중보자 그리스도는 하나님의 독생자이시므로 하나의 인격에 신성과 인성을 모두 가지신 신인(神人)이시다. 또한 중보자 그리스도는 하나님의 완전한 형상이시다. 이것은 인간이신 그리스도를 의미한다. 그리스도께서 하나님의 완전한 형상이시라는 사실은 하나님께서 인간을 창조하실 때의 하나님의 형상과 무관하지 않다.

하나님의 형상으로 창조된 인간은 육체와 영혼으로 구성되어 있다. 부써는 하나님의 형상을 육체적인 요소가 아니라 영적인 요소로 보았다. 즉 하나님의 형상이 무엇인지 알려면 우선적으로 인간이 하나님처럼 영적인 존재라는 측면을 고려해야 한다는 것이다. 물론 인간이 생각하는 존재, 즉 이성적인 존재로서 하나님과 소통할 수 있다는 점도 고려한다. 그래서 그는 하나님의 형상을 지혜와 의, 통치 등과 같은 개념으로 설명한다. 또한 인간이 지식과 감정과 의지를 가진 특별한 생명체라는 것 역시 결코 무시하지 않는다.

결론적으로 부써의 인간론은 인간을 하나님의 형상으로 정의하는 성경과 기독교 전통의 가르침에 충실하다. 그의 인간론은 오늘날 새로운 기독교 창조진화론으로 각광받는 '바이오-로고스'와 너무 다른 주장이다. '바이오-로고스' 이론이 인간에 대한 창조 기사의 비역사성을 기초로 육체 중심적인 과학에 무게중심을 두는 반면에 부써의 인간론은 창조의 역사성을 기초로 영혼 중심적 신학에 무게중심을 둔다. 창조진화론과 창조론 사이의 핵심적인 차이점은 하나님의 형상에 대한 이해와 해석이다.

부써의 인간론에 따르면 하나님의 형상으로 창조된 피조물은 성경의 가르침에 따라 인간만이 유일하다. 하지만 '바이오-로고스'의 이론에 따르면 과학으로 입증된 생물 염색체들 사이의 유사성은 인간만이 유일한 하나님의 형상이라는 사실을 받아들이기 어렵다. 즉 생명이 물질적인 요소인가, 비물질적인 요소인가의 문제로 진영은 갈라질 수밖에 없다. 생명이 육체의 지배를 받는 것으로 전제하는 과학과 달리, 신학은 생명과 육체의 상관성을 인정하면서도 생명의 근원이 육체적인 것이 아니라 영적인 것이라고 주장한다.

　신학은 과학적으로 증명된 원리가 자연의 진리라는 점을 부인하지 않는다. 이런 점에서 신학은 과학을 반대하지 않는다. 하지만 과학이 실험적 증명이라는 방법이 미치지 않는 영역까지 증명된 자연 진리로 판단하기 때문에 신학을 비과학적이라는 비난과 함께 스스로 거부하는 것이다. 신학자는 인간이 오감으로 감지할 수 없는 영역이 있다는 믿음과 성경의 계시에 기초한 반면에 과학자는 인간이 감지할 수 있는 영역만, 과학적으로 증명 가능한 것만 존재한다는 확신에 사로잡혀 있다. 따라서 두 영역의 갈등이 해소되기는 쉽지 않아 보인다.

　특히 인간에 대한 관점은 신학자와 과학자 사이의 간극을 좁히기 어렵다. 하나님의 형상 문제, 즉 인간의 영혼 문제를 해결해야 하기 때문이다. 이 문제는 결국 육체와 분리될 수 있는 영혼의 유무가 결정적인 갈림길이다. 성경의 가르침에 따라 부써는 인간의 생명을 하나님에 의한 영혼과 육체의 신비한 결합으로 간주할 뿐만 아니라, 죽음을 아담의 범죄에 따른 영혼과 육체의 비극적인 분리로 인정한다. 물론 동물의 영적 생명도 인정지만 하나님의 형상인 인간의 영혼은 동물의 그것과는 질적으로 다른 차원의 영적 생명으로 본다.

　인생에서 경험이 지식의 전부가 아니듯이 진리의 영역에서도 신학적 지식이나 과학적 지식만이 전부일 수 없다. 모든 진리는 하나님의 진리다. 따라서 진리를 추구하는 신학과 과학이 상호 대화 자체를 거부한다면 어느 쪽이든 해결책을 찾기 보다는 양쪽 모두 더욱 심각한 갈등과 반목, 극단적 단절과 불행만 초래할 것이다. 신학자와 과학자는 서로 그 자신의 영역에서 전문가임을 겸허하게 인정하고 존중함으로써 신학적 진리와 과학적 진리의 간극을 좁히기 위해 지속적이고 적극적으로 대화하는 노력이 필요하다. 아무도 모든 진리를 다 알 수는 없다.

멜랑흐톤의 인간론:
신학총론의 자유의지를 중심으로

류성민

(아세아연합신학대학교, 학술연구교수)

Philip Melanchthon(1497-1560)

류성민 교수는 서울대 산림자원학과를 졸업하고, 합동신학대학원대학교에서 M.Div 학위를 취득하였고, 독일 Kirchliche Hochschule Wuppertal/Bethel에서 고전어와 Magistergang을 수학하고, 네덜란드 Apeldoorn 신학대학에서 Th.M.과 Th.D. 학위를 취득하였다. 논문의 주제는 멜랑흐톤의 시편, 학개, 스가랴 주석연구였다. Melanchthon Werke(Bretten)의 편집위원이다. 현재 예장 합신의 목사로 성가교회(합신)에 출석 중이며, 한국연구재단에서 선정한 아세아연합신학대학 신학연구소의 학술연구교수로서, 자유의지 논쟁을 통한 초기 개신교 윤리관의 발전을 연구하고 있다.

류성민

Ⅰ. 서론

    인간론적 주제는 항상 구원론과 긴밀하게 연관된다. 사람의 상태와 능력에 따라 구원에 이르는 방법이 결정되기 때문이다. 논리적 순서로는 인간론이 먼저이고 구원론이 다음이다. 그러나 종교개혁신학의 발전의 순서는 반대였다. 종교개혁 초기의 주요 논쟁점은 인간론이 아니라 구원론이었기 때문이다. 중세의 주도적 신학적 흐름인 스콜라주의의 신인협동적 구원론을 부정하고, 오직 은혜로 인한, 오직 믿음으로 인한 구원을 종교개혁자들은 주장하였다. 그리고 인간론 주제는 이 구원론에 기반하여 정립되었고, 시간이 흐르고 여러 논쟁적, 변증적 원인들로 인해 수정되고 발전하였다.[1]

    특히 자유의지에 관한 견해는 종교개혁의 인간론 발전에서 중요한 역할을 했다. 이 과정에서 멜랑흐톤(Philipp Melanchthon, 1497-1560)은 매우 중요한 역할을 했다. 그는 비단 에라스무스(Desiderius Erasmus Roterodamus, 1466-1536)와의 자유의지 논쟁뿐 아니라, 농민전쟁(1525-1526), 선제후령 작센(Kursachsen)의 시찰(1528-1530), 아그리콜라(Johannes Agricola, 1494-1566)와의 반율법주의논쟁(Antinomismus) 등의 과정을 통해 자유의지에 대한 종교개혁의 입장을 대변하며, 인간론을 세워나갔다. 많은 논쟁과 대적자들의 존재는 멜랑흐톤에게 신학적 변증과 대답을 요구했고, 멜랑흐톤은 그 대답을 능숙한 인문학적 용어와 진술로, 확고한 신학적 주장으로 일관성있게 세워나갔다.

    멜랑흐톤은 그 과정에서 한 사람의 인문주의자로서 사람의 윤리적 책임을

---

1 특히 비텐베르크의 초기 인간론 주제는 다음을 참고. 류성민, "초기 비텐베르크 개신교의 인간론과 윤리," 「ACTS 신학저널」 42(2010), 83-117.

놓지 않고, 한 사람의 개혁자로서 믿음으로 인한 구원을 확고하게 세우고자 노력하였다. 이런 노력은 그의 저술들을 통해 시간적으로 드러난다. 본고는 멜랑흐톤의 이 노력을 시대적으로 그의 신학총론들의 견해를 통해 살펴보고자 한다. 멜랑흐톤의 신학적 발전에 대한 부정적 견해가 있는데, 그의 신학적 발전은 초창기에 루터와 일치하는 순전함과 완전함에서 불순함과 오염의 방향으로 나아갔다는 것이다. 그러나 한 사람의 신학적 발전을 그런 방식으로 이해하는 것은 너무 인위적이고 과도하다. 본고는 멜랑흐톤의 신학에서 종교개혁의 인간론적 주제들의 발전을 드러내며, 동시에 멜랑흐톤에 대한 신학적인 부정적 오해를 걷어내려는 시도를 해보려 한다.

II. *Loci* 1521의 자유의지와 죄

멜랑흐톤의 자유의지론의 발전에 대해 살펴보기 위한 기초 자료는 1521년 *Loci Communes*이다.[2] 멜랑흐톤은 로마서 연구를 통해 얻은 중요한 주제들 (*Loci*)인 죄, 율법, 은혜를 기초로 종교개혁의 신학적 논의들을 정리하였다. 그렇게 *Loci*는 철학적 사고가 아니라 성경의 진술에서 시작하였다. 그러므로 *Loci* 1521에 드러난 멜랑흐톤의 인간론은 철학적이지 않고 신학적이라는 특징을 가진다. 철학은 사람의 이성의 평가를 중시하나, 신학은 성경의 교훈을 따르는 것이다.[3] 멜랑흐톤은 철학과 신학의 구분을 전제로 기독교 지식이 성경

---

2 필립 멜란히톤, "신학총론", 『멜란히톤과 부처』, 이은선 역 (두란노아카데미: 서울, 2011), 34-218 (기독교고전총서 17) (이하에서 *Loci* 1521로 인용한다); Philipp Melanchthon, ed. Robert Stupperich, *Melanchthons Werke in Auswahl*, Vol. 2/1 (Gütersloher Verlagshaus Gerd Mohn: Gütersloh, 1951-), 1-163. (이하에서 *MSA*로 인용한다)

3 Wolfgang Matz, *Der befreite Mensch. Die Willenslehre in der Theologie Philipp*

의 주해를 통해 얻어진다는 것을 분명히 한다.

1. 의지의 자유는 있는가?

멜랑흐톤은 사람의 영혼 능력을 인식능력(*vis cognoscendi*)과 감성능력
(*vis e qua affectus oriuntur*)으로 구분한다. 인식 능력은 감각의 정보를
고찰하여 추론하는 것이고, 정서의 능력은 행하거나 행하지 않는 것이다. 그리
고 정서의 능력은 때로, 의지, 정서, 욕구라고 불린다.[4] 이어 멜랑흐톤은 자유의
지(*liberum arbitrium*)를 인식과 의지의 통합 혹은 지성의 이해와 의지의
통합으로 칭한다.[5]

이성(*ratio*)을 중시하는 중세 스콜라 철학 전통에서 지성(*intellectus*)은 의
지와 내적 교류의 관계를 갖고, 지성의 기관인 이성은 자유의지의 전제가 된다.
사람 안에 이성이 구성되고, 자유의지는 그 이성에 따른 지식(혹은 지성)을
행위(*actio*)로 옮기는 것이다. 즉 지성의 기관인 이성이 자유의지를 통해 행위
로 이어지는 사람의 존재론적 구조를 기초로 한다. 이는 아리스토텔레스의
견해에 기초한 것이다.[6] 지성과 이성이 행위에서 매우 중요한 역할을 하는
것이 특징이다.

멜랑흐톤의 신학은 이런 중세 전통을 부정한다. 그는 사람을 인지능력과
감성능력, 이 두 능력으로 설명한다. 그리고 의지를 인지가 아닌 감성능력에
부속시켰다. 예를 들면, 율법은 행해야 할 것에 대한 지식인데, 이는 인식능력
에 속한다. 그러나 행함으로 인한 덕과 죄는 정서능력에 속한다. 선택이란

Melanchthons (V-R: Göttingen, 2001), 41.

4 *Loci* 1521, 58; *MSA* 2/1, 9.

5 *Loci* 1521, 58; *MSA* 2/1, 9.

6 Matz, *Der befreite Mensch*, 45.

행하거나 행하지 않을 능력인데, 이는 결국 정서능력에 속한 의지에 속한 것이다.[7]

멜랑흐톤이 중세 전통을 벗어난 이유는 성경이 가르치는 바를 따라야 한다고 생각했기 때문이다. 그 기초에서 그는 사람의 의지의 자유에 대하여 성경적 예정론에 근거하여 부정적 결론을 내린다.[8] 그는 성경이 예정의 필연성을 근거로 사람의 자유를 인정하지 않고 있으며, 이는 궤변론자들의 견해보다 신뢰할 만한 것임을 분명히 한다.[9] 이성을 따르는 사람은 자신의 능력(*facere, quod in se est*)을 의존하여 구원에 합당한 것을 공로로 얻어낼 수 있다고 생각하고, 더 나아가 하나님께서 모든 것을 정하시고, 특히 구원에 대해 예정하셨다는 것을 부인하기에 이른다. 그러나 멜랑흐톤은 성경의 교훈이 이런 이성의 생각과 분명히 다르다고 지적한다. 이와 같이 멜랑흐톤은 이성에 중점을 둔 전통적 인간론을 반대하고, 성령께서 정하신 하나님과 사람의 관계에 초점을 두는 신학적 인간론을 주장한다.[10]

멜랑흐톤이 사람의 의지의 자유를 부정하는 근거는 예정론이다. 하나님께서 모든 것을 정하신다고 가르치는 성경은 의지에 자유를 부여하지 않는다.[11] 예정론을 이해하지 못하는 이성은 구원론적 가치를 갖지 않는다.[12] 분명 철학자들은 이성에 기반하여 하나님의 예정을 이해하지 못한다. 그러나 이 말은

---

7 *Loci* 1521, 59; *MSA* 2/1, 10.

8 멜랑흐톤은 다양한 성경 구절을 증거로 인용한다. 순서대로 하면 다음과 같다. 롬 11:36; 엡 1:11; 마 10:29; 잠 16:4,9; 20:4; 렘 10:23; 삼상 10:16; 왕상 12:15; 롬 9:11; 눅 12:7.

9 *Loci* 1521, 61; *MSA* 2/1, 11f. 특히 다음 구절은 성경에 대한 그의 분명한 입장을 보여준다. "Et cum de libero arbitrio omnino primo loci agendum esset, qui potui dissimulare sententiam scripturae de praedestinatione, quando voluntati nostrae libertatem per praedestinationis necessitatem adimit scriptura?"

10 Matz, *Der befreite Mensch*, 48.

11 *Loci* 1521, 61.; *MSA* 2/1, 11f.

12 Matz, *Der befreite Mensch*, 49.

이성이 전혀 쓸모없다는 말은 아니다. 이성은 외적인 영역에서 분명한 역할이 있기 때문이다. 다만 철학자들이 의지의 자유를 주장하며 이런 외적 사건들의 우발성에 초점을 맞추는 것은 문제이다. 왜냐하면 그들은 외적인 것만 볼 수 있지만, 하나님은 외적인 것뿐 아니라, 내적인 것도 보시기 때문이다.13

또한 멜랑흐톤은 이성이 역할을 하는 외적 영역에서도 사실 이성보다 정서가 주도적인 역할을 한다고 지적한다. 달리 말하면 의지가 정서를 통제하는 것이 아니라, 정서는 정서로 극복될 뿐이다.14 스콜라 학자들은 정서를 제어하고 다스리는 것이 이성에 속하는 의지의 능력이라고 생각하지만, 이는 사실이 아니다. 멜랑흐톤은 파리스(Paris)와 오이노네스(Oenones)의 이야기와 삼하 20:9의 요압의 예를 가지고 지성이 행위를 주도하는 것이 아니라 격렬한 정서가 선택의 행위를 지휘함을 설명한다.15

더하여 이런 오류의 근원이 아리스토텔레스가 외적 영역의 선택을 의지라고 부른 것에서 기인한다고 지적한다. 동시에 멜랑흐톤은 이런 혼란스런 용어보다 '마음'이라는 성경적 용어를 사용할 것을 권하고 있다. 이어 그는 성경이 정서와 마음이 악하고, 거짓됨을 가르친다는 것을 언급하고 있다.16 결국 악한 정서가 장악한 의지의 선택은 악으로 결론 나기 때문에, 외적 영역에서도 의지에게 자유란 없는 것이다. 이는 명백하게 스콜라 학자들을 반대하는 것이다.

2. 죄란 무엇인가?

사람의 의지가 갖는 능력은 죄에 대한 견해에서 더 명백하게 드러난다. 멜랑

---

13 *Loci* 1521, 62; *MSA* 2/1, 13.
14 *Loci* 1521, 62; *MSA* 2/1, 13. "sed affectus affectu vincitur"
15 *Loci* 1521, 64; *MSA* 2/1, 15.
16 *Loci* 1521, 65-66; *MSA* 2/1, 15f. 여기에서 언급되는 성경구절은 잠 14:12; 렘 17:9; 시 19:12; 시 25:7 이다.

흐톤은 원죄와 자범죄를 구분하고 이성의 판단에 중점을 두는 스콜라 학자들의 견해를 반대하며 논의를 시작한다. 그는 원죄의 정의로 죄가 무엇인가라는 질문에 답을 한다. 원죄는 사람이 타고나는 죄를 향하는 경향이다.[17] 멜랑흐톤에게 원죄와 자범죄는 사실상 구분되지 않는다. 죄는 사람의 전체를 지배하고, 사람은 스스로 선한 행위를 의도적으로 선택하여 죄를 반대할 능력이 없다. 그러므로 죄를 향한 능력(*vis ad peccatum*)은 감성능력(*vis, e qua affectus oriuntur*)과 일치한다. 죄란 부패한 정서의 활동이고, 다른 말로 하나님의 법을 반대하여 행하는 마음의 행위이다.[18]

스콜라 학자들의 경우 원죄를 원의의 결핍(*carentia iustitiae originalis*)의 형식인(*forma*)으로, 욕정(*concupiscentia*)을 재료인(*materia*)으로 이해한다. 이렇게 원죄가 원의의 부재에 따른 하나님의 심판이나 진노로 이해된다면, 사람의 영혼(*anima*)의 본질은 사실상 손상되지 않고 남아있다는 것을 암시한다. 선을 행하든 악을 행하든 어쨌든 사람에게 최소한 구조적으로 어떤 가능성이 남아있다는 말이다. 그리고 이 가능성이 사람이 가진 의지의 자유의 전제가 된다고 생각한다.[19]

멜랑흐톤은 스콜라 학자들의 교리를 창 6:3과 롬 8:5을 근거로 반대한다. 사람은 영적인 정서(*affectus sprituales*)의 원래 상태를 원죄로 인해 잃었고, 대신 본성적 정서(*affectus naturae*) 혹은 육적 정서(*affectus carnales*) 아

---

17 *Loci* 1521, 67; *MSA* 2/1, 17. "Peccatum orininale est nativa propensio et quidam genialis impetus et energia, qua ad peccandum trahimur, propagata ab Adam in omnem posteritatem."

18 *Loci* 1521, 67; *MSA* 2/1, 1 "Parvus affectus pravusque cordis motus est contra legem dei, peccatum."

19 이런 정의는 스콜라 학자들의 하나님의 형상에 대한 견해에서 나온 것이다. 그들은 하나님의 형상을 고등한 이성과 저급한 욕구와 정욕으로 구분하고, 원의는 고등한 이성이 저급한 욕구를 제어하는 것으로 이해한다. 타락은 이 제어에서 실패한 것으로 하나님의 형상으로 사람의 본질에는 손상이 없다. 참고. Matz, *Der befreite Mensch*, 51f.

래 놓였다. 멜랑흐톤에 따르면, 원의의 손실은 사람의 근본적 방향이 하나님 사랑(*amor Dei*)에서 자기 사랑(*amor sui*)으로 변화이다. 즉 원의는 사람의 내재적 자질(*qualitas*)이 아니라 하나님에 대한 전인적 사랑의 태도이다. 하나님 사랑을 잃어버린 결과, 사람은 하나님을 능동적으로 증오한다. 왜냐하면 하나님께서 법의 요구를 통해 사람을 압박하시고, 사람의 욕구(*cupiditas*)는 그것을 반대하기 때문이다.20 이처럼 원죄의 결과는 모든 사람의 죄인됨이다. 즉 원죄는 사람의 개별 행위를 구체화한다.

　죄가 하나님에 대한 사람의 태도와 관련되기 때문에, 죄의 해결에 대한 사람의 소망 또한 하나님에 대한 관계와 관련된다. 여기에서 그리스도를 통한 구속에 대한 믿음이 등장한다. 그리고 예수 그리스도를 통한 구원을 믿는 사람은 그 무엇보다 하나님을 사랑한다. 그리고 사랑은 하나님에 대한 입장과 율법에 대한 태도에서 결정적으로 드러난다. 이런 방식으로 하나님을 사랑하는 것과 그의 법을 이루는 것은 믿음으로 연결된다. 즉 하나님에 대한 사랑으로서 믿음은 성령의 일하심이며, 하나님의 법을 준수하는 것으로 드러나게 된다.21

　멜랑흐톤은 이런 점에서 스콜라 학자들의 공로 신학을 반대하였다. 그들은 의지의 행위가 공로(*meritum*) 혹은 죄과(*demeritum*)를 만들어 낼 수 있다는 것인데, 멜랑흐톤은 이를 인정하지 않았다. 왜냐하면 그들의 견해는 은혜와 의지의 관계를 오해하게 하는 것이기 때문이다. 그들에 따르면, 의지는 자유로운 선택을 하고, 은혜는 사람의 습성(*habitus*)으로 의지의 자유로운 선택을 돕는 것이다.22 이렇게 죄와 칭의와 은혜는 사람의 행위 구조와 긴밀하게 연관

---

20 *Loci* 1521, 68; *MSA* 2/1, 18f.
21 *Loci* 1521, 79; *MSA* 2/1, 30. "non satis erat lex, quae ostenderet, quid faceremus, sed oportuit etiam spiritum conferri per Christum, qui nos ad legem amandam inflammaret."
22 Matz, *Der befreite Mensch*, 56f.

된다.

멜랑흐톤은 성경에 기초하여 스콜라 학자들의 견해를 반대한다. 엡 2:3을 근거로 사람은 진노의 자식이며, 이는 사람이 단지 율법을 성취하지 못한 것이 아니라, 하나님을 사랑할 수 없다는 것이다. 그 원인은 원죄로 인해 완전히 타락한 사람의 본성 때문이다. 사람은 이제 육의 의지를 따라 살아가고, 그래서 전인(*totus homo*)은 전부 죄인(*totus peccator*)이고, 사람의 모든 행위는 육의 열매로 죄라고 결론 내릴 수 있다.[23]

멜랑흐톤은 스콜라 학자들이 논하는 도덕적 행위(*Opera moralia*)는 구약의 계명 성취를 의미하는 것이고, 그래서 적절한 공로(*meritum congruo*)는 율법 성취로부터 나오는 의를 가리킨다고 이해했다. 적절한 공로를 통해 사람의 공로가 강조되고 그렇게 하나님의 은혜는 사라지게 된다. 그래서 멜랑흐톤은 그 학자들의 덕 추구를 공로의 관점에서 죄의 표현이라고 보았다. 사람은 자신에게 해로운 것을 사랑하지 않기 때문이다. 결국 그런 사람의 회개는 처벌의 두려움에서 발생하는 자기 사랑의 열매로 거짓 사랑(*amor mendax*)이다. 멜랑흐톤은 죄에 대한 바른 이해에서 나오는 회개는 오직 하나님의 일하심에서 나온다고 단언한다. 이런 관계에서 예정이 중요하다. 예정은 이처럼 은혜와 칭의를 얻기 위한 사람의 자발적 행위를 반대하여, 하나님의 일하심을 강조함 가운데 생각해야 한다.[24]

그러나 멜랑흐톤이 사람의 전적인 수동성만을 이야기하는 것은 아니다. 그는 회개와 관계에서 우리를 향한 하나님의 이중 돌이킴(*duplex conversio Dei ad nos*)을 말한다.[25] 먼저 하나님은 행위의 주체로서 사람을 향하여 움직

---

23 Matz, *Der befreite Mensch*, 58.
24 *Loci* 1521, 82f.; *MSA* 2/1, 33f.
25 *Loci* 1521, 85; *MSA* 2/1, 36.

이신다. 이것이 회개의 전제이다. 하나님은 사람에게 영을 불어넣으신다. 이를 통해 사람은 죄를 알 수 있는 능력이 생기고, 자신의 비참함을 깨닫는다. 그래서 그의 양심이 깨닫는 비참함은 자신의 통찰에서 나온 것이 아니라, 성령께서 주신 것이다. 하나님께서 일하시기까지 사람은 수동적이었다. 그리고 회개를 통해 이제 능동적으로 변화한다.

여기에서 믿음의 활동이 나타난다. 하나님은 성령을 통해 사람을 자신에게 이끄신다. 그리고 그의 회개를 통해 죄의 처벌을 면제하고 속죄를 선포한다. 사람은 단지 반응을 할 뿐이다. 그는 하나님의 법의 요구에서 그 법을 이룰 수 없는 자신의 실패를 알게 되지만, 회개 가운데 하나님의 법을 사랑하게 된다. 이전에 미워하던 법을 사랑하게 되는 것이다. 그렇게 율법은 하나님 사랑(amor Dei)으로 가는 중요 단계를 제시한다. 다만 법을 이루는 것이 아니라, 이룰 수 없음을 알고, 하나님의 자비를 통해서 가게 된다.26

멜랑흐톤은 원죄 이해에서 스콜라 학자들의 견해에 분명한 반대를 보이고 있다. 특히 비엘의 견해와 대조되는데, 비엘은 변함이 없는 의지의 자유에서 시작하여 이를 책임있는 도덕적 행위의 전제로 이해했다.27 반면, 멜랑흐톤은 의지의 부자유를 죄 교리의 결과로서 이끌어냈다. 사람의 힘에서 나오는 의지는 자유롭지 않다. 죄를 반대해서 결정할 수 없기 때문이다. 이는 사람의 기본적 위치가 어디에 있는지를 분명하게 보여준다.

---

26 *Loci* 1521, 85; *MSA* 2/1, 36.

27 Matz, *Der befreite Mensch*, 59. 이런 견해는 에라스무스의 견해와 정확하게 일치한다. 참고. 류성민. "나는 결코 루터를 따르지 않는다. 에라스무스의 "자유의지에 대하여"의 분석(*me numquam iurasse in verba Lutheri*)," 「ACTS 신학저널」 46(2020), 73-114.

III. *Locorum communium a Melanthone a* 1533의 자유의지

Loci 1533은 멜랑흐톤의 로마서 강의와 아리스토텔레스 윤리 연구 이후에 나온 저작이다.28 물론 정식으로 출판되지 않았고, 부겐하겐(Johannes Bugenhagen, 1485-1558)의 강의에서 나온 판이다. 이 저작은 개선되어 *Loci* 1535로 출판되기에 이른다. 여기에서 자유의지에 대한 부분은 멜랑흐톤의 신학적 변화를 충분히 보여준다. *Loci* 1521을 기준으로 변화된 내용을 중점으로 다루도록 하겠다.

멜랑흐톤은 1533년 의지의 교리에 대한 논의를 죄의 원인을 찾기보다는 의지의 자유(*libertas voluntatis*)가 사람에게 어떤 영향을 끼치는가에서 시작한다.29 여기에서 법은 사람이 자신을 판단하는 기준으로 제시된다. 하나님의 법 앞에서 사람은 법을 이루는가 어기는가로 판단을 받는 것이다. 그러나 사람은 성령없이 결코 이 법을 이룰 수 없다. 그러므로 의지가 법 앞에서 자유롭지 못한 것은 죄의 영향이다. 죄는 자비로우신 하나님을 신뢰하지 않는 것이며, 그의 은혜 없이 사는 것이다.30 그런 의미에서 타락한 사람에게 회심은 자연스러운 일이 아니다. 또한 회심 후 믿음의 행위도 법을 완전히 이루지 못한다. 믿음은 사람의 변화된 자질(*qualitas*)이 아니기 때문이다.31 멜랑흐톤은 이를 전가된 칭의를 통해 해결하였다. 사람을 변화시켜 법을 이루도록 하는 것이

---

28 Philipp Melanchthon, ed. Carl Gottlieb Brettschneider and Heinrich Ernst Bindseil, *Corpus Reformatorum: Philippi Melanchthonis opera quae supersunt omnia* (Halle, Braunschweig: 1834-1860) Vol. XXI(= *CR* 21), 253-332.

29 *CR* 21, 273.

30 *CR* 21, 277. "nec posse legem dei facere, nec posse sine spiritu sacnto concipere motus spirituales, timorem dei et veram fiduciam."

31 Matz, *Der befreite Mensch*, 111f.

아니라, 그리스도의 의를 그 사람에게 전가(*imputatio iustitiae*)한 것이다.[32] 이를 통해 처벌에 대한 공포는 사라지고, 믿음으로 인한 하나님과 사람의 관계는 새롭게 만들어진다. 그리고 새로운 관계는 사람에게 마땅한 법의 준수를 요구하게 된다.[33] 여기에서 우리는 자유의지에 대한 멜랑흐톤의 견해의 변화를 본다.

Loci 1521에서 멜랑흐톤은 자유의지를 부정하는 근거로 예정을 이야기했다. 사람의 의지의 선택은 예정하시는 하나님의 의지에 반대에 위치하여 부정되었다. 그래서 사람이 내적 영역이든 외적 영역이든 법을 지킬 수 없다고 단언한다. 그 결과 하나님의 법은 그저 죄를 인식하는 역할을 할 뿐 그리스도인에게 긍정적인 기능은 없는 것과 같이 여겨졌다.

그러나 *Loci* 1533에서 멜랑흐톤은 하나님의 법에 대해 더 이상 부정적이지 않다. 법은 단지 죄의 인식을 위한 기능에 머물지 않고, 실제로 의롭게 된 사람에 대한 요구가 되었다. 즉 멜랑흐톤에게 칭의는 단지 복음의 약속을 받은 사람에게 주어지는 의의 전가일 뿐 아니라, 또한 그가 하나님과 가진 새로운 관계에서 요구되는 실제적이며 효과적인 삶의 요구, 즉 법의 준수 요구를 포함한다.

Loci 1521에서 멜랑흐톤은 칭의에서 하나님의 능동성과 사람의 수동성만을 강조하고, 성화에 대해서 별로 관심이 없었는데, *Loci* 1533에서 칭의 이후 성화 과정에서 사람의 능동성을 강조하고 있다는 점이 변화이다. 이전에는 사람의 모든 감성이 악하기 때문에 의지는 전적으로 자유가 없다는 인상을 주었다. 그러나 이제 의롭게 된 사람의 윤리적 완성과 새로운 하나님과의 관계

---

32 *CR* 21, 304.

33 참고. *CR* 21, 279f. "Ettamen scire oportet quod honesta disciplina, hoc est civilia bona opera a nobis effici possint, et quod deus hanc disciplinam requirat, etsi propter eam non simus iusti coram deo."

에서 의지에 분명하게 자유가 부여되었다. 이것의 신학적 의미는 복음을 듣는 사람이 이 생에서 도덕적 선의 추구를 통해 자신의 구원을 더욱 확신하게 된다는 것이다. 다만 멜랑흐톤이 이 자유에 원인(causa)으로서 기능을 부여한 것은 아니다. 이러한 의지의 활동은 믿음으로 자유롭게 된 상태, 즉 성화의 상태에서 볼 수 있는 것이기 때문이다. 멜랑흐톤은 칭의의 원인으로서 의지의 자유를 이야기하는 것이 아니라, 과거에 강조하지 않았던 칭의 이후, 칭의의 결과로서 의지의 자유를 논하고 있다.[34]

멜랑흐톤이 법을 준수하는 것을 강조하는 점은 상당한 변화라고 할 수 있다. 이런 변화는 에라스무스와 자유의지 논쟁, 아그리콜라와 반율법주의 논쟁, 신령주의자들과 관계된 농민전쟁, 작센의 시찰 결과 등의 역사적 신학적 사건들을 경험한 신학적 발전이라고 볼 수 있다.

Ⅳ. *Loci communes theologici* 1535

Loci 1535는 1533년 강의 이후 약 2년간의 수고의 결과이다.[35] 특히 율법에 대한 단락은 *Loci* 1521에 비하여 양이 상당히 늘어났고, 내용도 구별된다. 멜랑흐톤은 율법과 율법의 용법에 대한 설명을 칭의와 행위에 대한 주제에 앞서 상세하게 다루었다. 이는 율법의 중요성을 강조해야 했던 무율법주의

---

34 Matz는 이런 변화에 더하여 멜랑흐톤이 사용하는 용어의 변화도 지적하고 있다. 신학적 용어와 철학적 용어의 구분이라고 할 수 있는데, 신학적으로 복음에 의한 의지의 자유를 이야기할 때에 cor, peccatum, lex 등의 개념을 주로 사용하고, 철학적으로 윤리적 행위에 대한 자유를 이야기할 때에 affectus나 virtus의 용어가 사용된다. 이는 *Loci* 1521에서 볼 수 없던 구분이다. 멜랑흐톤의 견해의 발전을 관찰할 수 있다. 참고. Matz, *Der befreite Mensch*, 138.
35 *CR* 21, 333-560.

논쟁의 맥락이 있었다.[36]

멜랑흐톤에게 칭의와 성화의 구분은 인격과 행위의 구분이다. 의의 전가를 통한 칭의로 인격에 변화가 생겼고, 그렇게 변화한 사람은 성화의 과정 가운데 하나님의 법을 따르는 의지의 행위를 한다. 그렇게 멜랑흐톤에게 의지는 신학적으로 성화에 위치하게 된다. 물론 하나님의 말씀의 역사가 사람의 행위에 앞선다는 점은 잊어서는 안된다. 즉 칭의가 전제로서 먼저 있고, 그 다음에 성화가 있다. 그리고 성화에 있어 의지는 원인(*causa sanctificationis*)으로 역할한다.[37] 칭의된 사람의 의지는 하나님의 법 앞에서 자유를 가지고, 법은 그에게 준수의 요구를 한다. 이것이 율법의 제3용법(*tertium officium legis*) 이다.

> 믿음으로 의롭게 된 사람에게 율법의 제3용법은 하나님을 기쁘시게 하는 선한 행위에 대해 가르치고, 하나님에 대한 순종을 연습하는 어떤 행위를 가르치기 위해 있다. 왜냐하면 우리가 칭의를 얻어 율법으로부터 자유롭지만, 율법은 순종을 해야한다고 가르치기 때문이다. 의롭게 된 사람들이 하나님께 순종하는 것이 필요하기 때문이다. 그리고 그들은 심지어 어느 정도 부분적으로 율법을 행하기 시작한다. 그리고 시작된 순종은 즐거운 것이다. 그들이 그리스도로 인해 즐거운 사람들이기 때문이다.[38]

---

36 무율법주의 논쟁에 대하여 다음의 책을 참고. Timothy J. Wengert, *Law and Gospel: Philip Melanchthon's Debate with John Agricola of Eisleben Over Poenitentia* (Grand Rapids, Michigan: BakerBooks, 1997).

37 Matz, *Der befreite Mensch*, 156.

38 *CR* 21, 406. "Tertium officium legis in his, qui sunt fide iusti, est, ut doceat eos de bonis operibus, quaenam opera Deo placeant, et praecipiat certa opera, in quibus obedientiam erga Deum exerceant. Etsi enim liberi sumus a lege, quod ad iustificationem attinet, tamen, quod ad obedientiam attinet, manet Lex. Nam iustificatos nessesse est obedire Deo. Et quidem incipiunt aliqua ex parte facere legem. Et placet illa inchoata obedientia, propterea quia personae placent propter

멜랑흐톤은 율법의 정치적 용법에 상응하는 신학적 기능을 추구하였다. 사람은 율법의 영적 요구를 이룰 수 없기 때문에, 율법을 통해서는 죄를 알게 된다. 이는 죄용서에 대한 복음의 약속을 듣는 사람에게 믿음으로 나아가게끔 인도한다. 이제 복음의 약속을 듣고 믿음으로 구원을 받아, 중생한 사람에게 율법은 새로운 의미를 가지게 된다. 즉 율법은 하나님께서 그의 백성들에게 원하시는 행위의 지침이 된다.

중생한 사람의 이성은 성령을 통해 조명을 받아 자신의 의지에 앞서 하나님의 목적에 찬성한다. 복음의 약속으로 의지는 자유롭게 되어 칭의의 재료(*causa materialis*)로서 칭의에 참여한다.[39] 칭의란 죄의 용서 혹은 죄인의 의롭다 함을 가리키는 것으로 의롭게 된 죄인의 삶의 거룩과 구분된다. 즉 멜랑흐톤에게 칭의와 성화는 분명하게 구분되고 있으며, 성화는 칭의의 결과이다. 그리고 멜랑흐톤은 칭의의 과정에서 의지의 역할을 사실상 인정하고 있다. 칭의의 주체는 하나님이지만, 하나님께서 사람의 의지를 재료로 사용하신다는 점을 말하고 있다.[40]

그러나 멜랑흐톤은 의지로 인해 선택된 사람의 행위에 죄 용서를 위한 공로적 효과를 부여하는 것은 분명하게 거부한다. 그는 칭의에 이르게 하는 의는 우리 바깥에서 온 외부의 의(*iustitia aliena*)이고, 이는 전가된 의(*iustitia imputativa*)임을 분명하게 밝힌다.[41] 이렇게 전가된 의는 칭의 과정에서 사람을 구원의 길로 인도하고 율법에서 해방시킨다. 그러나 이것이 성화의 과정에

Christum."

39 Matz, *Der befreite Mensch*, 157.

40 참고. *CR* 21, 376. "In hoc exemplo videmus cniungi has causas, Verbum, Spritum sanctum, et voluntatem, non sane otiosam, sed repugnantem infirmitati suae."

41 Matz, *Der befreite Mensch*, 147.

서 사람을 회개 가운데 하나님의 뜻을 준수하는 것에서 해방시키는 것은 아니다.[42]

멜랑흐톤은 *Loci* 1535에서 의지의 자유에 대한 질문을 율법과 관계에서 다루고, 사람의 의지적 결정의 가능성과 필요성을 율법의 제3용법의 관계에서 분명하게 강조하고 있다. 이는 *Loci* 1521과 구분되는 변화이다.

마츠는 1521년과 1535년 사이의 발전의 특징을 성령과 덕과 율법의 제3용법으로 특징화한다.[43] 이에 따라 분석하면, 첫째, 멜랑흐톤은 처음에는 의지에 어떤 자유도 부여하지 않았다. 영적인 감성(*affectus spirituales*)은 오직 성령께서 사람에게 주시는 것이기 때문에 사람은 영적 감성의 요구를 자신의 율법 준수를 통해 얻을 수 있었다. 그래서 멜랑흐톤은 죄를 고발하는 율법의 기능에만 초점을 맞추었다. 이후 멜랑흐톤은 1527 골로새서 주석, *Loci* 1533에서 율법 준수로 인한 덕의 개념을 새롭게 강조하였다.[44] 사람이 결정하는 자유에 대한 강조점을 갖게 되면서, 자연스럽게 자유의지의 거절의 기초로 사용되었던 예정론의 설명은 사라지게 되었다. 이는 멜랑흐톤이 예정론을 거절하고 부정했다는 말이 아니다. *Loci* 1521에서 율법을 준수하는 사람의 의지적 행위의 가치를 크게 부정하는 의미에서 예정론이 근거로 사용되었기 때문에, 이제 율법의 준수가 필요하다는 주장으로 발전하면서, 굳이 그 근거로서 예정론을 사용할 필요가 없어진 것이다. 오히려 이는 *Loci* 1521에서 하나님의 일하심과 사람의 행위를 연계하여 고려하였던 것이 이제 구분하여 논의하는 것으로 발전한 것이다.

둘째, 멜랑흐톤은 구원의 세 원인에 대한 진술에서 의지를 세 번째 원인으로

---

[42] 참고. *CR* 21, 459. "Esse liberum a lege, non esse liberum ab odedientia legis moralis, sed maledictione legis;"

[43] Matz, *Der befreite Mensch*, 158.

[44] Matz, *Der befreite Mensch*, 158.

지명하며 칭의와 성화에 관계시킨다. 성령에 이끌리는 의지는 사람의 의심이나 약함에 저항하고, 성령의 선물에 믿음으로 응답하는 것이다. 성령이 먼저 사람의 의지를 움직이고 사람은 적극적으로 선택한다. 이런 점에서 멜랑흐톤은 이성을 중시하는 인문주의자로서 칭의와 성화에서 사람의 의지의 실제적인 활동을 설명하려고 시도하였다.

셋째, 하나님의 구원 행위와 구원 의지를 사람의 의지와 연결시키는 것은 믿는 사람들에게 행위의 요구로서 율법을 만나게 한다. 이때 율법은 더 이상 고발의 기능이 아니다. 멜랑흐톤은 율법의 제3용법을 이런 방식으로 사용하여, 사람의 의지가 하나님의 칭의 안에 위치하도록 하였다. 그리고 이렇게 새롭게 된 사람의 의지는 윤리적인 선한 행위를 선택함으로 성화의 중요한 기초가 된다.

V. *Loci praecipui* 1543

보통 멜랑흐톤의 신학총론은 변화에 따라 세 시대로 구분되는데 1543년에서 1559년 사이를 3번째 시대(*tertia aetas*)라고 부른다. *Loci* 1543는 신학총론의 3세대 첫판이라고 할 수 있다.[45]

멜랑흐톤은 *Loci* 1543에서 교회론에 중점을 둔다. 그리고 의지의 자유에 대한 진술은 새롭게 명백하게 된다. 여기에 영향을 준 것은 요한네스 에크로 대표되는 로마 가톨릭 신학자들과의 논쟁이었다. 가톨릭 신학자들은 개신교가

---

45 *CR* 21, 602-1106. 이를 기초로 신학총론은 1559년까지 개정되었다. 1559년 최종 개정판의 편집본은 *MSA* 2/1, 164-끝 그리고 2/2에서 볼 수 있다.

교회의 통일성을 파괴했다고 비난했고, 멜랑흐톤은 개신교의 교리가 예수 그리스도의 공통된 교회 안에 있음을 증명하려 했다.[46]

멜랑흐톤에게 가장 중요한 교회의 활동은 살아계신 하나님의 말씀이다. 칭의는 교회의 머리이신 중보자 예수 그리스도를 통해 우리를 위해(*pro nobis*) 발생하였다.[47] 또한 성화는 죄 용서와 영생을 위해 일하시는 성령을 통해 우리 안에(*in nobis*), 즉 교회에 더해진다. 교회와 관계된 칭의와 성화에서 의지의 자유에 대하여 *loci* 1535보다 더욱 분명하게 진술된다.[48] 멜랑흐톤은 칭의 사건에서 부자유한 의지와 성화에서 자유롭지만 힘이 없는 의지와 모든 외적 행위에서 폭넓게 자유로운 의지를 구분한다. 그리고 의지의 자유는 항상 율법과 관계하여 진술된다.[49]

율법의 첫 번째 용법은 사회적 정치적 용법으로 일반적 윤리에 대한 것이지만,[50] 두 번째와 세 번째 용법은 의인인 동시에 죄인인(*simul iustus et simul peccator*) 그리스도인을 위한 것이다.[51] 칭의를 통해 의롭게 되었고, 성령께서 그에게 은혜를 주셔서 사람은 율법을 준수하기 위해 자유롭게 되었다. 그러나 이는 사람에게 하나님에게서 분리되어 어떤 능력을 갖는 독립적 자유를 의미하지 않는다. 여전히 율법은 그에게 죄를 인식하게 하고, 회개를 요구하고 있다. 왜냐하면 원죄의 능력이 여전히 사람 안에 존속하기 때문이다.[52]

---

46 Matz, *Der befreite Mensch,* 188.

47 참고. *CR* 21, 716, "Primus est paedagogicus seu politicus; vult enum Deus coerceri disciplina omnes homines, etiam non renatos, ne externa delicta committant.."

48 *CR* 21, 652-664. [IV.] De humanis viribus seu de libero arbitrio.

49 참고. *CR* 21, 653. "Cum enim dubitatur, an voluntas humana sit libera, quod quaeritur in Ecclesia, an et quatenus voluntas humana possit obedire Legi Dei:"

50 참고. *CR* 21, 686f. "Sed Monachi de Lege Dei, ut de civili disciplina locuti sunt, dixerunt Legi Dei satisfieri per hanc disciplinam civilem seu Philosophicam, id est, per exteriora opera et qualemcunque conatum voluntatis, etiamsi in mente dubitationes, in voluntate et corde multae pravae inclinationes manent."

51 Matz, *Der befreite Mensch,* 189.

멜랑흐톤은 죄 용서로서 주어지는 은혜와 성령과 영생이 주어지는 은혜를 구분한다. 즉 칭의의 은혜와 성화의 은혜를 구분한다. 그리고 성화의 자리에서 성령께서 거주하시는 은혜는 의지의 자유교리의 전제가 된다.[53] 이런 바탕에서 의지는 율법의 요구에 상응하는 공로를 선택한다.[54]

멜랑흐톤은 칭의에서 사람의 의지의 협력적 활동은 없다고 분명히 한다. 그러나 이러한 선포 가운데 윤리적 행위에 대하여 요구하는 신학적 주제가 있음을 분명한다. 그리고 이런 내용들을 성경의 진술에 초점을 맞추고, 많은 성경 인용으로 증명했다. 다만 그의 초점은 사람의 경험적 감각에 초점을 맞추려 노력했다.

멜랑흐톤은 *Loci* 1543에서 칭의된 사람의 새로운 자유를 새로운 관계에서 설명한다.[55] 사람은 개인으로서 설명되지 않고, 성령에 의해 모인 교회의 구성원으로서 관찰된다. 이렇게 사람의 의지와 행위는 구원 역사적 하나님의 계획 안에서 교회 안으로 들어와 설명된다. 하나님의 구원하시려는 계획을 사람이 죄 가운데 스스로 시도할 때에, 그의 의지는 죄의 노예가 되어, 죄가 아닌 다른 것을 선택할 수 없다. 즉 의지는 부자유하다. 그러나 하나님께서 죄인을

---

52 참고 *CR* 21, 720. "ideoque lege ostendi et damnari naturae humanae immuditiem. Quare et poenas addit de interiore pravitate: Qui irascitur fratri suo frustra, reus erit iudicii."

53 참고 *CR* 21, 765. "Sed interior obedientia non potest inchoari sine agnitione Evangelii et sine Spiritu sacnto. Primum enim dilectio Dei existere non potest, nisi prius audita voce Evangelii de remissione."; *CR* 21, 766f. "Praeterea effundit Spritum sanctum in corda invocantium;"

54 참고. *CR* 21, 656. "Voluntas humana non potest sine Spiritu sancto efficere spirituales effectus, quos Deus postulat, scilicet verum timorem Dei, veram fiduciam ..."; *CR* 21, 660. "Praeterea si de tota vita piorum loquamur, etsi est ingens imbecillitas, taben aliqua est libertas voluntas, cum quidem iam a Spiritu sacnto adiuvetur et agere aliquid in externis lapsibus cavendis possit."

55 *CR* 21, 1037. "Complectitur Christus integram libertatem, quam ipse attulit et peperit sua morte Ecclesiae suae."

붙잡으셔서 구원하실 때에, 죄인은 하나님께 강제로 붙들리게 된다. 그리고 그는 믿음에 연결되어 의롭게 되는데, 그 과정에서 사람은 하나님께 붙들려 믿음을 향한 자기 결정을 한다.[56] 여기에 자유가 있다. 반대로 하나님께 붙들리지 않은 사람은 믿음을 향하지 않는 자기 결정을 한다.

사람의 의지의 자유는 성화에서 좀더 분명하게 나온다. 이 자유는 사람의 의지가 성화 가운데 하나님의 법에 동의하거나 동의하지 않는 가능성을 가진 것을 의미한다. 의지의 동의는 교회를 위한 하나님의 구원 계획의 일부분이다. 여기에서 사람의 의지는 사실상 자유롭다. 이것이 우리의 경험이다. 그러나 그 자유가 하나님의 구원 계획을 실현하거나 방해하는 능력은 없다. 다만 어느 정도의 연결 가능성만 보일 뿐이다. 그래서 멜랑흐톤은 하나님의 예정을 위로의 주제(*locus consolationis*)로 정의한다.[57] 그는 예정과 사람의 경험을 사실상 분리하고, 이 둘은 다른 층으로 함께 있지만, 사람의 경험에서 하나님의 예정의 일부만 인지될 수 있음을 보이는 것이다.[58]

성화와 관련하여 한 가지를 덧붙이자면, 멜랑흐톤은 의지가 성화에서 사실상 힘이 없다는 것을 인정한다. 사람의 의지 자체만으로는 불가능한 것이 분명하다. 성화도 내주하는 성령의 은혜로 인해 의지가 자유롭게 될 때에 가능한 것이 이론적 사실이다. 다만 그것이 현실에서 사람에게 경험될 때에 자유로운 의지의 동의와 함께 이루어진다. 그리고 그런 성화를 향한 사람의 의지의 결정

---

56 참고. *CR* 21, 744. "Fides est assentiri universo verbo Dei nobis proposito, adeoque et promissioni gratuitae Reconciliationis donatae propter Christum Mediatorem, estque fiducia misericordiae Dei promissae propter Christum Mediatorem."; *CR* 21, 734. "Itaque neque obedientiam nostram excludit, tantum caussam beneficii a dignitate nostrae obedientiae transfert in Christum, ut beneficium sit certum."
57 *CR* 21, 945. "Tertius locus consolationis est promissio auxilii, …"
58 멜랑흐톤의 이 구분들은 상당한 오해를 가져왔다. 멜랑흐톤이 예정론을 부인한다거나, 구원의 신인협력설을 주장한다던가 하는 것들이다. 이는 사실이 아니다.

은 자신이 의롭게 되었다는 칭의의 효과적 증거의 표현이다. 그러므로 성화는 칭의의 필연적 결과이며, 성령에 의해 자유롭게 된 의지는 하나님의 율법을 기꺼이 따르고자 소망하며, 결정한다. 이것이 확신을 주는 증거가 된다.

멜랑흐톤은 이론과 실제에 대한 분명한 설명을 함께 하고 싶었다. 이는 그가 인문주의자로서 또한 개혁자로서 성경에 따른 바른 신학을 이론 뿐 아니라, 실제에서도 분명하게 해설하고자 하는 발전하는 시도를 보여준 것이다.

VI. 결론

멜랑흐톤의 의지에 대한 진술의 변화는 인간론에 대한 집중이라고 할 수 있다. 처음에 자유의지의 부정의 근거로 하나님의 예정을 언급하는데, 이는 사람의 행위와 하나님의 행위의 층을 동일 선에서 보는 스콜라적 견해들의 영향을 완전히 벗지 못한 것으로 판단된다. 의지의 문제를 너무 단층적으로 본 것이다. 그러나 점차 이런 견해가 실제적 윤리적 문제에 직면하면서, 의지에 대한 견해는 좀 더 섬세해지고, 실제화되었다. 칭의와 성화에서 하나님, 특히 중보자 그리스도와 성령의 활동에 중점을 두는 것은 하나님의 신비로운 예정과 구체적인 사람의 경험을 구분하는 것이다. 칭의와 성화에서 사람이 직접 경험하게 되는 하나님의 활동과 그에 반응하는 사람의 의지의 활동을 실제적으로 설명하는 방향으로 그의 진술은 발전하게 된다.

칭의의 과정을 살펴보면, 중보자 그리스도의 구속을 이야기하는 하나님의 말씀이 선포될 때에, 성령의 감동을 받은 사람은 자신의 의지로 믿음을 갖게 된다. 실상 믿음은 사람의 의지와 상관없이 먼저 하나님께서 주신 선물이지만,

사람의 의지는 그런 하나님의 활동을 받아 움직이는 재료의 원인으로 이 칭의의 과정에 동참하게 된다. 그러나 사람은 하나님의 먼저 일하심을 인지하지 못한다. 그러나 자신의 의지가 움직이는 것은 분명한 활동이다. 이는 엄밀하게 협력적 작업이 아니다. 협력적이라고 하면, 하나님과 사람의 동등성이나, 최소한 사람의 활동에 어느 정도의 공로적 자율성을 부여해야하는데, 멜랑흐톤은 분명 이를 거절한다. 칭의의 과정에서 사람의 의지는 부자유하다. 다만 성령의 지도를 받은 사람의 의지는 즐거움으로 믿음을 선택한다. 멜랑흐톤은 이론을 경험적 사실에 기반하여 세우고 이를 매우 사실적으로 설명하는 방향으로 발전하였다.

성화의 과정을 살펴보면, 칭의를 받은 사람은 내주하시는 성령의 도우심을 받아 선을 향하는 자유의지의 도움을 받는다. 이를 달리 표현하여 의지에 어느 정도 자유가 생기며, 이 자유로 하나님의 법을 지킨다. 이것이 율법의 제3용법이다. 여기에서 사용되는 설명들도 매우 실제적이다. 멜랑흐톤은 하나님의 일하심과 동떨어진 사람의 독립적 자유를 말하지 않는다. 그러나 동시에 경험에서 갖는 의지의 자유를 고백하고 있다. 즉 하나님의 활동의 층과 사람의 경험의 층을 분리하여, 둘이 함께 있는 것이 분명하지만, 사람이 실제로 경험하는 현실을 중심으로 의지에 대한 진술을 펼치고 있는 것이다.

멜랑흐톤이 의지의 자유에 대한 설명의 근거로 처음에는 하나님의 예정을 언급했다가, 후에는 더 이상 이런 방식으로 설명하지 않는다. 이를 근거로 멜랑흐톤이 하나님의 예정을 포기했다고 할 수 있을까? 일단 예정은 신론의 분야이다. 그리고 의지의 자유는 인간론의 분야이다. 처음에는 둘을 단층적으로 섞어 설명하였다고 하면, 시간이 지나면서, 그렇게 진술하는 것이 적당하지 않음을 알게 되는 신학적 발전이 있었다고 보는 것이 적절하다. 예정은 신비로운 하나님의 일하심으로, 사람이 경험하는 실제의 설명에 적합하지 않다고 판단한 것이다. 그러나 이 판단이 멜랑흐톤이 예정을 부정한다는 것을 의미하거나, 그런 방향으로 나아가는 것은 아니다. 오히려 신학적 위치를 재정돈한 것이다. 사람의 구체적 행위의 근거를 사람의 입장에서 사람의 층에서 설명한다. 그러나 예정과 같은 신비로운 하나님의 일하심은 하나님의 층에서 설명한다. 둘은 충돌하지 않는다. 예정도 있고, 사람의 의지도 있다. 예정은 사람의 감각을 뛰어넘지만, 사람의 의지는 경험적이다. 멜랑흐톤이 하나님의 예정에 대한 입장이 부정적으로 변한 것이 아니라, 이처럼 섬세해지고, 좀 더 경험적으로 발전했다고 보는 것이 타당하다.

율법에 대한 입장은 처음에는 부정적이다가, 긍정적으로 변화하였다. 논쟁의 대상의 변화가 이런 발전을 야기했다고 할 수 있다. 처음에는 중세 스콜라 철학의 프란체스칸 은혜론의 신인협력설을 반대하는 것이 주요한 목적이었다. 율법의 준수를 구원과 관계시키는 것에 매우 강력한 반대를 보였다. 그러나 그 후에 에라스무스와의 논쟁을 통해 윤리적 부패와 방종에 대한 적절한 대응이 필요하고, 이를 인문주의적 방식으로, 즉 실제적이며 경험적인 방식으로 설명할 필요를 갖게 되었다. 행위 구원에 대한 이론적 대응은 가능하지만, 실상에서 경험되는 의지의 선택 문제를 성경적인 원리에 따라 해설하는 것은 모두에게 필요한 일이었다. 더하여 아그리콜라와의 반율법주의 논쟁을 통해 율법과 복음의 구분이 단편적으로 이해되었을 때 발생할 문제들을 목도하면서, 좀더 섬세하게 율법의 기능을 설명하고, 그리스도인들에게 율법의 준수의 필요성을 강조할 필요가 발생했다.

구체적으로 칭의의 과정에서 처음에는 하나님의 능동성만 강조하다가, 실제로 믿음을 통해 하나님께서 사람을 그 과정에 참여하게 하신 것으로 설명하기에 이른다. 물론 공로로서의 참여는 부정되어야 한다. 이 표현은 신학적으로 많은 오해와 비판을 일으켰지만, 신자의 현실적 믿음이라는 경험을 사실적으로 해설한다는 점에서 매우 효과적이다.

또한 성화의 과정에서 의지의 역할은 강조되었다. 칭의된 그리스도인의 삶에서 하나님의 법은 그 가치를 잃지 않는다. 하나님은 여전히 그 법의 준수를 요구한다. 그러나 율법의 준수는 칭의적 의미가 아니라 성화적 의미이다. 그리스도인은 이미 의롭다함, 칭의를 받았다. 이는 중보자 그리스도께서 다 하신 것을 성령께서 우리에게 전가하신 것이다. 그래서 성화적 의미에서도 사람이 율법을 지키는 것의 전제는 그리스도인 안에 내주 하시는 성령의 은혜이다. 그것이 사람의 의지의 자유 교리의 전제이다. 이런 기초에서 사람의 의지는 율법의 요구에 상응하는 공로를 선택한다. 모두 하나님의 도우심과 보호하심으로 가능한 것이지만, 사람의 의지가 현실에서 선택하는 것은 분명하다. 다시 강조해야 하는데 멜랑흐톤은 결코 사람을 하나님과 동등하게 놓고, 사람의 의지가 하나님의 일하심과 분리하여 구체적인 어떤 자유를 갖는다고 이야기하지 않는다. 항상 하나님의 일하심이 전제가 되고, 그 위에서 사람은 자유를 가지고 법을 지키게 된다. 물론 그렇게 법을 지키는 것이 그의 온전한 선함을 주장하는 것은 아니다. 칭의를 받은 의인이지만, 여전히 그가 죄인이기 때문이다. 여전히 원죄의 능력이 그 안에 남아있다. 그래서 내주하시는 성령의 은혜로 율법을 순종하도록 자유를 얻지만, 동시에 율법은 그리스도인에게 죄를 깨닫게 하고, 또한 회개를 요구하는 것이다. 결론적으로 성화의 과정에서 하나님은 그리스도인에게 윤리적 삶을 요구하시고, 사람은 이를 자유롭게 된 의지를 가지고 선택한다.

멜랑흐톤의 의지의 자유에 대한 인간론적 해설의 발전 과정은 그의 신학의 변질이 아니라, 신학을 얼마나 섬세하게 경험적으로 해설할 것인가에 대한 그의 고민의 여정을 보여준다. 종교개혁의 인간론이 사람의 무기력한 부자유를 주장하여, 윤리적 책임에 대한 방종을 조장한다는 에라스무스를 위시한 인문주의와 가톨릭의 비판에 대해, 인문주의적 경험적 방식으로 그의 신학을 섬세하게 분류하고, 진술하고, 발전시키는 노력이었다. 그 결과가 의지의 자유에 대한 그의 해설이고, 구체적으로 율법의 제3용법이다.

버미글리의 개혁주의 인간론

김진홍

(시드니신학대학 한국신학부 부교수, 교회사)

Peter Martyr Vermigli(1499-1562)

김진흥 목사는 서울대학교(B.A.)와 대학원(수료)에서 서양사학을 6년간 공부하였고, 고려신학대학원에서 신학을 전공하였다(M.Div.). 그후 네덜란드 개혁교회(GKV) 캄펜신학교에서 종교개혁사를 전공으로 신학석사(Drs.) 및 신학박사(Th.D) 학위를 취득하였다. 현재 시드니신학대학(Sydney College of Divinity) 직영 한국신학부(Korean School of Theology)의 senior lecturer로서, 교회사와 조직신학을 가르치고 있다. 주요 저서로는 Jin Heung Kim, *Scripturae et patrum testimoniis* (Apeldoorn: Instituut voor Reformatieonderzoek, 2009), 『오직 하나님의 메시지만 전파하라』(팜트리, 2011), 『교리문답으로 배우는 장로교신앙』(생명의 양식, 2017), 『마르틴 루터의 95개 논제와 하이델베르크 명제』(성약, 2017), 『피터 마터 버미글리:신학적 평전』(고신대 개혁주의학술원, 2018)이 있고, 주요 역서로는 얀 판 브뤼헌, 『네덜란드 신앙고백서 해설』(성약, 2021), 프란시스 쉐퍼, 『그리스도인의 선언』(생명의 말씀사, 1995), 『환경오염과 인간의 죽음』(생명의 말씀사, 1995), 『예술과 성경』(생명의 말씀사, 1995), 데이빗 베빙톤, 『역사관의 유형들』(IVP, 1990) 등이 있으며, 다수의 신학 논문이 있다.

김진흥

I. 서론

본고에서는 개혁주의 신학의 4대 편찬자 중 한 사람으로 높이 평가되는 버미글리의 인간론을 살펴보려고 한다. 특히 '하나님의 형상' 개념에 대한 그의 성경적인 이해를 통하여 버미글리의 성경중심적 개혁주의 신학을 확인하려 하며, 이와 관련하여 그의 소위 '스콜라주의적' 정향에 관하여 다시 평가하고자 한다. 또한 버미글리의 인간론과 개혁주의 요리문답들에 나타난 인간론을 비교 평가하여 그의 사상의 개혁주의적 성격을 확인하려 한다.

버미글리의 인간론에 관한 주요한 일차 자료는 그의 사후에 제자들에 의하여 편집 출판된 『신학총론』(*Common Places*)의 제1권에 있는 '인간에 관하여'(*De Homine*)라는 항목이다. 이 항목은 1551년 취리히에서 출판된 버미글리의 고린도전서 11장 7절에 관한 주석 내용과, 1569년 역시 취리히에서 출판된 버미글리의 창세기 주석의 몇몇 관련 구절들(1:26, 2:7, 9:4)에 관한 주석의 내용들로 구성되었다.[1]

본론에서 논의의 순서는 다음과 같다: 우선, 버미글리의 인간론의 특징들을 전반적으로 살펴보고, 그 다음에는 '하나님의 형상'에 관한 버미글리의 중요한 개념들을 소개할 것이다. 그런 다음, 특히 그의 인간론과 관련하여 제기된 '스콜라주의적 정향'에 관하여 논의하면서 인간론 논의에서 버미글리 자신이 제시한 몇몇 주목할 만한 사례들을 통하여 그의 뚜렷한 성경적 정향을 입증할

---

1 *In Primum Librum Mosis ... Genesis ...* (Zurich: C. Froschauer, 1569), fols. 9v-10v on Gen. 2:7 (§§ 22-24), fols. 39v-40r on Gen. 9:4 (§ 25), and fols. 7r-v on Gen. 1:26 (§§ 27-28); *In selectissimum D. Pauli Priorem ad Corinth ...* (Zurich: C. Froschauer, 1551), fols. 286r-v, on 1 Cor. 11:7. 필자가 사용한 현대영어 본문은 J.P. Donnelly, F.A. James III, J.C. McLelland eds, *The Peter Martyr Reader* (Kirksville: Truman State University Press, 1999)의 제4장 'Human Nature'인데, 『신학총론』1권 13장 22-28절의 내용을 담고 있다.

것이다. 마지막으로 하이델베르크 요리문답 및 웨스트민스터 대요리문답의 '하나님의 형상' 개념과의 비교를 통하여 버미글리 인간론의 개혁주의적 성격과 그의 영향을 살펴볼 것이다. 결론에서는 본론의 주요 논점들을 정리하고, 오늘날 개혁주의 교회와 신학교에 유익한 교훈으로서 버미글리의 인간론이 깨우쳐주는 성경적 경건에 관하여 다시 한 번 주목할 것이다.

II. 본론

1. 버미글리 인간론의 특징들

(1) 창세기의 인간 창조 기록의 요점들

인간의 창조에 관한 창세기의 기록에서 버미글리는 세 가지 주요한 사실들에 주목하는데, 첫째 '우리가 사람을 만들자'라는 표현에서 나타난 하나님의 협의하심, 둘째 먼지로부터 인간을 조성하신 사실, 그리고 셋째, 인간의 얼굴에 생명의 숨을 불어넣으신 사실이다.[2]

첫째 요점과 관련하여, 버미글리는 '하나님의 협의하심'은 다른 생물들에 관한 창조에서는 전혀 언급되지 않은 사실을 지적한다. '하나님의 손이 육지를 지으셨다'(시 9:5), '하나님께서 빛과 어두움을 지으시고 창조하셨다'(사 45:7), '주께서 메뚜기를 지으셨다'(암 7:1)과 같은 자연 질서와 생물의 창조에 관한 구체적인 언급들이 성경에 기록되어 있으나, 인간 창조에 관한 '하나님의 협의하심'과 같은 언급은 없다.

둘째 요점과 관련하여, 버미글리는 '아담'(Adam)이라는 이름이 땅(earth)

---

2 *Peter Martyr Reader*, 83.

혹은 땅의 붉은 색(red)과 연관된 것이라는 해설을 간략히 지나가면서 소개한다. 그보다 더 중요한 요점은, 하나님의 인간 창조에서도 '수단'(instrument)을 조성하신 후 '그것을 움직일 주체'(mover)를 더하셨다는 버미글리의 관찰이다. 즉, 하나님은 먼저 인간의 몸을 만드시고, 그런 다음에 그 얼굴[3]에 생기를 불어넣으셔서 몸을 움직일 영혼을 창조하셨다는 것이다. 이것은 창조의 엿새 동안 하나님의 사역의 구조와 일치하는 해석이다. 하늘과 땅 그리고 바다를 먼저 마련하시고, 각 영역에서 움직이는 생물들을 조성하시는 순서로 우주와 만물을 창조하신 하나님은, 인간의 창조에 있어서도 그와 같은 순서를 따랐다는 관찰인 것이다.

이것은 곧바로 버미글리의 세 번째 요점으로 이어진다. 버미글리는 다른 모든 생물들의 창조와 뚜렷하게 구별되는 인간 창조의 독특한 성격으로서, 하나님께서 사람의 몸에 '생기를 불어넣으셨다'는 기록이 내포하는 의미이다: "인간의 콧구멍 혹은 얼굴에 하나님의 명령으로 숨이 불어넣어졌고, 그렇게 생명과 영혼이 (인간의 몸에) 받아들여졌다. 그 숨결이 영혼은 아니지만, 영혼이 인간의 외부로부터 심겨진 것을 뜻하는 일종의 상징이다. 그리고 다른 생물들의 영혼의 경우와는 달리 이것은 자연적인 일(a work of nature)로 생각해서는 안된다."[4] 달리 말하자면, 인간 영혼의 창조는 하나님의 초자연적인 사역이라는 것이다. 이런 맥락에서 버미글리는 인간 창조에 관한 창세기의 이 기록을 부활하신 예수 그리스도께서 그 제자들에게 숨을 내쉬어 '성령을 받으라'고 하신 사건(요 20:20)과 연결지어 설명한다: "그 숨은 성령의 본질이 아니라

---

3 버미글리는 우리말 성경에 '코'로 번역된 *appaiim*이 일차적으로는 콧구멍(nostrils)를 가리키지만 제유법적인 의미로 얼굴을 뜻하는 것으로 해석할 수 있다고 설명한다. 그것은 인간의 얼굴이 영혼 혹은 생명을 탁월하게 상징하는 것으로 여겨지기 때문이다. *Peter Martyr Reader*, 83.

4 *Peter Martyr Reader*, 84.

그 상징으로서, 그리스도의 사역에 의하여 성령께서 그 제자들의 외부에서 그들 안으로 오실 것을 가리킨다."[5] 이런 해설을 통하여 버미글리는 하나님의 첫 번째 창조와 두 번째 창조, 곧 첫 사람 아담의 창조와 죄로 죽은 영혼의 중생 및 새 생명의 삶을 긴밀하게 연결시킨다. 그럼으로써 그는 인간의 생명의 기원이 하나님께 있으며, 참된 생명은 하나님과의 긴밀한 관계, 곧 성령의 내주하심에 달려 있다는 사상을 드러내 보인다.

'인간이 살아 있는 영혼이 되었다'는 말씀과 관련하여, 버미글리는 '영혼'(nephesh)을 '지각 있는 생명'을 뜻한다고 소개하며, 그것은 다른 생물들도 공유하는 특징이라고 말한다: "이 사실은 이성을 가진 영혼(reasonable soul)은 위로부터 하나님에 의하여 우리에게 주어진 것이며, (인간보다) 하위의 다른 모든 피조물이 소유하고 있는 모든 능력들을 그 영혼과 함께 인간이 가지고 있다는 사실을 명확하게 가르친다."[6] 이 명확한 사실로부터 버미글리는 널리 퍼져 있던 두 가지 오류들을 논박한다. 첫째, 인간의 영혼을 하나님의 본질에 속한 것이라고 생각하는 것은 잘못이다. 왜냐하면 신적인 본질은 '확고부동하며 불변한'(invariablilis et immutabilis) 반면에 인간의 영혼은 불행해질 수도 있으며 또한 아주 변화무쌍하게 보이기 때문이다. 둘째, 인간의 '영혼'(혹은 '숨결')은 호흡하는 개인의 본질과 본성에 속하는 것도 아니며, 야수들의 영혼과 같은 것이 아니다. 왜냐하면 야수들에게는 '이해'(understanding)의 힘이 없기 때문이다.[7] 인간의 영혼의 독특한 위치를 강조하는 이 두 가지 언급

---

5 *Peter Martyr Reader*, 84.

6 *Peter Martyr Reader*, 84.

7 *Peter Martyr Reader*, 84. 버미글리는 일찍이 1543년에 스트라스부르크의 신학교에서 공적인 논쟁을 위하여 제출한 명제들(Propositions)에서도 창세기 2장에서 가져온 첫 번째 명제로써 이 사실을 주장하였다. "인간의 영혼은 신적인 본질에 속한 것도 아니며 야수들의 영혼과도 다른 것이다"("The human soul is not of the substance of God, nor has it the same nature as the souls of brute beasts). Peter Martyr Vermigli, *Early Writings: Creed*,

은, 한편으로는 인간과 동물을 본질적으로 구별하지 않는 유물론적 사고를 배격할 뿐만 아니라, 다른 한편으로는 영육이원론에 뿌리를 둔 영혼에 대한 높은 평가 즉 영혼은 신적인 것이라는 전통적인 사고방식도 역시 논박함으로써, 버미글리는 하나님의 피조세계의 면류관으로서 인간 존재의 위상을 올바르게 평가한다.

(2) 몸과 영혼

창세기의 인간 창조의 기사에는 첫 사람 아담의 창조 과정을 '땅의 먼지로부터 우선 인간의 몸을 창조한 다음, 하나님께서 생기를 불어 넣어주심으로 영혼이 창조되는' 과정으로 소개한다. 그런데, 아담 이후의 인간들의 경우에 '영혼'이 어떻게 창조되는지에 관해서는 성경의 명확한 언급이 없으므로, 버미글리는 이 문제에 관한 신학적 논의를 간략하게 소개하고 자신의 견해를 뒷받침할 만한 여러 증거들과 함께 제시한다.[8]

우선, 모든 인간들의 영혼이 태초에 한꺼번에 창조되었으며 자연의 질서에 따라 그 육체들에 심겨진다는 주장은 주로 히브리 랍비들의 견해이며 기독교 신학자들 가운데서는 알렉산드리아의 오리게네스가 그 의견에 동조하고 있다고 버미글리는 소개한다. 이런 주장의 근거로서 버미글리는 합리적인 영혼의 부패할 수 없는(incorruptible) 본성에 관한 사상, 영혼은 물질로부터 유래된 것이 아니라는 사상, 그리고 영혼이 무로부터 하나님에 의하여 창조되었다는 성경의 가르침, 그리고 창조의 7일에 하나님께서 안식하셨으므로 인간의 영혼도 그 이전에 모두 창조되었으리라는 추론을 제시한다.그러나 버미글리는 이런 견해를 논박하는데, 이미 스트라스부르 신학교의 논쟁을 위하여 제출한 명제들

Scripture, Church (Kirksville: Sixteenth Century Essay & Studies, 1994), 95.
8 *Peter Martyr Reader*, 85.

에서 그런 자신의 입장을 분명하게 제시하였다.[9] 즉, 아담과 하와 이후의 인간의 탄생과 관련하여, 버미글리는 영혼과 육체의 '동시창조론'을 지지한다. 이런 자신의 입장을 뒷받침하는 논거로서 버미글리는 아담의 창조 과정에서 관찰된 바, 영혼은 '육체의 추진력이자 형상'(*actus et forma corporis*)이라는 사실을 제시한다. '만일 영혼이 태초에 모두 단번에 창조되었다면, 각 사람의 개별적인 육체가 창조되기 이전에 그 모든 영혼들은 소위 선재하는 동안에 무슨 일을 하고 있었을까?' 하는 버미글리의 반문은 그 모든 영혼들이 할 일 없이 나태하게 각 육체의 창조 때까지 대기하고 있다는 사상이 불합리하다는 그의 의견을 드러낸다. 한편, 육체의 창조 이전의 영혼이 무언가를 하였다는 대답에 대해서는 리브가의 태중에 있을 때 에서와 야곱이 어떤 선이나 악을 행하지 않았다는 성경 구절에 근거하여 논박한다: "만일 그 영혼들이 무언가 행한다면, 그것은 불가피하게 선하거나 아니면 악한 일일 것이다. 그러나 성경은 로마서 9장에서 명백하게 그런 주장을 부인한다."[10] 개별적 영혼의 창조의 시기나 방식에 관한 성경의 명백한 언급이 없으므로, 버미글리는 논리적인 접근을 취하지만, 그 주제와 관련된 성경 구절을 활용하여 자신의 견해를 뒷받침한다. 버미글리가 좀더 중요한 논거로 평가하는 것은 아담의 창조에 관한 기록에서 이끌어낼 수 있는 함축의미들이다. 즉, 영혼은 육체의 창조 때에 비로소 언급되었다는 사실에 근거하여, 만일 모든 영혼들이 태초에 단번에 창조되었다는 주장이 옳다면, '그토록 중요한 사항에 관한 언급이 사전에 전혀 없었다는 것은 이상한 일'이 아닐 수 없다는 것이다. 또한, 버미글리는 하나님께서 창조

---

9 Vermigli, *Early Writings*, 95. "인간들의 영혼들은 모두 태초에 단번에 창조된 것이 아니며, 날마다 하나님에 의하여 창조되어 육체들에 심겨진다"(The souls of men were not all created at once from beginning, but are created daily by God to be put into bodies). 이것은 버미글리가 창세기에서 가져온 두 번째 명제이다.

10 *Peter Martyr Reader*, 85.

의 7일째 안식일에 쉬셨다는 성경의 표현은 성경의 다른 곳에서 언급된 하나님의 '지속적인 섭리의 사역'에 비추어 이해해야 한다고 논박한다. 예를 들어, 예수님은 안식일에 사역하신 것과 관련하여 '내 아버지께서 이제까지 일하시니 나도 일한다'(요 5:17)고 하셨다. 따라서, 버미글리에 따르면, 창세기의 안식일에 관한 언급이 '태초에 모든 영혼들의 일시적 창조' 주장을 뒷받침하는 성경적 근거로 합당하게 간주될 수 없다.[11]

여기서 버미글리는 교부들도 '영혼의 창조 이전에 육체가 먼저 창조되었다'는 주장을 뒷받침한다고 언급한다. 주목할 점은, 이와 관련한 두 가지 정통적인 견해 가운데 버미글리는 존경하는 스승 아우구스티누스와는 다른 견해를 택하였다는 점이다. 아우구스티누스는 인간의 영혼이 그 육체의 생성과 마찬가지로 잉태의 순간에 부모로부터 생성되어 그 자녀에게 전수된다고 주장하는 '영혼유전설'(traducianism)[12]을 취한 데 반하여, 버미글리는 '즉각적 창조론'(immediate creation)을 선호하였다. 왜냐하면, 생식력과 감각력과 같은 영혼의 열등한 부분에 관해서는 버미글리도 스승 아우구스티누스의 유전설을 기꺼이 받아들일 수 있었으나, 영혼의 고등한 부분의 형성에 관해서는 의견을 달리하였다. 왜냐하면 그는 영혼유전설의 잘못된 함축의미 곧 인간의 영혼은 '영적이며 단순'(spiritual and simple)하므로 영혼유전설이 전제하는 것처럼 공유되거나 나누어질 수 없다는 사실에 주목하였기 때문이다. 모두 정통적으로 평가되는 두 가지 견해들 중에서 어느 한쪽을 배타적으로 선택하게 하는 결정적인 성경적 논증을 찾을 수 없었으므로, 버미글리는 이처럼 영혼유전설을

---

11 *Peter Martyr Reader*, 85.

12 Richard A. Muller, *Dictionary of Latin and Greek Theological Terms, Drawn Principally from Protestant Scholastic Theology* (Grand Rapids: Baker Book House, 1985), 305. 아우구스티누스는 아담으로부터 그 후손으로 전수되는 원죄를 동일한 방식으로 설명한다.

논박하는 철학적인 논증에 의거하여 '하나님께서 직접 무로부터 영혼들을 창조하신다'는 견해에 기울어졌다.13 일견 철학적인 논증이 두드러지는 것 같지만, 그러나 이런 논증에서도 버미글리는 창조의 기사에 나타난 일반적 순서, 즉 도구를 먼저 마련한 다음 그 도구를 이용할 주관자를 창조하시는 순서를 다시 한 번 강조한다: "그러나 하나님께서는 이 순서를 지키셨는데, 즉 더 큰 가치를 지닌 것들이 활동할 수 있게 하는 것을 먼저 준비하셨다."14 여기서 더 큰 가치를 지닌 것들은 인간의 영혼들이며, 미리 하나님에 의하여 준비되어 그 영혼들이 활동하는 수단으로 사용된 것은 인간의 육체들을 의미한다. 버미글리는 창조의 엿새 동안의 하나님의 사역의 패턴을 소개하는 것으로 이런 주장을 뒷받침한다. 예를 들어, 육지와 바다가 먼저 분리되고 난 다음에 그 육지에 힘을 발휘하여 그 열매를 맺게 할 광명체들이 만들어졌다. 땅의 모든 식물들과 동물들이 창조된 다음에, 그 모든 것들을 다스릴 인류가 창조되었고 곧장 일을 하게 되었다. 그와 유사하게 먼저 몸이 창조된 후에 영혼이 그 뒤를 따라 지어졌는데, 그렇지 않으면 육체 없는 영혼이 나태해지기 때문이다.15 그러므로, 인간의 영혼이 언제 그리고 어떻게 창조되었는가 하는 질문과 관련하여, 직접적인 성경의 확증이 없는 사안에서 버미글리의 철학적 논증은 가능한 한 성경의 관련된 증거들과 긴밀하게 연결되어 주장되는 것을 우리는 볼 수 있다.

(3) 첫 사람 아담은 성인으로 창조되었을까?

이 흥미로운 질문에 관하여 버미글리는 아담이 스스로 걸을 수 없는 유아와

---

13 John Patrick Donnelly, S.J., *Calvinism and Scholasticism in Vermigli's Doctrine of Man and Grace* (Leiden: E.J. Brill, 1976), 91.

14 *Peter Martyr Reader*, 85.

15 *Peter Martyr Reader*, 85-86.

같이 약한 상태로 지음받은 것이 아니라, 다른 동물들과 같이 창조된 후에 즉각적으로 걸을 수 있는 상태로 지어졌다고 생각한다.[16] 그런데 이 질문과 관련하여 버미글리는 영혼의 현존을 보여주는 상징으로서 아리스토텔레스가 언급한 '동작과 감각'(motion and sense)을 언급하는데, 아담의 육체에 불어넣어진 하나님의 숨결이 곧 그를 움직이며 느끼게 하는 존재로 만든 사실에 근거하여 버미글리는 '부활'의 가능성을 강력하게 뒷받침하는 논증으로 옮겨간다: "왜냐하면, 만일 하나님의 성령께서 죽은 자의 재 위에 그 숨결을 다시 불어주시면, 에스겔서 37장에 묘사된 대로 그들의 영혼들은 쉽사리 회복될 것이기 때문이다. 에스겔 선지자는 거기에서 하나님의 성령의 숨결에 의하여 그 뼈다귀들이 살아났다는 것을 보여준다. 최후에 육체들이 새롭게 되는 일은 이것보다 훨씬 탁월할 것인데, 그것은 마치 바울이 이 땅의 몸을 '지상적'이라고 부르고 새롭게 된 몸을 '영적이고 천상적'이라고 불렀던 것과 같다."[17]

(4) '피는 생명'이라는 말씀에 대한 이해

노아 홍수 이후에 모든 산 동물을 인간의 먹을 것으로 허락하시면서 "그러나 고기를 그 생명 되는 피째 먹지 말 것이니라"(창 9:4)라고 하신 하나님의 말씀과 관련하여, 버미글리는 '피는 생명'이라는 말씀을 적절하게 해명하고 지나간

---

16 이와 관련하여, 버미글리는 자신의 주석 작업에서 중요하게 활용하였던 봄베르크 성경 (Bomberg Bible)에 포함된 스페인 출신 유대인 랍비 주석자인 이븐 에즈라(Ibn Ezra, 1089-1164)의 해석을 소개하는데, '살아 있는 영'(a living soul)으로 지음 받은 첫 번째 인간은 즉각 스스로 움직일 수 있었다는 견해이다. 봄베르크 성경은 1515-16년 그리고 1524-25년에 베네치아에서 다니엘 봄베르크(Daniel Bomberg)에 의하여 출판된 랍비적 성경으로서, 버미글리는 옥스포드 시절에 이 성경책을 이용하기 시작하였다. 이와 관련된 자세한 사항은 Max Engammare, "Humanism, Hebraism and Scriptural Hermeneutics", T. Kirby, E. Campi, and F.A. James III eds, *A Companion to Peter martyr Vermigli* (Leiden: Brill, 2009), 161-174 를 보라.

17 *Peter Martyr Reader*, 85-86.

다. 이 구절은 특히 구약성경의 권위를 배격하는 마니교도들이 성경의 불합리함을 드러내기 위하여 주목한 내용으로서, 몇몇 신약의 구절들이 가르치는 내용과 모순된다고 논박한 것이다.[18] 버미글리는 '피는 생명'이라는 표현이 동물에게뿐 아니라 인간에게도 적용된 사실을 인정하면서, 그 표현을 비유적인 표현으로 즉 환유법(metonym)으로 이해해야 한다고 주장한다. 즉 피 자체가 문자 그대로 생명인 것이 아니라, 피는 영혼의 현존의 상징이므로 영혼 그 자체라고 불려질 수 있다는 것이다. 한편, 이와 관련하여 버미글리는 동물의 피를 먹으면 동물과 같은 행위를 하게 되므로 하나님이 그것을 금지하였다는 주장을 받아들이지 않으며, 이 사안에서 중요한 점은 인간의 영혼과 육체 사이의 교류라고 말한다.[19]

2. '하나님의 형상'에 관한 버미글리의 이해

버미글리의 인간론을 평가하는데 가장 중요한 토픽이 '하나님의 형상' 개념에 대한 그의 이해라고 할 수 있다. 신학적 인간론의 역사에서 항상 핵심적인 주제로 간주되었던 이 성경적 개념에 대하여, 버미글리의 해설은 과연 어떠한지, 그와 더불어 당대 개혁주의 신학계의 양대 거두로 평가되었던[20] 칼빈의

---

18 "혈과 육은 하나님 나라를 이어 받을 수 없고 또한 썩는 것은 썩지 아니하는 것을 유업으로 받지 못하느니라"(고전 15:50), "몸은 죽여도 영혼은 능히 죽이지 못하는 자들을 두려워하지 말고 오직 몸과 영혼을 능히 지옥에 멸하실 수 있는 이를 두려워하라"(마 10:28). 그러나 버미글리는 아우구스티누스의 논박을 소개하면서, 마니교도들은 동물에 관하여 언급된 창세기의 구절을 인간의 영혼에 관한 신약의 구절들로 논박하는 오류를 저질렀다고 지적한다. *Peter Martyr Reader*, 85-86.

19 *Peter Martyr Reader*, 87.

20 칼빈과 버미글리에 대한 이런 평가는 제네바 및 레이든 대학에서 가르쳤던 스칼리거(Joseph J. Scaliger, 1540-1609)에게서 나온 것이며, 런던의 위그노 망명자들의 개혁교회에서는 칼빈의 『기독교 강요』와 버미글리의 『신학총론』을 서로 대조 비교하면서 연구할 수 있도록 출판하였다. 김진홍, 『피터 마터 버미글리: 신학적 평전』 (부산: 개혁주의학술원, 2018), 4-5.

견해와 비교하면서 살펴보자.

(1) 하나님의 형상은 일차적으로 통치권에 있다.

창세기 1장에서 가져온 스트라스부르 신학교의 토론을 위한 명제들에서 버미글리가 하나님의 형상에 관하여 제시하는 핵심적인 두 가지 사항은 하나님의 참된 형상으로서의 그리스도와 피조물에 대한 인간의 통치권이다: "인간의 창조에서 하나님의 형상과 모양에 관하여 언급된 모든 것은 그리스도와 가장 완전하게 일치하며, 그분을 통하여 우리에게 회복되는 것이다"(명제 3.N.7). "인간이 하나님의 형상에 따라 창조되었고, 또한 그렇기 때문에 피조물들 위에 두어졌으므로, 우리는 교회의 목사들과 관리들을 선출하기 위한 것과 같은 종류의 규칙을 여기서 이끌어낸다"(명제 3.N.8).[21] 신약성경에서 예수 그리스도를 '하나님의 참된 형상'으로 소개하므로, 버미글리의 첫 번째 명제에 관해서는 이견이 없이 동의할 수 있을 것이다. 그런데, 두 번째 명제와 관련하여 버미글리는 창세기 1장 26절의 말씀 전체를 주목하여, 하나님의 형상으로 지음받는 것을 다른 모든 피조물에 관한 통치권과 긴밀하게 연결시키고 있다. 실로 버미글리는 '하나님의 형상'이라는 개념을 모든 피조물에 대한 하나님의 통치를 반영하는 인간의 통치로 정의한다: "하나님의 형상은, 하나님께서 만물의 통치자이신 것처럼, 인간도 모든 피조물에 대한 통치자가 되어야 한다는 이 사실에 있다는 것을 이 구절이 보여준다."[22] 버미글리에 따르면, 인간을 다른 피조물들과 구별하게 만들어 주는 독특한 자질들, 특히 이성적 존재로서의 특징은 바로 하나님의 형상 개념의 근본적인 의의인 통치권을 위하여 부여

---

21 Vermigli, *Early Writings*, 94.
22 *Peter Martyr Reader*, 87.

된 부차적인 것이다: "인간은 하나님의 형상으로 지음받았다고 언급된다. 인간은 이성적인 본질과 모든 덕목들을 공급받았기 때문에 그것들로 말미암아 하나님을 대표하는데, 피조물들에 대한 그의 통치는 하나님한테서 유래한 것이다."[23] 버미글리는 하나님의 형상 개념을 인간의 독특한 자질들과 연결시켜 설명하는 견해를 잘 알고 있었는데, 무엇보다도 그가 존경하는 히포의 주교가 삼위일체의 반영으로서 인간의 '기억과 지성과 의지'(memory, mind, will)를 그 개념과 연결하여 언급한 것을 지적한다. 즉 '이성적 존재'라는 인간의 독특한 특성을 하나님의 형상 개념을 설명하는 핵심으로 이해하는 견해이다. 그러나 버미글리는 '하나님의 형상으로서의 인간'을 설명하면서 이성적 존재라는 특징을 피조물에 대한 통치 개념보다 더 우위에 두지 않는다.[24] 실로 하나님의 섭리와 다스림이라는 개념은 버미글리의 인간론뿐 아니라 그의 신학 전반에서 주요한 테마들이다.[25] 버미글리가 보기에 그런 인간의 특유한 자질들은 하나님 형상이 되기 위한 '원인'(cause)에 해당하는 것이지, 그 목적을 드러내는 것이 아니기 때문이다: "왜냐하면, 하나님을 기쁘시게 하는 것들을 이해하고 기억하고 선택하지 않는다면, 하나님의 피조물을 기억과 지성과 의지로 잘 통치하고 다스리는 것만으로는 충분하지 않기 때문이다. 우리의 마음이 죄로 오염된 채로 있다면, 그것은 적절한 다스림이 아니라 오히려 그 대신에 만물에 대한

---

23 Vermigli, *Early Writings*, 94. 명제 3.P.1.

24 이런 점에서 버미글리는 인간 존재에 관한 아우구스티누스의 심리학적이고 삼위일체론적인 구성에 관한 사변을 따르지 않고, 영혼에 관한 그보다 더 단순한 성경적인 해설을 선택한다. Emidio Campi, "Genesis Commentary: Interpreting Creation", T. Kirby, E. Campi, and F.A. James III eds., *A Companion to Peter Martyr Vermigli* (Leiden: Brill, 2009), 224.

25 Donnelly, *Calvinism and Scholasticism in Vermigli's Doctrine of Man and Grace*, 69. "버미글리에게 기본적인 전제로 주어진 사실은 하나님께서 우주를 – 인간과 그를 둘러싸고 그에게 영향을 주는 모든 물질적인 것들을 창조하셨다는 사실이다… 하나님의 섭리와 지배는 버미글리 신학에서 주요한 테마들이다."

폭정을 저지를 것이다. 하나님의 형상은 하나님의 진리를 이해하고 그 의로움을 열망하는 새로운 사람이다."[26] 이 언급에서 버미글리는 하나님의 형상 개념을 인간의 특유한 자질들에 일차적으로 주목하는 대신 그 자질들을 통하여 이루어야 할 '소명'에서 찾고 있으며, 그런 맥락에서 하나님의 참된 형상은 그리스도를 통하여 회복된 새 사람에게서 발견할 수 있다는 견해를 분명하게 밝힌다.[27]

버미글리의 이런 입장은 칼빈의 견해와 비교할 만 한데, 이 제네바의 개혁자는 하나님의 형상에 관한 『기독교 강요』의 논의에서 그 개념의 일차적인 의미를 '모든 종류의 동물을 훨씬 능가하는 인간성의 탁월성, 아담이 처음에 받았던 그 완전함'으로 이해한다. 그리고 그 주된 좌소는 육체보다는 영혼에 있다고 주장하며, '하나님의 형상은 처음에는 지성의 빛과 마음의 바름과 모든 부분의 건전함에서 뚜렷이 빛나고 있다'고 말한다.[28] 칼빈은 예수 그리스도를 하나님의 참된 형상으로 강조하는 점에서 버미글리와 일치된 견해를 보여주지만, 하나님의 형상 개념을 일차적으로 인간의 영혼에 부여되어 소유한 탁월한 자질들에서 찾으며 '통치권'에 대한 강조는 부차적인 것으로 취급한다는 점에서 뚜렷하게 대조된다: "하나님의 형상이 인간에게 주어진 지배권에 있다고 주장하는 자들의 견해도 개연성이 없다. 이것은 마치 인간이 만물의 상속자요 소유

---

26 *Peter Martyr Reader*, 87.

27 캄피 역시 버미글리의 하나님 형상 개념은 일차적으로 하나님을 반영하는 통치권으로 이해된다고 평가한다: "버미글리는 인간들이 왜 하나님의 형상인지의 이유에 대한 여러 가지 설명들을 제시한다. 그러나 주된 강조는 인간들이 하나님의 능력을 모사하며 또한 하나님의 대리인 혹은 청지기로서 피조물을 다스린다는 사실에 주어진다." Campi, "Genesis Commentary", 223.

28 Calvin, *Institutes*, I.xv.3-4. 이런 점에서 홀트롭(Philip Holtrop)은 칼빈의 인간론에서 플라톤의 영향력을 뚜렷하게 발견할 수 있다고 평가한다. "이 모든 것은 칼빈이 성경을 매우 강조했음에도 불구하고 여전히 자기 시대의 자녀였음을 암시한다. 아무리 탁월한 신학자라 하더라도 결국 인간들의 소산을 – 어느 정도는 그가 사는 시대의 소산을 – 남길 뿐이다." 필립 홀트롭, 『기독교강요연구핸드북』 (서울: 크리스챤다이제스트, 1995), 76.

자로 정해졌다는 이 특징에 있어서만 하나님을 닮았다는 말과 같다. 그런데 이 하나님의 형상은 당연히 인간의 내부에서 찾아야 하는 것으로, 밖에서 찾아서는 안된다. 실로 그것은 영혼의 내적 선인 것이다."[29]

　이처럼 하나님의 형상과 피조물에 대한 통치의 관계에 관한 해설에서 종교개혁 당대의 개혁주의 신학의 두 거두들의 생각은 뚜렷하게 차이가 난다. 여기서 우리는 앞선 논의에서 버미글리가 인간의 특유한 자질들은 하나님 형상을 이루는 '원인'에 불과하며 그 하나님 형상으로 지음받은 목적은 그런 자질들로 이루어야 하는 '사명'에 있다고 지적한 점을 다시 한 번 주목할 필요가 있다. 이런 버미글리의 입장은 창세기 1장 26절의 말씀을 전반적으로 온전하게 해석하는 점에서도 돋보일 뿐만 아니라, 하나님 형상 개념을 좀더 포괄적으로 이해하는 개혁주의 인간관의 현대적 견해와도 어울린다.[30] 한편, 타락 전과 타락 후의 하나님의 형상에 관한 포괄적인 이해에 도움이 된다고 후크마(Anthony Hoekema)가 평가하는 하나님 형상의 '구조적 측면'과 '기능적 측면'이라는 이중적 접근과 관련하여, 인간의 특유한 자질들을 하나님 형상 개념의 '원인'으로 보고 모든 피조물을 다스리는 '사명'을 목적 혹은 핵심으로 보는 버미글리의 관점을 재평가할 수 있다. 왜냐하면 자질들 자체가 하나님을 반영하는 것이 아니라, 그 자질들의 올바른 활용을 통하여 인간이 하나님을 반영한다는 것이

---

29 Calvin, *Institutes*, I.xv.4. 비록 칼빈의 이런 주장은 루터파 신학자 오시안더(Osiander)의 견해를 논박하는 맥락에서 언급된 것이지만, 안토니 후크마는 이것을 칼빈의 인간관 중에서 비판받아야 할 부분으로 지적한다. 즉 통치권과 관련하여 하나님의 형상이 언급된 창세기 1장 26절의 의미를 칼빈이 충분하게 고려하지 않은 것이라고 평가한다. 안토니 후크마, 『개혁주의 인간론』 (서울: 부흥과 개혁사, 2012), 76.

30 "많은 해석자들이 하나님의 '형상'이 인간의 이성, 창조성, 언어 혹은 영적 본성에 있다고 생각해왔지만, 그것은 인간의 일부분 혹은 특정한 측면보다는 인간 전체가 하나님 형상이라고 하는 것이 더 그럴듯하다... 땅의 통치자로서의 인간의 역할은 하나님의 형상으로 그가 창조된 사실에 의하여 확립된다(창 1:27)." D.J.A. Clines, "Man as the image of God", *New Bible Dictionary* (leicester: IVP, 1982), 508.

버미글리의 견해에서 도출되어 나오기 때문이다: "우리의 지성은 하나님에 관한 지식을 소유하고, 의로움으로 장식될 때, 하나님을 참답게 표현한다."[31]

하나님의 형상에 관한 전반적인 논의에서 두 개혁신학자의 견해는 차이점보다 공통점이 압도적이지만, 그럼에도 주목할 만한 차이점이 또 한 가지 있다. 그것은 하나님의 형상으로 인간을 지으시되 '남자와 여자로 지으셨다'는 창세기의 기록에 관한 언급에서 발견된다. 칼빈은 이 토픽에 관하여 그 함축의미를 충분히 평가하지 않았다고 비판받는[32] 반면, 버미글리는 이 사안을 '통치권'에 관한 논의의 맥락에서 언급하고 있다. 교부 아우구스티누스가 '지성과 이성'(mind and reason)을 소유한 존재로서 여자 역시 하나님의 형상으로 간주한 사실을 소개하며, 버미글리는 여자 역시 다른 모든 피조물에 대한 다스림과 지배라는 관점에서 하나님의 형상이라고 확언한다. 그런데, 여자가 남자에 대한 관할권을 갖지 못한다는 근거에서, 즉 여자는 본래 남자를 돕는 자로 지음받았으며, 남자에 대하여 주관할 수 없고 오히려 순종하도록 명령받았다는 점에서 남자에게 부여된 것과 동등한 지배권을 받지는 못했다고 지적한다. 이와 관련하여 버미글리는 '여자는 충만한 의미에서 하나님의 형상은 아니다'라고 말하는 교부 아우구스티누스의 견해[33]를 소개하는데, 자신이 히포의 주교의 견해를 문자적으로 이해하지 않는다는 점을 보여주기 위하여 아우구스티누스

---

31 *Peter Martyr Reader*, 88. 한편, 하나님의 형상에 대한 '구조적, 기능적 이해'에 관해서는, 안토니 후크마, 『개혁주의 인간론』, 104-110 참조할 것.

32 안토니 후크마, 『개혁주의 인간론』, 76. 이것은 칼빈의 인간론에 대한 후크마의 세 가지 비판적 평가들 가운데 마지막 항목이다.

33 성 아우구스티누스, 『삼위일체론』 (서울: 크리스챤다이제스트, 1998), 323. "여자는 그 남편과 합해서 하나님의 형상이며, 이렇게 된 본질 전체가 한 형상이 된다고 나는 말했다. 그러나 여자를 분리하여 말할 때에는, 돕는 배필이라는 그의 성격을 언급하는 것이다. 이것은 여자에게만 관련된 것이며, 그런 때에 여자는 하나님의 형상이 아니다. 그러나 남자는 단독으로도, 여자와 합해서 하나인 때와 같이 완전히 하나님의 형상이다." 히포의 주교는 창세기의 관련 구절을 사도 바울의 고린도전서 11장 7절의 말씀과 조화시켜 설명하는 맥락에서 이렇게 주장한다.

의 알레고리적 표현을 함께 제시한다: "끊임없이 수고하여 천상의 일들을 발견하여 하나님을 묵상하기 때문에 '남자'라고 불리지만, 우리의 생각을 세상적인 일들에 대한 염려로 채울 때 '여자'가 된다."[34] 남자와 비교하여 여자의 하나님 형상됨을 온전하게 인정하지 않는 듯한 아우구스티누스의 견해는 현대적 관점으로 보면 자칫 여성차별주의적인 견해로 비판받을 수 있는데, 버미글리는 그런 표현을 비유적인 것으로 이해하면서 하나님 형상 개념의 핵심으로 간주한 '만물에 대한 통치권'을 여성에게도 동일하게 인정한다. 다만 남자와 여자의 창조 질서에 따라 남자에 대한 여자의 관할권을 인정하지 않는 입장을 분명하게 밝힌다. 그렇지만, 남자와 여자로 지으셔서 둘이 한 몸이 되므로 하나님의 형상의 역할을 뚜렷하게 밝힌다는 측면에 관해서는 언급하지 않고 지나간 것은 칼빈뿐 아니라 버미글리도 마찬가지이다. 하나님의 '형상'(*tselem*)이라는 개념의 본래적 의미, 곧 '눈에 보이지 않는 하나님을 가시적으로 보여준다'는 의미에서 "하나님의 형상으로 창조하시되, 남자와 여자로 창조하시고"라는 성경의 교훈[35]을 풍성하게 살피지 못한 것은 버미글리의 하나님 형상론에서 아쉬운 점이라고 하지 않을 수 없다. 이와 관련하여, 버미글리가 다른 개혁자들과 마찬가지로 '여자가 남자보다 열등하게 창조되었다'는 전통적인 기독교 신학에 핵심적인 견해를 수정하려고 노력하였지만, 버미글리의 이론들도 그가 부인

---

34 *Peter Martyr Reader*, 88. 이 인용은 아우구스티누스 자신이 성별을 육체적인 의미가 아니라 비유적인 의미로 이해하고 있음을 보여준다. "사도가 남녀의 외면적 성별을 말할 때에, 더 깊이 숨어 있는 진리의 신비를 비유적으로 가리켰다는 것은 다른 데에 있는 말씀을 보아서 알 수 있다." 아우구스티누스, 『삼위일체론』, 323.

35 후크마는 '하나님의 형상대로 사람을 창조하시되'라는 구절을 '남자와 여자로 창조하시고'라는 병렬 구절과 밀접하게 연결하여 이해하여야 한다고 주장한다. 또한 이 구절은 단순히 (다른 동물에게도 마찬가지로 존재하는) 성적 구별에 관한 언급이 아니라, 인간은 타인과의 교제가 필요하고 타인을 통해서는 완전하지 않는 존재라는 교훈을 포함하고 있다고 해석한다. 이와 관련하여, 안토니 후크마, 『개혁주의 인간론』 중 '삼중적 관계 속에 있는 인간', 113-121을 참조할 것.

하려고 하였던 바로 그 선입견에 의하여 영향을 받았다는 캄피의 평가는 의미 심장하다.[36]

(2) 다스림의 본질

"누군가의 형상(image)은 그를 대표하는 형태(form)이다. 누군가의 모양 (similitude)은 그를 닮은 자질(quality)이다."[37] 이런 정의로써 버미글리는 하나님의 형상 개념과 관련하여 인간을 탁월하게 만드는 자질들뿐만 아니라 그것들에 의하여 도달해야 할 목표를 포괄적으로 설명한다. 인간은 이해력과 더불어 정의, 지혜, 긍휼, 절제, 사랑과 같은 탁월하고 신적인 자질들을 부여받았다. 그런데, 사도 바울은 이 하나님의 형상을 권유하면서 하나님에 의하여 창조된 그 본성으로 우리가 갱신되는 일을 성취하라고 말한다(엡 4, 골 3, 고후 3). 또한 하나님의 온전한 형상은 예수 그리스도이며, 그것은 그분의 신성뿐 아니라 인성에서도 그렇다고 언급한다(히 1, 골 1, 롬 8). 그런 다음 버미글리는 우리가 참된 하나님의 형상을 회복하는 것은 그리스도의 도움과 모범이 없이는 불가능하다고 강조한다: "우리도 그처럼 지어졌다. 왜냐하면 우리도 지성을 소유하고 있고 신적인 완전함들을 이룰 능력이 있다. 우리도 그렇게 만들어졌지만, 그러나 (일차적이며 참된 하나님의 형상이신) 그리스도의 도움과 모범이 없이는 하나님의 형상으로 회복될 수 없다. 우리가 얼마나 하나님의 형상인가 여부는 우리가 하나님과 공유하는 행복(*felicitate*)에 의하여 보여진

---

36 Campi, "Genesis Commentary", 224. "공통된 기원에 대한 강조에도 불구하고, 버미글리는 여자를 남자와 동등하다고 인식하지 않았다. 하와가 아담의 갈비뼈에서 나왔다는 사실은 결혼의 신성한 성격을 강화하기 위한 것이다. 그러나 버미글리는 결혼 제도를 강조하지 않는다. 그 대신에 그는 남자와 여자의 사회적 상호작용에 집중한다. 여자는 남자에게 적당한 '돕는 자'(*auxilium*)라는 개념을 이용하여, 버미글리는 여자의 완전성과 함께 그의 종속적 역할 모두를 논증한다."

37 *Peter Martyr Reader*, 88.

다. 내가 말하는 것은 사랑하는 일(loving)과 아는 일(knowing)이다"[38]

우선, 여기서 버미글리는 하나님의 참된 형상으로서 그리스도를 '구원론적 관점'으로 즉 우리가 회복해야 할 하나님의 형상이 무엇인지 보여주실 뿐만 아니라 그 회복을 도우시는 분으로 소개한다. '인간의 행복'(Human Happiness)에 관한 논의에서, 버미글리는 그리스도의 구속의 결과로서 우리가 이미 얻은 영원한 행복에 관하여 말하면서, 의롭다하심을 입은 사람들은 사도 바울이 언급한 사죄함과 칭의라는 놀라운 결과들로부터 그 마음으로 화평과 평온함을 누리고 있다고 결론을 내린다.[39] 그뿐 아니라, 버미글리는 하나님 형상의 핵심을 하나님과의 올바른 관계, 즉 하나님을 바르게 알고 사랑하는 것을 참된 행복으로 제시하는 것은 더욱 주목할만하다. 왜냐하면 버미글리의 이런 견해는 그 내용상 '사람의 제일되는 목적'으로 '하나님을 영화롭게 하고 영원토록 그를 즐기는 것'이라고 정의한 웨스트민스터 대요리문답의 첫 번째 가르침과 일맥상통하는 것이기 때문이다. 달리 말하자면, 버미글리에게 있어서 '하나님의 형상' 개념은 '인간이 어떤 점에서 독특하고 고귀한 존재인가?' 하는 데 관심을 두는 것보다도 '인간이 어떻게 그가 본래 드러내야 할 하나님의 참된 모습을 반영하는 존재가 될 수 있는가?' 하는 질문에 더 큰 관심을 보여주고 있다. 버미글리가 인간의 탁월한 여러 자질들, 곧 다른 모든 피조물들과 구별하는 인간의 독특한 특성들 보다도 '다른 모든 피조물을 다스림'을

---

38 *Peter Martyr Reader*, 88.

39 *Peter Martyr Reader*, 104. '인간의 행복'이라는 토픽의 글은, 1563년 취리히의 프로샤우어 출판사에서 나온 버미글리의 '니코마코스 윤리학 강의'(*In primum, secundum, et initium terti libri Ethicorum Aristotelis ad Nichomachum ... Commentarius doctissimus*, 1563)에서 발췌하여 그의 『신학총론』에 포함된 것이다. 여기서 버미글리는 결과들(results and consequences)에 근거하여 결론을 이끌어내는 아리스토텔레스의 방법을 활용하여, 예수 그리스도의 구속의 공로의 결과 믿는 자들에게 주어진 행복이 무엇인지 성경의 자료들을 통하여 논증하고 있다.

하나님 형상의 핵심적인 내용으로 파악하는 것도 이와 관련이 있다고 필자는 평가한다. 자질들이 아니라 그 자질들을 통하여 발휘하여야 할 사명이 버미글리에게는 더욱 중요하게 다가왔고, 또한 그것이 하나님의 형상대로 인간을 창조한 창세기 1장의 기록을 보다 정확하고 충실하게 이해하는 방식이었다. 하나님의 참된 형상이신 예수 그리스도에 관한 신약성경의 이해 역시 하나님을 바르게 아는 지식과 그분을 온전히 사랑하는 것으로 요약된다는 점에서, 버미글리의 하나님 형상 이해는 성경의 핵심적 교훈과 잘 맞닿아 있다고 할 수 있다. 버미글리에 따르면, 인간에 대한 참된 지식은 '그 창조주의 형상을 따라 지어진 하나님의 피조물'이며, 바로 이런 정의에서 인간의 '이성적 본질과 탁월한 자질들과 그의 존재의 목적, 곧 행복도 이해할 수 있는데, 인간은 그런 구성에 따라 하나님의 형상을 표현하는 그런 행위들 속에서 살아야 한다.'[40]

바로 이런 맥락에서 버미글리는 피조물에 대한 통치는 육체적인 힘에 의한 것이 아니라, 이성과 사려분별, 그리고 기술에 의한 것인데, 이런 우월한 힘들은 무엇보다도 '신앙에 의하여' 가장 잘 회복된다고 강조한다. 그리고 이런 주장을 뒷받침하기 위하여 하나님에 대한 믿음으로 야수들의 우월한 물리적 힘을 능가하였던 성경적 사례들을 나열하는데, 사자굴의 다니엘, 독사에 물렸으나 해를 당하지 않았던 사도 바울, 사자를 물리쳤던 삼손과 다윗, 그리고 제자들에게 '전갈과 뱀을 밟을 능력'을 약속하신 예수 그리스도의 말씀을 인용한다.[41] 한편, 현실 세계에서는 본래 인간이 다스려야 할 들짐승들이 오히려 인간을 해치고 있는데, 버미글리는 그런 현실을 인간의 죄악과 타락에 대한 하나님의 채찍질로 받아들인다: "죄는 우리 자신의 하인들을 우리에게 대항하도록 무장시킨다. 결과적으로 동물들의 반란은 하나님에 의하여 부과된 것이었

---

40 *Peter Martyr Reader*, 89.
41 *Peter Martyr Reader*, 89.

다."[42] 그리고 이에 대한 구체적인 성경적 뒷받침으로서 하나님께서 '기근과 사나운 짐승을 보내실 것'이라는 에스겔 5장 17절의 말씀을 제시한다.

그런데, 이런 신앙은 인간의 전인적인 반응이므로, 버미글리는 하나님의 형상과 관련하여 인간의 육체성을 적절하게 고려한다. 하나님의 형상과 인간의 육체에 관하여, 버미글리는 칼빈과 마찬가지로 일차적인 강조점을 두지는 않는다. 즉, 하나님은 영이시므로 하나님의 형상은 인간의 육체와 관련해서는 그 고유한 의미를 갖지는 않는다. 그러나, 육체는 영혼에 감추어진 하나님과의 많은 유사성들을 표현함으로써 우리를 돕기 때문에, 하나님의 형상과 아주 동떨어진 것이라고 여겨서도 안된다고 주의를 촉구한다. 구약의 하나님의 현현의 사례들로써 인간의 육체성을 하나님의 형상됨과 관련하여 강조하였던 히브리 랍비들의 주장을 소개하면서, 버미글리는 오히려 예수 그리스도의 성육신을 더 좋은 사례로 제시한다. 그렇지만, 버미글리에게 육체는 하나님의 형상 개념에서 분명히 부차적인 의미는 가지고 있다: "그러나 앞서 말한 대로, (하나님의 형상에 관한 이런 언급은) 내적인 인간, 곧 영혼에 관한 것으로 이해되어야 하며, 육체는 그 영혼의 도구(instrument)로서 하나님의 형상이라는 개념에 낯선 것이 아니다."[43]

(3) '형상'(tselem)과 '모양'(demut)에 대한 이해

버미글리는 이 두 용어들이 사용된 것은, 동일한 것을 좀더 효과적으로 표현하기 위한 반복법으로 간주한다. 두 단어가 서로 다른 의미를 가진 것이 아니라, 동일한 사항을 강조하기 위한 표현이라고 해석하는 점에서 버미글리는 칼빈과 의견을 같이 한다.[44] 형상과 모양을 각각 다른 의미로 해석하여, 형상은

---

[42] *Peter Martyr Reader*, 89.
[43] *Peter Martyr Reader*, 89.

본성(nature)에 관한 언급인 반면에 모양은 자질(property)에 관한 언급이라고 말하는 견해를 알고 있지만, 버미글리는 성경 자체의 용법을 고려할 때, '모양'(similtudo)이라는 단어가 덧붙여진 것은 '강조적 표현'(ad maiorem expressionem)을 위한 것이라는 해석이 한층 더 받아들일 만한 해석이라고 평가한다.[45]

3. 버미글리의 성경적 인간론을 통하여 본 '스콜라주의적 경향'에 대한 재평가

제임스 3세(F.A. James III)는 버미글리의 예정론에 관한 그의 저서에서 그때까지의 버미글리 연구사(Vermigliana)를 뛰어나게 잘 정리한 서문을 제공하는데, 그 가운데 1977년 캐나다 몬트리올에서 열린 버미글리 심포지움과 관련하여 이 개혁주의 신학자의 기본적 성격을 '개혁주의적 스콜라주의'로 보는가 아니면 '성경적 인문주의자'로 평가하는가 여부를 둘러싼 열띤 논쟁을 소개한다.[46] 이 논쟁에서 버미글리의 '스콜라주의적 특징'을 강조한 예수회 신부 도널리(J.C. Donnelly)는 버미글리의 『신학총론』의 인간론 부분의 현대 영어판을 번역하면서 자신의 관점에 따라 버미글리의 견해에 반영된 스콜라적 요소들을 여러 각주들을 통하여 거듭하여 지적한다. 그가 첨부한 각주들은 버미글리의 지적 배경을 알려주는 긍정적인 의미가 있지만, 그러나 때때로

---

44 Calvin, *Institutes*, I.xv.3. "형상이라는 말과 모양이라는 말에 대해서는 주석가들 사이에 적지 않은 논쟁이 있는데, 그것은 그들이 이 두 말의 차이점을 까닭 없이 찾고 있기 때문이다. 사실 '모양'이라는 말은 설명을 위해서 첨가된 것일 뿐 그 두 말 사이에는 아무런 차이가 없다."

45 *Peter Martyr Reader*, 90. 리용의 이레네우스 이래로 중세 스콜라 신학자들에게 널리 퍼진 형상과 모양에 대한 이중적 해석에 관해서는 안토니 후크마, 『개혁주의 인간론』 중 '하나님의 형상: 역사적 고찰', 55-67을 참조할 것.

46 Frank A. James III, *Peter Martyr Vermigli and Predestination, The Augustianian Inheritance of an Italian Reformer* (Oxford: Clarendon Press, 1998), 15-17.

버미글리 자신의 강조점을 주목하는데 도움이 되지 않는 경우들도 있다. 왜냐하면 버미글리는 자신의 창세기 주석에서, 특히 하나님의 형상을 해설하는 부분과 관련하여, 철학적 인간론에 깊이 파고드는 것을 회피하고, 기본적으로 창조의 이야기의 패턴을 그대로 따르고 있기 때문이다.[47] 버미글리의 폭넓고 다채로운 지적인 배경[48]에도 불구하고, 그는 자신을 '성경의 학자'(Scholar of the Scriptures)로 인식하였기 때문이다. 버미글리에게 스콜라주의는 그 '방법론적 정확성' 때문에 성경을 바르게 해설하는 도구로 사용하였다는 평가[49]를 뒷받침하는 입장에서, 필자는 버미글리의 인간론 본문에 첨부된 도널리의 몇몇 각주들을 비판적으로 살펴보려고 한다.

(1) 아리스토텔레스에 대한 첫 번째 직접적 언급

영혼의 현존을 보여주는 두 가지 주된 상징을 '동작'과 '감각'으로 제시하면서, 버미글리는 아리스토텔레스의 이름을 직접 언급한다: "왜냐하면 (아리스토텔레스가 확언하듯이) 이 두 가지는 고대의 모든 철학자들에게 영혼의 주된 효과들(the chief effects)로 보여졌다."[50] 도널리는 이 부분에 덧붙인 각주에

---

47 Campi, "Genenis Commentary", 223.

48 독일의 신학사전 TRE의 버미글리 항목을 집필한 쉬트롬(Christoph Strohm)에 따르면, 버미글리의 신학적 프로필은 토마스주의적 스콜라주의, 아우구스티누스의 유산, 그리고 기독교 인문주의로 규정될 수 있다. 버미글리의 학문적 배경은 그보다 훨씬 폭넓고 깊지만, 적어도 이 세 가지 요소들 모두에 그가 깊은 조예가 있었다는 사실은 일반적으로 인정되고 있다. Christoph Strohm, "Vermigli, Pietro Martire (1499-1562)", *Theologische Realenzyclopädie* Band XXXIV (Berlin: Walter de Gruyter, 2002), 728.

49 이와 관련하여, 옥스포드 대학의 학생들에게 '성경의 원천으로 돌아가자'(*Exhortatio iuventutis ad sacrarum litterarum stadium*)라고 권면한 버미글리 말을 언급하면서, 이 개혁주의 신학자가 자기의 신학의 기초로 인정한 것은 성경이었다고 지적한 제임스 3세의 언급은 여전히 주목할만하다. F.A. James III, *Peter Martyr Vermigli and Predestination*, 93. 제임스 3세는 도널리와 암스트롱의 견해를 종합하는 입장에서 버미글리의 지적인 배경을 설명한다. 한편, 버미글리의 지적 배경 및 그 자신의 인식에 관해서는, 김진흥, 『피터 마터 버미글리: 신학적 평전』, 제2부 1장을 참조하라.

50 *Peter Martyr Reader*, 86.

서 아리스토텔레스의 '영혼론'(*De Anima*)의 구절을 인용하며 그 출처를 밝힌다. 그런데 그 맥락 자체에서 버미글리가 강조하려는 바는 하나님의 숨이 먼지로 조성된 인간의 얼굴에 불어지자, 아담에게 살아 있는 영혼이 창조되었다는 점이며, 곧바로 거기에서 이 개혁주의 신학자는 하나님이 베푸실 부활의 능력에 대한 확신으로 나아간다. 버미글리가 직접 아리스토텔레스의 이름을 언급한 것은 주목할만하지만, 그러나 그의 논지를 문맥을 따라 살펴보면 이 이교적 철학자의 권위를 빌어 무엇을 주장하려는 의도는 그다지 찾아볼 수 없다. 영혼의 창조와 관련한 하나님의 전능하신 능력을 부활에 대한 신앙과 연결시키는 버미글리의 논리적 진행에서, 아리스토텔레스에 관한 언급은 성경의 특정한 사실에 대한 보조적 뒷받침에 불과하다. 버미글리는 이런 방식으로 아리스토텔레스와 플라톤과 같은 기독교 밖의 권위들과 더불어 테르툴리아누스와 오리게네스와 같은 고대의 기독교 신학자들을 자유롭게 활용하고 있다.[51] 그렇지만, 이런 권위들의 인용 혹은 이용이 버미글리의 핵심 논지를 직접적으로 뒷받침하는 것은 아니다. 또한 버미글리의 교부 이용에 대한 분석의 결과에서 뚜렷하게 나타나듯이, '오직 성경' 원리에 대한 이 개혁주의 신학자의 이해는 '성경만을' 인정한다는 협소한 의미가 아니라, 진리의 척도로서 최상의 권위인 성경의 교훈에 부합하는 모든 하위의 권위들을 포괄적으로 그리고 적절한 수준에서 인정하는 것이었다.[52]

---

51 *Peter Martyr Reader*, 84. '영혼'(*nephesh, anima, psyche*)이라는 단어의 어원을 살피면서 '호흡'과 연관하여 설명하는 대목인데, 도닐리는 버미글리가 직접 언급하지 않았지만 이 네 사람의 관련 작품들을 각주에 소개한다.

52 이와 관련하여, Jin Heung Kim, *Scripturae et Patrum Testimoniis: The Function of the Church Fathers and the Medievals in Peter Martyr Vermigli's Two Eucharistic Treatises: Tractatio and Dialogus* (Apeldoorn: Instituut voor Reformatieonderzoek, 2009), 242-250을 참조하라.

(2) 아리스토텔레스에 대한 두 번째 직접적 언급

한편, 하나님의 형상으로 지음받은 첫 사람에게 그의 사명을 온전하게 이룰 수 있도록 모든 덕목들(virtues)이 본성적으로 덧붙여졌다는 성경적 주장을 펼치면서, 버미글리는 중세 스콜라주의 신학에 가장 큰 권위를 발휘하였던 위대한 철학자 아리스토텔레스의 의견을 분명하게 비판하고 수정한다: "자연법과 인간의 법률들은 여기에 의존하고 있으며, 그 결과 하나님의 형상을 회복하고 유지할 수 있도록, 인간이 자유로운 지배를 유지할 수 있도록, 모든 덕목들은 인간 본성의 탁월한 상태(state)와 조건(condition)에서 발출하여 나온다. 우리 본성의 이런 조건으로부터 우리는 덕목들(virtues)이 우리 안에 본성적으로 접붙여져 있다고 결론 내릴 수 있으며, 또한 아리스토텔레스가 그의 윤리학 2권에서 그와는 반대로 증명한 논증들은 우리의 타락한 본성에서 일어난 일이라고 결론내릴 수 있다."[53] 도널리는 각주를 통하여 여기서 언급된 아리스토텔레스의 윤리학 2권의 논증이 무엇인지 알려주는데, 그것은 "지적인 덕목은 가르침에 의하여 생겨나며 자라난다. 도덕적 덕목은 습관의 열매이다"라는 주장이다. 버미글리는 타락 이전에 온전한 하나님의 형상으로 지음받은 인간에 관한 성경의 교훈을 근거로, 지적이고 도덕적인 덕목들이 후천적이라고 평가한 아리스토텔레스의 주장을 받아들이지 않고, 그런 관찰은 타락 이후의 인간에 대한 연구에서 이끌어낸 결론이라고 평가하는 것이다. 이것은 버미글리의 신학에 있어서 '오직 성경'의 원리가 어떻게 일관되게 적용되는지 보여주는 또 하나의 좋은 사례이다. 버미글리는 '모든 진리는 하나님의 진리'라는 포괄적인 입장을 가지고 성경 외의 철학적 진리들도 기꺼이 활용하였지만, 그러나 그는 여타 권위들을 항상 성경의 교훈과 일치하는가 여부에 따라 평가하였다.

---

53 *Peter Martyr Reader,* 90.

한 걸음 더 나아가, 앞서 부활에 대한 신앙을 강조하였던 사례와 마찬가지로, 버미글리는 이 단락에서 하나님의 형상으로 지음받은 인간에게 베푸신 놀라운 선물들에 감사하며, 그에 합당한 '하나님의 형상으로서의 삶의 자세'를 강조하여 가르치고 있다: "그러므로 애초에 하나님께서는 첫 사람을 엄청난 부와 주권으로 장식하셨다. 이 조건으로써 인간은 자신의 의무에 관하여, 그리고 그의 모든 행위들의 방식과 형태(manner and form)에 관하여 훈계를 받는다. 인간이 무슨 일이든 하려고 할 때마다, 자신에게 이렇게 말하도록 하라: 이것이 내 하늘 아버지를 드러낼 것인가? 이것이 하나님의 형상에 따라 살아가는 것인가?"[54]

여기서도 우리는 버미글리의 주된 관심사가 '경건'에 있다는 사실을 뚜렷하게 알 수 있다. 하나님의 형상 개념을 통하여 버미글리는, 하나님의 은혜로우신 창조의 사역과 그 목표, 타락으로 인한 방해, 그리스도를 통한 회복, 성령께서 다시 우리에게 각인해 주실 하나님의 형상과 같은, 성경의 핵심 교훈을 구속사적으로 요약하면서, '그리스도를 통한 우리의 구원'에 관하여 찬양하기 때문이다: "우리는 그리스도를 통한 우리의 구원이 얼마나 적절한지를 또한 배운다. 왜냐하면, 우리의 완전함은 하나님의 형상을 유지하는데 있는데, 그 형상은 우리의 첫 부모의 잘못에 의하여 모호하게 되었기 때문에, 그리스도에 의하여 우리에게 다시 각인되어야 하는 것, 즉 그의 성령에 의하여 하나님의 살아 있는 형상이 각인되는 것은 적절한 일이었다."[55]

하나님의 형상 개념을 중심으로 한 버미글리의 성경적 인간론에서 인간 존재의 주요 목적은 하나님을 반영하여 피조물에 대한 통치권을 탁월하게 발휘하는 것을 통하여 하나님과의 참된 사귐을 누리는 것이다.[56] 인간에게만 주어진

---

54 *Peter Martyr Reader*, 90.
55 *Peter Martyr Reader*, 90.

'하나님의 형상'으로서의 독특한 자질들은 모두 지상에서 하나님의 대리하여 모든 피조물을 올바르게 통치할 수 있도록 부여된 하나님의 선물이며, 그 선물을 올바르게 활용하여 인간은 하나님을 올바르게 반영하는 소명을 신실하게 감당함으로써 신적인 본성에 참여하는 것이다. 그것은 타락 이전에 온전한 하나님의 형상으로 지음받았던 아담에게만 해당되는 것이 아니라, 타락 이후에도 하나님의 참된 형상이신 예수 그리스도의 구속을 통하여 모든 하나님의 백성이 추구해야 할 변함 없는 사명이다.[57]

그러므로, 버미글리의 인간론, 특히 하나님 형상 개념에 관한 논의에서 스콜라주의적 요소들이 나타나는 사실을 지나치게 강조할 필요가 없다. 그것은 교부학적 지식이나 랍비문헌에 관한 이용 등 그의 다른 지적인 배경들과 마찬가지로 '성경의 진리를 바르게 밝히려는' 성경의 학자로서 버미글리의 근본적인 접근방식에 적절하게 활용된 여러 도구들 가운데 하나에 지나지 않는다. 그의 성찬 논문들에서 뚜렷하게 나타나듯이, 종교개혁의 근본적인 '오직 성경' 원리에 대한 버미글리의 개혁주의적 이해와 일관된 적용은 그의 인간론 논의에서도 변함없다. 성경의 가르침에 부합하며 성경적 교리를 뚜렷하게 이해하는 데 도움이 된다면, 버미글리는 플라톤이나 아리스토텔레스 등 이교 철학자들의 논의를 받아들이고 활용하는데 주저함이 없다. 그러나 그 반대의 경우라면 아무리 신학계에서 확고한 권위를 자랑하는 인물들이라도, 그것이 스콜라주의의 아리스토텔레스의 권위이든, 교부신학의 아우구스티누스의 권위이든, 버미글리는 결코 그들의 권위에 맞추어 성경의 가르침을 해설하려고 하지 않는다.

---

56 Gary Jenkins, "Citizen Vermigli: the political animal in Vermigli's commonwealth", *Reformation & Renaissance Review*, vol. 15 No. 1 (April, 2013), 89.

57 Jenkins, "Citizen Vermigli", 89-90. "통치와 행복 모두에서 실패하였음에도 불구하고, 사람들은 여전히 그 덕목들을 소유하고 있는데, 그것은 그들의 궁극적인 목적들에 최소한 희박한 접근을 가능하게 해준다. 이것들은 [덕목들은] 하나님의 형상(*imago Dei*)의 물질적이고 효과적이고 형식적인 원인들에 있다."

앞에서 살펴본 대로, 버미글리는 하나님의 형상에 관한 아우구스티누스의 심리학적 삼위일체론적 해석을 맹종하는 대신, 창세기 1장의 본문이 말하는 의미를 포괄적으로 이해하여 '다스림을 통한 하나님의 반영'이라는 이해를 좀더 성경적인 해석으로 내세웠다. 또한 타락 이후의 인간 존재에 대한 분석에만 근거한 아리스토텔레스의 덕목에 관한 해설을 하나님의 창조에 관한 성경의 계시적 진리에 따라 바로잡았다. 고대 세계 기독교 안팎의 이 두 권위자들의 견해를 긍정적으로 활용하면서도, 버미글리는 언제나 성경의 계시에 대한 올바른 이해라는 기본적인 원리에 부합하는 형태로 사용하였던 것이다.

그러므로 버미글리의 스콜라주의적 경향과 관련하여, 그것은 어떤 '철학적인 정향'(philosophical orientation)이라기보다는 일차적으로 '가르치고 글을 쓰는 방법'(method of teaching and writing)으로 평가한 것은 적절하다.[58] 이것은 사실 새로운 평가가 아닌데, 왜냐하면 일찍이 버미글리의 당대에 그의 스콜라주의는 그 학문 방법상의 정확성을 높이 평가한 결과였다는 사실이 그의 동료들에게는 잘 알려져 있었기 때문이다. 취리히 신학교에서 그를 계승한 시믈러(Josiah Simler, 1530-1576)는 파두아 대학 시절부터 버미글리가 그 '방법론' 때문에 아리스토텔레스의 철학을 사랑하고 존중하였다고 헌사에

---

[58] 이와 관련하여, 종교개혁 시대의 스콜라주의에 대한 쉬미트(Charles Schmidt)와 멀러(Richard A. Muller)의 정의가 도움이 된다. 쉬미트는 스콜라주의를 "제도적 교훈과 교육학의 틀 안에서 발전되고 이용된 연구 및 교육 방법론"(a method of study and of teaching developed and used within the framework of institutional instruction and pedagody)으로 정의하였는데, 제임스 3세는 이렇게 정의된 스콜라주의가 버미글리에게서 뚜렷하게 찾아볼 수 있는 것이라고 평가한다. 즉, 명료성(clarity), 엄밀한 정의(precise definition), 그리고 논리적으로 제시된 논증(logically presented argumentation). 그리고 적절한 경우에 활용된 삼단논법(syllogism)과 스콜라주의적 용어 및 아리스토텔레스적 인과론. Frank A. James III. ""Peter Martyr Vermigli: At the Crossroads of Late Medieval Scholasticism, Christian Humanism and Resurgent Augustinianism", Carl R. Trueman and R. Scott Clark eds, *Protestant Scholasticism: Essays in Reassessment* (Carlistle: Paternoster Press, 1999), 66.

서 밝히고 있다.[59] 그러므로, 버미글리의 심오한 성경적 정향은 그의 다양하고 깊이 있는 학문적 배경들과 더불어 그의 인간론에서도 뚜렷하게 나타난다는 사실을 확인할 수 있다.

4. 버미글리 인간론의 개혁주의적 성격

끝으로, 불링거와 무스쿨루스 그리고 칼빈과 더불어 개혁주의 신학의 4대 편찬자로 평가되는 버미글리의 인간론은 과연 어떤 점에서 개혁주의적 성격을 가지고 있으며, 개혁주의 신학의 발전에 영향을 주었는지 살펴보자. 필자는 개혁교회의 탁월한 두 요리문답으로 평가되는 하이델베르크 요리문답(1563)과 웨스트민스터 대요리문답(1647)의 '하나님의 형상'에 대한 교리와 비교하여 버미글리의 인간론의 개혁주의적 특징을 살펴보고 그의 영향력을 추론해보려 한다.

(1) 하이델베르크 요리문답의 '하나님의 형상'론

하이델베르크 요리문답은 제6문답에서 '하나님의 형상'을 다루는데,[60] 그 문맥은 인간의 죄와 비참을 다룬 제3-5문답에 이어, 그 타락한 인간의 본성의 유래를 설명하는 제7문답 사이에 위치하고 있다. 즉, 제6문답은 하나님이 사람

---

[59] Josiah Simler, "Oration on the Life and Death of the Good Man and Outstanding Theologian, Doctor Peter Martyr Vermigli, Professor of Sacred Letters at the Zurich Academy", Peter Martyr Vermigli, *Life, Letters, and Sermons* (Kirksville: Sixteenth Century Essays & Studies, 1999), 15. "왜냐하면 그는 그 방법론 때문에 아리스토텔레스의 철학을 대단히 사랑하였고 높이 평가하였으며, 또한 그것이 다른 철학자들의 학파들보다는 오류가 적었기 때문이었다."
[60] "그러면 하나님께서는 사람을 그렇게 악하고 패역한 상태로 창조하셨습니까? 아닙니다. 하나님은 사람을 선하게, 또한 자신의 형상 곧 참된 의와 거룩함으로 창조하셨습니다. 이것은 사람으로 하여금 자신의 창조주 하나님을 바르게 알고, 마음으로 사랑하며, 영원한 복락 가운데 그와 함께 살고, 그리하여 그분께 찬양과 영광을 돌리기 위함입니다."

을 죄 없는 상태로 창조하셨고, 따라서 하나님이 우리의 죄와 비참의 원인이 아니라는 것을 우선 명백히 드러내는 역할을 한다. 그런데, 제6문답을 통하여 살펴볼 수 있는 두 가지 중요한 주제들은, 첫째 '하나님은 본래 사람을 어떤 상태나 조건으로 창조하셨는가' 그리고 둘째, '하나님은 어떤 목적으로 사람을 창조하셨는가'이다.[61] 첫째 주제와 관련하여, 하이델베르크 요리문답은 '선한 창조' 그리고 '하나님의 형상에 따른 창조'로 요약하여 대답한다. 그리고 '하나님의 형상에 따른'이라는 표현을 '참된 의와 거룩함'이라는 신적인 탁월함의 속성들로 부연설명한다. 그런데, 그 다음 구절은 그런 선한, 하나님의 형상에 따른 창조의 '목적'을 제시하는데, 그것은 하나님을 바르게 아는 것과 마음으로 사랑하는 것, 그리고 지식과 사랑의 결과로서 하나님과의 복된 교제를 누리며 찬양과 영광을 돌리는 것으로 소개하고 있다. 이런 답변은 '하나님의 형상'에 대한 포괄적인 이해를 보여주는데, 인간에게 주신 하나님의 탁월한 은사들을 대표하는 '참된 의와 거룩함'을, 그것으로써 이루어야 할 '사명'과 연결시키고 있기 때문이다.[62]

앞서 우리는 버미글리가 하나님의 형상 개념의 핵심을 '하나님과의 올바른 관계'로 파악하였으며, 그것은 '하나님을 앎'(knowing God)과 하나님을 사랑함(loving God)으로써 인간의 목적인 참된 행복과 직결된다고 강조한 점을 앞에서 살펴보았다. 또한 하나님의 형상으로서 탁월한 자질들을 하나님한테서

---

61 Zacharias Ursinus, *The Commentary of Dr. Zacharias Ursinus on the Heidelberg Catechism* (Phillisberg: Presbyterian and Reformed Publishing Company, 1852), 27.

62 Fred H. Klooster, *Our Only Comfort, A Comprehensive Commentary on the Heidelberg Catechism* vol. 1 (Grand Rapids: Faith Alive, 1988), 104. "그 대답은 신학자들이 종종 분리하는 것, 즉 소위 정태적이고 동태적인 요소들(static and dynamic elements)을 함께 모아 둔다… 하나님의 형상으로 지음받았다는 것은 하나님께서 주신, 하나님에 의하여 부여된 인간적 특징들이며, 따라서 창조의 구조(a structure of creation)를 말한다. 창조시에 하나님의 형상으로서 주어진 이것은 하나님이 제공하신 방향(direction)을 내포하고 있는데, 그것은 하나님을 아는 일, 하나님을 사랑하는 일, 창조주와 더불어 교제하며 사는 것이다."

선물로 받은 인간은 '범사에 어떻게 하나님을 드러내는지, 하나님 형상답게 살아가야 하는지' 스스로 질문하는 자세를 마땅히 가져야 한다고 강조한 버미글리의 경건도 소개하였다.

피상적으로 볼 때, 하이델베르크 요리문답의 하나님의 형상 교리는 '통치권'에 관한 언급이 없으므로 버미글리의 견해와 차이가 난다고 생각할 수 있다. 제6문답의 내용은 버미글리가 '원인'으로 간주하였던 인간의 탁월한 덕목들, 특히 사도 바울이 강조한 신적인 덕목들을 '모든 피조물에 대한 다스림'보다 더 직접적으로 '하나님의 형상'을 설명하는 것으로 보인다. 그러나 이 문답의 내용을 전체적으로 파악하면, 특히 하나님의 형상을 신적인 자질들로 설명한 앞 부분과 그렇게 창조된 목적을 설명하는 뒷 부분의 내용이 목적부사절의 형식으로 연결된 것을 주목할 때,[63] '다스림'에 대한 언급이 있는가 없는가 여부에 관한 차이는 표면적인 것에 지나지 않으며, 버미글리의 하나님 형상론의 핵심을 하이델베르크 요리문답도 고스란히 잘 반영하고 있음을 알 수 있다.

(2) 웨스트민스터 대요리문답의 '하나님의 형상' 교리

장로교회의 대요리문답은 하나님의 인간 창조에 관한 제17문답[64]에서 하나님의 형상에 관하여 언급한다. 여기서도 '하나님의 형상'을 사도 바울이 엡 4:21 및 골 3:10에서 제시한 '지식과 의로움과 거룩함'이라는 탁월한 영적인 자질들로 설명하고 있다. 즉, 대요리문답은 하나님의 형상 개념을 인간 안에

---

[63] Klooster, *Our Only Comfort*, 103. "이 답변의 두 부분들은 '그리하여'(so that)이라는 부사구로 연결되어 있다는 점이 두드러진다."

[64] "하나님께서 다른 모든 피조물들을 만드신 후에, 인간을 남자와 여자로 창조하셨는데, 땅의 먼지로부터 남자의 몸을 조성하셨고, 남자의 갈비뼈로부터 여자를 조성하셨으며, 그들에게 살아 있고, 이성적이며, 불멸의 영혼을 부여하셨으며, 그 자신의 형상으로 지식과 의와 거룩함으로 그들을 만드셨으며, 피조물들에 대한 지배권과 함께 하나님의 율법을 그들의 마음에 두셨고, 그것을 성취할 능력을 부여하셨는데, 그러나 타락할 수 있게 하셨다."

있는 이성적 본성과 인간의 도덕적 본질, 그리고 인간의 영적 본성으로 해석하고 소개하는 것이다.[65] 하이델베르크 요리문답과는 달리, 이 문답에는 '통치권'에 관한 언급이 포함되어 있다는 점이 주목할만하다. 그런데 그 문맥을 살펴보면, 통치권에 관한 그 언급이 하나님의 형상에 대한 설명의 일환으로 해석될 수도 있고, 혹은 마음에 새겨진 하나님의 율법과 그것을 이룰 능력으로 이루어야 할 사명으로 이해될 수도 있다. 그렇지만, 버미글리의 하나님 형상론과 비교할 때, 하나님 형상으로서 그분을 대리하여 피조물을 다스리는 인간의 통치권의 의의가 대요리문답에서는 그다지 명확하게 표현되지는 않았다. '피조물에 대한 지배권과 함께'라는 구절이 '창조시에 하나님이 인간에게 부여한 사명'으로 설명되지만,[66] 그것이 하나님의 형상 개념과 어떻게 직접적으로 연결되는지, 또 인간에게 부여된 탁월한 신적인 자질들로서의 지식과 의와 거룩함과 어떤 관계가 있는지 뚜렷한 설명이 없다. 이런 점에서 오히려 '지배권'에 대하여 직접 언급하지 않는 하이델베르크 요리문답의 하나님 형상 교리가 한층 더 버미글리의 견해를 잘 반영하고 있다고 평가된다.

버미글리가 시대적으로 앞선 인물이며 그 사상이 서로 유사하다고 하여서 곧바로 그의 인간론이 하이델베르크 요리문답이나 혹은 웨스트민스터 대요리문답에 영향을 주었다고 단언할 수는 없을 것이다. 그렇지만, 하이델베르크

---

65 Johannes Vos, *The Westminster Larger Catechism, A Commentary* (Phillisburg: P&R, 2002), 41. 보스는 이것을 이렇게 설명하기도 한다: "혹은 우리는 인간이 지성(mind), 양심(conscience), 그리고 하나님을 알고 사랑할 수 있는 능력(capacity for knowing and loving God)을 가지고 있다고 말할 수 있을 것이다."

66 Johannes Vos, *The Westminster Larger Catechism, A Commentary*, 42. 하나님의 형상에 관하여 말하는 웨스트민스터 소요리문답 제10문답에 대한 해설에서 윌리엄슨(G.I. Williamson)은 아예 그 부분에 대한 설명을 생략한다. G.I. Williamson, *The Shorter Catechism* vol. 1 (Phillisburg: Presbyterian and Reformed Publishing Co., 1097), 35-39.

요리문답의 주된 저자로 알려져 있는 우르시누스와의 관계를 고려할 때, 하나님 형상에 관한 교리에서 발견할 수 있는 뚜렷한 유사성을 주목할 필요가 있다. 버미글리가 왜 개혁신학의 주요한 편찬자들 가운데 한 사람으로 평가받는지 이해할 수 있는 한 가지 중요한 근거를 더할 수 있을 것이다. 한편, 옥스포드 왕립석좌신학교수(regius professor)로서의 활동 및 청교도들에 대한 지속적인 영향력에도 불구하고, 하나님의 형상에 관한 버미글리의 성경적이고 포괄적이고 균형잡힌 견해가 웨스트민스터 요리문답들에서 그다지 풍성하게 반영되지 못한 것은 아쉬운 점이다. 이것은 버미글리의 소위 스콜라주의적 경향이 개혁주의 정통의 경향에 비교할 때 훨씬 덜하며, 오히려 성경중심적 정향을 역설적으로 보여주는 사례로 평가될 수도 있을 것이다.

III. 결론

이상으로 우리는 버미글리의 인간론을 전반적으로 살펴보았는데, 특히 그의 하나님의 형상 개념을 중심으로 고찰하였다. 본론의 논의를 통하여 우리는 우선 버미글리의 해석이 창세기 1장의 하나님 형상 개념을 좀더 정확하고 풍성하게 반영하고 있을 뿐만 아니라, 성경 전체의 핵심적인 교훈과도 잘 부합된다는 사실을 확인할 수 있다. 아담의 육체에 하나님의 숨을 불어넣어주신 창세기 1장의 말씀에 대한 해석에서 버미글리가 성령을 통한 새생명 및 부활에 관한 신약성경의 핵심적 복음의 메시지와 연결하여 설명한 사례, 하나님의 형상 개념을 무엇보다도 '통치권'으로 해석하여 창세기 1:26의 의미를 올바르게 드러낼 뿐만 아니라 인생의 목적에 관한 성경 전체의 가르침과 연결시키는 관점, 하나님의 참된 형상이신 그리스도에 관한 논의에서 우리의 형상 회복을 위한 구세주의 구원론적 역할과 의의를 고려한 점 등은 버미글리의 인간론의 성경적이고 통전적인 성격을 뚜렷하게 보여준다. 그에게 신학은 하나님에 관한 지적 탐구에 그치는 것이 아니라, 하나님과의 영적 교제를 누리며 그분에게 합당한 영광을 돌리는 것이었다.

버미글리의 스콜라주의적 경향에 관한 논의들에 관하여, 우리는 개혁주의 신학의 초창기 건설자로 평가되는 버미글리의 근본적인 성경적 정향을 그의 인간론에서도 다시 한번 확인할 수 있다. 곧 '오직 성경의 원리를 깊이 있고 풍성하게 이해하여 일관되게 적용하는 모습이 대표적인 교부적 권위자인 아우구스티누스와 최고의 철학적 권위인 아리스토텔레스의 견해들에 대한 버미글리의 태도에서 뚜렷하게 나타난다. 개혁주의 전통이 그 초창기부터 성경의 지상적 권위를 분명히 확립하고, 그런 기초 위에서 하나님의 교훈을 올바르게 해석하기 위하여 도움이 되는 다양한 학문들을 적절하게 활용하였는지, 우리는 버미글리의 신학적 논의들을 통하여 잘 알 수 있다.

마지막으로, 버미글리의 인간론은 '계시에 근거한 경건한 지식과 실천'의 통전적 모습을 통하여 개혁주의 신학의 아름다움을 보여준다. 하나님의 형상으로 존귀하게 창조된 인간에게 선물로 베풀어 주신 탁월하고 신적인 자질들에 관한 논의를 곧바로 그에 마땅한 감사의 반응으로, 즉 우리 자신의 의무와 사명을 돌아보는 것으로 연결하는 그의 신학적 사고야말로 개혁주의 신학의 아름다움이라고 하지 않을 수 없다. 하나님의 형상 개념에 대한 논의를 통하여 사람의 제일되는 목적을 강조하고 그에 걸맞은 경건을 촉구하는 버미글리의 신학하는 자세는 오늘날 개혁주의 교회와 신학교에서도 결코 잊지말고 본받아야 할 소중한 개혁주의 정신의 진수이다.

하인리히 불링거의 인간에 대한 이해
- 1550년대 서술된 네 권의 신앙교육서를 중심으로 -

박상봉

(합동신학대학원대학교 교수, 역사신학)

Heinrich Bullinger(1504-1575)

스위스 취리히 대학교 신학부에서 종교개혁사를 전공했는데, 취리히 종교개혁자인 하인리히 불링거(Heinrich Bullinger)의 신앙교육서에 대한 연구로 박사학위(Dr. Theol.)를 받았다. 현재 수원에 있는 합동신학대학원대학교에서 역사신학 교수로 재직 중이며, 과천에 있는 은혜개혁교회의 목사로 섬기고 있다. 16세기 스위스 종교개혁, 하인리히 불링거, 종교개혁의 다양한 주제 등에 관한 연구와 번역에 집중하고 있다. 최근 저서로『하인리히 불링거의 교회와 신앙고백』, 에미디오 캄피 공저 (수원:합신대원출판부, 2021),『불링거』(서울: 익투스, 2021) 등이 있으며, 역서로『하인리히 불링거의 교회론』, 강승완 공저 (수원:합신대원출판부, 2019) 등이 있다.

박상봉

Ⅰ. 들어가는 말

　인간에 대한 이해가 신학적 주제의 순서에 있어서 불링거의 『50편 설교집』에서는 섭리론과 예정론 사이에서 다루어졌지만, 그러나 네 권의 신앙교육서[1]에서는 이 주제가 하나님의 섭리와 언약 사이에 위치해 있다.[2] 이러한 신학적 주제의 순서와 관련하여 불링거는 인간에 대한 이해를 하나님의 주권 안에서 발생하게 될 모든 것이 포함된 하나님의 전체적인 구원계획 안에서 설명했다. 물론, 이것은 죄가 창조로부터 기원했거나 혹은 창조가 죄 안에서 완성되었다는 의미가 아니다. 비록 죄가 하나님으로부터 창조된 인간을 통하여 세상에

---

[1] 불링거가 1550년대 서술한 네 권의 신앙교육서는 다음과 같다: 『헝가리 교회와 목사들에게 쓴 목회서신』(1551), 원문: *Brevis ac pia institutio Christianae religionis ad dispersos in Hungaria Ecclesiarum Christi Ministros et alios Dei servos scripta*, per Heinrycum Bullingerum Tigurinae Ecclesiae Ministrum. Ovarini M.D.LIX. (이하. *scripta*). 『기독교 강요』(1556), 독일어 원본: *Summa Christenlicher Religion, Darin vß dem wort Gottes / one alles zancken vnd schaelten / richtig vnd Kurtz / anzeigt wirt / was einem yetlichen Christen notwendig sye zů wüssen / zů glouben / zů thůn / vnd zů l assen / ouch zů lyden / vnd saeligklich abzůsterben: in x. Artickel gestelt / durch Heinrychen Bullingern* (이하, *Summa*); 라틴어 원본: *COMPENDIVM CHRISTIANAE RELIGIONIS DECEM Libris comprehenſum*, Heinrycho Bullingero auchtore ⋯ TIGVRI APVD FROSCH. Anno domini, M.D.LVI.) (이하, *Compendium*). 『박해받는 사람들을 위한 신앙답변서』(1559), 원본: *Bericht, Wie die / ſo von waegen vnser Herren Jeſu Chriſti vn ſines heiligen Euangeliums / ires glaubens erſůcht / vnnd mit allerley fragen verſůcht werdend / antworten vnd ſich halten moegind:* beſchribē durch Heinrychē Bullingern, M.D.LIX. (이하, *Bericht*). 『성인들을 위한 신앙교육서』(1559), 원본: *CATECHESIS PRO ADVLTIORIBUS SCRIPTA*, DE his potissimum capitibus. De Principijs religionis Christianę, scriptura sancta. De Deo uero, unio et ęterno. De Foedere dei & uero dei cultu. De Lege dei & Decalogo mandatorum domini. De Fide Christiana, & Symbolo apostolico. De Inuocatione dei & Oratione dominica, & De Sacramentis ecclesię Christi, authore Heinrycho Bullinero, M.D.LIX. (이하, *Catechesis*).

[2] Paul Jakobs, *Die Lehre von der Erwählung*, in: Glauben und Bekennen. Vierhundert Jahre Confessio Helvetica posterior. Beiträge zu ihrer Geschichte und Theologie, hg. von Joachim Staedtke, Zürich 1966, 265.

들어왔을지라도, 하나님은 죄의 원작자로 간주될 수 없기 때문이다.[3] 그렇지만 여기에서 주목되어야 할 점은, 특별히 죄인들의 징계 때 하나님은 천군천사의 지휘관인 '제바오트'(צְבָאוֹת, Zebaoth)로서 뿐 아니라, 모든 악인의 공의로 운 심판자로서 역할을 하신다는 것이다.[4] 그리고 이와 함께 죄의 기원이 인간의 책임이라는 사실도 결코 부인되어서는 안 되지만, 그러나 하나님이 자신의 섭리로 죄를 다스린다는 것도 결코 잊지 않아야 한다. 이 입장은 『50편 설교집』 에서 불링거는 이미 이렇게 제시했다:

> "선한 사람에게 발생하는 모든 일, 인간의 타락, 우리의 무지와 죄 그리고 악인 에게 일어나는 모든 일이 하나님께 속한 것임을 의심하지 않는다. 하나님을 경외하는 사람들은 전쟁, 재앙 그리고 다양한 재난이 하나님의 섭리에 근거하여 발생한다는 사실을 알면서도, 그러나 그들은 이 모든 책임을 인간의 죄에 돌린 다."[5]

네 권의 신앙교육서에서도 불링거는 아담의 타락 때 하나님의 역사를 다르게 해석하지 않았다. 하나님은 아담의 타락이 자신의 유효적인 '허용'(permissio) 과 '통치'(ordinatio) 안에서 발생하도록 함으로써 인간의 타락을 아무런 의미

---

3 Peter Walser, *Die Prädestination bei Heinrich Bullinger im Zusammenhang mit seiner Gotteslehre*, Zürich 1957, 104.

4 *Summa*, 43v-44r.

5 "Predigt 4: Gott ist der Schöpfer aller Dinge und lenkt alles mit seiner Fürsorge; der gute Wille Gottes uns gegenüber und die Vorsehung", Dekade 4, in: *Bullingers Schriften IV*, 450: "Ihm (Gott) schreiben sie zu Recht zu, was an Gutem geschieht, der menschlichen Verdorbenheit, unserer Unwissenheit und unseren Sünden jedoch alles, was an Schlechtem geschieht. Wenn die Gottesfürchtigen auch wissen, dass Kriege, Seuchen und verschiedene Unglücksfälle die Sterblichen aufgrund der Vorsehung Gottes heimsuchen, schreiben sie all dies dennoch den Sünden der Menschen zu."

없이 방임하지 않는다고 밝힌 것이다.6 불링거는 이 허용의 개념을 『50편 설교집』, 『트라헤론에게 보낸 서신』 그리고 『스위스 제2신앙고백서』에서는 비방임(Nichtverhinderung)의 의미로 제시했다.7 하나님은 자신의 전능한 능력으로 인간의 타락을 막지 않으셨다. 왜냐하면 하나님은 인간이 악하게 행한 것을 선한 일로 선용할 수 있을 뿐만 아니라, 죄가 더 이상 확산되지 않도록 통치하실 수 있기 때문이다. 하지만 곧바로 불링거는 인간적인 호기심에 대한 거절원칙에 근거하여 다음과 같은 입장을 제시했다:

> "하나님은 마귀가 아담을 속이거나 유혹하는 것을 허락하셨다. 하나님은 아담의 타락 전에 강력히 예방하지도 않으셨다. 하나님이 이러한 아담의 타락 이후에 뒤따르게 될 결과도 매우 잘 알고 계셨다. 그럼에도 불구하고 하나님이 왜 인간에게 선악과를 따먹지 말라는 지시를 내리셨는가는 여기에서 성급하게 논쟁되거나 호기심으로 연구되어서는 안 된다."8

전체적으로 볼 때, 불링거의 인간론은 정통신학적 입장, 즉 아우구스티누스의 가르침과 일치하며 또 종교개혁적 가르침으로서 성경적 증거와 직접적으로 연결되어 있음을 분명히 확인할 수 있다.9

---

6 Heinrich Heppe, *Die Dogmatik der evangelisch-reformierten Kirche*, neu hg. von Ernst Bizer, Kreis Moers 1935, 240.

7 Trahero Bullingero, 3. Juni 1553, in: *Sammlung alter und neuer Urkunden zur Beleuchtung der Kirchengeschichte bei Josias Simmler*, Zürich 1767, Bd. 79, 79a; Confessio, 9r-v (The. IX); Walser, *Die Prädestination bei Heinrich Bullinger im Zusammenhang mit seiner Gotteslehre*, 104; Peter Opitz, *Heinrich Bullinger als Theologe*, Eine Studie zu den ''Dekaden'', Zürich 2004, 196-197.

8 *Compendium*, 29v: „Nō autem hic solicite disputandum, & curiose perscrutandum est, cur Deus praeceptū hoc de non comedendo (cum tamen futuri euentus non esset nescius) homini dederit? Vel quam ob causam diabolo potestatem tentandi & decipiendi hominis concesserit? Aut cur non Deus hominem potenter à lapsu praeseruarit?"

인간론이 파편적으로 확인되지만 한 고유한 주제로 서술되지 않는 『헝가리 교회와 목사들에게 쓴 목회서신』을 제외하고, 다른 세 신앙교육서에는 인간과 죄에 대한 교리가 다양한 주제적 강조점 안에서 논의되었다. 『기독교 강요』에서 아담의 타락 이후 인간에 대한 이해가 신론과 죄론 안에 독립적인 단락으로 해설되었다. 여기에는 인간의 자유의지에 대한 짧은 설명도 포함되어 있다. "창조 때 인간은 선한 자유의지를 가졌는가, 아니면 악한 자유의지를 가졌는가?"에 대한 유일한 질문은 『고난받은 사람들을 위한 보고서』에만 설명되어 있다.[10] 이 신앙교육서에는 인죄론에 대한 다른 구체적인 주제들은 확인되지 않는다. 『성인을 위한 신앙교육서』에서는 창조, 죄 그리고 인간의 자유의지와 관련한 인간론이 기본적인 개념 안에서 다루어졌다. 이 내용은 사도신조의 첫 번째 조항과 다섯 번째 조항의 해설에서 발견된다.

II. 본론

1. 창조 안에서 인간의 기원

불링거는 하나님으로부터 창조된 인간의 상태를 『기독교 강요』와 『성인을 위한 신앙교육서』에서 확인시켜주고 있다. 타락 전 인간은 하나님의 살아있는 놀라운 작품이었음을 밝힌다.[11] 물론, 타락 전 인간의 상태는 어느 누구도 정확하게 설명하거나 묘사할 수 없다는 것도 덧붙였다. 이 주제의 분명한 이해를

---

9 Opitz, *Heinrich Bullinger als Theologe*, 410.

10 *Bericht*, 66. "ob ein mensch zum gůten vnd zum argē ein fryen willen habe / oder nit?"

11 *Summa*, 29v.

위해서 불링거는 세 가지 논점을 제시했다. 하나님의 형상, 인간의 본질 그리고 인간의 지위이다. 당연히, 불링거의 신앙교육서들이 가진 특성과 관련하여 신학적으로 깊이 있는 논의는 확인되지 않지만, 그러나 이 세 가지 논점을 통해서 불링거는 타락 전 인간의 기원을 분명하게 이해시켜주고 있다.

(1) 하나님의 형상

하나님의 형상에 대한 설명은 오직 『기독교 강요』에서만 확인된다. 다른 신앙교육서들에는 인간론과 관련된 다른 주제들이 다루어져 있지만, 이 주제는 생략되어 있다. 여기에서 불링거는 가장 먼저 창조 안에서 하나님의 형상대로 지은 받은 인간은 모든 살아있는 피조물들과 구별된다는 점을 강조했다. 아담의 타락 때 완전히 잃어버린 하나님의 형상으로서 인간의 지위에 대한 회복도 설명했다. 인간과 다른 피조물들의 구별과 관련하여 불링거는 인간은 창조세계 안에서 모든 살아있는 피조물들과 다른 모든 것들을 뛰어넘는다는 사실을 밝혔다. 인간은 모든 피조물들을 다스리기 위해 특별한 존재로서 창조되었다는 것을 의미한다.[12] 그리고 모든 피조물에 대한 권세는 창조 때 하나님이 인간에게 주신 지위와 관련이 있다. 이 지위는 인간이 창조의 마지막 날에 세상에 등장한 것과 무관하지 않을 뿐 아니라, 하나님의 형상대로 지음받은 인간의 특별한 자격과도 관계가 있다. 그럼 불링거는 하나님의 형상을 어떻게 정의했을까? 『50편 설교집』에서 불링거는 "타락 전 하나님의 형상은 사도적인 가르침에 따르면 우리 아버지 아담 안에 있는 것이었다. 즉, 하나님의 지혜, 정의, 거룩, 진리, 완전함과 순수함뿐 아니라 불멸과 영원한 복락과 관련된 것이다"라고 규정했지만,[13] 그러나 『기독교 강요』에서는 매우 요약적으로 하나님은 인간

---

12 *Samma*, 29v.
13 "Predigt 10: Die Sünde und ihre Arten, nämlich die Erbsünde, die Tatsünde und

을 자신의 형상에 따라서 선하고, 정의로우며 그리고 거룩하게 창조했다고 밝혔다.[14] 인간의 형상을 하나님의 성품과 관련하여 핵심적으로 이해한 것이다. 그리고 불링거는 아담의 타락으로 잃어버린 하나님의 형상과 관련한 인간의 회복을 고린도전서 3장과 에베소서 4장에 근거하여 다음과 같이 설명했다: "우리는 거룩함, 무죄 그리고 의로움을 위해서 … 다시 새롭게 되어야 한다."[15] 예수 그리스도의 구속과 관련하여 하나님의 형상에 대한 회복을 언급한 것이다. 그럼 이 논의로부터 불링거에게 명백해진 점은 무엇일까? 하나님의 형상은 절대적으로 하나님과의 교제를 위해서 또 선한 사역을 위해서 하나님께서 주신 권위, 정체성 그리고 능력을 통하여 특징지워진다는 사실이다.[16]

(2) 인간의 본질

불링거는 인간의 본질을 육체와 영혼의 구조로 이해했다. 인간은 한 인격 안에서 육체와 영혼으로부터 구성되어 있다는 것이다.[17] 인간이 육체, 영혼 그리고 정신으로 구성되어 있다는 삼분설을 거부한다. 먼저, 하나님으로부터 만들어지고, 선하게 완성된 육체는 '흙으로부터'(ex luto) 취해진 것이다. 이 사실은 불링거에게 인간의 육체가 만들어진 창조행위를 나타낼 뿐 아니라, 한 삶의 방식, 즉 인간은 항상 겸손해야 한다는 것도 알려준다.[18] 왜냐하면

---

die Sünde gegen den Heiligen Geist und deren gewisse und gerechte Bestrafung", Dekade 4, in: *Bullingers Schriften IV*, 224: "Vor dem Sündenfall war das Bildnis Gottes in unserem Vater Adam gemäss der apostolischen Auslegung: die Übereinstimmung und Teilhabe an Gottes Weisheit, Gerechtigkeit, Heiligkeit, Wahrheit, Vollkommenheit und Unschuld, aber auch seine Unsterblichkeit und ewige Glückseligkeit."

14 *Summa*, 29v.

15 *Compendium*, 25r: "… nos etiam renouari … iustitia, sanctimonia, & innocentia."

16 Peter Walser, *Bullingers Lehre vom Menschen*, in: Zwingliana X (1957), 413.

17 *Summa*, 29r. (참고, Heppe, *Die Dogmatik der evangelisch-reformierten Kirche*, 178).

타락 후에 흙으로 만들어진 죽을 수밖에 없는 육체는 영원한 생명을 위해서 또 부활과 함께 완성될 신체를 위해서 하늘을 주시해야 하기 때문이다. 이와 반대로 주목되어야 할 점은, 하나님은 인간에게 "영과 생명으로 구성된" 결코 소멸되지 않는 영혼을 제공했다는 것이다.[19] 불링거는 이 영혼을 하나님의 형상에 속해 있는 영적인 특성들과 직접적으로 연결된 인격적인 능력일뿐 아니라 인간을 살아있게 하는 영적인 실체로서 간주했다. 의심의 여지 없이, 영혼은 하나님도 아니고 하나님의 부분도 아니며, 오히려 하나님으로부터 창조된 것이며 또 자궁 안에서 각 신체들이 자랄 때 육체에 넣어진 것이다.[20] 타락 이후에 육체는 죽게 되었고, 이와 반대로 영혼은 여전히 죽지 않게 되었다. 물론, 육체가 영혼으로부터 분리될 때, 영혼은 천국이든 혹은 지옥이든 머물게 될 것이다. 그러나 마지막 때에 부활한 인간은 육체와 영혼의 분리 없이 영원한 생명으로 혹은 영원한 죽음으로 심판을 받게 될 것이다.

(3) 인간의 지위

하늘과 땅의 모든 만물이 인간의 복락을 위해 하나님으로부터 지음을 받았다는 창조 목적과 관련하여 인간은 하나님께 감사해야 하고, 하나님의 창조사역을 결코 잊어서는 안 되며 그리고 하나님이 창조된 세상을 다스린다는 것도 의심하지 않아야 한다. 그러므로 창조는 하나님의 영광과 인간의 유익에 항상

---

18 *Catechesis*, 33v.
19 *Compendium*, 25r: "… anima uero que spiritus & uita est."
20 *Catechesis*, 33v. (Walser, *Bullingers Lehre vom Menschen*, 411: "Bezüglich des Ursprungs der Seele ist für Bullinger noch zu erwähnen: Die Seele fällt nicht vom Himmel, wie Pythagoras, die Platoniker und Origenes meinen. Sie kommt auch nicht aus der eigenen Substanz Gottes, wie die Stoiker, Manichäer und die spanische Sekte der Priscillianer vermuten. Schliesslich wird die Seele nicht in Gottes Schatzkammer seit Langem verborgen gehalten, wie etliche Kirchenlehrer meinen.")

기여한다. 이러한 전제 아래서 불링거는 인간의 지위는 창조 때 확정되었는데, 하나님은 인간을 하늘과 땅의 모든 만물을 관리하는 보호자(Schutzherr)로 세우셨다고 강조했다.[21] 맨 처음 보호자의 직무는 아담에게 위임되었으며, 창조사역의 완성 후에 하나님은 모든 만물을 아담에 예속시키셨다고 덧붙였다. 물론, 불링거는 보호자로서 인간의 지위는 분명한 조건들 아래서 수행되었다는 사실도 밝혔다. 즉, 타락 전에 하나님은 아담을 위해 돕는 배필로서 하와를 만들어주셨다. 두 사람으로부터 하나님은 고유한 순종과 감사를 요구하셨다. 이 요구는 곧바로 아담과 하와가 동산 중앙에 있는 먹지 말라고 금지한 열매를 따먹지 않아야 한다는 하나님의 명령과 연결된 것이다. 한편으로, 이 명령은 두 사람의 자유로운 의지와 만족에 따라서 행해지도록 그들에게 어떤 외적인 강요도 없이 자유롭게 위임된 것이다. 다른 한편으로, 그들에게 그 열매를 따먹을 경우에 "반드시 죽는다"는 하나님의 경고가 주어졌다. 아담의 타락과 관련된 다른 모든 호기심 어린 질문들을 경계하면서, 불링거는 아담과 하와는 자유를 가졌을 뿐 아니라, 순종과 감사의 의무도 가졌다는 것을 분명히 했다. 그리고 두 사람의 행위는 의심의 여지 없이 곧바로 모든 만물의 보호자로서 인간의 지위에 대한 유지와 직접적으로 연결되어 있었다는 것도 잊지 않았다.

결과적으로, 불링거는 앞서 다룬 모든 사안들과 관련된 창조 안에서 인간의 근원적 상태는 완전히 고정된 것이 아니라, 오히려 하나님의 모든 구속사역을 통하여 완성되어야 할 과정에 속한 것으로 이해했다. 불링거는 하나님의 형상으로 창조되었던 우리의 선조는 처음부터 하나님의 명령을 순종하거나 혹은 거부할 수 있는 완전히 의롭고 자유로운 상태에 머물러 있었다고 밝혔다.[22]

---

21 *Summa*, 29v-32r.
22 *Confessio*, 9v (The. IX): "Principio qualis fuerit homo ante lapsum, rectus nimirum & liber, qui & in bono manere & ad malum potuit declinare."

2. 인간의 타락

오직 『기독교 강요』에서만 낙원에서 인간의 타락이 서술되었는데, 여기에서 불링거는 우리의 첫 조상은 죄도 없고 죽지도 않는 상태로 하나님으로부터 창조되었다고 설명했다. 모든 만물의 보호자로서 우리의 첫 조상은 존귀하고, 결점이 없으며, 선한 존재였다는 것도 강조했다. 그리고 불링거는 인간의 타락을 창조세계의 역사적 공간 안에서 실현된 사건으로 보았다. 즉, 인간의 타락은 하나님의 작정 안에 있는 '허용'(permissio)과 하나님의 의지로부터 실현된 섭리와 관련 없이 발생한 것이 아니다. 이 타락은 하나님의 허용과 섭리 속에서 마귀의 유혹 뿐 아니라 인간의 자유로운 의지로부터 연유된 것이다.

인간의 타락 때 마귀의 역할을 설명하기 전에 불링거는 매우 짧게 마귀의 기원을 언급했다. 마귀는 보이지 않는 피조물로서 악한 천사들의 대리자로서 소개하지 않고, 오히려 처음에는 선하게 창조되었지만, 그러나 하나님의 명예를 욕망함으로써 타락하게 된 악한 천사들의 집합으로 소개했다.23 특별히, 인간의 타락을 의도했던 마귀는 아담과 하와를 하나님으로부터 단절되도록 유혹하기 위해서 교활한 뱀으로 위장하였다. 그 뱀은 맨 처음 하와가 낙원의 중앙에 있는 선과 악을 알게 하는 열매를 먹지 말라는 하나님의 명령을 불순종하도록 유혹했다. 이 유혹은 하와의 남편 아담도 결국 불순종에 가담하도록 만들었다. 마귀의 유혹 방식은 하나님의 명령을 불순종하도록 하여 죄를 짓게 하는 언어적 선동이었다. 하지만 불링거는 인간의 타락과 관련하여 앞서 설명한 것보다도 더 큰 호기심을 자극하는 질문들은 의도적으로 거부했다. 즉, 신자들을 위해 호기심을 자극하는 것이 필요치 않고, 오히려 성경에서 설명된

---

23 *Summa*, 27v-28r.

사실을 온전히 신뢰하는 것이 필요하다는 것을 다양한 성경 구절을 근거로 강조했다.[24]

마귀의 유혹과 함께 불링거는 인간의 자유의지적 불순종도 타락의 다른 근거임을 밝혔다. 그럼 창조 때 하나님으로부터 모든 선한 것이 부여된 인간의 심성은 어떻게 마귀와 악으로 귀울어졌을까? 마귀가 유혹하는 말을 듣고, 하나님으로부터 모든 재능과 인간의 언어로 정확히 표현할 수 없는 특별한 은사를 부여받은 인간은 자유로운 의지와 연관된 자신의 선한 심성을 외면하고, 오히려 자유로운 의지를 통해서 자신의 불법적 행동을 의도적으로 결심하였다. 이와 동시에 인간은 즉시 자신의 마음을 내적인 교만과 불신에 개방하여 불순종에 이르렀다. 인간은 하나님보다는 마귀를 더 신뢰하여 하나님께 감사하지 않고, 하나님의 계명을 어긴 것이다. 결과적으로, 인간은 하나님이 먹지 말라고 금지하신 열매를 고의적으로 먹었다.

마귀의 유혹과 인간의 자유의지를 통해서 결과된 타락의 기원과 관련하여 불링거는 하나님이 죄나 악의 원인자가 아님을 분명하게 밝혔다. 외적으로 인간은 사단의 유혹 속에서 또 내적으로 자신의 고유한 선택 속에서 죄, 죄책, 사망 그리고 영원한 형벌에 이른 것이다. 그러므로 죄는 결코 인간을 죄없이 선하게 창조하신 하나님으로부터 기원하지 않았고, 오히려 하나님의 명령을 어긴 인간으로부터 기원한 것이다. 그리고 이와 함께 불링거는 타락의 결과로써 인간은 더 이상 죄가 없거나 선한 존재가 아니며, 인간은 스스로 타락에 대한 책임을 져야 하는 존재가 되었음을 강조했다.

3. 죄

---

24 *Summa*, 35r.

(1) 죄의 기원

네 권의 신앙교육서에서 불링거는 죄의 뿌리를 마귀의 영향으로부터 기원한 악의 성향으로 이해했으며, 그리고 이 악의 성향으로부터 원죄와 자범죄가 유래했다고 밝혔다. 실제로 성경은 여러 곳에서 인간은 스스로 자신의 이성, 자신의 이해력 그리고 자신의 의지를 통해서 하나님의 명령을 어겼다고 증언하고 있다. 이러한 이유로부터 불링거는 대상, 영역 그리고 시간에 대한 경계가 없는 한 보편적 죄의 명제를 제시했다. 그리고 인간의 선한 행위 때 세속적이거나 영적인 행실 사이에도 차이가 없다는 것을 강조했는데, 즉 선행은 외적으로 하나님의 은혜 없이 실제로 불가능함을 분명하게 고려했기 때문이다.

이러한 배경 위에서 불링거는 죄를 어떻게 규정했는가? 이 질문의 답은 『기독교 강요』에서 명확히 확인할 수 있다:

> "그러면 죄는 어디로부터 기원했는가? 분명하게 죄는 인간이 의롭고 선한 의지 안에 또 하나님의 명령에 견고히 서지지 않은 것으로부터 발생하게 되었다. 그 결과로 인간은 창조 때 지녔던 본성의 거룩함에 머물러 있을 수 없게 되었다. 즉, 인간은 자유로운 상태로 창조되었기 때문에, 인간은 스스로 하나님의 뜻과 말씀을 거역한 것이다."[25]

하나님의 명령에 대한 위반은 불링거에게 하나님의 뜻과 말씀에 의도적으로 순종하지 않는 것을 의미했다. 이 불순종은 인간이 자신의 창조주이신 하나님을 영화롭게 하거나 신뢰하지 않고, 오히려 마귀를 더 따른 결과이다. 타락은

---

[25] *Compendium*, 30r: "Vnde ergo dicemus oriri peccatum? Peccatum certe hinc est, quod homo in iusta & aequa uoluntate ipsoque Dei mandato, non perseuerat, propterea etiam in ea naturae integritate qua creatus erat non potuit persistere. Quod uero à uerbo & uoluntate Dei defecit, ex seipso fecit, libera etenim cōditione conditus erat."

죄의 객관적인 정의로서 하나님으로부터 벗어남을 의미한다.[26] 그리고 최고의
비참함과 절망의 상태에 놓인 것이고, 자발적으로 범죄하고 죄를 짓는 것이며
그리고 예수 그리스도 안에서 하나님의 은혜 없이 결코 용서받을 수 없는 것을
말한다. 특별히, 이와 관련하여 불링거는 『성인을 위한 신앙교육서』에서 요한
사도(요일 3:4)의 증언에 근거하여 죄를 "불법"(iniquitas)으로 규정했다.[27]
이 불법으로부터 첫 조상과 후손들은 하나님의 심판에 따라서 이전 죄없을
당시 영원한 삶에서 지옥의 형벌에 이르게 되었으며 또 비참, 두려움 그리고
고통 속에서 죽음에 이르는 삶을 살게 되었다. 모든 인류는 하나님과 인간
사이의 교제가 완전히 단절된 영적인 죽음의 판결을 받았을 뿐 아니라,[28] 창조
의 마지막 때 지음을 받은 하나님의 형상으로서 인간의 상태도 완전히 일그러
지고 어둡게 되었다.

죄는 하나님의 율법을 통해서 인식된다는 성경적 증언과 함께,[29] 불링거는
죄는 우리의 일상에서 매일 경험되는 것임을 강조했다. 이 땅에서 인간은 죄로
인하여 사망과 영원한 심판의 조건 아래서 고통받고 불행을 겪고 있다. 죄는
인간에게 결코 거부될 수 없는 실제인데, 오직 하나님의 의지와 은혜를 통해서
만 해결되고 용서된다. 다른 종교개혁자들과 마찬가지로, 불링거의 인간론은
의심이 많은 염세주의의 한 종류처럼 설명되지 않았다. "인간은 본질적으로
죄인이다"라는 인식은 표면적으로 매우 비관적이다. 하지만 구원의 서정으로
구성된 구원론의 이해 속에서 이 인식은 거듭남을 위한 첫 낙관론적 출발이
된다. 그래서 불링거는 『기독교 강요』에서 희망적으로 인간은 스스로 죄와

---

26 *Summa*, 36v.
27 *Catechesis*, 47v.
28 Walser, *Bullingers Lehre vom Menschen*, 412.
29 *Catechesis*, 47v.

비참으로부터 자유할 수 없지만, 그러나 예수 그리스도 안에서 온전히 자유할 수 있다고 밝혔다.[30]

(2) 원죄에 관하여

『기독교 강요』와 『성인을 위한 신앙교육서』에서 불링거는 원죄에 대해서 설명했다. 이 원죄는 인간의 죄의 행위가 아니라, 오히려 죄 아래 있는 인간의 상태이다. 『기독교 강요』에서 원죄를 다음과 같이 규정했다:

> "원죄는 하나님을 반대하는 생각을 하고, 말을 하며 그리고 행동을 하는 것이 아니다. 오히려 인간이 하나님과 경건으로부터 멀어지고, 육체와 영혼이 악으로 기울어져 있을 정도로 인간의 본성 안에 숨겨져 있고 또 출생을 통해서 수반되는 유전적인 부패이다."[31]

이렇게 아담의 후손으로서 인류는 모든 죄의 기원인 원죄 아래서 태어난다. 그래서 인류는 자연적인 부패 아래 놓여 있으며 또 영원한 죽음의 판결 아래 머물러 있다는 것을 강조했다.[32] 불링거는 원죄를 무죄하고, 의로우며 그리고 거룩한 신적인 특성을 잃어버린 것과도 연결시켜 이해했다.[33] 한 가지 눈에 띄는 사실은 『기독교 강요』와 『성인을 위한 신앙교육서』에서 확인된 원죄의 개념 안에서 "질병"(Krankheit)이라는 단어가 발견되지 않는다는 점이다. 이

---

30 *Compendium*, 31v.
31 *Compendium*, 31v: "… originis uitiũ esse, uel dicta uel facta aut cogitationes quae Deo aduersantur, sed haereditariã corruptionẽ quae humanae naturae insita est, et ab ipsa natiuitate inhaeret, qua homo à Deo et omni uirtute alienatus, ad malũ animo pariter ac corpore inclinat."
32 *Catechesis*, 48r.
33 *Summa*, 38v.

단어는 이미 츠빙글리의 『원죄에 관하여』에서 원죄와 동일한 의미로 사용된 것일 뿐 아니라,34 불링거의 『50편 설교집』에서도 똑같이 확인되었기 때문이다.35

논쟁의 여지가 없이 원죄는 인간에게 '부패'(corruptio)와 '죄책'(reatus)을 가져왔다. 부패를 통하여 인간의 영혼은 더 이상 신적인 만족의 대상이 될 수 없다. 부패 안에 있는 인간은 선에 대한 이해도 없고 의지도 없으며, 오히려 모든 악에 기울어져 있고 익숙해져 있다. 불링거는 부패의 개념을, 어거스틴이 말한 것처럼, 단순히 '선의 결핍'(privatio boni)으로만 이해하지 않았다. 근본적으로 '악한 상태'로 규정했는데, 즉 인간의 본성에서 더 이상 신적인 특성을 발견할 수 없으며, 오직 허물, 불의 그리고 악함만 확인될 뿐이다.36 그리고 불링거는 죄책을 인간이 근본악 때문에 하나님께 죄를 지어 사형 판결을 받은 죄에 대한 객관적 채무를 가진 상태로 이해했다. 하나님의 형상을 잃어버린 죄 아래 있는 인간은 스스로 불의한 행동과 죄의 동기가 의로움과 선함을 대신할 정도로 파괴적인 힘의 지배를 받는다. 그 결과로, 하나님은 정죄의 상태에 있는 인간에게 현세적 죽음을 판결했을 했을 뿐 아니라, 영원한 고통에 처하는 형벌도 내리셨다.37

원죄의 이해와 관련하여 특별히 주목되는 점은, 불링거는 원죄의 결과로서 현세적 죽음과 영원한 형벌 사이를 구별한다는 것이다. 현세적 죽음은 인간의

---

34 Christof Gestrich, *Zwingli als Theologe: Glaube und Geist beim Zürcher Reformator*, hg. von Fritz Blanke u. vier andere, Zürich 1967, 161.

35 Predigt 10, Dekade 4, 215-216: "Diese Erbsünde ist somit weder Wort noch Tat noch Gedanke, sondern ist eine Krankheit oder ein Laster, also die Verkehrung der Urteilsfähigkeit und der Begierde oder die Verderbnis der ganzen menschlichen Natur."

36 *Summa*, 38r-v.

37 *Summa*, 38v-39r.

보편적 죄에 관한 형벌이라면, 영원한 죽음이나 저주는 구약 시대에는 할례를 통하여 또 신약 시대에는 세례를 통하여 체결되는 하나님의 언약 밖에 있는 인간의 형벌이다. 어린아이의 할례나 세례에 대한 이행을 언급하면서 『기독교 강요』에서 불링거는 "하나님은 그리스도의 구속사역에 근거하여 체결된 언약 안에서 자신의 긍휼로서 죄인을 용서하시고 또 우리의 죄를 영원한 형벌로 돌리지 않는다"고 밝혔다.[38] 흥미롭게도 불링거는 원죄로부터 인간에게 결과된 죽음의 두 가지 유형을 믿음의 실제성과 관련하여 설명했다. 영원한 형벌은 불신앙을 가진 사람들에게만 주어지며, 예수 그리스도를 믿는 신자들에게는 적용되지 않는다.[39] 앞서 언급된 것처럼, 원죄에 대한 보편적 형벌인 현세적 죽음은 신앙과 상관 없이 모든 사람에게 주어지만, 그럼에도 불구하고 이 현세적 죽음은 신자들에게 아무런 제약 없이 곧바로 영원한 생명으로 연결된다. 신자들은 예수 그리스도를 통하여 죄사함을 받았기 때문에, 하나님은 신자들을 심판대에 세우지 않고, 오히려 영원한 안식에 이르게 한다.

이 원죄에 대한 가르침에 근거하여 불링거는 원죄를 매우 제한적 입장에서 설명한 교황주의적 가르침을 맹렬히 비판했다. 로마 가톨릭교회의 원죄에 대한 잘못된 이해를 가진 것 때문에 이단으로 정죄된 펠라기우스주의의 입장에 서있기 때문이다. 이렇게 잘못된 가르침에 대한 비판 때 불링거는, 칼빈과 마찬가지로, 신약성경과 어거스틴을 근거로 설명했다.[40]

(3) 자범죄에 관하여

불링거가 말하는 원죄와 자범죄의 관계 속에서 가장 중요한 점은 무엇일까?

---

38 *Summa*, 39v.
39 *Summa*, 40r.
40 Karl Reuter, *Das Grundverständnis der Theologie Calvins*, Neukirchen 1963, 188.

인간으로부터 전가된 원죄는 인간의 의지 안에서 발생된 것이며 또 유혹과 내적인 반응을 통하여 입증되었다는 사실이다. 원죄는 자범죄의 근원이며, 바꾸어 말하면 자범죄는 다양한 형식 안에서 드러난 원죄의 실제성이다. 불링거는 자범죄를 『성인을 위한 신앙교육서』에서 이렇게 규정했다:

"자범죄는 하나님의 율법을 거스리는 호기심, 생각, 의도, 말과 행위 안에서 본성적이고 유전적인 타락으로부터 넘쳐난 것이다."[41]

이미 『기독교 강요』에서 불링거는 갈라디아서 5장 13-26절에 기록된 바울의 입장에 근거하여 자범죄를 죄성을 가진 육신의 욕망, 욕구 그리고 생각과 동일시된 육신의 일로 규정했다. 그리고 인간의 행위가 죄인지 아닌지를 결정하는 것은 결코 철학을 통하여 이루어질 수 없고, 오직 하나님의 규례를 통하여 행해져야 한다고 강조되었다.[42]

불링거의 자범죄에 대한 이해에는 죄의 다양성이 당연히 특징적으로 두드러진 죄들의 구별이 세부적으로 강조되어 있다. 이미 종교개혁 이전에 교리적인 전통으로서 페트루스 롬바르두스(Petrus Lombardus)가 죄들의 본질적인 차이를 강조함으로써 결과되었던 로마 가톨릭교회의 죄 개념과 결코 동일시 되지 않는 윤리적 죄(peccata mortalia)와 사소한 죄(peccata venialia) 사이의 구분이 중요한 개념으로서 인식되어 있다:

"악한 욕망을 가진 사람이 적어도 자신의 욕망을 말이나 행위로 확대되지 않도

---

41 *Catechesis*, 48r: "Quod ex natiua illa ac haereditaria corruptione erumpit in cupiditatem, in cogitationes, in conatus, in dicta & facta praua contra legem."
42 *Summa*, 41r.

록 하는 것은 어떤 사람이 욕망의 고삐를 움켜쥐고 완전히 욕망에 따라서 행동하는 것보다는 죄가 적다. 하나님에 대해 죄를 지은 사람은 사람에 대해 죄를 지은 것보다는 죄가 무겁다. 살인을 한 사람의 죄는 무겁지만, 그러나 아버지를 살해한 사람의 죄는 훨씬 더 심각하다. 한 번 간음한 사람이 두 번 간음한 사람보다는 죄가 가볍다. 왜냐하면 죄의 심각성에 따라서 하나님의 진노와 형벌도 동일하게 쌓아 올려지기 때문이다. 주님은 다양한 형벌을 제정하셨는데, 만약 죄가 서로 동일하다면, 주님은 결코 그렇게 하지 않으셨을 것이다."[43]

실제로, 로마 가톨릭교회가 주장하는 대죄와 소죄 사이에 구별은 개혁주의 신학에서 거부된다. 그럼에도 불구하고 죄들의 표시는 그것들의 명확한 행위에 따라서 정리되어야 한다는 의미 안에서 개혁주의 신학도 죄들의 다양한 구별을 인정했다.[44] 그래서 악행의 다양성과 죄의 정도는 성경적인 증언에 따라서 설명되어야 하다는 것이 불링거에게 받아들여진 것이다. 이와 함께 사소한 죄와 죽음에 처하는 죄 사이의 구별이 결과되었다. 사소한 죄는 일반적으로 악함과 방종보다는 더욱 무지와 약함에 의해서 시작된 사소한 실수와 결핍에 속한 것이다. 이 죄는 모든 인간에게서 발견되는 것인데, 그래서 불링거는 모든 신자는 날마다 "우리의 죄를 사하여 주옵시고"를 기도해야 한다고 강조했다. 이와 함께 죽음에 처하는 죄는 고의적으로 저지른 치명적인 죄와 관련이 있다. 즉, 신성모독과 우상숭배, 사악한 예술, 살인, 강간, 뇌물, 법과 공의의

---

43 *Compendium*, 34r-35v: "… qui praua aliqua cupiditate incensus ipsam tamen opprimit, ut nec dicto nec facto se exerat, minus eo peccat qui frena laxãs concupiscentiae totus cupiditate fertur. Qui aduersus Deum peccat, grauius peccat quàm qui aduersus hominem delinquit. Grauiter peccat qui caedem committit, uerum grauius qui parricidium patrat. Qui semel adulterium cōmittit, leuius peccat quàm si secundo hoc idem committeret. Nam crescente peccatorum cumulo, ira simul & poena diuina pariter cumulantur. Constituuntur enim poenarum discrimina à domino, quod nunquam alioqui fieret, si peccata inter se essent aequalia."
44 Heppe, *Die Dogmatik der evangelisch-reformierten Kirche*, 257.

왜곡, 고아와 과부의 억압 등이다.[45] 신자들도 때로 죽음에 처하는 죄에 떨어질 수 있지만, 그러나 그들은 하나님의 은혜에 의해서 늘 보호된다고 밝혔다. 이 때문에 불링거는 신자들에게 죽음에 처하는 죄에 대해 경계하고, 이 죄를 이겨내기 위해 항상 신앙의 싸움을 싸워야 한다고 강조했다.

당연히, 불링거는 용서받을 수 있는 죄와 용서받을 수 없는 죄도 제시했다. 본질적으로 윤리적 죄든 혹은 사소한 죄든 모든 죄는 신자들에게 예수 그리스도 안에서 용서가 된다. 하지만 불신자들은 결코 용서를 받을 수 없다. 용서받을 수 없는 죄는 불신자들이 성령을 거역하고, 또 이 죄는 의심의 여지 없이 오직 불신자들에게만 발견된다.[46] 이 죄는 절대적으로 진리에 반대하여 하나님과 성령의 사역을 반대하며, 또 하나님의 말씀에 반대하여 거부하고, 시기하며 또 싫어하는 것이다. 이 죄와 관련하여 성경에서 바로, 사울 왕, 바리새인들을 떠올릴 수 있다.

4. 죄인들에 대한 조치

불링거는 죄인들의 심판을 필수적인 것으로 이해했다. 왜냐하면 하나님은 자신의 말과 법을 어긴 모든 인간에게 성경 안에서 명확하게 약속된 경고에 따라서 자신의 거룩한 의에 근거하여 처벌을 해야 하기 때문이다. 여기에서 하나님은 모든 일에 대해 가장 합법적이고 적절하게 통치하실 수 있는 섭리주와 심판주로서 인간의 행동에 관여하실 수 있다는 것이 주목되었다. 불링거는 죄인들에 대한 징계를 『기독교 강요』에서 독립적인 주제로 다루었는데, 크게 세 가지 관점으로 정리했다. 다른 신앙교육서들에서 부분적으로 이 주제가

---

45 *Summa*, 42r.
46 *Catechesis*, 48r.

다루어졌지만, 구체적인 논의는 확인되지 않는다.

(1) 현세적 징계

현세적 징계는 불링거에게 모든 고통과 고난을 의미한다. 모든 인간은 삶 속에서 고통과 고난 속에서 짓눌려 살아간다. 특별히 민수기 26장 3절과 28장 5절을 근거로 불링거는 삶 안에서 근심, 아픔과 공포, 양심의 고통과 두려움, 의심, 광포한 행위, 수치, 상해, 굴욕, 육체의 질병과 장애, 결핍, 가난, 기근, 배고픔, 헐벗음, 비참, 형벌, 사형, 배신, 소동, 전쟁 그리고 고통과 죽음에 대한 모든 종류가 현세적 징계임을 밝혔다.[47] 이러한 언급과 함께 정부가 행악자들을 검으로 다스리고 혹은 아버지가 말을 듣지 않는 아이를 회초리로 다스리는 것처럼, 하나님은 죄의 징계를 위해서 모든 재난을 사용하신다는 것도 강조했다. 하나님은 죄인에 대한 현세적 조치를 위해서 여러 수단을 자유롭게 활용하시는데, 즉 선한 천사와 악한 천사, 영주와 왕을 포함한 모든 인간, 도구와 사건, 즉 바람, 폭풍, 번개, 우박, 비, 서리, 동물 등이 하나님이 사용하시는 수단들이다. 이 모든 것은 하나님의 섭리 안에서 발생된 것들일 뿐 아니라, 또한 하나님의 능력 안에서 '제2원인'(causa secunda)으로서 작용하는 것들이다. 이와 관련하여 불링거는 세상을 이원론적인 시각 속에서 선한 것과 악한 것의 대립으로 이해했던 초대교회 이단인 마니교와 마르시온을 철저히 거절했다.[48] 하나님은 통치주와 심판주로서 모든 피조물과 모든 악한 것을 다스리시며 또 심판하신다는 것을 분명히 나타냈다. 의심의 여지 없이, 현세적 징계는 신자이든 혹은 신자가 아니든 이 땅 위에 있는 모든 사람의 죄와 직접적으로 연관되어 있다.

---

[47] *Summa*, 43v-44r.
[48] Walser, *Bullingers Lehre vom Menschen*, 409.

(2) 영원한 징계

영원한 징계는 당연히 불링거에게 불신자와 관련된 것이다. 불신자들은 이 땅에서 징계를 받으며, 영원 세계 속에서도 징계를 받는다. 불신자들은 육신적인 죽음 이후에, 영혼은 영원한 불못에 이르러서 영원히 끝이 없는 두려움, 아픔과 곤궁 안에서 영원한 고통을 받는다.[49] 그리고 영원한 심판 이후에 불신자는 육체를 입은 상태에서 영원한 형벌을 받는다.

(3) 징계의 사용

하나님은 신자를 영원한 형벌에서 제외시키시지만, 그러나 모든 현세적 징계에서 제외되지는 않는다고 불링거는 강조한다. 어거스틴처럼 현세적 징계를 일반적으로 믿음의 연단으로 간주한 것이다. 그래서 불링거는 한편으로 신자가 두려움과 곤궁 가운데서 고난받을 때, 욥의 친구들처럼, 인간의 고통을 곧바로 죄와 연결시키는 것을 경계했다. 왜냐하면 믿음의 연약을 위한 고난은 죄와 상관 없이도 발생할 수 있기 때문이다. 다른 한편으로, 신자가 죄를 지었을 때, 하나님은 적절한 징계 없이 신자를 모든 죄에서 사해 주시지 않지만, 그러나 하나님은 신자가 믿음으로 성숙할 수 있도록 징계를 채찍으로 사용하신다는 것도 밝혔다.

불링거는 "왜 하나님의 대적자들은 전혀 불행이나 징계를 경험하지 않거나 조금 경험하는 이유는 무엇인지, 왜 하나님은 오랫동안 침묵하시며 그리고 시간적으로 짧거나 거의 고통이 없게 하시는가?" 등에 대한 질문에 답변하기 위해서도 몰두했다. 그럼 불링거는 이러한 질문에 어떻게 답변했을까? 하나님

---

[49] *Summa*, 43v.

은 대적자들의 죄를 징계하는 것보다는, 오히려 그들이 개선하는 것을 원하신다는 것이다. 그리고 하나님은 대적자들이 회개하지 않을 때, 그들이 하나님이 원하시는 때 언제든 현세적 고난과 영원한 형벌 안에 머무르게 된다는 것도 밝혔다. 이러한 설명 속에서 불링거는 결과적으로 이렇게 권면했다: "짧게 말하면, 우리는 모든 시간에 하나님을 아버지처럼 사랑해야 하며 또 주님처럼 두려워해야 합다."[50]

5. 인간의 자유의지

『헝가리 교회와 목사들에게 쓴 목회서신』을 제외하고 다른 세 신앙교육서에서 확인된 인간의 자유의지에 대한 이해와 관련하여 불링거는 타락 전 인간을 "죄를 짓지 않을 수 있는 상태"로 규정했지만, 그러나 타락 후 인간을 "죄를 지을 수 밖에 없는 상태"로 규정했다. 인간의 상태는 타락 전과 후로 구별되며, 인간의 자유의지의 작용도 변화되었다. 자유의지를 타락 전 상태, 타락 후 상태 그리고 중생된 상태로 설명한 『스위스 제2신앙고백서』와 비교할 때, 이 주제는 신앙교육서에서도 거의 비슷하게 다루어졌다. 그렇지만 불링거는 거의 대부분의 내용을 타락 후 상태와 중생된 상태의 자유의지에 더 많은 관심을 두었다. 타락을 통하여 인간의 특별한 특성이 발생되었는데, 즉 인간은 악을 행할 뿐 자신의 이해력과 의지가 어두워져서 선을 행할 능력이 없다는 것이다. 인간은 신적인 일을 바르게 판단할 수 있는 능력이 없고, 오히려 모든 악을 행하기에 능력이 있고, 악을 행하기에 자유로우며 그리고 선을 행하기에는 무능력하다.[51] 결국, 타락한 인간은 영원한 생명을 얻기 위해 하나님께 만족이

---

50 *Compendium*, 38r: "Breuiter Deum omni tempore ut patrem amare, & ut dominum timere debemus."
51 *Summa*, 37; *Catechesis*, 33v.

되는 선을 행할 의지도 없고, 선을 행할 능력도 없다.[52] 그래서 불링거는 『고난
받는 사람들을 위한 보고서』에서 이렇게 언급했다:

> "하나님으로부터 거듭나지 않은 인간의 이해력과 의지는 타락과 원죄 때문에
> 어두워지고, 무능력하다. 그리고 인간은 욕심과 죄로 에워싸이고 포위되어 있어
> 서 악을 행하기에 자연스러우며, 선을 행하려고 의지하거나 관심을 갖지 않는
> 다."[53]

그러므로 인간은 죄를 짓는 것이 부자연스러운 것이 아니라, 오히려 매우
자연스럽다는 것을 확인시켰다. 불링거는 『스위스 제2신앙고백서』에서도 타
락한 인간은 스스로 죄를 지으며 또 선을 행하는 것을 거절한다고 밝혔다.
물론, 불링거는 타락한 인간이 하나님의 긍휼에 근거하여 선을 행할 수 있는
본성적인 능력을 가지고 있다는 것도 알게 한다.[54] 이 능력은 타락 전 상태에서
행했던 선이나 구원을 얻게 하는 선이 아니다. 오히려, 하나님의 일반은혜를
통하여 인간이 이 세상에서 보편적인 삶을 영위하는데 필요한 선임을 말한다.
불링거는 "거듭난 인간의 자유의지를 어떻게 이해해야 하는가?"라는 질문에
도 시선을 집중시킨다. 거듭난 인간은 죄, 사단, 죽음 그리고 지옥으로부터
자유하게 되며 또 영혼의 새로워짐도 강조했다. 즉, 거듭난 인간은 성령을
통해서 변화되었을 뿐 아니라 예수 그리스도의 형상으로 새로워진 인간으로
이해되었다.[55] 이를 통하여 인간은 스스로 변화되며 또 근본적으로 내적인

---

52 *Bericht*, 66.
53 *Bericht*, 66-67: "Der verstand vnd will des menschen / der noch von Gott nit
wider geboren / der massen vß der ersten verderbung vnd sünd / verduncklet /
entkrefftiget / vnd mit prästen vnd sünden vmfangē vnd gefangen ist / das er zů
dem boesen genatürt / vnd nit zů dem gůten geneigt vnnd geschickt ist."
54 Walser, *Bullingers Lehre vom Menschen*, 419-420.

동력으로부터 선을 원하거나 행할 수 있는 능력을 갖춘다. 물론, 성령의 거듭남을 통하여 인간이 타락 전 상태로 다시 회복된다는 의미는 아니다. 거듭난 상태에 있는 인간은 선을 위한 결정 때나 선을 행할 때 하나님의 긍정적인 도구이며, 당연히 하나님의 은혜와 성령의 사역을 통하여 반응한다는 것이다.[56] 그럼에도 불구하고 불링거는 거듭난 인간은 선을 온전히 행할 수 없다고 밝혔다. 왜냐하면 거듭난 인간 안에 여전히 죽는 날까지 인간의 연약함과 죄성이 남아있기 때문이다.[57]

결과적으로, 불링거는 한편으로 거듭난 상태 안에 있는 인간의 자유의지를 인정하면서도, 인간이 선을 행하길 원하거나 행할 수 있는 능력은 하나님의 은혜와 성령의 역사로부터 근거한다는 것도 명확히 했다.[58] 이와 함께 거듭난 인간은 여전히 죄를 짓는 성향을 가지고 있음에도 불구하고 의롭게 된 자로서 간주할 수 있다는 것을 이해시킨다.

Ⅲ. 정리하며

---

55 *Catechesis*, 34.

56 *Bericht*, 67: "… / vnd dz jr ouch fry vnd gůtwillig vß dem geist Gottes / vn gezwungen vnnd vngetrungen / das gůt thůnd das jr thůnd. Da so gebend soemliche erloeßte / vnnd in Christliche Fryheit gesetzte menschen / alles gůts das sy thůnd / nit jren krefften oder jrem fryen willen / sunder der gnad Christi / vnd dem würckendē geist Gottes zů welcher sy würckend macht."

57 *Bericht*, 68: "Wiewol nū die glaebigē fry un geist das thůnd / daß sy thůnd / nochdenocht wirt soemliche jre fryheit traeffenlich geschwecht vnd gehinderet durch die Bloedigkeit vnd praesten des fleischs / welches fleisch blybt biß in das grab."

58 *Bericht*, 68: "So vil aber die anklaebende menschliche Blaedigkeit belangt / ist vnnd blybt im menschen die beschwerd vnd hindernuß des geistes / der massen daß der fry will des menschens zū gůten keins vermoegens ist / vnd also das woellen vnd das thůn des gůten in dem menschē des gnadē vnd des geists Gottes blybt."

네 권의 신앙교육서에 표명된 인간과 죄에 대한 이해는 신앙교육적인 목적 속에서 매우 단편적이면서도 핵심적으로 다루어졌다. 불링거는 인간에 대한 이해를 기본적으로 타락 전 상태, 타락 후 상태 그리고 믿음을 통해 거듭난 상태와 관련하여 제시했다. 그리고 인간의 타락 전과 후의 상태와 관련하여 하나님의 형상대로 창조된 인간, 타락, 죄 그리고 인간의 자유의지(der freie Wille)를 중심적인 주제들로 설명했다. 성경이 제시하는 인간과 죄에 대한 선명한 이해를 갖게 한다. 불링거는 성경이 가르치는 하나님의 지식과 함께 매우 중요한 주제로 인식되었던 인죄론(die Lehre vom Menschen und der Sünde)을 하나님의 창조와 섭리 속에서 다루었다. 그리고 이와 함께 하나님이 그리스도 안에서 인간의 구원과 섬김을 위해서 자신의 백성과 맺은 은혜언약의 전제 아래서 이해시킨다. 의심의 여지 없이, 불링거는 사도적 가르침에 근거하여 교회-교리사적으로 정립된 인간과 죄에 대한 이해를 로마 가톨릭교회의 전통을 극복하는 측면에서 선명히 소개한 것이다.

/

존 낙스의 인간론:
낙스의 "시편 6편 해설"(1554)을 중심으로

/

김요섭

(총신대학교 신학대학원 교수, 역사신학)

John Knox(1513–1572)

한국에서 철학과 신학을 전공하고 미국 예일대학교에서 교회사로 석사학위를 받은 후 영국 캠브리지대학교에서 칼빈과 종교개혁을 연구하여 박사학위를 취득했다. 현재 총신대학교 신학대학원 역사신학 교수와 한국칼빈학회 회장으로 섬기고 있다. 칼빈과 종교개혁과 관련한 여러 편의 논문을 발표했으며, 저술로는 『존 녹스: 하나님과 역사 앞에서 살았던 진리의 나팔수』(서울: 익투스, 2019), 『종교를 개혁하다』(서울: 솔로몬, 2021)가 있다.

김요섭

I. 들어가는 말: 낙스의 생애와 그의 인간론의 재구성

스코틀랜드의 종교개혁자 존 낙스(John Knox, c.1513-1572)는 평생 설교 자로서의 삶을 자신의 사명으로 여겼다.[1] 그는 1547년 세인트앤드루스(St. Andrews)에서 일어난 반란자들을 위한 설교 사역을 시작하면서 고국 스코틀랜드의 종교개혁자로 헌신했다. 19개월간의 프랑스 갤리선의 노역을 거친 이후 잉글랜드 북부 버릭(Berwick)과 뉴캐슬(New Castle)에서 사역할 때에도 그가 가장 중시했던 사역은 설교를 통한 성경 진리의 선포와 성경의 가르침에 따른 예배의 개혁이었다. 낙스는 1553년 에드워드 6세(Edward VI, 1537-1553)의 급작스러운 죽음으로 메리 여왕(Mary I, 1516-1558)이 즉위하여 잉글랜드의 종교개혁이 좌절되자 도버 해협을 건너 망명을 선택했다. 프랑스 북부의 항구도시 디에프를 거쳐 제네바와 프랑크푸르트, 그리고 다시 제네바로 이어지는 7년의 피난 생활 동안 낙스는 잉글랜드 난민교회에서 사역하면서 여전히 그곳에서도 진리의 선포와 예배의 개혁을 시도했다. 피난 기간 중 비밀리에 스코틀랜드를 방문한 낙스는 강력한 설교를 통해 고국의 진정한 개혁을 촉구했다.

1559년 스코틀랜드로 돌아온 그는 퍼스(Perth)와 세인트앤드루스에서 전한 탁월한 설교를 통해 개신교 귀족들을 독려했다.[2] 그의 설교를 통해 규합된

---

[1] 존 낙스의 이와 같은 사명 인식에 대해서는 많은 전기적 연구들이 언급한 바 있다. Thomas M'Crie, *The Life of John Knox*, 2 vols. (Edinburgh: Spottiwoode Society, 1851), 1: 373; Jasper Ridley, *John Knox* (Oxford: Oxford University Press, 1968), 526; W. Stanford Reid, 『하나님의 나팔수: 존 낙스의 생애와 사상』 서영일 역 (서울: CLC, 1999), 349-350; Richard G. Kyle, "Prophet of God: John Knox's Self Awareness," *The Reformed Theological Journal* 61 (2002), 85-101; Dale W. Johnson and James E. McGoldrick, "Prophet in Scotland: The Self-Image of John Knox," *Calvin Theological Journal* 33 (1998), 76-86.

개신교 귀족들은 프랑스 군대의 후원을 받고 있는 스튜어트 왕실을 물리친 후 1560년 의회에서 종교개혁을 공인했다. 스코틀랜드가 장로교회를 공인한 이후 그는 에딘버러 세인트자일스 교회(St. Giles Kirk)의 설교자로서 종교개혁을 위한 자신의 사명을 감당했다. 세인트자일스 강단에서 전한 그의 담대한 선포는 로마 가톨릭 미사를 홀로 감행하던 메리 여왕(Mary Stuart, 1542-1587)뿐 아니라 개혁에 미온적이던 귀족까지 두려움을 느끼게 했다. 낙스는 그의 강력한 설교 때문에 한 때 동지였던 개신교 귀족들의 반발을 사 에딘버러를 떠나 그의 마지막 시간을 세인트앤드루스에서 보낼 수밖에 없었다. 그러나 생애 마지막 순간까지 성경이 가르치는 진리를 선포함으로써 예배와 교회 및 사회 제도에 이르기까지 스코틀랜드의 종교개혁을 촉구했던 낙스의 사명은 조금도 약해지지 않았다.[3]

이처럼 낙스가 평생에 걸쳐 설교를 주된 사역으로 생각했다는 사실은 그가 루터나 츠빙글리, 그리고 칼빈과 비교할 때 체계적이며 전문적인 신학적 저술을 많이 남기지 못했다는 사실과 관계가 있다. 실제로 낙스는 멜랑흐톤(Philip Melanchthon, 1497-1560)의 『신학총론』(*Loci Communes*)이나 칼빈(John Calvin, 1509-1564)의 『기독교 강요』(*Institutio Christianae Religionis*)와 같은 교리적 주제 중심의 신학 저술을 쓰지 않았다. 대신 낙스는 자신의 설교를 기초로 한 여러 서신들과 목회적 주제에 따른 소논문들을 남겼다. 그의 대표적인 저술은 『스코틀랜드 종교개혁의 역사』이다. 낙스는 1559년 스코틀랜드에 귀국한 후부터 자신이 경험한 사실들과 스코틀랜드에서 전개된 종교개혁 운동의 과정을 이 저술에 담기 시작했다. 물론 이 작품 곳곳에서는

---

2 1559년 스코틀랜드로 귀국한 이후 낙스가 퍼스의 세인트존스 교회와 세인트앤드루스의 트리니티교회에서 전한 설교와 그 결과에 대해서는 김요섭, 『존 녹스: 하나님과 역사 앞에서 살았던 진리의 나팔수』 (서울: 익투스, 2019), 219-230을 참조하라.

3 Jane Dawson, *John Knox* (New Haven: Yale University Press, 2015), 308-311.

종교개혁 과정에서 발생한 신학적 논쟁들에 대한 기술과 그의 해석이 나타난다. 그러나 이 저술을 특정한 신학적 주제들(loci)에 대한 낙스의 입장을 파악할 수 있는 교리적 저술로 보기는 어렵다.[4]

낙스가 남긴 글 가운데 가장 교리적인 저술은 그의 동역자였던 헨리 발네이브즈(Henry Balnaves, 1512-1570)가 쓴 칭의론에 대한 자신의 요약이 포함된 추천사일 것이다. 그는 프랑스 갤리선에서 복역하던 어려운 상황 속에서도 동역자의 부탁에 응해 이 글을 썼다. 그러나 이 글 역시 세인트앤드루스에서 함께 동역했던 교우들을 향한 추천사 성격의 서신이며, 자신의 신학을 전개하기보다는 발네이브즈의 글을 요약하고 있다는 점에서 낙스의 신학 사상을 파악할 수 있는 자료로 보기에는 한계가 있다.[5] 따라서 신론이나 기독론, 그리고 인간론과 같은 특정한 신학적 주제에 대한 낙스의 입장을 분석 평가하는 일은 다른 종교개혁자들과 비교해 볼 때 결코 쉬운 작업이 아니다.

이 글은 낙스의 인간론을 설명하기 위해 낙스의 저술 가운데 그의 "시편 6편 해설"(*An Exposition upon the Sixth Psalm of David*)을 선택해 분석하려 한다. 크게 두 부분으로 구성된 이 저술은 낙스가 잉글랜드에서 망명한 직후인 1554년 1월부터 2월까지 디에프에 머무는 동안 잉글랜드 버릭 교회의 성도였던 보우스 부인(Mrs, Elizabeth Bowes)에게 쓴 서신이다. 낙스는 잉글

---

4 낙스의 『스코틀랜드 종교개혁의 역사』는 현대적인 객관적 역사라기보다는 일종의 설교문 혹은 신앙고백문의 성격이 강하다. 이 작품의 성격에 관해서는 Robert M. Healy, "John Knox's 'History': A 'Compleat' Sermon on Christian Duty," *Church History* 61/3 (1992), 319-333을 참고하라.

5 이 글의 전체 제목은 이 저술이 기본적으로 서신임을 알려 준다. John Knox, "An Epistle to the Congregation of the Castle of St. Andrews, Prefixed to the Treatise by Henry Balnaves on Justification by Faith: with a Brief Summary of the Work," in *The Works of John Knox*, 6 vols. ed. David Laing (Edinburgh: Printed for the Bannatyne Club, 1846-1864), 3: 5-28. 이후 이 편집본에서 인용할 때에는 *Works*로 표기하고 인용하는 곳의 권수와 페이지를 밝힌다.

랜드 목회 시절부터 여러 여성 성도들과 목회적인 서신을 교환했다. 그 중 보우스 부인과 로크 부인(Mrs. Ann Locke) 그리고 이름을 알 수 없는 에딘버러 교회의 자매들(Sisters of Edinburgh)에게 보낸 편지 여러 편이 지금도 남아 있다. 이들 가운데 보우스 부인에게 쓴 편지는 총 30편으로서 14편을 보낸 로크 부인이나 다섯 편을 보낸 에딘버러 자매들과 비교할 때 그 수가 가장 많다. 보우스 부인은 남편과 가족들, 그리고 가까운 친구들의 반대에도 불구하고 종교개혁 신앙을 받아들인 신실한 성도였다. 그러나 보우스 부인은 정서적 예민함과 더불어 가족들의 반대로 인해 자신의 구원과 자신이 선택을 받았는지에 대한 의심을 품고 있었다. 낙스는 여러 서신들을 통해 부인의 여러 질문에 대해 목회적 조언을 전달했다. 처음에는 "친애하는 자매"(beloved sister)로 시작되던 편지의 인사는 이후 "친애하는 어머니"(beloved mother)로 바뀌었다. 실제로 보우스 부인은 1555년 낙스가 머물고 있던 제네바로 자신의 다섯째 딸 마조리(Majory Bowes)와 함께 왔을 때 낙스가 마조리와 결혼함으로써 실제로 낙스의 어머니가 되었다.[6]

낙스가 보우스 부인에게 보낸 "시편 6편 해설" 역시 보우스 부인이 오랫동안 고민하던 영적인 고민들과 임박한 핍박에 대한 자신의 목회적 조언과 종교개혁적 대안을 제시한 목회적 서신이다. 낙스의 인간론을 재구성하기 위해 그의 "시편 6편 해설"을 선택한 것은 비교적 짧은 분량으로 이루어진 다른 서신들과 달리 이 서신은 그 분량이나 성경 인용의 깊이에 있어 가장 많은 내용을 담고 있기 때문이다. 그리고 다른 서신들과 비교할 때 우리가 관심을 가지고 있는

---

6 낙스와 보우스 부인 사이에 있었던 목회적 관계에 대해서는 Christian M. Newman, "The Reformation and Elizabeth Bowes: A Study of a Sixteenth-Century Northern Gentlewoman," *Studies in Church History* 27 (1990), 325-333; A. Daniel Frankforter, "Elizabeth Bowes and John Knox: A Woman and Reformation Theology," *Church History* 56 (1989), 333-347을 참고하라.

인간론과 관련한 주제들을 비교적 심도 있게 논의하고 있기 때문이다.[7]

　본문에서는 "시편 6편 해설"을 중심으로 다른 낙스의 저술들에 나타난 관련 내용들을 분석하여 그의 인간론에 나타나는 관점과 강조점을 재구성할 것이다. 이 재구성을 위해 먼저 이 작품에서 발견할 수 있는 낙스의 인간 존재와 인간의 삶에 대한 이해를 살펴볼 것이다. 그리고 이어지는 장에서는 그의 인간론이 구원론, 기독론과 다른 신학적 주제들과 어떻게 연결되어 있는지를 검토할 것이다. 그리고 이 검토를 통해 낙스의 인간론은 근본적으로 종교개혁적 관점에 따라 제시되었음이 드러날 것이다.[8] 낙스의 인간론이 가지고 있는 개혁신학적 특징은 이 글의 또 다른 관심사 가운데 하나이다. 본문에서는 낙스의 인간론이 개혁신학의 관점과 강조점을 공유하고 있음을 드러내기 위해 칼빈의 『기독교 강요』에서 발견할 수 있는 관련 진술들을 필요에 따라 인용할 것이다. 결론에서는 낙스의 인간론의 신학적 의미를 정리하기 위해 스코틀랜드 신앙고백에 나타난 인간론 관련 조항들을 소개할 것이다. 스코틀랜드 신앙고백은 1560년 낙스와 같은 "존"이라는 같은 이름을 가진 다섯 명의 목사들이 함께 작성해 스코틀랜드 의회에 제출한 문서였다. 스코틀랜드 의회가 1560년 8월에 이 신앙고백을 공인함으로써 스코틀랜드는 최초로 개혁신앙을 공식적으로 채택한 국가가 되었다. 결론에서 스코틀랜드 신앙고백을 다루는 것은 낙스가 그 작성에 참여했던 이 신앙고백이 그의 인간론이 강조하는 핵심 내용을 잘 요약

---

7 낙스의 "시편 6편 해설"은 *Works* 3: 111-156에 포함되어 있다. 이 글에서는 이 작품을 현대 영어로 편집한 John Knox, *Selected Practical Writings of John Knox* (Edinburgh: Banner of Truth, 2011), 67-102를 사용한다. 이하 *SPW*으로 표기하고 인용한 페이지를 밝힌다.

8 이 글은 피상적 검토가 될 수 있는 광범위한 문헌 연구보다는 심층 분석이 가능한 집중적 문헌 연구를 선택했다. 따라서 낙스의 인간론을 그의 "시편 6편 해설"에 집중해 재구성했다는 면에서 이 글은 분명한 한계를 가진다. 그럼에도 불구하고 이 글에서 시도되는 낙스의 인간론에 대한 재구성이 앞으로 더 심도 있고 전문적인 연구를 위한 작은 발걸음이 되기를 기대한다.

하고 있을 뿐 아니라 개혁신학 인간론의 특징들을 잘 대변하고 있기 때문이다.

II. 인간의 존재와 삶

1. 인간의 존재: 영혼과 육체에 대한 총체적 이해

낙스의 인간론은 성경의 가르침에 충실해 인간이 하나님과 맺고 있는 관계에 주목하는 신학적 인간론이다. 먼저 살펴볼 것은 그의 인간 존재에 대한 이해이다. 인간의 두 구성 요소인 영혼과 육체에 대해 낙스는 어떤 이해를 가지고 있는지를 살펴보면 인간의 존재에 대한 그의 관점과 강조점을 재구성해 볼 수 있다.

낙스의 여러 저술들 속에는 영혼과 대비되는 육신에 대한 부정적인 언급이 발견된다. 그의 "시편 6편 해설" 역시 여러 곳에서 인간의 죄와 고통의 중요한 이유가 육신(flesh)이라고 언급한다. 먼저 그는 고통과 슬픔 중에서 하나님을 향한 불평이 나타나는 이유를 육신 때문이라고 말한다. "육체는 때때로 심한 불평으로 폭발하는데 달리 말해 하나님을 비난하기까지 합니다."[9] 또 육신은 사단의 강력한 정죄가 있을 때 심지어 하나님의 자비와 긍휼을 의심하게 만든다. "고통의 시간 속에서 육신을 이렇게 생각합니다. '비참한 사람이여 하나님께서 너에게 분노하고 계신다는 것을 느끼지 못하느냐, 하나님께서 자신의 뜨거운 불쾌함으로 너를 괴롭히고 계시며 따라서 네가 하나님께 간구하는 일은 헛된 것이다.'"[10]

---

9 *SPW*, 71.
10 *SPW*, 82.

영육의 대조를 통해 사람 안에서 발생하는 갈등과 죄의 문제를 설명하는 것은 낙스만의 독특한 견해는 아니다. 신약 바울서신은 곳곳에서 영과 육, 속사람과 겉사람을 언급하면서 죄와 내적 갈등의 문제를 설명한다. 낙스가 육신의 한계를 지적하는 것은 성경의 관점을 재인용하는 것이다. 그는 "시편 6편 해설"에서 바울 서신 본문을 인용하면서 육체의 한계를 영혼과 대조한다. "하나님께서 어둠에서 빛으로 불러내신 사람들은... 그들의 가장 온전한 시간 속에서도 육체가 영혼에 반해 저항하고 있음을 명확하게 느낍니다."[11] 여기에서 하나님을 향한 신뢰와 기대를 포기하게 만드는 "육체"는 하나님의 선함을 깨닫고 하나님의 긍휼을 구하는 "내적 인간"(inward man)과 대조된다.

> 이 땅에서 육체는 결코 완전히 만족될 수가 없으며, 시시때때로 굶주림과 목마름이, 아니면 또 다른 더 중대한 불완전성이 육체를 공격합니다. 그러나 하나님께 울부짖는 내적 인간은 왜 의인들이 이 삶 속에서 육체와 영혼이 고통과 고난을 당하는지 그 이유를 알고 있으며, 이 고난의 이유들을 아는 것으로부터 확실한 위로를 얻고 하나님의 자비 안에 거처를 얻습니다.[12]

그렇다면 낙스가 플라톤적 이원론에 따라 영혼과 육체를 대립되는 것으로 이해하고 따라서 영혼의 통제를 거스르는 육체의 저항을 죄의 원인이라고 말하는 것일까? 결론부터 말하자면 영혼과 육체를 대비하는 낙스의 논법은 플라톤

---

11 *SPW*, 94.

12 "And albeit in this earth the flesh can never be fully satisfied, but even as hunger and thirst from time to time assault it, so do other more gross imperfections; yet the inward man, with sobs to God, knowing the causes why the very just are sore troubled and tormented in body and spirit in this life, receiveth sure comfort, and getteth some stay of God's mercy, by knowing the causes of the touble." *SPW*, 73.

의 영육이원론은 아니다. 그 첫째 이유는 낙스가 말하는 인간의 육체적 한계가 곧 죄를 의미하는 것은 아니기 때문이다. 육체적 한계가 사람 안에 어려움을 일으키는 것은 분명하다. 그러나 낙스는 이런 이유로 인간의 육체를 죄의 원인이라고 규정하거나 정죄하지 않는다. 육체의 한계는 자연인이나 신자들에게나 공통적으로 나타나는 본성적 한계일 뿐이다. 낙스는 다윗이나 욥과 같은 하나님의 자녀들도 육체의 본성적인 약함을 가지고 있었다고 지적한다.

> 두 번째로 하나님의 아들들도 그들의 본성과 능력이 고난 중에 있을 때, 자신의 자녀들을 향해 하나님 안에 있는, 혹은 있을 수 있는 것과 다른 감정을 가지고 계신다고 하나님 탓을 한 적이 있었고, 때로는 하나님께서 택자들에게 하실 수 없는 그런 일들을 하신다고 불평하기도 했다는 점을 주목해야 합니다.13

둘째, 낙스의 인간 이해가 플라톤적인 이원론이 아닌 것은 그가 은혜를 통한 회복의 대상에 육체를 포함시키기 때문이다. 낙스는 시편 6편 2절의 다윗의 탄식에서 발견할 수 있는 약함과 탄식에 대해 설명하면서 육체에 대한 자신의 이해를 밝힌다. 낙스는 인간이 당하는 고난의 원인과 대상을 설명하면서 영혼과 육체를 대립적으로 설명하지 않는다. 고난과 시련은 영혼과 육체가 함께 당하는 것이다. 그렇다면 고난으로부터의 회복은 영혼과 육체 모두에게 주어지는 일이어야 한다. 따라서 영혼의 평안을 구하는 것과 마찬가지로 육체의 건강을 함께 간구하는 것은 자연스러운 일이다. 시편 6편에서 다윗은 다음과 같이 간구한다. "여호와여 내가 수척하였사오니 내게 은혜를 베푸소서. 여호와여 나의 뼈가 떨리오니 나를 고치소서." 낙스는 이 간구를 육신의 질병을 고쳐달라는 간구라고 해석한다. 그리고 다윗처럼 건강 회복을 하나님께 구하는 것은

---

13 *SPW*, 71.

하나님께서 모든 사람들에게 심겨 주신 본성이라고 말한다.

> 우리가 우리의 잘못들로 인해 스스로 벌을 받음에도 불구하고 여기에서 다윗이
> 하나님의 은사인 육체적 건강을 기원하는 것은 죄가 아닙니다. 건강을 위해
> 기도하는 것은 하나님의 뜻에 반하는 것이 아닙니다. 왜냐하면 하나님의 섭리는
> 인간의 본성 안에 건강에 대한 갈망과 건강을 유지하고자 하는 갈망을 심어놓으
> 셨기 때문입니다.[14]

그러므로 낙스의 인간론은 영과 육의 갈등에 관심을 기울이는 플라톤적 이원
론을 그대로 따르는 것이 아니다. 낙스는 육체와 영혼이 한 사람 안에서 하나의
인격을 이루며, 함께 하나님의 뜻에 반하거나 하나님께서 주신 은혜로 새롭게
회복된다는 총체적 인간론을 취한다. 그가 인간의 죄악과 부당한 좌절과 불만
을 야기한다고 말하는 "육체"는 영혼과 대조되는 인간의 한 구성요소가 아니라
인간의 타락한 본성 전체를 의미한다. 낙스는 그리스도를 "영원한 의사"라고
비유하면서 그리스도께서 취하신 대속의 고난을 설명할 때 이 점을 분명히
말한다. "그리고 이 잔은 우리의 타락한 본성의 치료책을 아시는 우리의 영원한
의사의 지혜로서 예비된 것입니다."[15] 영과 육의 대조라는 개념을 사용하면서
도 인간 전체의 타락과 은혜로 인한 회복을 강조하려 한 총체적 관점은 칼빈의
인간론에서도 분명히 발견된다.

> 정녕 바울은 여전히 육체의 굴레 가운데 매여 있는 자기의 처지를 한탄하면서
> 구원에 대한 간절한 소원을 토로한다. (롬 7:24) 그럼에도 불구하고 그는 하나

---

14 *SPW*, 86.
15 *SPW*, 79.

님의 명령에 순종하기 위하여 두 가지 길에 모두 준비되어 있다고 고백한다. 이는 그가 사나 죽으나 하나님의 이름을 영화롭게 하는 것이 하나님께 진 빚이라는 사실을 알고 있었기 때문이다.[16]

낙스는 육체의 고행에 의한 영적인 각성이나 영혼의 어두운 밤을 통한 믿음의 상승을 추구하는 수도원적 금욕주의를 말하지 않는다. 고난과 시련 가운데 신자가 추구해야 것은 금욕과 고행을 통한 신비적 각성이나 정신적 고양이 아니라 하나님의 자비와 은혜를 통한 회복이다. 낙스는 "시편 6편 해설"에서 인간이 당하는 보편적인 죄와 고통의 문제를 설명할 때, 반복적으로 변함없는 하나님의 선함과 유일한 중보자 그리스도께서 주시는 위로를 강조한다. 이 강조를 위해 낙스가 주목하는 인간의 현실은 인간의 두 구성 요소인 영혼과 육체 사이의 존재론적 갈등이 아니다. 중요한 대조의 초점은 영과 육의 대조가 아니라 하나님으로부터 택함을 받은 신자와 택함을 받지 못한 불택자 사이에 있는 신분상의 차이이다.

여기에서 하나님의 아들들과 유기된 자들 사이의 특별한 차이가 드러납니다. 즉 하나님의 자녀들은 욥이 증언하는 것과 마찬가지로 번영과 역경이 모두 다만 하나님의 은사임을 알고 있습니다.... 그러나 유기된 자들은 이 일들을 우연이라고 생각하거나, 이 일들로부터 자기들 스스로의 지혜를 사용해 우상을 만들어 냅니다.[17]

---

16 John Calvin, *Institutes of the Christian Religion* (1559). III.9.4, *OS*.4: 164. 한글 번역은 문병호 역, 『기독교 강요』, 전4권 (서울: 생명의말씀사, 2020)에서 인용하며 이후 *Institutes*로 표기한 후 권, 장, 절을 표기한다. 라틴어 원문은 *Joannis Calvini Opera Selecta*. 에서 인용하며 *OS*로 표기한 후 인용한 권수와 페이지를 밝힌다.

17 "For herein peculiarly differ the sons of God from the reprobate, that the sons of God know both prosperity and adversity to be the gifts of God only, a Job witnesses... While contrariwise the reprobate, either taking all things f chance, or

택함 받은 자들과 택함을 받지 못한 자들 사이의 대조는 그의 "시편 6편 해설"에서 반복적으로 등장한다. 낙스는 먼저 고난이 주는 유익은 오직 택자들에게만 주어지는 은혜라고 말한다. 고난은 택자들에게도 주어진다. "이로부터 택자들에게도 때로는 모든 위안의 느낌이 없을 수 있으며, 다윗에게서 볼 수 있는 것과 마찬가지로 그들이 완전히 버려졌다고 생각할 수도 있습니다."[18] 그러나 택자들은 하나님께서 그들에게만 주신 특별한 회복과 위로를 얻을 수 있다. 낙스는 이 특권의 근거를 "하나님의 숨겨진 씨"(God's hidden seed)라고 부른다. "택함 받은 하나님의 자녀들 이외에는 어떤 사람도 이렇게 할 수 없습니다. 하나님의 숨겨둔 씨가 아니고서는 그들에게 소망에 대해 소망을 줄 것이 없으며, 그들이 구원과 위안을 결코 구할 수 없기 때문입니다."[19]

낙스는 택자들에게만 주어져 있는 "하나님의 씨"를 인간의 보편적 본성 전체를 의미하는 "육체"와 대조한다. 신자들은 그들의 육적인 본성이나 약한 믿음으로 인해 심한 고난 중에서 자신들이 하나님에게 완전히 버림을 받았다고 느낄 수 있다. 사단은 이와 같은 생각을 조장하며 이 생각을 통해 신자들을 더욱 정죄한다. 그러나 이런 좌절과 절망 속에서도 택자들에게만 주어진 하나님의 씨는 소멸되지 않는다. 이 특권의 분명한 증거는 그들이 고난 중에서 하나님께 부르짖을 수 있다는 사실이다. 낙스는 보우스 부인에게 이 점을 강조한다. 즉 지금 당하는 고난 때문에 경험하는 절망과 정죄 속에서도 다윗과 히스기야, 그리고 욥과 같이 하나님의 자비를 간구할 수 있다는 사실이 곧

---

else making an idol of their own wisdom in prosperity." *SPW*, 70.

18 *SPW*, 87.

19 "neither yet can any man so do, except the elect children of God... unless the hidden seed of God should make them hope against hope, they could never look for any deliverance or comfort." *SPW*, 82.

하나님의 비밀한 씨가 보우스 부인에게도 존재한다는 명백한 증거라고 말한다. "만일 당신의 영혼이 하나님을 향해 부르짖고 있다면 좌절하지 말아야 합니다.... 이런 시간에 하나님께 부르짖고 있다는 것은 하나님께서 택하신 자들에게 숨겨져 있는 하나님의 비밀한 씨앗의 표현이기 때문입니다."[20]

고난을 통해 회복되고 도리어 강화되는 하나님과의 교제도 택자들에게만 주시는 특권이다. 낙스는 이 특권적 은사를 성령의 사역이라고 규정한다. 즉 고난 가운데 하나님의 은혜만을 구하며 다른 세상적 시도를 포기하도록 이끄는 것은 오직 성령의 역사이다. 이와 관련해 낙스는 인간의 보편적 한계를 의미하는 육체의 한계와 성령의 역사를 대조한다. "육체와 피는 세상이 가장 높이 평가하는 그런 일들을 경멸하거나 무시하도록 당신을 결코 설득할 수 없다고 나는 확신합니다... 그러나 당신은 하나님의 영이 당신 안에 일함으로써 고난 가운데 있을 때 위로와 위안을 주신다고 생각하고 말할 수 있습니다."[21] 따라서 낙스가 고난 가운데 낙심하고 좌절하게 만든다고 말하는 "육체"는 영혼과 대조되는 물질적 요소가 아니다. 육체는 성령의 역사와 비교할 때 전혀 무기력한 인간의 본성 전체를 의미하는 것이다. 하나님의 비밀한 씨를 소유하고 있으며 성령의 역사를 통해 회복되는 특권을 향유할 수 있는 택자의 가능성과 이 특권을 소유하지 못한 불택자의 향유 불가능성이 낙스의 인간론의 핵심 대조점이다.

낙스의 인간 이해가 인간의 구성 요소 사이를 대조하는 것이 아니라 신자와 불신자 사이의 신분 사이의 차이를 대조하는 점은 그의 인간론이 가지고 있는 기본적인 성격이 무엇인지 잘 보여준다. 즉 낙스는 이 대조를 통해 신자들 안에서도 여전히 남아 있는 인간 본성의 불완전성을 지적하고, 이와 대조하여

---

20 *SPW*, 84.
21 *SPW*, 89.

자신이 택하신 자녀들을 변함없이 돌보시고 회복시키시는 하나님의 은혜를 강조하는 것이다. 이와 관련해 낙스는 사탄의 집요한 정죄와 유혹 속에서 신자들이 마땅히 구해야 할 간구가 다음과 같아야 한다고 말한다.

> 나의 마음은 타락했습니다. 이 마음으로부터 어떻게 어떤 깨끗한 것이 나올 수 있겠습니까? 그러나 과거에 혹은 지금이나 앞으로 나의 타락한 본성 안에 받은 것은 그 무엇이든지 무엇을 내가 받았든지 또 그것이 무엇이든지 모두 내가 당신을 알기 전에 당신의 자비를 보여주신 당신의 무한한 선함으로부터 나온 것입니다.[22]

결론적으로 낙스의 인간론은 기본적으로 인간의 구성요소나 인간 내부에서 발생하는 내적 갈등의 원인과 성격을 분석하는 데 주된 관심을 기울이지 않는다. 그의 인간론의 관심은 인간의 본성적인 약함과 타락한 이후의 심화된 문제들, 그리고 신자들에게도 주어지는 고난의 현실 속에서 변함없이 자신이 택하신 자녀들을 돌보시고 회복시키시는 하나님의 무한한 선함을 강조하는 데 있다.[23]

2. 인간의 삶: 고난과 시련에 대한 영적인 해석

낙스는 "시편 6편 해설"에서 하나님께서 택하신 신자가 당하는 고난의 이유를 설명하는 데 많은 내용을 할애한다. 이는 이 저술이 신앙적 고민을 안고 있는 자신의 교구 성도 보우스 부인을 그 대상으로 한 편지였으며, 이후 메리

---

22 *SPW*, 95.
23 "그러므로 오직 하나님의 선하심만이 모든 폭풍 속에서 고통 받는 자들의 확고한 기초입니다. 악마는 이 기초에 대항해 결코 승리하지 못합니다." *SPW*, 94.

여왕 치하에서 핍박을 당하고 있는 잉글랜드 성도들을 향한 목회적 목적을 따라 출판된 것이기 때문이다. 그러나 이와 같은 낙스가 제시하는 고난의 이유와 위로의 근거에 대한 목회적인 설명은 그의 인간론적 관심과 요점을 재구성할 수 있는 좋은 자료이기도 하다.

낙스는 신자들이 당하는 고난의 목적론적 이유를 다음과 같이 세 가지로 말한다. 첫째는 회개이다. 고난은 신자로 하여금 죄에 대한 거부감을 느끼게 하고 자신들이 이미 지은 죄를 회개하게 이끈다. 낙스는 시편 6편에서 간구하는 다윗의 기도를 회개의 기도라고 해석한다. 그리고 이와 같은 해석으로부터 회개의 필요성과 그 실천적 의의에 대한 가르침을 전개한다. "첫 번째는 죄를 미워하고 죄에 대한 거짓 없는 회개를 하나님께서 택하신 자들에게 제공하는 것입니다. 바르게 이해한다면 이 이유가 우리에게 일어나는 영적이며 육적인 문제들을 견딜 수 있게 만들어 주기에 충분합니다."[24] 낙스는 회개의 중요성과 관련해 지속적이며 신실한 회개가 없이는 그 누구도 하나님의 자비를 얻을 수 없다고 말한다. 그리고 하나님의 자비가 없이는 진정한 기쁨을 누릴 수 없다고 말한다. 회개가 그리스도인의 삶의 핵심이라는 낙스의 강조는 개혁신학 인간론이 뚜렷하게 강조하는 점이다. 칼빈은 『기독교 강요』에서 신자의 삶을 회개의 경주라고 정의했다. "누구든지 하나님의 모양에 가까이 나아가게 되면 그만큼 더 하나님의 형상이 그 안에서 빛나게 된다. 신자들이 그곳에 이르도록 하나님은 그들에게 회개의 경기장을 맡기셔서 그들이 일생 동안 그곳에서 뛰어가도록 하신다."[25]

낙스는 회개 안에 "죄에 대한 인식, 죄에 대한 비탄, 죄에 대한 미움, 그리고 하나님의 자비에 대한 소망"을 포함시킨다. 회개에 대한 낙스의 이와 같은

---

24 *SPW*, 73.
25 *Institutes*, III.3.9, *OS*.2: 441.

정의를 따르자면 회개를 위해 고난이 주어지는 이유를 두 가지로 정리해 볼 수 있다. 먼저 하나님께서 자기 자녀들에게 고난을 허용하시는 소극적인 목적은 그들이 고난 중에서 하나님의 공의를 재발견하고 그에 따라 자신에게 남아 있는 죄의 현실을 직시하게 하려 함이다. 택자들은 이 지상에 사는 동안 여전히 불완전하다. 따라서 그들은 죄에 대한 깨달음이 약해지거나 죄 가운데서 벗어나지 못할 경우가 많다. 따라서 하나님께서는 자신의 특별한 목적에 따라, 때때로 자신의 자녀들을 죄에 대한 자신의 분노의 느낌과 감정에 놓아두신다. 하나님께서 이렇게 하시는 이유는 자기 자녀들이 "하나님께서 죄에 대적해 일하심을 느끼고, 이로써 죄를 반드시 벌하시겠다고 하나님께서 친히 선언하신 그대로 하나님의 공의를 배우게"하려 하시기 때문이다.[26]

그리고 하나님께서 고난을 허락하시는 적극적인 목적은 참다운 소망을 구하게 하려는 것이다. 성령께서는 택자들이 경험하는 고통과 비탄 가운데 죄를 미워하고 회개하게 이끄시며 진정한 자비와 소망의 이유를 구하게 하신다. 신자들은 고난과 죄책감 속에서 이전까지 붙잡고 있던 이 세상의 제한적이며 덧없는 소망의 이유를 포기하게 된다. 특히 고난 가운데 그들이 직시하게 되는 것은 자신 안에는 죄를 용서받고 고난을 극복할 수 있다는 소망을 전혀 발견 수 없다는 사실이다. 그 결과 신자들은 그들의 "마음 속에서 하나님의 공의와 인간 사이의 또 다른 중보자"가 계시며 이 중보자만이 유일한 소망의 근거임을 깨닫게 된다. 이 중보자는 타락한 아담의 "...타락한 씨로부터 나온 ... 어떤 사람과도 다른 분이시며, 피조물 가운데..."이시다.[27] 그러므로 하나님께서 택

---

26 *SPW*, 74.
27 "And therefore must he be compelled in his heart to acknowledge, another Mediator there is betwixt God's justice and mankind, than any that ever descended of the corrupted seed of Adam, yea, than creature that only is a creature." *SPW*, 74

자들에게 고난을 허용하시는 이유는 중보자 그리스도에 대한 지식만을 소망의 유일한 이유로 붙잡게 하시려는 것이다.

정리하자면 낙스는 그의 인간론적 이해 가운데 인간성의 고양이나 영성의 회복을 이룰 수 있다는 식의 인성 계발론이나 회개를 통해 죄를 극복함으로써 하나님과의 합일에 이를 수 있다는 신비주의 사상을 전개하지 않는다. 고난 가운데 회개함으로써 죄를 멀리함으로써 얻을 수 있는 가장 큰 영적 유익은 중보자 예수 그리스도의 은혜를 더 분명하게 깨닫는 것이다.[28] 이처럼 낙스는 인간이 경험하는 고난의 현실을 설명할 때 고난을 통해 깨닫게 되는 회개를 강조한다. 그리고 회개의 결론을 중보자 예수 그리스도에 대한 깨달음이라고 말한다. 이와 같은 관심과 초점을 고려할 때 낙스의 인간론은 하나님의 자비와 그리스도의 대속의 은혜를 주제로 삼고 강조하는 개혁신학적 인간론임을 확인할 수 있다.

둘째, 고난을 통해 신자들은 영원한 하나님 나라를 추구할 수 있다.[29] 낙스는 이 두 번째 이유와 관련해 현세를 살아가는 인간의 불완전성을 다음과 같이 강조한다.

> 우리가 참으로 어리석고 본성상 망각하기 쉬우며, 현세에 속한 것들에 중독되기 쉽기 때문에, 사람들의 이성과 다른 교사와, 우리가 스스로 선택하거나 고안해 낸 것과 다른 채찍과 지속적인 기억을 지니지 않는다면, 이 허망하고 악한 세상 으로부터 앞으로 준비될 왕국으로 떠나야 할 것을 바랄 수도 없으며 심지어

---

[28] "참으로 죄에 대한 탄식하며 죄를 미워하고, 하나님과 사람 사이의 중보자를 알게 되며, 마지막 으로 그들을 향하신 하나님의 사랑과 자비를 깨닫는 것이 참으로 유익한 만큼, 앞서 말한 고난의 잔을 마시는 것이 필요합니다." *SPW*, 75.
[29] "하나님께서 자신의 택자들에게 이 쓴 잔을 허락하시는 두 번째 이유는 그들의 마음을 이 덧없는 세상의 허영으로부터 끌어올리기 위함입니다." *SPW*, 75.

바르게 기억조차 할 수 없습니다.[30]

이와 같이 여러 가지 고난을 이 땅에서 경험하는 신자의 삶을 종말론적 차원에서 설명하는 것은 개혁주의 인간론의 또 다른 강조점이다. 칼빈 역시 이와 같은 이해에 따라 신자들이 이 땅에서 경험하는 고난과 고통의 현실을 설명했다.

> 하나님은 우리가 그 아래에서 전전긍긍하고 있는 연약함과 덧없음을 우리의 경험을 통해 확인시켜 주심으로써 이러한 오만불손을 물리칠 수 있는 최선의 방도를 마련하신다... 그 낮아짐 가운데 우리는 하나님의 능력을 간구하는 것을 배우게 되고, 이러한 고통들의 무게 아래에서도 오직 그의 능력으로 견고하게 서게 되는 것이다.[31]

낙스는 현세를 살아가는 택자의 삶을 앞으로 올 하나님의 나라를 준비하고 기대하는 삶으로 묘사한다. 문제는 이와 같은 종말론적 현실 속에서 신자들은 그들의 입으로 고백하는 것과 달리 마음으로는 이 세상의 일들을 더 바라고 있다는 점이다. 그러나 고난과 시련은 이 세상과 육신에 속한 그 무엇도 우리가 고난 중에 겪는 고통과 비통을 극복하기에 충분하지 못함을 깨닫도록 만든다. 하나님께서는 그의 자녀들에게 이 십자가를 통한 시험과 유혹을 허락하고 겪게 하셔서 우리가 진실한 마음으로 지금 겪는 어려움의 종결을 기대하게 하신다.

---

30 "For so foolish are we, and forgetful by nature, and so addicted are we to the things that are present, that unless we have another school-master than manly any that we can choose or device ourselves, we neither can desire, neither yet rightly remember that departure from this vain and wicked world, to the kingdom that is prepared." *SPW*, 75.

31 *Institutes*, III.8.2, *OS*.4: 162.

낙스는 이처럼 신자의 삶을 끊임없이 하나님의 은혜와 자비를 구할 수밖에 없는 연약하고 불완전한 삶이라고 말한다. 그러나 완성은 삶의 마지막 순간에 반드시 이루어진다. 하나님께서는 자신의 자녀들이 이와 같은 종말론적 실존을 다시 깨닫고 자신의 은혜만을 의지하여 종국의 완성을 소망하게 하시려고 고난을 허락하신다. 마지막에서야 완성이 이루어질 것이라는 종말론적인 이해는 신자 개인의 삶뿐 아니라 교회 전체에게도 해당한다. 이 땅에서 하나님의 교회 전체는 고난과 핍박을 당한다. 하나님께서는 이런 핍박을 통해 교회에게 회개를 촉구하시며 진정한 소망 가운데 교회를 성숙하게 하신다. 낙스는 교회가 당하는 모든 고난의 종결은 "주 예수의 재림" 때에 이루어질 것이라고 말한다.[32]

셋째, 신자가 당하는 고난의 이유는 그들이 저지를 수 있는 더 큰 죄를 방지하는 것이다. 낙스는 "시편 6편 해설"에서 구약 이스라엘 백성들의 경우를 들어 이와 같은 이해를 설명한다. 이스라엘 백성들은 약속의 땅에 들어간 이후에도 그 땅을 한 번에 정복하지 못하고 그곳 원주민들과 오랫동안 전쟁을 치러야 했다. 그 이유는 그들이 스스로의 힘으로 그 땅을 정복했다고 착각하지 않게 하고, 그곳에서 얻은 모든 풍요가 하나님의 호의로 인한 것임을 깨닫게 하려 하심이다.[33] 하나님께서는 이스라엘 백성들이 가나안 땅을 정복한 이후 은혜를 망각하고 자신들이 무언가를 해냈다는 교만에 빠질 수 있음을 잘 알고 계셨다. 따라서 약속의 땅에 들어온 이후에도 대적들이 계속 그들을 괴롭게 하게 허락하셔서 그들에게 발생할 수 있는 착각과 교만을 방지하려 하셨다. 낙스는 만일 가나안 땅에 아무런 이방민족이 없었더라면 이스라엘 백성들은

---

32 *SPW*, 76.

33 "성령께서는 주 하나님께서 이 땅을 그들에게 거저 주셨기 때문에 따라서 이와 같이 그들이 스스로의 어떤 힘으로 이 땅으로 건너오거나 이 땅을 누릴 수 없었음을 가르치십니다." *SPW*, 77.

더 포악하고 잔인한 짐승들로 인해 고통을 당했을 것이라고 말한다. "만일 대적들이 없었더라면 그들 안에 짐승들이 훨씬 더 늘어났을 것입니다. 우리들을 몹시 괴롭히고 있다고 생각하는 이와 같은 일들이 이처럼 허용되지 않았더라면 더 악한 짐승들이 우리를 지배했을 것입니다."[34]

그는 하나님의 백성들을 더 큰 위험에 빠뜨릴 수 있는 악한 짐승들을 하나님의 은혜를 망각하는 영적인 죄악이라고 해석한다. "말하자면 우리 자신과 자만, 태만, 그리고 하나님께서 우리를 건져주셨다는 사실과 그리스도의 모든 공로에 대한 명확한 평가의 망각입니다."[35] 낙스는 은혜를 잊어버리고 스스로를 높이는 교만이 게걸스러운 짐승과도 같이 이미 많은 사람들을 집어 삼키고 있다고 말한다. 그리고 이와 같은 영적인 타락을 인간의 보편적 본성을 의미하는 "아담의 형상"과 연결시킨다. "우리가 아담의 지상적 형상(the earthly image of Adam)을 지니고 있는 동안에 모든 종류의 십자가들이 우리에게 사라진다면, 하나님의 영적인 은사들, 즉 사죄와 거저 주시는 은혜, 그리스도의 의와 같은 은사들을 사용하는데 더 완전해 질 것이라는 생각을 하지 말아야 합니다."[36] 윤리적 부정보다 영적인 망각과 교만이 더 심각한 죄악이며 큰 질병이다. 하나님께서 주신 구속의 은혜에 대한 깨달음은 육적 능력과 인간적 노력으로서는 결코 얻어낼 수 없는 영적인 은사들이기 때문이다.

낙스는 구약의 이스라엘 백성들에게 은혜로 주어진 약속의 땅은 신약 시대 그리스도를 아는 지식을 예표하는 것으로 해석한다. 즉 오늘날 그리스도인들의

---

34 *SPW*, 78.
35 *SPW*, 79.
36 "Neither let any man think, that if all kinds of crosses were taken from us, during the time that we bear the earthly image of Adam, that we should be more perfect in suing the spiritual gifts of God, to wit, the remission of sins, his free grace, and Christ's righteousness." *SPW*, 78.

삶의 과정은 가나안 땅에 들어가 정착했던 이스라엘 백성들의 형편과 유사한 것이다. 신자들 역시 오직 은혜만으로 새로운 영적 신분과 은사들을 부여받았다. 그러나 신자들 역시 착각과 교만에 빠질 위험을 가지고 있다. 따라서 신자들에게도 구약 이스라엘 백성들이 가나안 땅에서 경험했던 것과 같은 역경과 고난이 필요하다. 역경과 고난 속에서 비로소 스스로의 연약함과 불완전함을 직시할 수 있으며, 그 결과 하나님의 은혜만을 구하며 그 은혜 안에 거할 수 있기 때문이다.

낙스는 신자의 삶을 악한 영의 세력에 맞서 싸우는 영적인 전투라고 말한다. 이 영적 싸움 속에서 하나님을 깨닫고 붙잡을 수 있는 승리의 비결은 신자 자신의 인간적 능력이나 자격에 있지 않다. 승리의 비결은 오직 하나님의 은혜이다. 영적 전투에서 가장 중요한 무기인 중보자 그리스도를 아는 지식은 인간 스스로의 노력으로 얻어낼 수 없다. 구원에 이르는 이 지식 역시 전적으로 하나님의 선물이다.[37] 영적 전투의 승리는 모든 대적을 물리치고 스스로 안정과 번영을 누리는 것이 아니다. 그런 승리는 삶의 마지막 순간에, 그리고 인류 역사의 종국에 하나님께서 이루실 일이다. 신자의 삶과 교회 역사 가운데 전투는 계속된다. 이처럼 영적 전투 과정에서 신자들이 즉각 승리하지 못하고 끊임없는 고난과 역경을 당하게 되는 것은 그들이 저지를 수 있는 더 큰 죄를 방지하려는 하나님의 뜻 때문이다. 죄의 영적인 성격과 이를 방지하기 위해 필요한 고난의 효과는 개인적 차원에 국한되지 않는다. 낙스는 교회 전체가 경험하는 고난 역시 하나님께서 자신의 전적인 은혜를 깨닫게 하시려는 도구라고 해석한다. 이 점에 있어 낙스는 하나님의 은혜를 약화시키는 잘못된 역사적 주장들의 위험성을 경고한다.

---

37 "하나님께서 우리에게 감당할 수도 없고 소망할 수도 없는 그리스도 예수에 대한 지식을 우리에게 열어 주셨습니다." *SPW*, 77.

선지자들과 사도들의 시대, 혹은 인간이 본성적 능력과 자유의지를 가지고 하나님의 율법을 성취할 수 있으며 죄 사함과 은혜를 받을만하다고 주장했던 펠라기우스와 그의 이단적 주장으로 문제를 만들어 냈던 초대교회 때를 말하지 않더라도, 우리의 경험은 이 짐승들이 하나님의 교회를 얼마나 괴롭히는지 알게 해 줍니다.[38]

낙스는 인간 내부에서 벌어지는 갈등이나 본성적인 죄를 심리학적으로 분석하거나, 인간 세계에서 발생하는 여러 문제들과 죄악들을 사회학적으로 분석하지 않는다. 그는 죄성과 죄악들을 하나님에 대한 인간의 합당한 태도와 반응 여부에 따라 이해하고 설명한다. 이 점에 있어서 낙스의 인간론은 인간 본연의 죄성과 불완전성을 하나님의 은혜와 대조하는 개혁신학적 인간론임이 분명하다. 칼빈 역시 십자가의 고난이 주는 유익을 이와 같은 영적인 관점에서 설명했다. "우리가 무한량 풍부한 부로 헤매거나 명예에 부풀어 올라 자만하거나, 영혼이나 육체나 신상에 좋은 다른 일로 고무되어 무례해지지 않도록, 주님 자신이 오셔서 그가 보시기에 유익하다고 여기시는 대로, 십자가의 약 (medicine)으로써 우리 육체의 난폭함을 복종시키고 억제시킨다."[39]

III. 종교개혁적 인간론

1. 하나님의 무한한 선함

---

38 *SPW*, 78.
39 *Institutes*, III.8.5, *OS*.4: 165.

신자가 경험하는 고난과 시련에 대한 낙스의 시편 6편 해설은 보우스 부인 개인만을 위한 것이 아니라 스코틀랜드와 잉글랜드의 교회 전체를 위한 것이었다. 따라서 그의 해석은 당시 위기에 처한 잉글랜드와 스코틀랜드의 종교개혁 상황을 염두에 두고 제시된다.[40] 달리 말하면, 낙스의 인간론은 기본적으로 종교개혁적 관점에 따라 전개된다고 말할 수 있다.

낙스는 로마 가톨릭이 심각한 영적인 죄악을 백성들에게 강요하여 하나님의 교회에 큰 시련을 주고 있다고 생각했다.[41] 낙스가 볼 때 당시 신자들과 교회를 위협하는 가장 큰 도전은 구원에 대한 로마 가톨릭의 잘못된 교리이었다. 낙스는 "시편 6편 해설"에서 로마 가톨릭의 잘못된 구원론에 맞서 하나님의 무한한 선함(God's infinite goodness)을 반복적으로 강조한다. 다윗이 고난 가운데 하나님께 간구할 수 있었던 것은 하나님의 무한하신 선함을 신뢰했기 때문이다.[42] 하나님의 무한한 선함에 대한 낙스의 강조는 그의 인간론에서 나타나는 종교개혁적인 함의를 분명히 보여준다.

첫째, 낙스는 하나님의 무한한 선하심을 강조함으로써 인간의 자격이나 공로를 주장하는 구원론을 강하게 비판한다. 그리고 이어서 하나님의 선하심에 대한 강조가 곧 인간의 선행과 윤리를 약화시킨다고 정죄하는 주장을 반박한다. "이런 종류의 교리가 사람들이 선행을 등한시하게 만든다고 부끄러움 없이 주장하는 것은 하나님께 대적하는 것이며 하나님의 유일하며 영원한 진리에

---

40 "Sometimes I have thought it impossible it had been, so to have removed my affection from the realm of Scotland, that any realm or nation could have been equally dear unto me. But God I take to record in my conscience that the troubles present, and appearing yet to be in the realm of England, are doubly more dolorous to my heart, than ever were the troubles of Scotland." *SPW,* 80.

41 "우리 시대로 조금 더 가까이 다가와 본다면, 이 진리가 공개적으로 설교되거나 학교에서 가르쳐지거나 저술들로 공표되지 않고, 그 대신에 믿음만으로는 의롭게 되지 못하며 행위들이 있어야만 의롭게 된다고 세상이 주장하고 있지 않습니까?" *SPW,* 78.

42 "다윗의 기도가 서 있었던 두 번째 기초와 근거는 하나님의 무한한 선함이었다." *SPW,* 93.

대적하는 신성모독적인 소리입니다."**43** 신자의 삶에서 선행은 중요하다. 낙스는 선행의 중요성과 필요성을 간과하거나 무시하지 않았다. 다만 선행을 공로로 삼거나 소망의 근거로 삼는 것은 잘못된 교리이다. 특별히 사람의 선행은 고난을 이길 수 있는 위로와 근거를 제공해 주지 못한다. 우리는 어떤 고난과 시련 속에서도 오직 하나님의 선하심만을 위로와 소망을 얻을 수 있는 근거로 삼아야 한다. 이 선함은 무한한 것이어서 인간의 약함과 악마의 계교가 결코 손상시킬 수 없기 때문이다. "그러므로 오직 하나님의 선하심만이 모든 폭풍 속에서 남으며, 고통을 당하는 자들을 사단이 결코 이길 수 없음을 깨닫게 해 주는 확실한 기초입니다."**44**

둘째, 하나님의 무한한 선하심에 대한 강조는 낙스가 말하고자 하는 인간의 목적을 설명하는 가장 중요한 신학적 기초를 마련해 준다. 낙스가 종교개혁 관점에서 전개하는 인간론의 실천적 목적은 인간 안에 본래부터 있거나 혹은 새로 조성된 어떤 가능성을 추적하여 강화시키는 것이 아니다. 신자의 삶의 목적은 하나님의 무한한 선하심에 의존해 그 선하심을 깨닫고 증언하는 데 있다. 이것이 낙스가 말하려한 진정한 선행이었다. 신자의 신분과 삶의 근거는 그들 안에 있는 어떤 가능성이나 자격에 달려 있지 않다. 신자의 특권적 신분과 선행의 모든 가치는 전적으로 하나님의 무한한 선하심 의존한다. 예수 그리스도께서 성취하신 대속과 칭의의 은혜는 전적으로 하나님의 무한한 선함에 따른 것이다. 그리고 하나님의 무한한 선함은 신자의 삶 전체에 걸쳐 본성적 약함을 극복하고 어떤 상황 속에서도 하나님의 자비를 구할 수 있는 유일한 근거이며, 이 세상 속에서 하나님 나라를 소망함으로써 선행을 행하는 합당한 동기이다.

---

43 *SPW*, 94.
44 "And thus, the only goodness of God remaineth, in all storms, the sure foundation to the afflicted, against which, the devil is never able to prevail." *SPW*, 94.

낙스는 로마 가톨릭이 주장하는 행위구원론을 구약 이스라엘 백성들을 위협할 수 있었던 잔인한 짐승과 동일시한다. "앞서 말한 이 악마적인 이단들과 교황주의 전체를 감염시킨 다른 이단들은 무엇입니까? 틀림없이 이 이단들은 더 높은 도움을 얻은 모든 사람들의 영혼을 집어 삼킬 수 있는 잔인하고 게걸스러운 짐승들입니다."[45] 앞서 살펴보았듯이 낙스는 인간이 저지를 수 있는 가장 큰 죄를 하나님의 은혜를 무시하고 망각하는 영적인 교만이라고 규정했다. 고난은 이와 같은 신자들에게 이런 영적 죄를 방지하고 하나님의 은혜를 깨닫게 인도하는 일종의 약과 같다. "우리의 영혼을 이처럼 많은 중한 질병들로부터 건져내신 우리 아버지의 손으로부터 주어진 이 약을 받았다는 것을 얼마나 큰 인내와 감사로 우리가 받아야 할 것인가?"[46] 로마 가톨릭에 의한 핍박 역시 이런 차원에서 볼 때 하나님께서 사용하시는 일종의 약이다. 이 약을 잘 받아 영적 건강을 회복하는 길은 잔인한 위협 속에서도 믿음에 굳게 서서 성경의 바른 진리를 확립하고 그 진리를 위해 삶을 드리는 것이다. 따라서 고난과 핍박이라는 약을 통해 얻어야 할 참다운 영적인 치유는 이 땅에서 누리는 안정과 번영이 아니다. 참다운 치유는 무한한 하나님의 선하심을 신뢰함으로써 하나님을 향한 참다운 선한 삶을 사는 것이다.

"시편 6편 해설"에서 발견할 수 있는 낙스의 인간론은 로마 가톨릭의 잘못된 구원론을 반박하는 종교개혁적 관점에 충실하다. 즉 낙스는 일관되게 인간의 본성적 한계와 하나님의 무한한 선함을 분명하게 대조한다. "고통 중에 당신의 영혼이 인간 본성에 속한 모든 것을 포기하고 거절하게 될 때, 하나님의 무한한 선함에 의존해 이런 것들에 의지하지 않게 될 때, 사단의 모든 불같은 화살들이 소멸되고, 혼동케 하는 영인 사단이 격퇴됩니다."[47]

---

45 *SPW*, 79.
46 *SPW*, 79.

2. 예배하는 존재로서의 인간

낙스의 인간론에서 두드러지는 또 하나의 개념은 인간을 "하나님께 예배"하는 존재로 이해하는 것이다. 그는 신자의 삶을 하나님의 영광만을 구하고 오직 하나님께만 합당한 찬양을 돌려 드리는 참된 예배의 삶이라고 생각했다. 하나님의 무한한 선함에만 의존하여 간구하며 소망을 찾는 택자들의 태도는 곧 하나님께 영광과 찬송을 돌리는 삶의 목적으로 연결되기 때문이다. 낙스는 하나님의 영광과 찬송을 위해 삶 전체를 드려야 하는 인간의 궁극적 목적을 인간의 존재론적 가치와 연결시킨다. "만일 우리가 이렇게 하지 못한다면, 우리는 인간이라기보다는 차라리 짐승, 죽은 가축 혹은 생명을 잃은 피조물이라고 여겨질 것입니다. 우리는 차라리 존재나 생명을 소유한 실체가 아니라 전혀 존재하지 않았던 것들이라고 여겨질 수 있습니다."[48]

낙스는 이 점에서 자신의 공로를 내세우며 영예와 자만을 추구하는 로마 가톨릭의 잘못된 인간론을 비판하면서 오직 하나님의 영광만을 구하는 종교개혁적 인간론의 강조점을 부각시킨다. 그는 시편 6편의 다윗의 간구뿐 아니라 이사야서와 다니엘서에 나타난 선지자들의 간구와 기도를 인용한다. 그리고 그들의 기도 안에는 그들 안에 있는 의로움에 대한 그 어떤 언급도 나타나지 않으며, 그들이 그 이전에 행한 행위나 덕행에 그 어떤 영예도 돌리지 않는다고 말한다. 왜냐하면 "하나님께서 모든 선함의 저자이시며 따라서 그분만이 찬양을 받기에 합당하다는 사실을 그들이 알고 있었기" 때문이다.[49] 낙스는 시편

---

47 *SPW*, 96.
48 "...if so we do not, we may rather be counted beasts than men, dead stocks, not living creatures; yea, rather things that be not at all, than substance having either being of life." *SPW*, 98.
49 *SPW*, 97.

6편 3절에 나오는 다윗의 세 번째 그리고 마지막 간구인 "여호와여 어느 때까지니이까"라는 질문을 종교개혁적 인간론에 입각해 해석한다. 즉 이 간구가 사실상 모든 영광을 하나님의 이름에 돌리는 찬송이라고 해석하는 것이다. 이어지는 5절에서 다윗이 "사망 중에서는 주를 기억하는 일이 없사오니 스올에서 주께 감사할 자 누구리이까"라고 간구한 것 역시 "하나님께만 영광"이라는 인간을 예배하는 존재로 생각하는 인간론적 관점에서 해석한다. "다윗은 이렇게 말하는 것이다. 오 주님, 내가 죽고 무덤으로 내려간다면 어떻게 기도하며 당신의 선함을 선포하겠습니까?.. 그러므로 주님 당신의 종을 구하셔서 잠시 동안이라도 당신의 놀라운 일들을 사람들에게 보여주며 증거하게 하소서."[50]

예배하는 존재로서의 인간이 하나님께 모든 영광과 찬송을 돌린다는 것은 곧 스스로의 공로나 업적을 내세우지 않고 언제나 하나님의 무한한 선함과 놀라운 은혜의 일들을 세상에 선포해야 함을 의미한다.

> 우리가 이 덧없는 세상에서 가장 중요하게 구해야 할 것이 무엇입니까? 그것은 이 눈 먼 세상이 주장하며 갈구하는 것이 아닙니다. 그것은 하나님과 인류를 향한 그의 사랑의 호의와, 그의 친절한 약속들이며, 다른 사람들, 형제들에게 무시되어 왔던 참된 종교가 진보되고 선포되는 일입니다.[51]

여기에서 낙스가 말하는 "참된 종교의 진보와 선포"는 곧 16세기 개혁자들이 주장했던 "종교개혁"을 의미한다. 칼빈은 『기독교 강요』 서문에서 이 책을

---

50 *SPW,* 97.

51 "What be the things that we ought principally to seek in this transitory life? Not those for the which the blind world contendeth and striveth; but God, and his loving kindness towards mankind; his amiable promises, and true religion to be advanced and preached unto others, our brethren, that be ignorant." *SPW,* 98.

저술한 목적에 대해 다음과 같이 말했다. "제가 이 작품을 쓴 유일한 목적은 종교에 대한 얼마만큼의 열의로 감동된 사람들이 참된 경건을 형성하는 데 필요한 어떤 근본적인 것들을 가르치려는 데 있었습니다."[52] 칼빈은 이와 같은 참된 경건, 참된 종교가 다시 설명되어야 할 이유를 당시의 종교적 타락 때문이라고 진단했다. "그들은 성경에 의해서 전승된 참된 종교가 우리 가운데 확고하게 서야 함에도 불구하고 자기 자신들과 다른 사람들이 그것에 대해서 무지하거나 그것을 무시하거나 그것을 경멸하는 것을 쉽게 허용합니다."[53]

낙스 역시 참된 종교의 진보는 어떤 고난과 시련 가운데에서도 지켜내야 할 신자의 의무라고 생각했다. 낙스는 자신이 먼저 이 의무를 위해 최선을 다하려 했다. 참된 종교의 진보를 위해 하나님의 나팔수로 부름을 받았다는 그의 사명 의식은 그의 "시편 6편 해설"에서도 고백된다.

> 나는 잉글랜드와 스코틀랜드 모두가 다음의 내용을 알 수 있도록 싸우는 데 용기를 얻을 것입니다. 즉 나를 많은 사람들 중에 한 군사와 사람들을 향한 증인으로 만드신 하나님의 자비로운 섭리를 충족하기 위해 그 교리와 하늘의 종교를 증언하기 때문에 가난이나 망명보다 더 많은 고통을 겪을 준비가 되어 있다는 사실입니다.[54]

잉글랜드 사역 기간 중 국교회 지도자들의 반대와 회유에도 불구하고 그가 개정된 공동기도서(*Book of Common Prayer*)의 일부 수정을 강하게 요구했던 것도 그의 이와 같은 인간론과 무관하지 않다. 그는 1552년 개정된 "공동기

---

52 *Institutes*, Preface, *OS*.3: 9.
53 *Institutes*, Preface, *OS*.3: 14.
54 *SPW*, 101. 낙스의 사명의식에 대해서는 김요섭, "존 녹스의 선지자적 사명 인식과 그 역사적 발전," 「신학지남」 82/1 (2015), 111-150을 참조하라.

도서"에서 성도들이 성찬을 받을 때 무릎을 꿇도록 한 지침은 로마 가톨릭 미사의 잔재라고 비판하고 이 내용의 개정을 강하게 주장했었다.[55] 미사가 우상숭배인 것은 로마 가톨릭이 이 행위를 통해 하나님 앞에서의 의를 이룰 수 있다고 가르치고, 미사에 구원을 성취할 수 있는 공로가 있음을 주장하기 때문이다. 따라서 낙스는 보우스 부인을 포함한 잉글랜드의 성도들에게 닥친 가장 큰 죄의 위협이 로마 가톨릭 세력의 미사 참여 강요라고 생각했다. 낙스는 1550년 쓴 "미사의 희생은 우상숭배라는 교리에 관한 논증"(*A Vindication of the Doctrine that the Sacrifice of the Mass is Idolatry*)에서 삼단논법을 통해 로마 가톨릭의 미사를 우상숭배라고 비판한 바 있었다. 첫째로 어떤 것이든지 하나님의 명확한 말씀에 따르지 않고 사람들의 생각에 따라 드리는 예식은 우상숭배인데, 로마 가톨릭의 미사가 여기에 해당한다. 둘째로, 사람들이 고안해 낸 악한 생각을 하나님을 향한 예배에 첨가시키는 것은 신성모독인데 미사에는 바로 이런 악한 생각들이 포함되어 있다. 셋째 결론적으로 로마 가톨릭의 미사는 우상숭배이며 신성모독이다.[56]

미사에 대한 강력한 경고는 그의 목회적 서신들에서도 지속적으로 반복되었다. 그가 망명 직후인 1554년 2월 디에프에 머무는 동안 잉글랜드 교인들을 향해 쓴 "런던, 뉴캐슬과 버릭에 있는 신실한 자들에게 보내는 경건한 경고의 편지"(*A Godly Letter of Warning or Admonition to the Faithful in London, Newcastle and Berwick*)는 미사에 동참하는 것을 우리가 "하나님의 맹약과 언약과 조금도 상관이 없음을 드러내는" 배신이라고 비판했다.[57]

---

55 김요섭, 『존 녹스』, 107-114.

56 *Works*, 3: 33f.

57 "Because he wald that we suld understand how odius is ydolatrie in his presence, and how that we cannot keip the league betuix him and us inviolatit gif we favour, follow, or sapir idolateris." *Works*, 3: 193.

망명 생활 후기인 1558년 스코틀랜드 성도들을 향해 기록한 "스코틀랜드의 평민들에게 보내는 편지"(*A Letter Addressed to the Commonality of Scotland*)에서도 미사에 참여하는 행위는 우상숭배이며, 우상숭배에 참여하면서 어쩔 수 없었다고 변명하거나 침묵하는 것은 결국 하나님의 큰 진노를 가져올 것이라고 경고했다.[58] 낙스는 죄의 문제와 자신의 선택 여부 등에 대한 보우스 부인의 여러 신앙적 질문들에 대해 대부분 관대한 목회적 답변을 주었다. 그러나 미사 참여 여부에 관해서만큼은 언제나 단호한 모습을 보여주었다.[59] 낙스는 보우스 부인에게 미사 참여를 강요하는 가족들과 친구들의 요구에 담대하게 맞설 것을 요구했다. 그는 먼저 그리스도께서 사탄의 권세를 이미 물리치셨으므로 그분 안에서 안심할 수 있다고 격려했다. 그리고 더불어 로마 가톨릭의 우상숭배에 동참하는 것은 반드시 그에게 큰 위험이 될 것이며, 입으로는 신앙을 고백하면서 미사에 참여하는 것은 참된 신자들이 결코 해서는 안 될 중대한 범죄라고 경고했다.[60]

낙스의 "시편 6편 해설"도 미사에 대해 강하게 비판하면서 경고한다. "그리고 우상숭배를 피해야 합니다. 우상숭배를 계속하며 이에 굴복하는 자들은 그들의 죄가 무르익었을 때 부어질 하나님의 급박한 심판을 피할 수 없을 것입니다."[61] 우상숭배인 미사에 반대하는 것은 이 세상을 살아가는 동안 끊임없이 죄와 싸워야하는 성도의 가장 중요한 헌신의 장이다. 예배하는 존재로 다시 회복된 신자는 결코 우상숭배에 동참할 수 없는 것이다. 낙스는 "시편 6편

---

[58] *Works*, 4: 521-538.
[59] 낙스의 목회적 서신에 지속적으로 강조되는 로마 가톨릭 미사에 참여에 대한 경고에 대해서는 W. Stanford Reid, "John Knox, Pastor of Souls," *Westminster Theological Journal* 40/1 (1977), 6. Richard Kyle, "John Knox and the Care of Souls," *Calvin Theological Journal* 38 (2003), 134를 참조하라.
[60] *Works*, 3: 361.
[61] *SPW*, 102.

해설"의 결론에서 이 문제에 대한 자신의 분명한 사명 의식과 단호한 결단을 다음과 같이 고백한다.

> 나는 이전에 하나님께서 나를 교황주의자들과 그들이 새롭게 만들어 내어 하나님의 뜨거운 진노를 만들어낸 우상숭배를 대적하는 공개적이고 명확한 대적자로 만드실 것이라고 생각하지 못했습니다. 그러나 나는 이 땅에서 누릴 수 있는 모든 영광과 부귀와 평안을 다 포기하고서라도 내가 앞서 말한 이 교리 가운데 단 한 문장도 포기하지 않을 것입니다.[62]

이와 같은 결의가 대변하듯이 낙스의 목회적 서신 안에 담겨 있는 그리스도인의 삶과 의무에 대한 이해는 기본적으로 성경이 가르치는 바른 진리를 지키고 로마 가톨릭이 조장해 놓은 우상숭배를 비판하는 종교개혁적 관점에 충실하다. 낙스의 인간론에 따르면 택함 받은 성도는 이제 하나님께 예배하는 존재이다. 따라서 그들은 어떤 핍박이 따른다고 할지라도 로마 가톨릭의 우상숭배에 철저하게 맞서야 한다. 우상숭배를 거절하고 참된 예배의 삶을 살기 위해 헌신하는 것은 본래 예배하는 존재로 창조된 인간의 본성에 합당한 것이며, 하나님의 씨를 품고 마지막에 성취될 완성을 소망하는 신자에게 합당한 진정한 선한 삶이다.

IV. 나가는 말: 스코틀랜드 신앙고백의 개혁신학적 인간론

---

[62] *SPW*, 101.

1560년 작성되어 의회의 공인을 받은 스코틀랜드 신앙고백은 낙스 혼자 만든 문서는 아니다. 그러나 낙스가 이 신앙고백 작성에 중요한 저자로 참여했으며 이후 이 신앙고백에 따라 스코틀랜드의 종교개혁이 이루어질 수 있도록 최선을 다했다는 점에서 그의 신학 사상을 재구성할 수 있는 또 다른 중요한 자료임에 틀림없다.[63] 이 신앙고백에는 인간론을 다루는 독립된 조항은 없다. 그러나 원죄와 율법에 대해 말하는 3장에서 이제까지 살펴본 인간론적 주제들에 대한 진술을 발견할 수 있다. 신앙고백의 3장은 원죄로 인해 발생한 인간의 본질적인 문제를 다음과 같이 진술한다.

> 일반적으로 원죄라고 불리는 죄로 인해 하나님의 형상은 사람 안에서 완전히 사라져 버렸다. 그리고 아담과 그의 후손들은 본성상 하나님과 원수가 되어 사탄의 노예가 되었으며 죄를 섬기게 되었다. 동시에 영원한 죽음이 위로부터 중생하지 못했거나, 중생하지 않았거나 중생하지 못할 모든 사람들 위에 권세와 지배력을 가져왔고 또 가질 것이다.[64]

스코틀랜드 신앙고백에서 엿볼 수 있는 낙스와 스코틀랜드 종교개혁자들의 인간론은 전적 타락을 강조하는 개혁신학의 입장을 잘 보여준다. 원죄로 인한 타락은 "하나님의 형상"을 완전히 사라지게 했다. 이는 인간 안에 주어져 있는 어떤 가능성과 능력의 상실이나 손상에 대한 설명이 아니다. 원죄로 인한 타락은 모든 사람이 하나님과의 관계에서 완전히 실패했으며 자신 안에는 그 어떤

---

63 스코틀랜드 신앙고백의 작성 배경과 주요 자료, 그리고 신학적 주제들에 대해서는 김요섭, "스코틀랜드 신앙고백 교회론의 구조적 특징과 신학적 의미 연구," 「성경과신학」 68 (2013), 181-216을 참조하라.

64 "Scottish Confession of Faith," Art. III, Philip Schaff, *The Creeds of Christendom, Vol. III: The Evangelical Protestant Creeds* (Grand Rapids: Baker, 1983), 440-441. [이하 *Schaff*].

가능성도 소유하지 못하고 있음을 의미한다. 위에서 살펴보았듯이 낙스는 죄 문제를 플라톤적인 이원론처럼 인간 안에서 발생하는 육과 영의 충돌이라고 생각하지 않았다. 죄의 결과 인간 본성 전체가 타락했으며 이는 하나님의 뜻에 대적하는 상태에 처했음을 의미한다.

스코틀랜드 신앙고백 3장은 이어서 죄의 문제를 해결할 수 있는 유일한 해결책인 중생의 은혜를 강조한다. "이 중생은 하나님의 택하신 자들의 마음 안에서 역사하셔서 그의 말씀으로 우리에게 계시된 하나님의 약속 안에서 믿음을 확신하게 하시고, 이 믿음으로 우리가 그리스도 예수를 그 안에서 약속된 은혜와 복들을 깨닫게 하시는 성령의 능력으로 말미암는다."[65] 이 진술은 인간의 전적 타락과 대비되는 전적인 은혜를 삼위일체적 구도를 사용해 아름답게 제시한다. 인간의 죄 문제를 해결할 수 있는 유일한 길은 성령께서 이루어주시는 중생의 은혜뿐이다. 성령의 중생은 말씀으로 계시된 하나님의 약속을 통해 이루어진다. 그리고 하나님의 은혜와 복의 약속은 모두 오직 중보자 그리스도 예수 안에서 성취된다. 위에서 살펴보았듯이 낙스는 "시편 6편 해설"에서 신앙고백의 강조와 같이 죄의 문제의 해결은 중보자 예수 그리스도를 통해 성취된 하나님의 구속의 은혜로만 가능함을 강조했다. 이런 의미에서 그의 인간론은 "오직 은혜로"(sola Gratia)를 강조하는 종교개혁적 구원론이며, "오직 그리스도"(solus Christus)를 강조하는 종교개혁적 기독론을 따른다.

"율법의 완전성과 인간의 불완전성"에 대해 진술하는 스코틀랜드 신앙고백 15장은 중생을 받은 신자들의 삶의 현실에 대해 다음과 같이 진술한다.

그러나 본성은 너무나 부패하고 약하며 불완전하여 우리는 결코 완전하게 율법

---

65 "Scottish Confession of Faith," Art. III, *Schaff*, 441.

의 행위를 성취할 수가 없다. 만일 우리가 중생 이후에 죄를 저지르지 않는다고 말한다면, 우리 자신을 속이는 것이며 하나님의 진리가 우리 안에 거하지 않는 것이다... 우리가 모든 것을 행할 때에는 우리는 무익한 종이라고 엎드려 진실하게 고백해야만 한다. 그러므로 누구든지 스스로 자기 행위의 공로를 자랑하거나 공로의 행위에 대한 신뢰를 내세우는 자는 헛된 것을 자랑하는 것이며 저주받을 우상숭배에 대한 자신의 진리를 내세우는 것이다.66

이 고백에 따르면 신자의 삶은 스스로의 자격을 주장하거나 수행을 통한 완전을 추구하는 삶이 아니다. 신자의 삶은 자신이 지닌 본성상 한계와 불완전성을 인정하고, 항상 하나님의 은혜와 자비만을 구하는 삶이다. 낙스의 인간론은 신자의 삶의 현실과 목적 그럼에도 계속되어야 할 선한 삶의 실천 방법을 설명함에 있어서도 현재의 삶에서 피할 수 없는 신자의 불완전성과 그 종말론적인 완성을 부각시킨다. 낙스의 종말론적 인간 이해는 일관되게 신자의 삶을 믿음의 삶으로 인정하고 빚어 가시는 하나님의 전적인 은혜를 강조한다. 낙스는 하나님의 은혜를 망각하고 자신을 높이려 하는 교만을 가장 심각한 죄로 경계했고 이런 맥락에서 당시 로마 가톨릭의 잘못된 교리와 예전을 강력하게 비판했다. 그리고 그는 바르게 하나님을 예배하는 존재로서의 인간의 의무를 명확히 하고, 실제로 자신의 설교와 저술을 통해 하나님의 뜻을 담대하게 선포함으로써 인간의 진정한 영적인 본분을 잉글랜드와 스코틀랜드에서 회복하려 했다. 이와 같은 주제들이 낙스의 개혁주의적이며 종교개혁적인 인간론에서 발견할 수 있는 일관되고 중요한 강조점들이다.

---

66 "Scottish Confession of Faith," Art. IV. *Schaff*, 456-457.

베자의 인간에 대한 이해:
칼빈과 베자의 연속성과 불연속성의 관점에서

양신혜

(합동신학대학원대학교 외래교수, 교회사)

Theodore de Beze(1519-1605)

총신대학에서 신학을 공부하고, 서강대에서 종교학(M.A)을 전공하였다. 이후 독일 베를린에 있는 훔볼트 대학에서 공부하였다. 지금은 당진동일교회를 섬기고 있으며, 합동신학대학원대학교에서 외래교수로 교회사를 가르치고 있다. 저서로 『칼빈과 성경해석』과 『베자, 교회를 위해 길 위에 서다』와 다수의 논문이 있다.

양신혜

I. 들어가는 말

칼빈과 그 뒤를 이어 제네바 목사회를 이끈 베자의 연속성과 불연속성에 대한 연구는 신학자들의 주요 연구 주제이다.[1] 이 연구는 정통주의 신학이 칼빈의 신학을 계승하고 있는가를 판단하는 데 그 목적이 있다. 지금까지의 연구경향을 살펴보면 예정론에 집중되어 있었는데[2], 최근에 들어서 연구의 범위가 인간에 대한 이해로까지 이어지고 있다. 우리가 눈여겨 보아야 할 주제는 인간의 하나님의 말씀에 대한 인식에서 인간의 이성과 믿음이 어떻게 작용하는지에 주목한 인식론과 피조물로서의 인간에 대한 이해. 최근에 들어서 칼빈과 베자의 관계를 불연속성보다는 연속성의 관점에서 논증하려는 시도가 이루어지고 있음을 주목하게 된다. 키켈은 베자가 하나님을 인식하는 통로로서 계시와 경험이라는 두 통로를 하나님의 작정 또는 사역을 인식하는 통로로 인정하여 경험을 계시와 더불어 인식의 원칙이자 교리 형성의 주요 근거로 삼았다.[3] 이에 메일슨(Maillson)은 키켈이 베자의 텍스트의 맥락을 무시한 결

---

1 칼 트루먼, "칼빈과 개혁파 정통주의," 『칼빈핸드북』 (서울: 부흥과개혁사, 2008), 915-928. 이에 대한 자세한 연구경향의 시대적 흐름을 살피고자 한다면, 아셀트의 책 빌렘 판 아셀트, 에프 데커 엮음, 한병수 옮김, 『종교개혁과 스콜라주의』 (서울: 부흥과개혁사, 2014) 참조.
2 최근에 들어서 베자의 예정론에 논문은 다음과 같다. 김지훈, "테오도레 베자의 신학 안에서 예정론에 대한 이해," 「조직신학연구」 24(2016), 36-64; "예정론의 교회적 위로," 「한국개혁신학」 44(2014), 126-51. 이은선, "테오도레 베자의 예정론," 「신학지평」 8 (1998), 132-161. 지금까지 발표된 베자의 예정론에 대한 연구를 살펴보면, 무라야마(T. Murayama), 멀러(R. A. Muller)는 연속성을 강조하는 반면, 비저(E. Bizer), 키켈(W. Kickel), 암스트롱 (Amstrong), 브레이(J. S. Bray) 등은 불연속성을 강조한다. 김지훈은 대립구도에 대한 대안을 제시하여 중재하고자 하였다. 베자의 예정론 연구에 나타난 대립구도는 베자의 인식론에도 고스란히 드러난다. 불연속성을 주장하는 키켈과 연속성을 주장하는 멜리슨(J. Mallison)의 대립이 이에 해당한다. 이에 대한 이해는 양신혜, "성경의 권위에 대한 베자의 이해-칼빈과 베자의 연속성과 불연속성의 관계에서," 「한국개혁신학」 57 (2018), 133-166을 참조하라.
3 W. Kickel, *Vernunft und Offenbarung bei Theodor Beza: zum Problem des Verhaltnisses von Theologie, Philosophie und Staat* (Neukirchen, 1967), 39.

과임을 주장하며 베자의 텍스트를 분석하여 이성과 경험은 교리의 내용이 아닌 '확신'과 연관되어 있음을 밝히면서 칼빈과 베자의 연속성을 주장하였다.[4]

하지만 여전히 베자와 칼빈의 불연속성을 주장하는 논제는 남아있다. 홀드롭은 하나님의 인간 창조와 관련하여 칼빈과 베자의 불연속성을 다음과 같이 주장한다.

> 우리는 앞에서 칼빈이 창조의 관점에서 성경에 접근하는게 하나님과 인간의 관계를 역동적이고 '살아있고' '실존적'으로 보는 개념과 일치한다는 것을 보았다. 반면에 구속의 관점에서 성경에 접근하는 것은 하나님과 인간의 관계를 정적 관계로 보는 경향이 있는 선험적 작정 신학과 일치시킬 수 있다. 칼빈은 이 문제를 직관적으로 보았고, 하나님이 성경에 맨 먼저 등장하실 때 왜 만유의 창조주로서 등장하셨는지 그 속뜻들을 이해했다. 칼빈의 제네바 사역을 이어받은 테오도레 베자는 창조를 구속의 관점에서 보았다. (칼 바르트도 같은 노선을 취한다. 헤르만 훅세마와 많은 개혁 정통신학자들도 그렇다). 칼빈 자신은 구속을 재창조의 관점에서 보았다. 구속은 아담이 끝까지 올바로 서지 못했기 때문에 필요하다.[5]

홀드롭이 주장하는 비교의 지점은 다음과 같다. 첫째, 칼빈은 하나님과 인간의 관계를 창조의 시간 안에서의 역동적 관계로 이해한 반면, 베자는 영원의 시간에서 이루어지는 정적 관계로 간주한다. 둘째, 칼빈은 하나님과 인간의 역동성을 인간의 재창조의 관점에서 구속을 서술하면서 담보한다. 이와 달리

---

4 Maillson, *Faith, Reason and Revelation*, 79; Ian Mcphee, "Theodore Beza: Conserver or Transformer of Calvin's Theology?" (Ph.D. diss., Cambridge, 1979), 183.

5 필립 홀드롭, 박희석, 이길상 옮김, 『기독교강요연구핸드북』 (고양: 크리스챤다이제스트, 1995/2003), 73.

베자는 영원한 시간에서 이루어지는 하나님의 작정에서 구속을 이해하여 정적인 관계로 만든다. 그러므로 홀드롭에게 있어서 베자는 칼빈과 정통주의신학을 연결하는 길목에서 신학적 변형을 야기한 신학자이자 칼빈과 이후 정통주의신학의 단절을 낳은 신학자인 셈이다. 그렇다면 여전히 이 평가가 정당한가란 질문에 대한 연구가 요구된다.

이를 위해서 베자의 문헌 『신앙고백서』(*Confession De Foi Du Chrétien*, 1558)와 『질문과 응답』(*Questions and Responses*, 1570)을 중심으로 하나님의 피조물로서의 인간창조와 타락이 인간의 본성에 끼친 영향력을 살펴보고자 한다.[6] 이 두 문헌을 선택한 이유는 인간에 대한 이해를 설명하는 방식에서 차이를 드러내고 있기 때문이다. 『신앙고백서』는 그리스도인으로서 알아야 할 믿음의 내용을 고백하는 형식을 취한 반면, 『질문과 응답』은 제목이 알려주듯이 질문과 대답의 형식으로 이루어진 변증서이다.[7] 특히, 『신앙고백서』는 홀드롭의 주장을 명확하게 반영하고 있기 때문에, 이 문헌을 분석함으로써 칼빈과 베자의 관계에 대한 홀드롭의 해석이 가진 공과를 판단할 수 있으리라 여겨진다. 이후에 출판한 『질문과 응답』에서는 『신앙고백서』에서 나타난 기독론 중심의 인간 이해를 어떻게 확장시켜 서술하는지를 판단할 수 있으리라 여겨진다.[8] 이 주제는 칼빈의 신학에서도, 특히 그의 『기독교 강요』에서 당대의

---

6 Theodore Beza, *A Little Book Christian Questions and Responses*, trans. Kirk M. Summers (Eugene, Oregon: Pickwick, 1986). 베자 연구에 있어서 영어로 번역된 책에 국한하여 글을 쓰는 한계를 인정한다. 그러기에 후학도의 관심과 연구가 절실하게 요구되는 시점이다. 개혁신학의 토대를 둔 칼빈과 그 뒤를 이은 정통주의 신학의 연계성을 담보하는 베자에 대한 연구는 앞으로 한국교회를 위해서 절실하게 필요하다고 판단하기에 감히 용기를 내어 글을 쓰게 되었음에 양해를 구한다.

7 양신혜, "베자의 성령 이해: 성령의 부르심과 성도의 삶," 『종교개혁과 성령』 (부산: 개혁주의학술원, 2020), 209.

8 베자의 인간에 대한 이해와 연결하여 주목하는 주제는 인식론에서 인간의 영혼의 역할과 타락 이후에도 남아있는 인간의 인식능력의 정도에 대한 관심이다. 계몽주의 영향으로 인식과 판단의 주체로서의 이성에 대한 보편적 능력에 대한 관심은 포스트모더니즘의 영향으로 넘어가면서

인문주의자들과의 관계에서 설명하고 있기에 칼빈과 베자의 연속성과 불연속성을 판단하는 주요 기제라 여겨진다. 그러하기에 베자의 문헌 분석을 통해 얻을 결과를 칼빈의 『기독교 강요』와 그의 교리교육서인 『제네바신앙교육서』(1538/1542)에서 나타난 인간에 대한 이해와 비교하여 칼빈과 베자의 관계에서 신학적으로 어떤 연속성과 불연속성이 있는지 판단해 보고자 한다.

II. 피조물로서의 인간 이해

1. 『신앙고백서』(*Confession De Foi Du Chrétien*, 1558)

베자는 『신앙고백서』(1558)에서 인간의 창조를 하나님의 본질과 사역을 다루는 부분이 아니라, 독특하게 기독론을 다루는 3장에서 다룬다. 이는 홀드롭의 주장이 정당하다는 것을 뒷받침할 수 있는 근거가 된다. 베자의 관점이 인간의 창조보다는 타락과 그 회복에 있기 때문이다. 이는 칼빈이 『기독교 강요』에서 창조주 하나님을 다루면서 1권 15장에서 하나님의 형상으로서의 인간과 영혼을 가진 인간을 다룬 것과 분명한 대조를 이룬다. 그러면 베자는 『신앙고백서』에서 창조주로서의 하나님을 어떻게 다루고 있는지 살펴보고자 한다. 그는 우선 『신앙고백서』 1.1-3에서 하나님의 본체와 위격을 설명한 뒤, 아버지로서 하나님의 사역에 대한 설명에서 삼위로 계시는 하나님의 사역에 주목한다. 하나님의 사역으로서 창조를 설명하면서 하나님이 무로부터 그리고 하나님의 영원한 말씀으로부터 세상을 창조하셨음을 가르친다. 그리고 이 세상

개별적인 인간의 인식과 감정, 의지에 집중한다. 이러한 관심의 이동은 베자의 인식론에서 강조되어 오는 아리스토텔레스의 논리학에 대한 강조와 타락 이후에도 남아 있는 인간의 인식 능력이 어느 정도까지 그 영향력을 끼치는지에 주목하여 왔다.

을 그의 섭리에 따라서 보존하고 다스리고 계신다고 가르친다. 창조주 하나님의 다스림과 보존은 하나님의 본질적이고 무한한 능력에 의해서 이루어진다 (2.2).9 베자가 『신앙고백서』에서 하나님의 능력과 창조 사역은 그 내용에서뿐만 아니라 그 구조에서도 칼빈의 『기독교 강요』와 다를 바 없다. 칼빈도 『기독교 강요』에서 1권 13장에서 삼위일체로서의 하나님을 서술하고 난 뒤에 창조주와 창조한 세계를 보존하고 다스리시는 섭리의 하나님에 대하여 서술하고 있기 때문이다.

하나님의 인간창조와 그 타락에 대하여 베자는 왜 인간의 창조를 창조주 하나님을 다루는 장에서 다루지 않고 예수 그리스도의 구원사역을 다루는 3장에서 다룬 것일까? 이 질문에 접근하기 위해서 3장에서 어떻게 베자가 인간의 창조와 타락을 다루는지 자세하게 살펴보고자 한다. 3장 1절에서 베자는 예수 그리스도의 신성을 다루고 난 뒤, 하나님께서 구원하고자 선택한 자들은 구원하기 위해서 인성과 결합하기로 결정한 자가 예수 그리스도이심을 밝힌다 (3.2). 하나님은 예수 그리스도를 하나님과 그가 선택한 자를 연결하는 중재자로서 세우셨다(3.2). 하나님은 그의 완전한 의와 은혜, 변하지 않는 작정으로 그가 세운 구원의 계획을 시행하신다(3.3-3.5). 베자는 하나님의 영원한 예수 그리스도 안에서의 구원계획을 가르친 이후에 인간의 창조를 다룬다. 그러므로 베자에게 있어서 인간의 창조는 하나님의 의와 구원의 은혜를 드러내는 데 그 목적이 있음을 알 수 있다(3.6). 여기에서 베자는 예수 그리스도의 구속 사건이 하나님의 계획 아래에서 이루어진 변할 수 없는 작정에 따른 계획의 실행임을 분명하게 나타내고 있다. 이 세상에 존재하는 모든 피조물은 '우연'에 의해서 만들어진 것은 없으며 하나님은 결코 그의 작정을 변경하지 않으신다.

---

9 Theodore Beza, *The Christian Faith*, trans. James Clark (Edinburgh: Crawford), 2.2.

그러므로 하나님은 그가 만든 피조물이 어떻게 될 것인지를 미리 아실뿐만 아니라 그의 영광을 드러내기 위해서 인간을 만들기로 작정하셨기에 인간의 선택과 유기는 하나님의 작정의 결과이며 하나님의 영광을 위한 일이다(3.6). 이런 맥락에서 하나님은 인간을 구원하기로 한 계획을 실행하기 위해서 첫 인간 아담을 순수하게 창조하셨다(3.7). 하나님은 본성상 선하시기 때문에 그가 창조한 모든 것 가운데 선하지 않은 것이 없다. 그래서 만약 인간이 사악한 존재로 창조되었다고 할 때, 죄의 원인이 창조주이시고 창조의 주체이신 하나님에게 돌리는 것은 정당하지 않을 것이다(3.7). 하나님은 선한 분이시기에 그가 창조한 인간을 선한 목적으로 창조하셨다. 하지만 인간은 변하기 쉬운 경향을 지녔기에 자신의 잘못으로 선한 상태에서 타락하였다(3.8). 아담의 타락으로 죄가 인간의 세계에 들어옴으로써 하나님은 그의 긍휼을 모든 사람들에게 극대화시킬 "최대의 경우"(a great occasion)를 실행하시고자 하였다(롬 11:32). 이는 영원 전에 유기될 자들이 그들의 죄로 인해 벌을 받도록 하기 위해서 하나님은 자신의 의를 명확하게 드러내셨다는 것을 뜻한다(3.8). 베자는 하나님의 영원한 작정 아래에서 구원받을 자와 유기된 자를 선택하셨고, 그 구원의 계획을 중보자 예수 그리스도를 세워 실행하셨음을 명확하게 가르치는데 목적을 두었다. 그의 관심은 인간의 구원에 있으며 그 구원은 하나님의 손에 달려있다는 사실에 있다. 그리스도 안에서의 구원이 하나님의 인간 창조부터 계획된 일이기에 이 땅에서의 그리스도인의 삶은 하나님의 계획 아래에서 영원에 대한 소망으로 살아가는 존재임을 가르친다.

이와 달리 칼빈은 『기독교 강요』(1559) 14장에서 창조주 하나님의 사역을 언급한 이후 15장에서 하나님의 형상으로서의 인간의 창조를 다룬다. 여기에서 인간의 영혼의 역할에 주목하여 하나님이 창조한 본래의 기능에 주목하여 서술한다. 하나님이 창조한 인간의 온전한 영혼이 어떻게 타락의 길로 들어서는지를 바로 2권에서 다룬다. 이 지점에서 칼빈이 『기독교 강요』 2.1.1절을 시작하면서 지혜의 총체로서의 하나님을 아는 지식과 우리 자신을 아는 지식에서 우리 자신을 아는 지식을 시작한다. 이 부분이 당대의 인문주의자들과 구별되는 지점이다. 인문주의자들은 동물과 달리 인간에게 주어진 존귀함과 탁월함에 주목하였다. 이를 종교개혁자 칼빈도 인정한다. 하지만 칼빈은 인문주의자들이 꼽은 인간의 존귀함과 탁월함의 증거로 내건 이성이나 말이 어떻게 인간의 삶을 이끌어가는지에 주목하였다.[10] 인간이 자신의 탁월함을 관조하면 '무모한 확신'에 빠지게 되고, 자기 자신을 부풀리는 교만으로 인해 스스로를 드러내는 데만 집중하는 결과를 낳는다고 지적하였다.[11] 칼빈은 지금 우리가 하나님의 피조물로서 하나님이 창조한 본성에서 얼마나 멀어져 있는지를 아는 데 목적을 두었다. 인간이 자신의 비참함을 아는 것을 『기독교 강요』 서두에서 언급한 자기 자신을 아는 지식의 핵심으로 삼았다. 칼빈이 『기독교 강요』 1권 15장에서 하나님이 창조한 인간의 본성이 얼마나 탁월한지를 알고 그것을 지키기 위해서 하나님을 전적으로 의지해야 한다고 가르친 이유는 2권 1-5장에서 인간이 얼마나 하나님이 창조한 본성에서 멀어져 있는지를 알게 하는 데 그 목적이 있다. 인간이 하는 어떠한 자랑이나 확신도 부질없음을 고백하고 진심으로 겸손하게 하나님 앞으로 나아가야 한다. 지금 우리의 부패와 비참함을 앎으로써 하나님이 태초에 우리를 자기의 형상대로 만드신 목적(창1:27)을 바로 알고 "우리의 마음을 들어 올려 덕성에 대한 열심과 영생에 대한 묵상"을 하도록 하는 데 있다. 이를 위해서 "우리는 우리에게 부여된 이성과 지성을

---

10 프랑스 인문주의자 뷔데는 인간의 탁월함을 이성(ratio)과 말(sermo)에 두었다. 양신혜, 『칼빈과 성경해석 : 교회를 위한 겸손의 해석학』 (용인: 카보드, 2012), 187-188
11 Calvin, *OS* III, 228, 2.1.1.

사용하여 우리 인생의 목표인 복된 불멸을 굳건히 지향하는 가운데 거룩하고 복된 삶을 가꾸어 감으로써, 인류를 야수들과 구별 짓는 고상함이 우리의 우매함으로 말미암아 매몰되는 일이 없도록 해야 한다."[12] 이로써 칼빈이 『기독교 강요』를 시작하면서 언급한 "거의 모든 거룩한 가르침은 하나님을 아는 지식과 우리 자신을 아는 지식 두 부분으로 이루어진다."(*Summa fere sacrae doctrinae duabuss his partibus constat: Cognitione Dei ac nostri*)[13]는 문장의 의미가 더욱 명확하게 드러나게 된다. 칼빈은 1536년 『기독교 강요』에서 이 문장으로 시작한 이후 1559년 최종판까지 계속해서 이 문장으로 시작하고 있다. 이는 칼빈이 『기독교 강요』를 통해서 드러내는 신학의 두 축이 하나님을 아는 지식과 우리 자신을 아는 지식임을 나타낸다. 이 두 지식은 서로 밀접하게 연결되어 있어서 어느 지식이 먼저라고 할 수 없으며, 하나님을 알아가면서 우리 자신을 알게 되는 과정이다.[14] 단지 가르침의 순서를 정해야 하기 때문에 칼빈은 하나님을 아는 지식이 먼저 가르쳐야만 한다고 권한다.[15]

또 하나 주목해야 할 것은 칼빈이 하나님을 아는 지식을 "하나님에 대한 두 지식"(duplex ... eius[Dei] cognitio)이라고 한 표현이다. 그는 『기독교 강요』 1.2.1에서 이 두 지식을 창조주 하나님과 구속주로서의 하나님을 아는 지식이라고 한다. 하나님을 온전하게 경배하기 위해서는 창조주로서의 하나님과 구속주로서의 하나님인 두 지식을 가져야만 한다. 단지 서술의 순서에 따라서 성경은 먼저 창조주로서 하나님(1.10-18)을 서술하고, 다음으로 그리스도

---

12 Calvin, *OS* III, 228, 2.1.1.
13 1536년 초판에서는 가르침을 뜻하는 독트리나(doctrina)를 사용한 반면, 최종판에서는 지혜를 뜻하는 사피엔티아(sapientia)로 바꾼다. 단어를 교체한 것 이외에 의미상의 변화가 없이 그대로 첫 문장이 이어진다. 이는 칼빈의 신학의 두 축이 하나님에 대한 이해와 우리 자신에 대한 이해임을 알 수 있다. Calvin, *OS* III, 31, 1.1.1.
14 김선권, "칼뱅의 신학적 인식론", 「한국조직신학논총」 41(2015), 228.
15 Calvin, *OS* III, 34, 1.1.3.

의 얼굴 가운데 구속주(2.12-17)로 서술할 뿐이다. 그렇기 때문에 하나님을 올바르게 알기 위해서는 창조주 하나님에 대한 이해에서 멈추어서는 안 된다. 창조주 하나님에 대한 이해와 더불어 반드시 구속주로서의 하나님에 대한 이해로 넘어가야 한다. 이는 『제2차 제네바 신앙교육서』(1542) 1-14문에서 분명하게 드러난다. 칼빈은 1문에서 "인간의 삶의 제일된 목적이 무엇입니까?"라고 물으면서 시작한다. 이 질문에 칼빈은 "인간을 창조하신 하나님을 아는 것"이라고 답한다. 이 땅에 태어난 인간은 창조주 하나님의 피조물이다. 그러하기에 인간을 창조한 하나님을 아는 것이 인간이 이 땅에 태어난 목적이다. 인간은 창조주 하나님의 피조물로서 하나님과의 관계를 올바르게 아는 것에서 이 땅에서 삶이 시작한다. 하지만 하나님을 아는 것에서 멈춘 것이 아니라 신뢰하는 단계로 나아가야 한다. 창조주 하나님을 아는 것을 넘어서 그 분을 신뢰해야 한다. 이 신뢰는 하나님의 본성으로서 그분의 전능함과 선함에 기인한다. 하나님은 전능하기에 그리고 선한 분으로 우리를 창조하신 분이시다. 그렇기 때문에 그분은 우리를 지은 목적을 이룰 수 있는 능력을 지닌 분이기에 그분을 전적으로 신뢰하고 의지해야 한다. 이것을 아는 것만으로 충분하지 않다. 그 이유는 다음과 같다: "우리는 하나님께서 자신의 돕는 능력을 우리에게 보이시거나 그의 선함을 나타내실 만한 가치 있는 존재들이 아니기 때문이다"(11문답). 그렇기 때문에 "우리는 하나님께서 우리를 사랑하고 계시며 우리의 아버지와 구원자가 되시기를 선언하신다는 사실을 확신"(12문답)해야 하는 단계로까지 나아가야 한다. 칼빈은 제네바 신앙교육서 1-14문에서 하나님의 두 인식과 믿음의 특성을 명확하게 가르치고 있다. 하나님을 믿는 것은 믿음의 대상이 우리의 창조주이자 구속주임을 알아야 할 뿐 아니라 그 하나님이 전능하시고 선한 분이시기에 그분만을 전적으로 신뢰해야 한다(1, 8-9문답). 이로써 칼빈도 하나님을 온전하게 아는 자는 결코 창조주 하나님을 아는 데서 멈추지 않으며 구속주로서의 우리의 죄를 구원할 자를 신뢰하는 자리에까지 나아가야 한다는 점을 전제한다. 그러하기에 베자가 인간의 창조와 타락을 예수 그리스도의 구원론에서 다룬 것은 칼빈의 가르침에서 벗어났다고 할 수 없다. 칼빈이 가르치는 하나님 이해에서 우리가 창조주로서의 하나님을 이해하는 데서 멈춘다면 그 이해는 반쪽 이해에 불과하다는 사실이다. 칼빈 신학에서 하나님 이해는 창조주로서의 하나님 이해와 구속주로서의 하나님을 아는 두 지식에 있음을 기억해야 할 것이다.

이런 맥락에서 우리의 관심은 왜 베자가 구속주로서의 하나님에 대한 이해를 강조하여 『신앙고백서』에서 서술하는가에 돌려야 마땅하다. 베자가 『신앙고백서』를 작성한 목적은 여전히 로마 가톨릭교회에 남아있던 아버지를 개종시키고자 함이었다.[16] 그리고 올바른 진리를 깨닫지 못하고 여전히 로마 가톨릭교회에 머물러 있는 고국의 친족들과 당대의 급진적인 신학 분파들에게 참된 구원을 가르치는데 그 목적이 있었다. 그렇기 때문에 그들에게 구속주로서의 하나님의 사역이 영원 전부터 하나님의 작정하심 아래에서 실행되었음을 올바르게 가르쳐야만 했다. 또한 베자의 가족은 당대의 낮은 계급의 귀족 집안이었다. 아버지가 베자의 교육을 위해서 파리로 보냈고, 삼촌 니콜라스는 당대 최고의 인문주의자로 명성이 난 볼마르에게 베자를 보냈다.[17] 이로써 당대 귀족들에게 인문주의 교육은 성공을 위한 디딤돌이었음을 짐작할 수 있다. 프랑스의 인문주의 교육의 토대를 마련한 뷔데는 인간에게는 구원에 이르는 지혜를 얻을 수 있는 동물보다 뛰어난 능력이 있음을 강조하였다.[18] 그 지혜는

---

16 양신혜, "베자의 성령 이해: 성령의 부르심과 성도의 삶," 『종교개혁과 성령』, 204.
17 양신혜, 『베자: 교회를 위해 길 위에 서다』 (서울: 익투스, 2020), 37.
18 박효근. "헬레니즘에서 크리스티아니즘으로: 기욤 뷔데와 그의 시대," 「서양중세연구」 36(2015), 232.

성경이 담고 있으며 그 지혜를 성경에서 찾아 그 길을 얻을 수 있는 능력이 인간에게 주어졌다고 보았다. 뷔데는 인간의 탁월함을 인간의 이성(ratio)과 말(sermo)에 두었다.[19] 그렇기 때문에 인간이 지닌 탁월함으로 하나님께로 다가가는 구원을 성취할 수 있는 능력을 가지고 있음에 주목하였다. 그 방법으로서의 인문학 교육을 강조하였다. 뷔데의 신학을 필로테이아(philotheia)라고 하는데, "... 신의 말씀인 성경을 통해 신이 인간과 맺은 관계와 은총의 본질에 대해 명상하는 학문으로, 이를 통해 신의 사랑을 통감하고 예수를 삶의 모델로 삼는 과정을 의미한다."[20] 그러하기에 인간의 본성에 대한 올바른 이해를 통해서 구속주로서의 하나님께로 나아갈 수 있다고 판단했기에 인간의 창조와 타락을 기독론을 다루는 3장에서 다룬 것으로 이해된다.

결론적으로 제네바에서 종교개혁을 선도한 칼빈과 베자의 하나님에 대한 지식은 창조주로서의 하나님과 구속주로서의 하나님 이해가 분리되어 있지 않으며, 창조주 하나님의 섭리 아래에서 성취된 구속주의 구원 사역을 통해서 구원의 길로 들어서는 전적인 하나님의 은혜로 말미암는다는 구원의 내용을 공유하고 있다. 단지 그 구원의 내용을 자신이 직면한 목회 현장에서 어떻게 그 구원을 설명하여 설득할 것인가에서 달리할 뿐이다.

2. 『질문과 응답』(*Questions and Responses*, 1570)

『질문과 응답』은 제목이 암시하듯이 질문과 대답의 구조를 지닌다. 이 책의 첫 질문은 홀드롭에 주장한 것과 달리 창조주 하나님에 대한 지식에서부터,

---

19 양신혜, 『칼빈과 성경해석』, 187-188.
20 박효근, "헬레니즘에서 크리스티아니즘으로", 232. 스콜라주의적 신학을 테올로기아 (theologia), 즉 논리를 사용해 신을 추론하고 분석하는 학문이라 정의한다면, 인문주의자들의 하나님께로 나아가는 방법으로서의 인문학의 강조와 인간의 이성에 대한 강조는 분명하다.

다시 말해서 피조물로서의 자기에 대한 이해에서 출발한다. 이런 이해는 칼빈의 신학적 이해와 유사하다.

> Q1 누가 우리를 이 세상에 창조하셨습니까?
>
> A1 하나님이 창조하셨습니다. 그의 유일한 선함(singularis bonitas)에 따라서 말입니다.
>
> Q2 무슨 목적으로 만들었습니까?
>
> A2 우리가 그를 예배하도록 하기 위해서, 그리고 우리의 영원한 생명을 보증함으로써 영광을 받기 위해서입니다.
>
> Q3 우리가 하나님께 어떻게 올바르게 경배를 드리고 영광을 드려야 영원한 생명을 보증 받게 됩니까?
>
> A3 하나님께서 그의 말씀 안에서 자신을 어떻게 나타내는지를 알고 인정함으로써 [보증받게 됩니다]. [21]

창조주 하나님의 창조로부터 시작하는 질문은 『웨스트민스터 소요리문답』 1문과 칼빈의 『제2차 제네바신앙교육서』 1-7문을 떠올린다.[22]

> [1] 목사: 인생의 주된 목적은 무엇입니까?
>
> 아이: 하나님을 아는 것입니다.

---

21 Beza, *Questions and Responses*, 5.

22 박건택 편역, 『칼뱅작품선집』 III (서울: 총신대출판부, 2009), 156-157.

[2] 목사: 그렇게 말하는 이유는 무엇인가요?

아이: 하나님께서 우리에게서 영광을 받으시기 위해 우리를 창조하여 세상에 내놓으셨기 때문입니다. 그가 우리의 삶의 근원이므로 우리가 우리의 삶을 그의 영광을 위해 드리는 것은 매우 타당합니다.

[3] 목사: 인간의 최고선은 무엇인가요?

아이: 위와 같습니다.

[4] 목사: 그것을 최고선이라고 부르는 이유는 무엇인가요?

아이: 그것이 없다면 우리의 상태는 야수들의 상태보다 더 악할 것이기 때문입니다.

[5] 목사: 이로써 우리는 하나님을 따라 살지 않는 것보다 더 큰 불행이 없다는 것을 알게 된다는 말이지요.

아이: 과연 그러합니다.

[6] 목사: 그런데 하나님에 대한 참되고 올바른 인식이란 어떤 것인가요?

아이: 우리가 하나님께 영광을 돌리기 위한 목적으로 그분을 인식하는 것입니다.

[7] 목사: 하나님께 영광을 돌리는 방법은 무엇인가요?

아이: 우리가 그분을 전적으로 신뢰하며, 그분의 뜻에 복종하므로 그

분을 섬기고, 우리의 모든 곤경 중에서 그분에게 도움을 청하며 그 분 안에서 구원과 모든 선을 구하며, 모든 선한 것이 그분으로부터만 나온다는 마음과 입술로써 인정하는 것입니다.

칼빈과 베자의 문답을 비교해 볼 때, 두 신학자의 의도와 그 목적이 문답에 고스란히 드러난다. 그 서술하는 문답의 수에 있어서 차이를 나타내지만, 『제2차 제네바신앙교육서』의 1-7문에 나타난 내용이 고스란히 베자의 『질문과 응답』의 1-2문에 배어 있다.

하지만 자세히 살펴보면 질문의 목적과 서술 의도에 있어서 유사하나 내용에 있어서 그 강조점의 차이가 있음을 알 수 있다. 베자는 "누가" 창조했는지에 주목하며 질문을 한 반면, 칼빈은 인간의 관점에서 살아가는 "방향성"에 목적을 두고 있다. 베자는 창조의 주체이신 하나님을 인식하는 데서부터 시작한다. 하나님이 그의 선한 본성에 따라서 인간을 창조하셨음을 가르친다. 하나님의 관점에서 시작한 베자는 하나님이 인간을 창조한 목적을 두 가지로 가르친다. 첫째로 하나님께 예배하도록 하기 위해서 그리고 둘째, 영원한 생명을 보증하는 것이다(2문). 이와 달리 칼빈은 이 땅에서 살아가는 인간에서 출발하여 인생의 목적이 하나님을 아는 지식에 있음을 가르친다. 인간에게 이를 행할 수 있는 능력이 주어져 있으며 그 능력이 동물과 다른 차이점이다. 인간은 하나님을 영화롭게 할 수 있는 능력을 지닌 자로, 이 땅에서 하나님을 영화롭게 하기 위하여 믿음으로서의 사도신경, 십계명과 기도를 가르친다. 베자는 예배에 집중하고 있기에 이 점이 칼빈과 다르다고 생각할 수 있다. 하지만 그가 『기독교강요』 최종판에서 경건한 마음으로 하나님을 올바르게 알고 따르는 신자는 자발적으로 예배의 자리에 나아간다고 가르치고 있기에(1.2.2), 근본적인 차이

점이라고 할 수 없다. 경건한 자는 그에 "합당한 예배"를 수반한다고 명확하게 표현하고 있음에 주목하라! 베자의 『질문과 응답』은 1570년에 출판되었기에 그가 칼빈의 『기독교 강요』 최종판이 가르치는 신학적 입장을 고스란히 계승하고 있다고 할 수 있다.

칼빈과 베자의 하나님의 피조물로서의 인간의 창조목적을 비교해 볼 때, 두 신학자는 다음의 사실에서 동일한 입장을 취한다. 첫째, 인간은 하나님이 창조한 피조물로, 창조자 하나님의 목적에 따라서 만들어졌다. 둘째, 하나님의 속성으로서의 선함에 비추어 볼 때 인간은 보잘 것 없는, 가치가 없는 존재이다. 인간은 하나님이 창조한 본래의 속성을 스스로 잃어버리고 비참함의 상태에 빠졌다. 그렇기 때문에 인간은 그리스도 안에서 하나님을 아는 지식으로 나아가야 한다. 그러므로 이 땅에서 살아가는 인간은 그리스도 안에서 하나님과 화해의 길을 걸어가야 하는 죄인이기에 하나님의 구원계획을 전적으로 신뢰해야 한다. 그러므로 칼빈이 제2차 『제네바 신앙교육서』 1-14문에서 가르친 내용을 베자는 『질문과 응답』에서 1문에서 3문으로 요약하고 있다. 이것을 『웨스트민스터 소요리문답』은 1문으로 요약하여 계승하고 있다고 할 수 있다. 바로 여기에서 개혁신학의 역사적 연속성을 찾을 수 있다.

Ⅲ. 중생 이후 인간

베자의 관심은 하나님의 형상을 지닌 인간이 타락한 이후에 어떻게 그 죄에서 해방되어 참된 그리스도인으로서의 삶을 살아가는가에 있다. 구체적으로 죄가 인간에게 얼마나 미쳤는지, 그 죄에서 벗어나기 위해서 무엇을 어떻게 해야 하는지, 죄에서 해방되어 참된 그리스도인으로서 어떻게 사유하며 도덕적 삶을 살 것인지를 다룬다. 베자가 다루는 주제는 두 방향에서 이루어지는 당대의 논쟁과 밀접하게 관련되어 있다. 한편으로는 로마 가톨릭의 예수회에 소속된 변증가 루카 피넬리(Luca Pinelli, 1542-1607)와 그 이후의 존 헤이(John Hay, 1546-1607)와의 논쟁이, 다른 한편에서는 카스텔리오와의 논쟁을 통해서 어떻게 그리스도인으로서의 확실성을 담보할 것인지를 체계화시켜 나갔다.[23] 이 주제는 현대를 살아가는 그리스도인에게도 적용되기에 그 의미가 크다 하겠다. 이 땅에서 하나님의 자녀로 살아가는 그리스도인이 어떻게 확실한 믿음에 이르게 되는지, 당대의 논쟁을 통해서 그의 인간에 대한 관심에 주목하여 서술하고자 한다.

1. 그리스도인의 정체성에 대한 논쟁: 로마 가톨릭과 카스텔리오

종교개혁자들은 로마 가톨릭교회가 교회의 권위에 의지하여 신앙의 확실성을 담보하자, 이에 대항하여 성령의 내적 증거[24]를 반론으로 제기하였다. 이는 베자와 피넬리의 논쟁에서 분명하게 드러난다. 당대의 종교개혁자들과 함께 베자는 성령의 내적 증거를 통해서 신앙의 확실성을 주장하였다. 이에 로마 가톨릭교회 예수회에 소속된 피넬리는 '성령의 확증이 하나님으로부터 왔다는 것을 어떻게 알 수 있는가'란 질문을 던졌다. 하나님이 주신 확신이 아니라 인간이 만들어 낸 확신은 아닌지, 또는 악한 영에 의해서 억지로 떠안게 된 것은 아닌지, 이를 어떻게 판단할 수 있는지 질문을 던졌다.[25] 이 질문에 베자는 그리스도인이 성령이 주는 내적인 증거로 '영혼의 평안'을 판단의 척도로 내세

---

23 Mallinson, *Faith, Resaon, ans Revelation*, 88.
24 Calvin, *OS* III 1.7.4.
25 Mallinson, *Faith, Resaon, ans Revelation*, 89.

웠다. 이 논지는 로마 가톨릭 교회 헤이(John Hay)와의 논의를 통해서 내적 증거를 넘어서 객관적 판단의 척도로서 성경의 권위를 논하는 데까지 발전시켜 나갔다. 다시 말해서 그리스도인의 정체성은 성령의 내적 확증과 더불어 신적 권위를 가지고 있는 성경의 객관적 권위에 기초한다.[26] 성령의 내적 확증이 하나님으로부터 왔다는 것을 판단할 수 있는 것은 바로 하나님의 말씀으로서의 성경이다. 이 성경이 우리에게 가르치는 것이 하나님으로부터 왔는지, 아니면 마귀로부터 왔는지를 판단하는 객관적 척도이다. 성경 자체의 신적 권위의 문제가 아니라 성경을 논리적으로 이해를 위한 주요한 판단의 척도로서의 성경의 권위이다. 이 논지의 전개는 이미 종교개혁자 칼빈으로부터 시작된 쟁점이자 서술과 동일하다.

이 논의는 베자와 카스텔리오와의 논쟁을 통해서 더욱 깊어지고 첨예화된다. 카스텔리오가 종교개혁자들을 향해 던진 질문은 인간의 내적 갈등의 원인인 '의심'이다. 이 의심을 넘어서 어떻게 확실성에 도달하는가가 그가 던진 질문이다. 카스텔리오는 의심의 상태에서 선택하게 하는 것을 믿음으로 정의하였다. 그는 요한복음 9장에 기록된 눈 먼 자의 이야기에서 그가 예수에게 나아가기 전에 정말 눈을 뜰 수 있을까라는 불확실성의 상태에 있었음에 주목한다. 그는 불확실한 상황에서 예수께 나아가기로 선택하였다. 이 선택이 믿음이다. 카스텔리오는 불확실성의 상태에서 선택하여 나아가는 인간의 의지의 발현을 믿음이라고 정의하였다.[27] 눈 먼 자는 불확실성의 상태에서 예수께 나아갔고 눈을 뜨는 경험을 하게 된다. 이 경험은 그에게 구원자 예수에 대한 확실한 지식으로 자리 잡는다. 그러하기에 카스텔리오는 이성(ratio)을 믿음보다 우위에 둔다.[28]

---

26 Mallinson, *Faith, Resaon, ans Revelation*, 89-92
27 데카르트의 의심은 '확실하고 분명한 개념들'을 발견하고자 하는 소망에서 생겨나게 된다.

베자는 눈 먼 자가 실제로 눈을 뜰 수 있을까란 의심의 상태에 나아간 것이 아니라 하나님께서 그를 부르신 양심에 남겨진 증거에 주목한다. 그리스도인에게 믿음은 하나님의 자녀로서 양심에 증거를 남긴다.[29] 둘째, 하나님의 부르심에 응답하여 걸어가는 그리스도인의 길에서 하나님은 완벽한 신앙(perfect faith)을 요구하는 것이 아니라 오직 '참된 신앙'(only a true faith)을 요구한다. 참된 믿음은 구원이 인간의 신앙에 달린 것이 아니라 하나님이 주신 은혜인 믿음에 달려있다. 그리고 믿음의 중심에 계신 예수 그리스도에 달려있다. 그리스도인의 믿음이 약하고 유약해 보인다 할지라도 하나님의 은혜의 선물로 받은 믿음은 진실하기에 구원을 확신시키기에 충분하다.[30] 셋째, 그리스도인이 이 땅에서 살아가면서 나약해지고 잘못으로 인해 어렵고 마음의 평안이 없어질 때 이 땅에서 먼저 그리스도인으로서 걸어간 믿음의 선배에게서 답을 찾도록 유도한다.[31] 하나님은 믿음의 선배들 모두 이 땅에서 고통의 시간을 걸어가게 하셨지만 그들은 그 고통을 넘어서 하나님의 뜻을 향해 당당하게 걸어가게 하셨다. 하나님은 그들을 그리스도인으로서 다양한 방법으로 걸어가게 하셨지만 그들은 자신의 길을 이끄는 분이 하나님이라는 점을 잊지 않았다. 넷째, 하나님의 구원 계획이 있기에 하나님의 "확실하고 진실한 치료책에 의지"해야 한다. 하나님은 죄인을 위한 치료책을 그리스도 안에서 예정했기에 구원의 영원한 선택은 변경될 수 없다는 사실을 기억해야 한다. "절대 확실한 선택에 대한 확실한 증거는 믿음의 효과가 소멸하고 우리 안에서 사라질 때, 다윗처럼 우리의 지나간 날들을 기억하자! 그러면 우리는 하나님께서 우리를 향하여

---

28 양신혜, "카스텔리오의 종교적 관용의 신학적 토대로서의 이성에 대한 이해,"「성경과신학」 74(2015), 1-31 참조.
29 Beza, *The Christian Faith*, 4.20, 33.
30 Beza, *The Christian Faith*, 4.20, 33.
31 Beza, *The Christian Faith*, 4.20, 33.

베푸신 호의와 다양한 방식으로 베푼 사랑과 아버지로서 우리에게 베풀어진 애정을 의심할 수 없을 것이다."[32] 사탄은 우리의 잘못으로 유혹할 것이다. '너희들은 믿음을 잃어버렸고, 그래서 하나님의 은혜가 떠났다'라고 속삭일 것이다. 하지만 기억해야 할 것은 "첫째, 하나님은 자신의 마음을 바꾸지 않으신다. 둘째, 그가 일단 하고자 하는 것은 어떤 방해물이 생긴다 할지라도 완성하신다."는 사실이다.[33] 베자는 의심을 넘어서 그리스도인을 부르신 영원한 작정과 그 실행에서 그 믿음의 확실성을 담보하였다.

2. 중생: 인식과 체험

베자는 예수 그리스도의 능력을 죄로부터 인간을 자유롭게 하는 동력으로 삼았다. 예수 그리스도의 능력은 "헛된 바람"이나 "상상력"으로 적용되는 것이 아니라 "실제로" 그리스도인 안에서 일어나는 영적인 적용이다.[34] 그리스도인의 실제적 변화를 이해하기 위해서는 우선, 베자가 인간의 죄를 어떻게 이해하는지가 중요하다. 그는 죄를 세 가지 유형으로 구분하는데, 우선, 아담으로부터 주어진 원죄로 인간 안에 내재되어 있는 죄로서 인간의 모든 사고와 이해, 욕망과 마음이 죄로 기울어져 있는 경향을 뜻한다.[35] 원죄의 영향력은 인간의 전인격에 퍼져 있어서 인간은 본성적으로 죄인이다. 인간의 본성으로서의 죄의 경향성은 내적으로 일어나는 생각과 욕망에 '동의'함으로써 죄를 범한다. 이것이 두 번째 유형이다. 이 두 번째 유형에서는 내적으로 일어난 죄이지 아직 외적으로 죄가 드러난 상태는 아니다. 사람이 욕망에 동의한 것을 실제로 실행

---

32 Beza, *The Christian Faith*, 4.20, 34.
33 Beza, *The Christian Faith*, 4.20, 34.
34 Beza, *The Christian Faith*, 4.13, 21.
35 Beza, *The Christian Faith*, 3.15.

하여 죄를 범하는 행위가 바로 세 번째 유형이다.[36] 베자는 죄를 범하는 과정에서 의지가 '동의'하는 절차를 통해서 내적으로 일어나는 죄와 이를 실행으로 옮기는 단계를 구분한다. 인간은 죄인으로서 "악만을 지속적으로 욕망"할 뿐이다. 이 욕망이 실행을 강제하지는 않지만 인간의 욕망에 대한 동의는 행위로 이어져 죄를 낳을 뿐이다. 그러므로 베자에게 있어서 참된 그리스도인으로서 죄의 극복은 그리스도 안에서 본질적인 원죄의 극복과 욕망으로 기울어지는 내적 경향과 그것이 행위로 나타나는 의지 발현을 극복하는 방향으로 이어져야 한다. 그러므로 참된 그리스도인 안에서 이 죄들을 어떻게 극복하는지에 대한 신학적 답변을 제안해야 한다.

베자는 그리스도 안에서 일어나는 영적 작용을 실제로 4단계로 설명한다. 첫 번째, 그리스도를 앎(apprehension), 두 번째로 그와의 접붙임(ingrafting), 세 번째 단계에서 그리스도와의 연합(incorporation)이 이루어지고 마지막으로 그리스도와 교제(fellowship with Christ)하는 단계로 넘어간다.[37] 이 단계는 전적으로 그리스도의 능력이 우리에게 적용되는 단계로 이 단계에서 믿음이 형성된다. 베자는 그리스도를 아는 앎의 단계를 첫 번째 단계로 삼았다. 성경이 전하는 예수 그리스도의 구원을 아는 단계이다. 베자가 그리스도를 아는 앎의 단계는 근대사회에서 인간의 가장 뛰어난 활동으로서 이성의 활동, 즉 어떤 사건에 대한 정보를 아는 지식의 단계를 뜻하지 않는다. 오히려 성경이 가르치는 구원의 사건을 '이해'하는 단계이다. 이 단계는 적어도 이해에 덧붙인 '확신'과 결부되어 있다. 그리스도를 통해서 실존적 관계의 변화를 경험한 그리스도인의 '이해의 확신'이다. 그러하기에 그가 그리스도와의 접붙임의 단계와 연합의 단계를 구분하여 설명하고 있지만, 이는 단순하게

---

36 Beza, *The Christian Faith*, 3.15.
37 Beza, *Questions and Responses*, 40.

성경이 전달하는 그리스도가 우리를 위해서 무엇을 했는지를 아는 단계를 넘어서 그 사건이 나의 사건이라고 확실하게 동의하는 접붙임의 단계에서 이루어지는 확신이다. 그리고 그리스도와 연합된 존재로의 전환은 "영적이고 신비로운 경험"이자, "그리스도의 사역과 그 효과"로 이루어지는 경험에 토대를 둔 이해이다. 이는 "우리가 하나님 그분의 심연에서 찾아서는 안 되며, 오히려 그분이 드러내신" 하나님의 말씀인 성경이 말을 걸 때 일어난다.[38] 다시 말해서, 성경에서 드러나는 하나님의 위엄 앞에서 경험하게 되는 구원의 확증을 뜻한다. "그리스도 자신이 아버지의 자비로 우리의 것"이 된 "자유로운 선물"임을 깨닫고 경험한다. 그리스도를 믿음으로 얻게 되는 영원한 생명을 특별하게 자신에게 적용하는 것을 "이해의 확신"(assurance of understanding)이라고 한다.[39] 이처럼 그리스도를 알고 그와 접붙이는 단계는 두 축인 이성과 경험을 통해서 우리의 것이 된다. 하나님이 우리를 위해서 계획한 예수 그리스도의 구원의 사건이 우리를 위해서 실제적으로 효과를 나타내기 위해서 이성과 경험을 통해 구원에 확고하게 동의하도록 이끌 뿐만 아니라 양심에 확실한 증거를 남긴다. 확실한 동의와 양심의 증거는 성령의 지배 아래에서 이루어진다.

동의한다는 것은 동의하는 주체와 인식 대상과의 관계에서 이루어지는 행위이다. 이 관계에서 베자는 동의하는 주체로서의 인간의 의지의 영역을 인정한다. 인식의 대상으로서의 예수 그리스도의 구원사건에 대한 이해를 통한 확신과 경험이 일어나는 그리스도의 영원한 생명에 대한 약속이 나의 것이 되는 의지적 표현이다. 이 동의는 나를 위한 사건임을 인식할 뿐만 아니라 경험하는 단계이다. 이 단계에서 스스로를 하나님의 자녀라고 고백한다. 그것이 성령이

---

[38] 퍼킨스, 김지훈 옮김, "예정에 대하여 유혹을 받는 자들을 격려하기 위한 특별한 논의," 『황금사슬』 (용인: 킹덤북스, 2017), 462.

[39] Beza, *Questions and Responses*, A83, 29.

주는 은혜이자 선물이다. 성령은 우리에게 하나님을 "아빠 아버지"라고 확신을 가지고 부르게 한다. 두 번째로 예수 그리스도가 실제적으로 우리와 함께 계심으로 새로운 피조물로서 살아가게 된다.[40] 그리스도인으로서의 변화의 전환점에 중생의 체험을 둔다. 이 전환점에서 이전에 어리석다고 생각했던 것이 이해되기 시작하고, 이해를 넘어서 자신의 것으로 승인하게 된다. 이제부터 그리스도가 가르치는 기준에 따라서 세상을 바라보기 시작한다.

베자는 그리스도와 연합하게 되는 존재론적 변화를 넘어서 실존론적 변화의 중심에서 일어나는 경험을 예수 그리스도의 부활에서 찾았다.

> 새로운 피조물의 본성과 능력이 참으로 새롭게 되는 부활은 우리 안에 사는 동일한 예수 그리스도의 세 번째 효과이다. 부패한 우리의 본성으로 죽음에 처했음에도 불구하고 그는 새로운 힘을 주시고 우리를 새롭게 하신다. 그래서 우리의 이해와 판단은 성령의 순수한 은혜에 의해서 분명하게 밝혀지고 우리가 예수 그리스도로부터 이끌어낸 새 힘으로 다스린다(롬 8:14). 이전에는 그들에게 어리석었던 것이(고전 2:14) 그리고 혐오스러웠던 것(롬 8:7)이 이해되고 승인하기 시작한다. 두 번째 단계에서 의지는 죄를 미워하도록 고쳐지고 의를 감싸 안는다(롬 6:6). 마지막으로, 인간의 모든 능력들은 하나님이 금지한 것들을 피하고 그가 명령한 모든 것을 따르기 시작한다(롬 7:22; 빌 2:13).[41]

십자가의 죽음을 이기신 예수 그리스도의 부활은 부패한 우리의 본성으로 죽을 수밖에 없는 죄인인 우리를 새롭게 태어나는 존재론적 변화의 동력이자 그리스도 안에서 하나님과 다시 관계를 맺는 실존론적 관계를 형성시킬 뿐만

---

40 Beza, *The Christian Faith*, 4.13, 21.
41 Beza, *The Christina Faith*, 4.13, 22.

아니라 그 관계를 유지시키는 힘이다. 이는 성령에 의해서 이루어지는 일로써 성령의 내적 확증으로 인한 결과이다.

결론적으로 베자는 믿음의 중심에 그리스도를 둔다. 그리스도를 알고 그와 접붙여 연합하고 그를 붙잡고 살아가는 삶이 그리스도인의 중생과 성화의 과정이다. 그렇기 때문에 그리스도의 구원사역을 가르치는 유일한 원천인 성경과 그 구원의 사건이 나의 사건임을 이해하고 확신할 뿐만 아니라 그리스도 안에서 하나님을 아버지라고 고백하도록 이끄는 성령의 내적 증거를 그리스도인의 중생의 두 축으로 삼았다.

3. 그리스도인의 삶: 성화

베자는 그리스도와 연합의 단계에 들어선 그리스도인은 그리스도를 붙잡고 살아가는 성화의 단계에서도 삶의 척도로서의 성경과 그 안에서 이루어지는 성령의 지배 아래에서의 이성과 경험을 통한 확실성이 그리스도인의 윤리적 행위로 이어지는 동력으로 삼는다. 그리스도인의 확실한 인식과 경험이 어떻게 그리스도인의 삶을 이끌어 가는지를 중심으로 살펴보고자 한다.

(1) 판단의 척도로서의 성경[42]

그리스도인이 세상을 바라보는 관점은 성경이 가르치는 바이다. 성경을 통해서 세상을 해석하고 판단한다. 성경은 그리스도인이 선으로서의 하나님을 알게 되는 근거이자 예수 그리스도를 통한 구원의 사역을 깨달아 알게 하는 유일한 통로이다. 그렇기 때문에 성경은 죄에서 자유를 받게 되는 유일한 근거

---

[42] 양신혜, "성경의 권위에 대한 베자의 이해-칼빈과 베자의 연속성과 불연속성의 관계에서", 「한국개혁신학」 57(2018), 133-166 참조.

이자 하나님의 구원사역을 전하는 유일한 책으로서 객관적 권위가 있다. 하나님은 "먼저 그리고 특별하게" 세상에 선지자들과 사도들을 통해서 계시하셨다. 그렇기 때문에 성경을 통해서 우리는 하나님의 일을 확실하게 이해할 수 있다. 이것을 이해의 확신이라고 칭한다. 이 확신은 하나님이 먼저 세상에 계시하였고 그리스도 안에서 주어지는 영원한 약속을 믿음으로 자신의 것으로 삼는 행위이다. 인간의 의지로서의 정욕을 제어하는 능력으로서 이성의 역할을 강조하는 것은 그 능력이 바로 하나님이 먼저 행하신 일을 기록한 성경이 가르치는 바를 이해하는 과정에서 주어지는 확신과 밀접하게 연관되어 있기 때문이다.

그리스도인으로 전환점을 마련한 중생의 체험이 있기 이전에는 어리석게 여겨진 것이 이제는 "이해"되기 시작하고, 이해를 넘어서 그것을 스스로 "승인" 한다. 이제 그리스도인에게 주어진 것은 세상을 향한 윤리적 판단만이 남았다. 세상이 나아갈 방향을 설정하는 선과 악의 분별은 그리스도인의 삶에서 가장 필요한 것이다. 윤리적 판단을 위한 선과 악의 '분별'에서 가장 중요한 것은 선과 악을 구분하는 지점에 대한 분명한 인식이다. 그 인식의 잣대가 바로 그리스도의 구속에 대한 인식과 경험에 근거한다. 그리스도인은 성경이 가르치는 예수 그리스도를 알아야 한다. 그가 행하신 일에 대한 앎은 성령의 지배 아래에서 성경이 하나님의 말씀으로 승인되었을 때 일어나는 일이다. 이 때 성경은 세상에서의 선과 악을 판단하는 척도로서 그리스도인의 삶의 객관적 권위가 된다.

하지만 그리스도인이 걸어가는 삶의 척도로서 성경이 가진 객관적 권위가 있음에도 불구하고 신학자들 사이에 선과 악을 판단하는 데 있어서 불일치가 존재한다. 객관적인 판단의 척도로서의 성경이 존재함에도 불구하고 선에 대한 합의가 이루어지지 않는 이유는 무엇일까란 질문이 제기된다. 이 질문에 대하여 베자는 분명하게 그 불일치의 근원이 성경 자체에 있지 않고 성경을 해석하는 인간에 있음을 명백하게 한다. 세상에서 일어나는 사건에 대한 해석에서의 불일치는 성경이 가르치는 바의 문제가 아니라 그 안에 담겨진 "경건의 참된 교리"를 "명확하게 그리고 분명하게" 설명하는 과정에서 나타나는 불일치이다. 이런 불일치가 발생하게 되는 이유는 인간에 내재되어 있는 죄의 성향 때문이다. 인간에게 남아있는 분별의 눈이 멀고 지혜가 우둔하기 때문이다. 동일한 믿음의 대상인 예수 그리스도의 구속 사건을 깨달아 알고 하나님의 은혜로 내적인 확증에 이르렀음에도 불구하고 중생한 모든 사람이 동일하게 성경의 교리를 추론할 수 있다는 것을 뜻하지 않는다. 분명 인간은 성경에 내재되어 있는 명백하고 확실한 예수 그리스도의 구원사역을 인식한다. 이를 제외하고 인간이 성경이 가르치는 하나님의 뜻을 추론하는 과정에서 여전히 인간에게는 진리를 왜곡시킬 가능성이 남아있다. 인간에게는 중생했음에도 불구하고 여전히 남아있는 죄의 성향이 있기 때문이다. 인간은 성령을 통해서 중생을 경험하여 새 생명을 가진 그리스도인으로서 변화된 삶을 살아가지만, 인간의 전적인 본성의 변화를 뜻하지 않는다. 그러므로 그리스도인이 되었음에도 불구하고 무지와 우둔한 본성이 남아있기에 더욱더 전적으로 그리스도께 순종하고 그리스도 안에서 하나님께 의존해야 한다.[43] 예수 그리스도가 하나님의 구원 계획을 전적으로 순종하여 완수한 그 순종에 의거하여 그리스도인은 이 땅에서 조금씩 거룩하게 되어간다. 바로 이것이 중생을 체험하지 못한 자들과의 차이점이다.[44] 중생을 체험한 자는 참된 진리를 가르치는 성경의 권위를 올바르게 알고 있기에 성경을 판단의 척도로서 승인한다. 성경은 이성의 기능인 추론의 근거이자 의지를 억제하는 근거를 마련해 준다. 성경에서 추론을 시작하는

---

43 Beza, *Question and Responses*, A147.
44 Beza, *Question and Responses*, A146.

이유는 하나님의 말씀으로서 신적 권위를 가지고 있기 때문이다. 그렇기 때문에 철학자들도 진리의 맛을 보긴 하지만 참된 진리에 도달하지 못하는 것도 바로 성경에 대한 무지 때문이자 중생을 경험하지 못하여 성경의 권위를 인정하지 못하기 때문이다.

(2) 분별에서 의지로 이행

선과 악의 분별에서 가장 중요한 것은 무엇이 선이고 악인지를 아는 일이다. 베자에게 있어서 선은 명확하다. 그것은 바로 하나님의 뜻을 만족시키는 일이다. 하나님의 뜻을 가장 반영한 것은 율법으로, 하나님의 의지의 반영인 율법에 어떤 것을 더하거나 빼거나 할 수 없다. 그렇기 때문에 어느 누구도 하나님 앞에서 사람의 의견에 따른 행동을 선한 행동이라고 자부할 수 없는 이유이다.[45] 하나님의 뜻에 합당한 행위는 하나님의 뜻이 계시된 하나님의 말씀으로부터 시작한다. 하나님이 자신의 뜻을 분명하게 계시하셨기에 성경에서 하나님의 뜻을 찾을 수 있다. 성경에서 찾은 하나님의 뜻이 확실하게 하나님의 마음을 기쁘게 하는 행위라는 확신에 도달했을 때, 그리스도인은 자신의 의지를 발현하는 행위로 나타난다. 그리스도인이 참된 행위를 낳게 하는 의지의 발현은 바로 하나님의 뜻에 합당하다는 확신의 결과이다. 그렇기 때문에 베자는 "믿음이 없이 행한, 즉 우리의 양심이 하나님의 승인을 의심할 때 행한 모든 것은 죄"라고 가르친다.[46] 그리스도인에게 가장 뛰어난 행위는 십계명의 구분에 따른 하나님께 드리는 예배와 행위이다. 이보다 더 뛰어난 행위는 없다. 하나님은 어떤 피조물과도 비교할 수 없이 뛰어난 분이기 때문이다.[47] 하나님께 드리는

---

45 Beza, *The Christian Faith*, 4.15, 23.
46 Beza, *The Christian Faith*, 4.15, 23.
47 Beza, *The Christian Faith*, 4.16, 23.

최고의 행위는 하나님의 이름을 부르는 일로서 기도이다. 하나님께서 기도의 소리를 듣고 계시다는 확신을 가지고 시작해야 한다(약 1:6-8).[48] 하나님의 말씀에 따라서 규제되지 않는 기도는 아무런 가치가 없다. 믿음이 없다면 그것은 죄일 뿐이기 때문이다(롬 14:23).[49] 하나님의 말씀과 계명이 없는 곳에서는 신앙이 없다. 단지 어리석고 헛된 의견일 뿐이다(롬 10:14).[50]

분별의 토대로서 성경의 신적 권위와 성령의 내적 확신에 토대를 둔 확실성이 올바름에 대한 확신으로 넘어가 그에 따른 행위를 낳는다. 베자는 하나님의 뜻에 대한 확실한 인식과 성령의 내적 확증이라는 양심의 흔적이 행위로의 타당성을 낳는다. 베자는 이성의 논리적 추론의 대상으로서 성경의 신적 권위와 성령의 내적 확신의 경험이 그리스도인의 행위에 있어서 "올바름"을 담보한다고 보았다. 참된 그리스도인은 예수 그리스도를 자신의 것으로 삼아 영원히 그 안에 머물러 있기 때문이다.[51] 하나님은 중생을 통해서 실존적 변화를 낳는 경험뿐만 아니라 이 땅에서 행할 사명을 주셨다. 그렇기 때문에 그리스도인은 하나님의 부르심에 대한 응답이자 감사로서 선행을 지속적으로 행해야 한다.[52] 그러므로 죄인인 인간이 죄의 굴레로부터 자유롭게 한 예수 그리스도의 능력에 힘입어 외적으로 산출한 열매를 '선한 행위'라 한다. 이처럼 그리스도인의 선한 행위는 그리스도와 연합된 중생의 경험을 통하여 실존적 변화를 경험한 그리스도인의 의지가 외적으로 나타난 행위이다. 그리스도인의 행위는 중생에 대한 이해와 경험에 기반을 둔 행위이기에 그보다 더 선한 행위는 이 세상에 없다.[53]

---

48 Beza, *The Christian Faith*, 4.16, 23.
49 Beza, *The Christian Faith*, 4.16, 23.
50 Beza, *The Christian Faith*, 4.16, 23.
51 Beza, *The Christina Faith*, 4.13, 22.
52 Beza, *The Christina Faith*, 4.13, 22.
53 Beza, *The Christina Faith*, 4.13, 22.

태양과 빛, 불과 열기를 서로 떨어뜨려 생각할 수 없듯이 중생의 결과로서의 성화의 과정에서의 선한 행위는 떼려야 뗄 수 없는 관계이다.[54] 중생과 성화의 인과적 관계를 강조한 베자의 이해는 하나님의 작정의 결과로 간주하기 때문이다. 베자는 하나님의 작정하신 구원을 위한 선택은 변하지 않는다는 전제에서 출발한다. 그렇기 때문에 하나님은 선택한 자에게 믿음을 수여할 뿐만 아니라 그리스도인의 삶을 살아가는 성화의 과정에서 인내로 이끈다. 인생의 길에서 장애물이 있을지라도 그 구원의 길을 완성하시는 분은 하나님이시다. 그리스도인의 구원은 하나님의 예정 안에서의 계획이자 성취이다. 그러므로 장애물로 인하여 잠시 동안 믿음이 약해질 수 있지만 결코 하나님은 그가 선택한 자들을 포기하지 않으신다. 단지 믿음이 잠시 동안 "감추어지고 잠자고 있는 것"처럼 보일 수 있으나, 양자의 영의 씨앗은 우리의 마음 한편에 존재한다.[55]

IV. 나오는 말

베자는 『신앙고백서』와 『질문과 응답』에서 이 땅에서 비참한 존재로서 죄인으로 살아가는 인간이 예수 그리스도 안에서 구원을 얻는 과정에 관심을 둔다. 칼빈이 이 땅에서 살아가는 인간의 목적을 창조주 하나님을 아는 것에 둔 것과 달리, 베자는 그리스도 안에서 중생을 체험하고 성화의 길을 걸어가는 참된 그리스도인의 길을 강조하여 가르쳤다. 하지만 이 서술 구조를 두고 칼빈과 베자의 차이점을 논하는 것은 잠시 뒤로 미루어야 한다. 왜냐하면 베자가 구원

---

54 Beza, *The Christina Faith*, 4.13, 22.
55 Beza, *The Christian Faith*, 4.20, 34.

론적 관점에서 인간을 서술하는 목적은 여전히 로마 가톨릭 교회에 머물고 있는 아버지와 친척을 개종시키는데 있기 때문이다. 베자의 관심은 죄인을 부르시는 중생의 체험과 그리스도인으로서의 삶에 있다. 그러하기에 하나님의 피조물로서의 인간이 죄의 상황에 빠져있는 현실적 인식에서부터 시작한다. 지금 이 땅에서 살아가는 인간은 죄의 멍에를 지고 가는 죄인이다. 그렇기 때문에 인간의 가장 근본적이며 본질적인 문제는 죄의 문제를 해결하는 것이다. 이 문제가 해결되지 않으면 인간의 참된 본성을 회복할 수 없기에 인간의 사고나 행동은 죄의 결과일 뿐이다. 그러므로 인간의 죄의 문제를 해결하는 그 지점에서부터 인간에 대한 이해가 시작된다. 그래서 베자의 인간에 대한 이해는 죄인으로서의 인간에서 중생의 경험을 통한 실존적 변화를 경험하고 이 땅에서 성화의 길을 걸어가야 하는 참된 그리스도인의 길과 밀접하게 연관되어 있다.

베자의 관심은 여전히 참된 진리를 깨닫지 못하고 로마 가톨릭에 머물고 있는 형제자매들에게 구원의 진리를 올바르게 가르치는데 있다. 그렇기 때문에 인간에 대한 서술에서도 죄인인 인간이 어떻게 구원을 받게 되는지에 집중한다. 그래서 죄인으로서의 인간의 본성과 그 구원을 주요 주제로 삼아 기독론에서 인간에 대한 이해를 다룬 것이다. 서술하는 방식에서 차이는 분명하나 칼빈과 베자가 서술하는 내용에 있어서는 차이가 있다고 보기 어렵다. 그러므로 홀드롭이 인간의 창조를 서술하는 과정에서 나타난 차이는 칼빈과 베자의 신학적 불연속성의 근거가 되는 것이 아니라 저술목적에서 차이를 드러내고 있을 뿐이다.

하나님의 작정 아래에서 하나님은 먼저 그리스도 안에서 부르시고 그리스도인의 길을 걸어가게 하신다. 이 구조는 칼빈의 『기독교 강요』에 나타난 구조에서도 분명하게 드러난다. 이 부르심이 하나님의 작정과 그 섭리 안에서 이루어지는 결과임을 설명한 후, 2권에서 인간의 전적 타락을 다루고 있음에 주목할 필요가 있다. 2권 6장에서 중보자로서의 예수 그리스도가 구약과 신약의 통일성을 담보하는 실체로서 설명한다. 이는 구원의 역사가 하나님의 창조 전 계획이 이 땅에서 시행되었음을 보이며 그 구원의 완성이 예수 그리스도의 사역을 통해서 완수되었음을 설명한다. 이후 그리스도의 구원이 어떻게 적용되는지를 3권에서 다루면서 하나님의 섭리가 실제로 어떻게 이루어지는지를 가르친다. 하나님의 부르심과 그 성화의 과정이 하나님의 작정하신 은혜의 결과임을 예정론에서 고백한다.

이 과정에서 베자는 죄인에서 구원받은 그리스도인으로서의 삶에 주목한다. 베자의 관심은 윤리적 인간으로서의 그리스도인의 의지적 발현에 있다. 이 의지의 발현은 전적으로 하나님의 영을 통한 새로운 피조물의 이성의 결과이다. 성령을 통해서 새롭게 태어난 그리스도인은 하나님의 말씀으로서의 성경에 근거하여 참된 진리를 깨닫는다. 그 확실한 지식이 성령의 내적 작용으로 인한 의지적 확신으로 이어져 윤리적 행동으로 이어지게 된다. 베자의 윤리적 행위는 전적으로 하나님의 말씀으로서의 성경에 기원한다. 베자의 인간이해는 죄인으로서의 인간의 구원에 있으며 그리스도인으로서 올바른 삶에 있다고 할 수 있다.

/

자카리아스 우르시누스의 인간론

/

이남규

(합동신학대학원대학교 교수, 조직신학)

Zacharias Ursinus(1534–1583)

합동신학대학원대학교에서 신학(M.Div.)을 공부한 후, 16세기와 17세기 개혁신학 원전에 대한 관심을 갖고 유럽으로 갔다. 네덜란드 아펠도른 신학대학교에서 박사학위를 받았다. 현재 합동신학대학원대학교에서 조직신학을 가르치고 있으며, 합신 〈도르트신경 400주년 프로젝트〉 디렉터이다. 유학 중 라벤스부르크한인교회(2003-2004)와 뮌스터복음교회(2006-2009)에서 목회했으며, 현재 시은교회 협동목사로 있다. *Die Prädestinationslehre der Heidelberger Theologen 1583-1622* (V&R), 『우르시누스 올레비아누스-하이델베르크 요리문답서의 두 거장』(익투스), 『개혁교회신조학』(합신대학원출판부)을 저술했으며, 『도르트신경 은혜의 신학 그리고 목회』의 편집자이다.

이남규

Ⅰ. 들어가며

이 글은 개혁주의 언약론의 발전에 전환점을 준 자카리아스 우르시누스 (Zacharias Ursinus, 1534-1583)의 인간론을 다룬다.[1] 우르시누스는 하이델베르크(1561-1577)와 노이슈타트(1578-1583)에서 가르치며 당대에 이미 많은 학생들에게 영향을 끼쳤으며, 사후에 출판된 전집들을 통해 지속적인 영향을 끼쳤으며 그중 『요리문답 해설서』는 지금까지도 여러 언어로 번역되어 영향을 끼치고 있다.

우르시누스가 남긴 자료 중 주로 세가지 자료를 통해서 살펴볼 것이다. 1562년에 작성했을 것이라 생각되는 『신학요목문답』(*Catechesis summa theologiae*)을 사용할 것이다.[2] 우르시누스는 1562년 하이델베르크 대학의 교의학 교수직을 맡아 1567년 잔키우스가 올 때까지 담당했다. 사후에 출판된 이때의 강의안 『신학총론』(*Loci Theologici*)을 참고할 것이다.[3] 사후에 출판되어 가장 많이 알려진 『요리문답 해설서』도 중요한 자료다.[4]

---

[1] 우르시누스의 생애와 신학에 대하여 다음을 보라: Karl Sudhoff, *C. Olevianus und Z. Ursinus* (Elberfeld: R.L. Friderichs, 1857); Erdmann K. Sturm, *Der Junge Zacharias Ursin, sein Weg vom Philippismus zum Calvinismus (1534-1262)* (Neukirchen: Neukirchener Verlag, 1972); Derk Visser, *The Reluctant Reformer His Life and Times* (New York: United Church Press, 1983); 이남규, 『우르시누스, 올레비아누스 - 하이델베르크 요 리문답서의 두 거장』(서울: 익투스, 2017).

[2] Ursinus, "Catechesis, summa theologiae per questions et responsiones exposita," in Quirinus Reuter ed., *D. Zachariae Ursini ... opera theologica* (Heidelberg: Johan Lancellot, 1612), 10-33. 이 작품은 우르시누스의 대요리문답서라 불리기도 한다. 본래 문답번호가 없던 이 글은 문답번호와 함께 다음에 실린다: August Lang ed., *Der Heidelberger Katechismus und vier verewandte Katechismen* (Leipzig: A. Deichert'sche verlagsbuchh. Nachf., 1907), 152-199.

[3] Ursinus, "D. Zachariae Ursini Loci Theologici traditi in Academia Heidelbergensi," in Quirinus Reuter ed., *D. Zachariae Ursini ... opera theologica* (Heidelberg: Johan Lancellot, 1612), 416-743.

[4] Ursinus, "Explicationes Catecheseos Palatiae, sive corpus Theologiae," in Quirinus

우르시누스가 인간의 상태를 다루고 목적을 다루나, 이 글의 진행상 인간 창조의 목적을 먼저 다룰 것이다. 이후 인간의 상태의 서론에 해당하는 인간의 구성, 그리고 인간 상태의 핵심을 말해주는 하나님의 형상을 다룬 후 '의지의 자유'가 뒤따를 것이다. 우르시누스의 죄론에서 어떤 독특한 점이 있는지 확인하고 은혜언약을 다룰 것이다. 우르시누스의 견해를 살피면서 개혁파 정통주의의 초기에 서있음을 확인할 것이다.

II. 본론

1. 인간 창조의 목적

우르시누스는 처음부터 인간 창조에 관하여 어떤 상태로(qualis) 창조되었는지 그리고 어떤 목적을 위하여(ad quid) 창조되었는지에 대한 관점으로 보았다. 다른 종교들과 비교하며 기독교만이 참 종교인 이유도 "오직 기독교만이 인간이 어떤 상태로 또 무엇을 위하여 하나님에 의해 창조되었는지 또 어떻게 이 목적에 이르게 되는지 가르쳐준다"는[5] 사실에 있다고 말한다. '어떤 상태'와 '어떤 목적'은 우르시누스가 인간을 어떻게 이해했는지, 인간의 구원을 어떻게 이해했는지 알 수 있는 중요한 출발점이다. 이렇게 두 부분으로 인간을 바라보는 방식은 계속되어서 그의 사후에 나온 하이델베르크 요리문답서 해설서에서

Reuter ed., *D. Zachariae Ursini ... opera theologica* (Heidelberg: Johan Lancellot, 1612), 46-413.

5 "Christiana vero religio sola ostendit, qualis et ad quid conditus sit homo a Deo, et quomodo hunc finem assequatur." [7문] Ursinus, "Catechesis, summa theologiae," 10.

도 인간의 창조와 관련해서 상태와 목적 두 관점으로 바라보고 해설한다.[6]

우르시누스는 신학요목문답에서 인간 창조의 목적에 관하여 다음과 같이 밝힌다.

> 13문: 그는 무엇을 목적하여서 창조되었습니까?
> 답: 그의 전체 삶으로 하나님을 영원한 복 안에서 예배하기 위해서 입니다.[7]

> 14문: 하나님에 대한 예배는 무엇입니까?
> 답: 자신이 영광을 받으시는 이 제일 최고로서, 그의 율법을 따라 하나님께 드려진 순종입니다.

인간 창조의 목적은 예배인데, 여기서 주목할 것은 바로 이어서 진술되는 예배에 대한 정의이다. 예배는 하나님이 영광을 받으시는 최고로서 율법을 따르는 순종이다. 인간 창조의 목적은 율법을 따른 순종이 된다. 율법과 순종은 "우리가 우리 주 하나님을 우리의 마음을 다하고 목숨을 다하고 뜻을 다하여 사랑하는 것 그리고 우리의 이웃을 우리 자신처럼 사랑하는 것"으로 요약된다. 더 구체적으로 말하면, 하나님을 사랑하는 것은 하나님을 창조자와 보존자와 구원자로 알고, 모든 일에 있어서 온 삶으로 온전히 하나님께만 순종하는 것이며, 하나님을 거스르기보다 피조물을 포기하는 것이다.[8] 이웃을 사랑하는 것이

---

6 "De hominis creatione praecipue quaeritur: I. Qualis. II. In quem finem, seu ad quid homo a Deo sit conditus." Ursinus, "Explicationes Catecheseos," 60.

7 "[13문] Ad quid autem est conditus? Ut universa vita sua Deum in aeterna beatitudine colat. [14문] Quid est cultus Dei? Est obedientia Deo secundum ipsius legem praestita, hoc fine principali, ut ipse honore afficiatur." Ursinus, "Catechesis, summa theologiae," 10.

란 "하나님의 온전한 영광이 허용하는 만큼, 우리가 우리에게 일어나기 원하는 것처럼 모든 사람에게 선하게 원하고 각자의 능력에 따라 행하는 것이다."9 인간은 이러한 방식으로 하나님을 사랑하고 이웃을 사랑하는 것을 목적하여 창조되었다.

이미 1562년부터 강의했던 교의학에서 우르시누스는 인간의 궁극적 목적으로 하나님의 영광을 놓고 그 아래 하부목적을 놓아서 개혁파 정통주의의 한 모습을 보여준다.10 하이델베르크 요리문답 해설서에서도 인간의 궁극적인 목적인 하나님의 영광을 먼저 놓고, 이 첫 번째 목적을 섬기는 다른 목적들을 열거한다. 우르시누스가 하나님의 영광을 말할 때, 그것은 구체적이며 순종과 연결되어 있다.

> 그러므로 사람이 창조된 궁극적인 목적은 바로 하나님께 영광을 올려 드리기 위한 것이다. 즉, 하나님의 이름을 고백하고 부르기 위한 것이며, 찬송하고 감사를 올려드리기 위한 것이며, 사랑하고 순종하기 위한 것이니, 이 순종은 하나님과 이웃에 대한 의무들이다. 왜냐하면 이 모든 일들이 하나님께 영광을 올려드리는 일에 다 포함되기 때문이다.11

이 후에 종속되는 목적들이 따라와서 두 번째로 하나님을 아는 것(agnitio Dei)이 있다. 왜냐하면, 하나님을 알지 못하면 하나님께 영광을 올려드릴 수

---

8 [15문] Ursinus, "Catechesis, summa theologiae," 11.

9 [16문] Ursinus, "Catechesis, summa theologiae," 11.

10 Ursinus, "Loci Theologici," 567-568. Heinrich Heppe, ed. Ernst Bizer, *Die Dogmatik der Evangelisch-Reformierten Kirche* (Neukirchen: Neukirchener Verlag, 1958), 178.

11 "Homo igitur conditus est principaliter ad celebrationem Dei, hoc est, ad professionem & invocationem nominis divini, ad laudes & gratiarum actionem, dilectionem & obedientiam, quæ constat officiis erga Deum & homines. Hæc enim omnia celebratio Dei complectitur." Ursinus, "Explicationes Catecheseos," 61.

없기 때문이다. 세 번째로, 사람의 복락(felicitas & beatitudo)이니, 우르시누스는 이것을 하나님과 교제하고 하늘의 축복을 누리는 것이라 말한다. 이것은 하나님을 아는 것에 종속되니, "이것들로 인하여 하나님의 선하심과 긍휼하심과 능력이 알려지기 때문이다."[12] 네 번째로, 하나님의 계시(patefactio)인데, 우르시누스는 이것을 선택받은 자들을 구원하심에서 하나님의 긍휼이, 또 유기된 자들을 벌하심에서 공의가 선언되는 것으로 말한다. 계시는 위의 두 목적 즉 하나님을 아는 것과 복락과 연결된다. 우리가 하나님을 알기 위해선 하나님께서 자신을 계시하셔야 하기 때문이다. 다섯 번째 목적은 인류사회의 보존(conservatio societatis humanae)인데 인류는 계시의 대상이다. 여섯 번째 목적은 사람이 서로에게 의무를 나누는 것(communicatio officiorum inter homines)이다. 이것은 다시 다섯 번째 목적(인류 사회의 보존)과 연결된다. 첫 번째 목적인 하나님의 영광을 궁극적 목적으로 놓고 다른 목적들이 이 궁극적 목적을 섬기기 위한 목적으로 차례대로 위치해 있다. 이를 통해 우리의 모든 삶의 영역과 순간들이 결국 하나님의 영광과 연결된다는 사실이 확인된다.

인간 창조의 목적은 인간의 상태와 연결되어 있다. 우르시누스는 인간의 상태를 다룬 후에 목적을 다룬다. 창조된 상태와 목적을 다룸으로써 목적을 지향했어야 할 우리가 현재는 얼마나 큰 비참함 가운데 있는지 알 수 있다. 인간의 상태는 하나님을 사랑하고 이웃을 사랑함으로써 하나님께 영광을 돌려야 하는 인간의 목적과 연결된다. 하이델베르크 요리문답서 6문도 하나님을 옳게 알고(erkennte), 마음으로 사랑하며(liebte) 영원히 하나님과 함께 살아서(lebte) 하나님을 찬송하며 영광을 돌리도록(in zu loben und zu preisen)

---

12 Ursinus, "Explicationes Catecheseos," 61

창조된 인간을 말한다. 또한 하나님의 형상과 의와 거룩이라는 인간의 상태를 하나님을 향한 예배라는 목적과 연결했다. 이렇게 하이델베르크 요리문답서(6문)는 상태(qualis)와 목적(ad quid)을 함께 묶어 진술하며 그 강조는 인간의 비참한 상태에 대한 책임을 하나님께 돌릴 수 없다는 데 있다.

2. 인간의 구성

요리문답 해설서는 인간의 상태(qualis)에 관해 먼저 인간의 이중적 구성에 관하여 간략히 설명한다. "몸은 땅의 흙으로 영혼은 무에서 만들어졌고, 육은 의의 상태에 있으면 불멸이지만 타락하면 죽을 몸으로 만들어졌다. 영혼과 몸, 이 둘이 연합되어 하나의 인격체(unum hyphistamenon)가 되어 인간 본성에 맞는 내적 외적 행위들을 행한다."[13] 이중적 구성에 대해서는 이미 하이델베르크 요리문답서 1문에서 "나의 몸과 영혼이" 예수 그리스도에게 속했다고 고백하면서 언급했다. 우르시누스는 인간의 이중적 구성에 대하여 몇 가지 추가하되, 몸과 영혼이 이중체(duality)가 아니라 결합되어서 단일체(unity) 즉, '하나의 인격체'를 이룬다고 가르친다. 몸과 영혼의 구성으로 한 단일 인격체인 인간이 됨을 보여주었다.

하이델베르크 대학에서 교의학을 가르칠 때, 우르시누스는 인간의 단일체적 성격을 강조하면서 동시에 일원론을 반대했다. 다음과 같은 유물론적 일원론을 소개한다. "짐승들의 것과 똑같은 인간 영혼은 육체의 기질과 완전성에서 생성된 생명 또는 살아있는 능력 외에 아무것도 아니며 그래서 육체와 함께 하나되어 죽고 파괴된다. … 육체가 죽으면 잠을 자니, 즉 육체의 부활까지 움직임이나 감각이 없으며, 사실상 죽은 정신 외에 다른 것이 아니다. 즉, 육체 안에

---

13 Ursinus, "Explicationes Catecheseos," 61.

있던 상태나 능력이 육체가 사라지면 무가 된다."[14] 이에 대해 우르시누스는 가장 먼저 성경의 증거들로 영혼의 불멸성을 증거한 후 다음과 같이 정리한다.

> "인간의 영혼은 육체의 기질로부터 생성된 형식, 완전성, 기질, 능력, 힘, 활동일뿐
> 아니라, 비육체적이고 살아있으며 지성적인 본질이며, 육체 안에서 머물며 육체를
> 지탱하고 움직이는 본질이다."[15]

이 진술 전반부에서 인간 영혼이 육체의 영향 아래 있는 것을 인정하면서, 후반부에서는 육체를 지탱하고 움직이는 영혼의 주도성과 우선성을 밝힌다. 정리하면, 인간은 영혼과 육체로 구성되나 둘이 한 인격체를 구성하며, 영혼은 육체의 영향 아래 있을지라도, 영혼은 육체에 존재를 의존하지 않으면서 육체를 지탱하며 움직이며 불멸인 특징을 갖는다. 이러한 영혼과 육체의 관계에 대한 우르시누스의 견해는 개혁파 정통주의의 내용과 다르지 않다.[16]

3. 하나님의 형상

신학요목문답 제1문의 답은 "나는 하나님에 의해 영생을 위해 그의 형상을 따라 창조되었다"라고[17] 시작한다. 인간의 창조 상태(qualis)를 가장 잘 드러내

---

14 "... hominis animam perinde ut brutorum nihil aliud nisi vitam aut vim vitalem, ex corporis temperamento et perfectione ortam esse ac proinde una cum corpore interire et exstingui et ... corpore moriente dormire, h.e. sine motu et sensu esse usque ad corporis resuscitationem, quod revera non est aliud quam animum mortalem h. e. in corpore tantum qualitatem seu $\delta \dot{\upsilon} \nu \alpha \mu \iota \varsigma$ dissoluto autem corpore nihil esse ..." Ursinus, "Loci Theologici," 560-561.

15 "... non tantum formam seu perfectionem seu temperamentum seu vim ac potentiam sive agitationem ex temperamento corporis ortam sed substantiam incorpoream, vivam, intelligentem, in corpore habitantem illudque sustentantem, ac moventem esse hominis animam ..." Ursinus, "Loci Theologici," 560.

16 Heppe, *Die Dogmatik der Evangelisch-Reformierten Kirche*, 174.

17 "Quod a Deo ad imaginem eius et vitam aeternam sum conditus ..." Ursinus,

는 것은 하나님의 형상이다.

> 11문: 인간은 어떤 상태로 창조되었습니까?
> 답: 하나님의 형상을 따라 창조되었습니다.[18]

우르시누스가 하이델베르크에서 교의학 강의를 하면서 인간론을 가르칠 때 가장 먼저 인간의 상태를 논했고, 인간의 상태를 다룰 때 가장 먼저 다룬 주제가 하나님의 형상이다. 즉, 우르시누스는 인간론을 강의하면서 가장 먼저 하나님의 형상을 가르쳤다. 이때 우르시누스는 하나님의 형상을 인간 영혼의 능력(facultas)과 연결시켰는데, 영혼의 주요 능력은 지성(intellectus)과 의지(voluntas)에서 나타난다. 그래서 "인간 영혼의 이러한 능력들[지성과 의지]과 행위들 안에 그리고 결과와 표현으로 이것들을 필연적으로 따라오는 것들 안에서 하나님의 형상을 찾아야 한다. 왜냐하면, 내적 감각들은 지성에, 감정들은 이성에 종속되기 때문이다."[19] 하나님의 형상을 지성과 의지와 연결해서 생각하기 때문에, 우르시누스는 신학요목문답에서 하나님의 형상을 이렇게 정의한다.

> 12문: 이 형상은 무엇입니까?
> 답: 하나님과 하나님의 뜻에 대한 참 지식, 그리고 오직 이것만을 따라 살
> 려는 전인의 경향과 열망입니다.[20]

"Catechesis, summa theologiae," 10.

18 "[11문] Qualis est homo conditus? Ad imaginem Dei." Ursinus, "Catechesis, summa theologiae," 10.

19 "In his animae facultatibus & actionibus, & in iis quae necessario eas comitantur effectibus & signis, imago Dei quaerenda. Nam intellectui sensus interiores voluntati affectus subiiciuntur" Ursinus, "Loci Theologici," 558.

20 "[12문] Quae haec est imago? Vera Dei et divinae voluntatis agnitio, et secundum

지성에 연결된 부분을 하나님과 하나님의 뜻에 대한 지식으로 정의했고, 의지에 연결된 부분을 이 지식을 따라 살려는 전인의 경향과 열망으로 정의했다.

하나님의 형상에 대한 이런 관점이 하이델베르크 요리문답해설서에서도 근본적인 차이 없이 정의된다.

> 사람 안에 있는 하나님의 형상은 하나님의 본성과 뜻과 일하심에 대해 바르게 아는 지성, 하나님께 자유롭게 순종하는 의지, 모든 경향과 갈망과 행위가 하나님의 뜻에 일치함, 그리고 마지막으로 영적이며 불사인 영혼의 본성이며, 전인의 순결과 온전함이고, 완전한 복이며, 하나님 안에서 안식하는 기쁨이고, 다른 자연물들을 능가하고 다스리는 인간의 위엄과 존엄이다.[21]

하나님을 아는 지성을 가장 먼저 앞에 놓은 후 하나님께 순종하는 의지를 언급하고 이어서 경향과 갈망과 행위가 하나님의 뜻에 일치하는 것이 따라간다. 하나님의 형상을 구성하는 내용에 창조된 인간의 상태에 대한 자세한 묘사와 다른 피조물을 다스리는 인간의 위치 등이 포함되었다. 하나님의 형상은 지성과 의지로 시작해서 영혼의 불사적 성격, 여러 활동과 감정, 나아가 피조물

---

hanc solam vivendi, totius hominis inclinatio et studium." Ursinus, "Catechesis, summa theologiae," 10.

21 "Imago Dei in homine est mens recte agnoscens Dei naturam, voluntatem & opera ; voluntas libere obtemperans Deo, omniumque inclinationum, appetitionum & actionum cum voluntate Dei congruentia; & denique spiritualis et immortalis animae natura, totiusque hominis puritas & integritas, perfecta beatitudo, laetitia acquiescens in Deo, & dignitas hominis ac majestas, qua caeteris naturis antecellit ac dominatur." Ursinus, "Explicationes Catecheseos," 62. 하나님의 형상에 대한 이 정의는 1560년대에 하이델베르크에서 행해진 교의학 강의안의 정의와 거의 같다(Ursinus, "Loci Theologici," 559).

에 대한 관계에까지 확장되어서 정의된다.

창조된 인간의 상태가 하나님의 형상이라고 한다면, 타락 후의 인간의 상태는 어떻게 말해야 할 것인가? 우르시누스는 하나님의 형상의 상실을 말하면서도 동시에 아직 남은 것(reliquiae)을 언급한다. 타락 후 하나님의 형상의 잔여물이 중생하지 않는 자들에게도 있다. 타락 후에 인간은 죄로 인해서 이 가장 고귀한 하나님의 형상을 상실했다. "그런데 저 형상의 남은 것과 불꽃이 타락 후에도 있으며, 아직 중생하지 않은 인간들 안에도 남아있다."[22] 여기에 속한 것을 간략하게 요약하면, 1) 불멸하는 영혼의 본질과 능력, 그리고 의지의 자유, 2) 지성에 있는 하나님과 피조물에 대한 지식, 3) 도덕과 절제의 흔적, 4) 현세에 있는 많은 선한 열매, 5) 다른 피조물에 대한 지배도 어느 정도 남아있다. 하나님의 형상의 남은 것들이 죄로 인해 손상되고 어두워졌으나 여전히 어느 정도 보존되었다.[23]

하나님의 형상의 남은 것이 있을지라도 "하나님의 형상 가운데 정말 높고 큰 선한 것들이 상실되었다"[24] 크고 가장 중요한 이익이 되는 부분들"을 상실했다. 간략히 열거하면, 1) 하나님과 그의 뜻에 대한 참되며 완전하고 구원하는 지식, 2) 하나님의 역사하심에 대한 지식의 순결함과 지성의 밝은 빛, 3) 모든 성향과 욕구와 행동의 올바름, 그리고 의지와 마음과 외적 지체들 안에서 율법과 일치함, 4) 피조물들에 대한 순수하고 완전한 주권, 5) 자녀들에게 허락된 피조물에 대한 사용권, 6) 현세와 내세의 복락이 있다. 우르시누스는 상실한

---

22 "Sed post lapsum homo per peccatum hanc pulcherrimam imaginem Dei amisit ... Manserunt quidem aliquae illius reliquae & scintillae post lapsum, quae etiam in non renatis hominibus adhuc restant." Ursinus, "Explicationes Catecheseos," 63.
23 Ursinus, "Explicationes Catecheseos," 63.
24 "Sed amissa sunt de imagine Dei longe plura & maiora bona." Ursinus, "Explicationes Catecheseos," 63.

내용 대신 우리가 처한 상태를 각각 대응시킨다. 예를 들어, 비참한 처지에는 현세와 내세의 행복 대신 현세의 죽음과 영원한 죽음이 있다.

우르시누스가 하나님의 형상의 남은 것과 상실한 것을 구분하고 일일이 열거한 사실은 바빙크가 개혁파 정통주의의 모습을 보여주는 한 증거다. 개혁주의 초기 전통에서 인격적으로 존재함(*persönlich Sein*)과 원의(*iustitia orginalis*)의 구분을 통해[25] 타락 후 인간이 원의를 상실했으나 여전히 인격적 존재임을 드러내었다. 때로 '형상'과 '모양'을 구분하여서 넓은 의미를 '모양'에 대응시키려고 한 신학자도 있었으나 개혁신학에 정착하지 못했다. 하나님의 형상이란 용어를 동일하게 사용하되 남은 부분과 상실한 부분으로 구분하는 방식은 하나님의 형상의 넓은 의미와 좁은 의미를 구분하는 방식으로 정착했다. 이런 구분을 통해서 개혁신학은 하나님의 형상의 남은 것 때문에 타락한 후에도 인간을 하나님의 형상으로 볼 수 있었으며, 그러나 상실한 부분(원의 또는 가장 중요한 선)으로 인하여 인간이 영원한 죽음의 정죄 상태에 있음을 말할 수 있었다.

하나님의 형상의 회복은 어떻게 일어나는가? 먼저 하나님의 형상의 회복은 하나님과 동일한 본질로 회복되는 것이 아니다. 창조된 인간이 하나님의 형상이라 불리는 이유는 인간의 본질이 하나님과 같거나 동등하기 때문이 아니라, 인간의 어떤 속성들이 정도와 본질에 있어서가 아니라 종류와 유사성에서 어울리기 때문이다.[26] 우르시누스는 삼위일체적 관점에서 하나님의 형상의 회복을 바라본다. "성부하나님은 아들을 통하여 회복시키신다. 아들은 성령을 통하여 회복시키신다. 성령은 말씀과 성례로 회복시키신다."[27]

---

[25] Heppe, *Die Dogmatik der Evangelisch-Reformierten Kirche*, 186.

[26] "... nominantur imago Dei ... non propter essentiae similitudinem vel aequalitem, sed propter quandam proprietatum convenientiam, non gradibus vel essentia, sed genere & imitatione." Ursinus, "Explicationes Catecheseos," 62.

4. '의지의 자유'(libertas voluntatis)와 '자유로운 선택능력' (liberum arbitrium)[28]

우르시누스는 1560년대부터 이 주제를 인간의 창조에서 다루지 않고 인간의 죄를 다룬 이후에 다루었으며, 사후에 출간된 하이델베르크 요리문답 해설서에서도 '의지의 자유'와 '자유로운 선택능력'은 인간의 부패를 다루는 부분(8문)에 자리한다.[29] 의지의 자유가 하나님의 형상에 포함되어 있고 하나님의 형상은 인간 창조부분에서 다루어지지만, 의지의 자유는 죄론 이후에 다루어진다. 그 이유는 부패한 인간의 상태와 관련한 논의에서 의지의 자유에 관한 질문이 더 많이 제기되기 때문으로 보인다. 우르시누스는 여러 개념들에 대한 정의를 시도하고 여러 질문들에 답하면서 상당한 분량에 걸쳐 이 주제를 다룬다.

'의지의 자유'와 '자유로운 선택능력'은 밀접하게 연결되어 있어 두 정의가 유사하지만, 교호적 용어는 아니다. 우르시누스는 '의지의 자유'를 정의한 후에 이 정의에 근거하여 '자유로운 선택능력'을 정의한다. "의지의 자유는 의지하는 능력과 연결된 지성적인 본성의 특질 즉 본성적 능력을 말한다. 이것은 또한 억압없이 자신의 고유한 움직임으로 지성이 지시한 대상과 행동을 택하거

---

27 "Restituit Deus pater per filium ... filius per Spiritum S. ... Spiritus sanctus per verbum & usum sacramentorum" Ursinus, "Explicationes Catecheseos," 63.

28 liberum arbitrium은 '자유의지' 또는 '자유선택' 등으로 번역되기도 하나 여기서는 우르시누스가 사용하는 맥락과 의도를 생각하여 '자유로운 선택능력'으로 번역한다. 우르시누스는 arbitrium을 능력을 의미하는 facultas나 potestas로 보기 때문이다. 물론 이 능력은 의지의 능력이다.

29 loci theologi를 따르면, 성경론, 하나님, 세상의 창조, 천사의 창조, 인간의 창조, 죄, 자유선택, 하나님의 율법, 십계명 해설(7계명까지)의 순서를 따른다. 다른 여러 개혁신학자들과 신앙고백서도 자유의지를 타락전 인간을 다룰 때보다는 죄론에 포함시켜 다루거나 죄론을 다룬 이후에 다루었다. 벨직신앙고백서는 14장에서 타락과 관련시켜 다루며, 웨스트민스터 신앙고백서는 인간의 타락을 다룬 이후인 9장에서 자유의지를 다룬다.

나 거부할 수 있는 가능성이다."30 이렇게 우르시누스는 '의지의 자유'를 배타적으로 오직 의지에만 관련된 것으로 보지않고 지성을 전제한 상태에서 '의지의 자유'를 말한다. 그래서 이성적 피조물들에게 있는 '의지의 자유'에서 자유를 정의한다면, "자유는 택하여지고 거절되어지도록 이성이 설득하는 그것을, 어떤 억압없이 자기 자신의 고유한 움직임으로 택하고 거절하는 능력이나 기능을 의미한다."31 "선택능력(arbitrium)은, 택할 때에 생각의 판단을 따르고 거절하는 의지 자체를 말한다. 따라서 두 기능이 포함되는데, 생각하는 것과 의지하는 것이다."32 이렇게 '자유롭다'와 '선택능력'이 정의되어 '자유로운 선택능력'은 다음과 같이 정의 된다.

> 따라서 자유로운 선택능력은 억압없이, 고유의 움직임과 특성으로 지성이 택하거나 거절하도록 지시한 그것을 원하거나 원하지 않는 능력 또는 가능성이다. 택해져야 하거나 거절되어야 하는 대상을 생각이 의지에 보여주는데, 이 생각과 관련하여서 선택능력(arbitrium)이라 하며, 의지가 아무쪽으로나 자의로 지성의 판단을 따르거나 거절하는데, 이 의지와 관련해서 자유롭다(liberum)고 칭한

---

30 "Voluntatis libertas qualitatem, hoc est, potentiam naturalem significat naturae intelligentis, coniuctam cum potentia volente. Estque facultas eligendi aut repudiandi obiectum vel actionem ab intellectu monstratam, suo ac prorprio motu, sine coactione ..." Ursinus, "Loci Theologici," 634.

31 "Cum autem voluntatis libertas in Deo & creaturis rationalibus esse dicitur, libertas potentiam seu facultatem significat eligendi aut repudiandi proprio ac suo motu sine ulla coactione, id quod ratio eligi aut repudiari suadet. ... Arbitrium vero ipsam quidem voluntatem significat, sed quae mentis iudicium in eligendo sequitur aut repudiat: atque idcirco facultatem utramque complectitur, intelligendi nimirum & volendi." Ursinus, "Loci Theologici," 634.

32 "Cum autem voluntatis libertas in Deo & creaturis rationalibus esse dicitur, libertas potentiam seu facultatem significat eligendi aut repudiandi proprio ac suo motu sine ulla coactione, id quod ratio eligi aut repudiari suadet. ... Arbitrium vero ipsam quidem voluntatem significat, sed quae mentis iudicium in eligendo sequitur aut repudiat: atque idcirco facultatem utramque complectitur, intelligendi nimirum & volendi." Ursinus, "Loci Theologici,"634.

다.33

우르시누스는 의지의 자유를 '본성의 능력'(potentia naturalis)이라고 칭하지만, '자유로운 선택능력'에는 '본성적'이란 수식을 사용하지 않는다. 의지의 자유는 창조하면서 하나님의 형상의 일부로서 인간에게 본성적으로 주어져 있기 때문에,34 '인간의 의지에 자유가 있는가?'(Sitne aliqua libertas humanae voluntatis?)란 질문에 그렇다고 답한다. 우르시누스는 인간의 의지에 자유가 있다는 사실을 입증한 이후 "속박된 것은 자유롭지 않다. 타락 이후 우리의 선택능력이 속박되었다. 따라서 자유롭지 않다"는 반론을 다룬다.35 즉, 타락이후에 '자유로운 선택능력'이 없다면, '의지의 자유'가 없는 것 아닌가? 여기에 대해 우르시누스는 자유롭다는 의미가 선을 택하는 능력이라면 의지는 속박되었다고 답한다. 그러나 자유롭다는 것이 자의로 하는 것을 의미한다면 인간 의지의 자유는 있다. 타락 후의 인간의 상태에서 "의지는 자유롭게 행하나 악에 이끌리며 죄 짓는 것 외에는 아무것도 할 수 없다."36 타락 후 인간에게 '의지의 자유'(libertas voluntatis)는 있으나 '자유로운 선택능력'(arbitrium liberum)은 없다고 할 수 있다. 반면, '자유로운 선택능력'이 영화의 상태에서 있을 때 인간의 자유로운 의지는 악은 택하지 않고 오직

---

33 "Est igitur liberum arbitirum facultas seu potentia volendi aut nolendi, sine coactione, proprio motu & aptitudine ad alterutrum, id quod intellectus eligendum aut repudiandum esse dictat. Ac nominatur hac facultas arbitrium respectu mentis monstrantis voluntati obiectum eligendum aut repudiandum: Liberum vero respectu voluntatis utro & sua sponte sequentis iudicium intellectus, aut repudiantis." Ursinus, "Loci Theologici," 634.

34 Ursinus, "Explicationes Catecheseos," 79.

35 "Quod est servum, non est liberum. Arbitrium nostrum post lapsum est servum. Ergo non est liberum." Ursinus, "Explicationes Catecheseos," 79.

36 "... libere ... agit voluntas, sed fertur tantum ad malum, & nihil nisi peccare potest." Ursinus, "Explicationes Catecheseos," 80 [책의 해당 쪽수 표기 66은 오류다].

선만을 택한다. 이 때에 인간 의지의 자유가 완전하다.[37]

5. 인간의 타락과 죄

인간의 타락 또는 첫 번째 죄는 아담과 하와의 불순종, 즉 하나님이 금하신 열매를 먹은 일이다.[38] 이 첫 번째 죄는 교만, 불신앙, 하나님에 대한 경멸과 불순종 등의 죄가 함께 하는 크고 심각한 범죄다. 이 죄로 인해서 "1) 죽음의 죄책(reatus mortis)과 저 부모 안의 하나님의 형상의 상실과 파괴, 2) 후손들의 원죄, 즉 영원한 죽음의 죄책 그리고 본성 전체의 부패와 하나님으로부터의 도피, 3) 원죄로부터 나오는 모든 자범죄. 원인의 원인은 결과의 원인이므로, 첫 범죄는 원죄의 원인이요 자범죄의 원인이다. 4) 죄 때문에 부과되는 모든 악한 형벌이 있다."[39] 이 나열에는 신학적 고려를 한 순서가 있다. 첫 번째 죄로 인해서 아담과 하와에게 죄책과 상실 => 후손들의 원죄(죄책과 부패) => 자범죄 => 형벌의 순서로 열거된다. 아담과 하와가 죄책과 상실을 가졌듯이, 후손도 죄책과 부패를 갖는다. 우르시누스는 원죄에 부패만 포함시키지 않고, 죄책과 부패 둘 다 포함시켰다는 면에서 정통주의의 모습을 보여준다.

죄는 다음과 같이 정의된다.

죄란 불법 또는 율법을 거스르는 것이다. 즉, 의의 결핍, 또는 하나님의 율법을 거스르는 성향이나 행위인데, 하나님을 대적한 것이고 중보자 하나님의 아들로 인한 죄용서가 없는 한 죄책있는 피조물을 하나님의 영원한 진노 아래 놓는다.[40]

---

37 Ursinus, "Explicationes Catecheseos," 81 [책의 해당 쪽수 표기 67은 오류다].
38 Ursinus, "Explicationes Catecheseos," 64.
39 Ursinus, "Explicationes Catecheseos," 65.
40 "Peccatum est ἀνομία, seu quicquid cum lege Dei pugnat, h.e. defectus, vel

우르시누스는 죄의 종(genus)에 결핍, 성향, 또는 행위를 열거하고, 이어서 바로 적절한 것으로서 결핍을 말하고 성향과 행위는 질료적 죄들로 칭한다.[41] 죄의 종의 적절한 것에서 성향과 행위는 제외시켰다는 점은 주목해야 한다. 종교개혁 초기에 행위도 죄로 불렀으나 개혁파 정통주의에 이르면 행위 자체는 죄의 적절한 정의에서 배제되게 된다. 왜냐하면, 행위 자체는 중립적이며 어떤 면에서는 하나님께 속해있기 때문이다.[42] 행위를 죄의 정의에 포함시키나 적절한 죄의 종에서는 제외시킨다는 면에서 우르시누스는 초기 정통주의의 모습을 보여준다. 그럼에도 우르시누스의 죄에 대한 정의는 정당한데, 가장 앞서 죄를 불법(ἀνομία)으로 정의했기 때문이다. 우르시누스는 처음부터 죄를 '율법에 어긋남'(transgressio legis)으로 정의했었다.[43]

우르시누스의 원죄에 대한 다음 설명도 주목해야 한다.

> 원죄는 우리 첫 부모의 타락 때문에 있게 된 인류 전체의 죄책 그리고 상실인데, 즉, 생각에서 하나님과 하나님의 뜻을 아는 지식의 상실, 그리고 의지와 마음에서 하나님께 순종하려는 성향의 상실이다. 이것들 안에 있는 하나님의 율법이 금하는 것을 향한 성향과 하나님의 율법이 명한 것에 대한 혐오이다. 첫 부모의 타락

---

inclinatio, vel actio, pugnans cum lege Dei, offendens Deum, & ream faciens creaturam aeternae irae Dei, nisi fiat remissio propter filium Dei mediatorem." Ursinus, "Explicationes Catecheseos," 66.

41 "Genus peccati est defectus, inclinatio vel actio: proprie tamen defectus: inclinatio vel actio potius sunt materiale peccati," Ursinus, "Explicationes Catecheseos," 66.

42 "Daher ist nicht die Tat selbst, in welcher gesündigt wird, sondern der in ihr betätigte Widerspruch mit dem Gesetze Gottes Sünde."(죄가 되어진 행위 자체가 아니라 그 행위 안에서 행해진 하나님의 율법에 어긋남이 죄다). Heppe, *Die Dogmatik der Evangelisch-Reformierten Kirche*, 255; 헤페의 더 자세한 설명은 같은 책, 260-261.

43 Ursinus, "Loci Theologici," 606.

이후 이들에게서 나와 모든 후손에게 전해져 이들의 모든 본성을 부패시켜 이 부패 때문에 모두가 하나님의 영원한 진노의 죄책이 있게 되었고, 중보자 하나님의 아들의 용서와 성령님을 통한 본성의 새롭게 함이 없이는 하나님을 기쁘시게 할 어떤 것도 할 수가 없게 되었다.[44]

이 긴 정의에서 우르시누스는 원죄가 죄책 그리고 (지식과 성향의) 상실로 구성됨을 먼저 말한다. 죄책 뒤에 진술되는 상실은 문장 구성상 죄책에 대한 보충이 아니라 죄책과 병렬관계에 있는 상실이다. 이 상실은 부패에 대한 묘사의 한 방식이다. 그래서 우르시누스는 "따라서 원죄는 1) 첫 부모의 타락으로 인한 영원한 저주의 죄책과 2) 타락 이후 인간 본성 전체의 부패로 이루어져 있다"라고 짧게 말한다.[45] 원죄가 오염이나 부패로서 설명되기도 하였지만, 개혁파 정통주의에서는 죄책과 부패로 구성되는 원죄를 말했다.[46] 죄책과 부패에 대한 대응관계로 "중보자 하나님의 아들의 용서와 성령님을 통한 본성의 새롭게 함"이 뒤따른다.

위 인용에서 후손에게 부패가 전해지고 "이 부패 때문에 모두가 하나님의 영원한 진노의 죄책이 있게 되었고"라는 표현에 근거하여 우르시누스가 죄의

---

44 "Originale peccatum est reatus totius humani generis propter lapsum primorum parentum, & privatio agnitionis Dei & voluntatis divinae in mente, & inclinationis ad obediendum Deo in voluntate & corde: & in his inclinatio ad ea, quae lex Dei vetat, & aversio ab iis, quae praecipit: secuta lapsum primorum parentum, & ab his derivata in omnes posteros, ac totam eorum naturam sic depravans, ut omnes propter hanc pravitatem rei sint aeternae irae Dei, neque Deo placens facere quicquam possint, nisi fiat remissio propter filium Dei mediatorem & renovatio naturae per Spiritum sanctum." Ursinus, "Explicationes Catecheseos," 67.

45 "Duo igitur complectitur peccatum originis. 1. reatum aeternae damnationis propter lapsum primorum parentum. 2. pravitatem totius naturae humanae post lapsum." Ursinus, "Explicationes Catecheseos," 67.

46 Heppe, *Die Dogmatik der Evangelisch-Reformierten Kirche*, 256.

전가에 관하여 간접전가설을 주장했다고 말할 수는 없다. 이 당시 아직 직접전가설과 간접전가설의 논쟁이 본격화되지 않았으며, 또 부패 때문에 영원한 진노의 죄책이 있는 것도 사실이기 때문이다. 간접전가설을 정죄한 『스위스 일치신조』(*Formula Consensus Ecclesiarum Helveticarum*, 1675)에서도 직접전가설을 옹호하면서, 죄책만이 아니라 유전되는 부패 때문에도 인류가 진노의 대상이 된다고 말한다.47 직접전가설과 간접전가설의 핵심적인 차이가 인간이 죄책에 놓여있는 첫 번째 근거가 아담의 첫 범죄 때문인가 아닌가에 있다고 할 때에 우르시누스는 직접전가설 편에 가깝다. 펠라기우스와 같은 잘못된 주장을 반박하기 위해 명심해야 하는 네 가지 사실을 보여주는데, 가장 첫 번째로 "우리 첫 부모의 불순종 때문에 인류 전체가 하나님의 영원한 진노의 죄책이 있다"48라고 말하기 때문이다.

6. 은혜언약 : 그리스도를 통한 인간 창조의 목적 성취

"오직 기독교만이 인간이 어떤 상태로 또 무엇을 위하여 하나님에 의해 창조되었는지 또 어떻게 이 목적에 이르게 되는지 가르쳐준다"라고 했는데,49 인간의 목적은 어떻게 성취되며 인간의 상태는 어떻게 회복되는가? 우르시누스는 신학요목문답에서 그리스도를 통해서 실현되는 인간의 목적과 회복되는 인간의 상태를 가르친다. 율법을 지킬 수 있는 예외적인 상태를 성령에 의해 거듭나는 상태로 말하는 소요리문답서(8문)와 하이델베르크 요리문답서(8문)와 달리

---

47 인간은 "자범죄 이전에 아담의 허리 안에서 범한 범죄와 불순종 때문에, 그리고 그 결과 잉태될 때 심긴 유전되는 부패 때문에 하나님의 진노와 저주의 대상이 된다."(Formula Consensus Ecclesiarum Helveticarum, 1675) [11항].
48 "Totum genus humanum esse reum aeternae irae Dei propter inobedientiam primorum parentum" Ursinus, "Explicationes Catecheseos," 67.
49 [7문] Ursinus, "Catechesis, summa theologiae," 10.

신학요목문답(18문)은 율법에 대한 완전한 순종을 성취하신 예수 그리스도를 소개한다.

> 우리들 중 어떤 이가 이 순종을 완수할 수 있습니까?

> 오직 그리스도 밖에는 인간들 중 어느 누구도 한번도 이 생애에서는 그것을 완수하지 못했고 못할 것입니다.[50]

인간의 목적인 하나님께 올리는 예배, 즉 율법에 대한 완전한 순종은 그리스도께서 완수하셨다. 복음은 그리스도 안에 있는 우리에게도 인간의 목적이 성취되고 그리스도의 영을 통해 회복된다는 것을 가르친다.[51] 여기서 성령을 그리스도의 영이라 칭함으로써 인간 목적의 성취와 인간 상태의 회복이 모두 그리스도에게 돌려지도록 작성되었다. 우르시누스는 창조된 인간을 상태(하나님의 형상)와 목적(예배, 즉 율법에 대한 완전한 순종)으로 규정했는데, 이제 그리스도를 통해 창조의 목적에 다다르고 완전한 상태를 회복함을 가르쳤다.

인간의 창조 목적인 율법에 대한 순종은 우르시누스의 언약이해와 직접적으로 연결된다.[52] 우르시누스의 신학요목문답을 따르면, 인간 창조의 목적인 하나님을 향한 예배인 율법에 대한 순종은 은혜언약 안에서 성취된다.[53] 두 언약

---

50 "[18문] Potest ne quisquam nostrum hanc obedientiam praestare? Solo Christo excepto, nullus unquam hominum in hac vita eam praestare neque potuit, neque poterit." Ursinus, "Catechesis, summa theologiae," 11.

51 "[36문] Evangelium ... ostendit nobis eius iustitiae, quam Lex requirit, impletionem in Christo, et restitutionem in nobis per Christi Spiritum ...," Ursinus, "Catechesis, summa theologiae," 14.

52 더 자세한 내용은 졸저의 다음을 참고하라: 이남규, "우르시누스의 『대요리문답서』에 나타난 언약신학", 「신학정론」 38권(1호) (2020), 289-317.

53 그러나 우르시누스의 본성언약 개념은 이후 그의 작품에서 부각되지 않았고 올레비아누스에게서 계속된다. Bierma는 우르시누스의 본성언약 개념이 혁신적이었다고 평가한다. Bierma,

에서 율법이 중요한 자리를 차지하며, 율법의 다른 역할로 '창조 때의 언약'(in creatione foedus)과 '은혜언약'이 구분된다. 율법은 하나님이 인간과 맺은 '창조 때 언약'(in creatione foedus)이 어떤 종류인지 말해주며, 인간이 '은 혜의 새언약'(novum foedus gratiae)을 맺은 후 어떤 삶을 살아야 하는지 알려준다.54 이 두 언약의 차이는 율법과 복음의 비교에서 두드러지는데, 복음 이 율법을 대체한다기보다 복음이 율법을 성취하는 방식으로 설명된다.

> 율법은 창조할 때 하나님이 인간들과 맺었던 본성언약을 포함한다. 즉, 인간들에
> 게 본성적으로 알려진다. 그리고 우리에게 하나님에 대한 완전한 순종을 요구하
> 고, 지킨 자들에게 영원한 생명을 약속하나 지키지 않은 자들에게는 영원한
> 벌을 경고한다. 반면 복음은 은혜언약을 포함한다. 곧 이것은 존재하지만 본성적
> 으로 알려지지 않는다. 복음은 율법이 요구하는 의가 그리스도 안에서 성취된다는
> 것, 그리고 그리스도의 영을 통해 우리 안에서 회복된다는 것을 우리에게 보여준
> 다. 그리고 그리스도 때문에 그리스도를 믿는 자들에게 영원한 생명을 값없이
> 약속한다.55

창조할 때 맺은 언약을 여기서는 본성언약이라고 부르며 율법은 본성언약을

The Covenant Theology of Caspar Olevianus, (Grand Rapids: Reformation Heritage Books, 2005), 62.

54 [10문] Lang, *Der Heidelberger Katechismus und vier verewandte Katechismen*, 153.

55 "[36문] Lex continet foedus naturale, in creatione a Deo cum hominibus initum, hoc est, natura hominibus nota est; et requirit a nobis perfectam obedientiam erga Deum, et praestantibus eam, promittit vitam aeternam, non praestantibus minatur aeternas poenas. Evangelium vero continet foedus gratiae, hoc est, minime natura notum existens: ostendit nobis eius iustitiae, quam Lex requirit, impletionem in Christo, et restitutionem in nobis per Christi Spiritum; et promittit vitam aeternam gratis propter Christum, his qui in eum credunt." Ursinus, "Catechesis, summa theologiae," 14.

포함한다. 본성언약과 은혜언약의 관계 속에서 율법에서 요구하는 의는 복음에서도 포기되지 않는다. 그리스도께서 하신 일은 율법이 요구하는 의를 성취하신 것이며, 본성언약에서 율법의 완전한 순종을 조건으로 약속된 영원한 생명은 은혜언약에서 그리스도를 믿는 자에게 주어진다. 이 글이 1562년에 나왔다는 점을 고려한다면 우르시누스는 아주 이른 시기에 인간 창조의 목적과 연결된 본성언약과 은혜언약을 생각했다고 평가할 수 있다.

그러므로 본성언약과 은혜언약의 구도 속에서 인간 창조 목적의 실현을 위한 그리스도의 필요성이 더욱 부각된다. "우리가 하나님 앞에서 의롭기 위해서 왜 그리스도의 만족과 의가 전가되는 것이 필요합니까?"란 질문에 우르시누스는 이렇게 답한다.

> 왜냐하면, 변함없이 의롭고 참되신 하나님이 이러한 방식 안에서 은혜언약 안으로 우리를 원하시기 때문인데, 즉 하나님은 창조 때에 시작된 언약을 거슬러서 행하실 수 없으시기에, 우리 자신에 의해서나, (우리 자신에 의해서는 일어날 수 없기에) 우리 대신 다른 사람을 통해서나, 그의 율법이 온전히 만족되지 않으면 우리를 의롭다고 인정하실 수 없고 영원한 생명을 주실 수 없기 때문이다.[56]

불변성과 의라는 속성을 가지신 하나님은 율법의 완전한 만족을 포기하시지 않는다. 하나님은 본성언약을 포기하는 방식으로 우리를 구원하시지 않는다. 그리스도의 만족과 의의 전가의 필요성은 이 본성언약을 포기하지 않는 방식

---

[56] "[135문] Cur nobis satisfactionem et iustitiam Christi imputari necesse est, ut iusti simus coram Dei? Quia Deus, qui immutabiliter iustus et verax est, ita nos in foedus gratiae vult recipere, ut nihilominus contra foedus in creatione initum non faciat, id est, nec pro iustis nos habeat, nec vitam aeternam nobis det, nisi integre ipsius legi vel per nos ipsos, vel, cum hoc fieri non possit, per alium pro nobis satisfactum sit." Ursinus, "Catechesis, summa theologiae," 20.

으로 구원하시는 하나님의 의지이다. 이렇게 인간 창조의 목적인 하나님을 향한 예배 즉 율법에 대한 완전한 순종은 은혜언약 안에서 그리스도를 통해 이루어진다.

마지막으로 언약과 관련해서 옛언약과 새언약의 차이점에 있어서 향후 신학 역사에 끼친 우르시누스의 공헌을 보자. 옛언약과 새언약은 같은 은혜언약으로서 모든 택함 받은 자들과 맺은 동일한 하나님의 언약이다.[57] 옛언약에서 오실 그리스도를 믿으며 새언약에서 나타나신 그리스도를 믿는다는 차이가 있다. 구약에서도 그리스도를 믿은 택함 받은 자들이 있으나, 새언약에서 바뀐 환경과 언약의 표 때문에 옛언약과 새언약의 차이가 있다. 복음에 속하는 은혜언약은 옛언약과 새언약을 다 포함한다.

옛언약과 새언약의 차이를 정할 때 칼빈과 우르시누스에게 다른 점이 있다. 칼빈이 율법이라는 용어를 사용할 때, 복음을 의미하는 넓은 의미의 율법과 의롭게 사는 규범을 의미하는 좁은 의미의 율법을 맥락에 따라 사용했다. 칼빈이 옛언약과 새언약의 통일성을 설명할 때 율법은 복음의 성격을 갖고 등장하며, 차이점을 설명할 때 율법이 규범으로 등장하여 복음과 대조되기도 했다. 우르시누스는 좁은 의미의 율법을 옛언약과 새언약의 대조가 아니라 본성언약과 은혜언약의 대조에 옮겨 넣었다. 우르시누스가 율법은 본성언약을 포함한다고 말할 때 좁은 의미의 율법, 즉 의의 규범으로서의 율법이다. 칼빈에게서 좁은 의미의 율법에 속할 내용들(죄, 저주, 종됨)이 옛언약에 돌려졌다면, 우르시누스에게는 본성언약에 돌려진다. 이런 변화가 칼빈과 우르시누스의 신구약 이해가 근본적으로 달랐다는 말은 아니다. 신학적 일관성을 위해 우르시누스는

---

57 "[33문] Idem testamentum est seu foedus Dei cum omnibus electis inde a prima promissione edita in Paradiso de semine mulieris conculcaturo caput serpentis, usque ad mundi finem ..." "Catechesis, summa theologiae," 14.

줄은 의미의 율법을 본성 언약 또는 창조 때의 언약으로 분리했으며, 올레비아누스에 의해 계속 발전되었고, 개혁교회 안에 행위언약 개념이 정착하였다.

III. 나오며

우르시누스는 인간을 상태와 목적의 관점으로 바라보았다. 인간은 하나님의 영광을 위하여 창조되었으며 우리 모든 삶의 부분들은 하나님의 영광을 목적한다. 율법을 따르는 순종이 하나님께 드리는 최고의 예배다. 영혼과 육체로 구성되어 단일한 한 인격체를 이루는 인간 상태의 핵심은 하나님의 형상이다. 타락 이후에 하나님의 형상을 이루는 가장 중요한 선한 것들(하나님을 아는 지식과 그 뜻대로 행하는 의지 등)이 상실되었으나 흔적과 남은 것들이 있다. 남은 것들도 죄로 인해 손상되고 어두워졌다. '의지의 자유'는 하나님의 형상 중 남은 것이나 타락 이후 선한 것을 택할 '자유로운 선택의 능력'은 없다. 이로 인해 인간은 그 스스로 창조된 목적을 실현할 수 없게 되었다. 인간 창조의 목적은 은혜언약에서 그리스도를 통해서 실현된다. 율법이 요구하는 의는 그리스도 안에서 성취되며 그리스도의 영을 통해 회복되기 때문이다.

교의학의 역사적 맥락에서 본다면 우르시누스는 개혁주의 정통주의 초기 모습을 보여준다. 인간 창조의 목적에 하나님의 영광을 놓고, 그 아래 다른 하부 목적을 놓는 것, 육체와 영혼으로 구성된 단일한 인격체이나 영혼이 육체를 지탱하는 방식, 하나님의 형상에서 상실한 것과 남은 것의 구분, 자유의지, 죄 특히 원죄의 정의, 본성언약의 언급 등에서 개혁파 정통주의의 모습이 나타난다. 그러나 본성언약과 은혜언약의 구성은 주로 초기에만 나타나고 본성언약

에서 아담을 머리로 한 언약의 모습이 선명하게 등장하지 않는다. 따라서 개혁
파 정통주의 초기의 모습이라고 말할 수 있다.

/

푸티우스의 인간론

/

권경철

(새한교회 교육목사)

Gisbertus Voetius(1589-1676)

총신대학교 신학대학원을 졸업하고, 미국 필라델피아 근교에 위치한 웨스트민스터 신학교 (Westminster Theological Seminary)에서 17세기 제네바 신학자 프랑수아 투레티니 (Francis Turretin)에 대한 논문으로 역사신학 박사학위(Ph.D.)를 취득하였다. 총신대학교 신학대학원 외래교수를 역임했으며, 서울 잠실에 위치한 새한교회 교육목사로 사역하고 있다.

권경철

I. 들어가는 말

"저는 물렁한 고체와 풍성하지 못하고 축 처지는 액체로 이루어져 있으며, 활달하지 못한 내면세계의 소유자입니다."[1] 이것은 18세기 식민지 시대 미국을 대표하는 신학자였던 조나단 에드워즈(Jonathan Edwards, 1703-1758)가 자신을 학장으로 초빙하려고 했던 뉴저지 대학 이사회에 보낸 편지 내용의 일부이다. 오늘날의 과학적이고 신학적 인간이해로는 납득하기 어려운 "물렁한 고체," "풍성하지 못하고 축 처지는 액체"등의 표현들이 에드워즈의 글에 등장한다는 사실은, 인간을 구성하는 고체 및 액체의 유형과 양에 따라서 인간의 기질과 성격이 달라진다는 고대 그리스-로마 철학자들의 인간이해가 18세기에도 여전히 널리 통용되고 있었음을 증명해준다.

이처럼 18세기의 인간론도 오늘날의 시각에서 볼 때 받아들이기 힘든 부분들이 있었다면, 그보다 거의 100년 정도 앞선 시대의 사람이었던 기스베르투스 푸티우스(Gisbertus Voetius, 1589-1676)의 인간론이 낯설어 보이는 것은 지극히 당연한 일이다. 푸티우스는 그의 글들에서 오늘날의 인간론에서는 잘 언급되지 않지만 당시에는 일반적이었던 많은 질문들에 대한 대답들을 제공하고 있다. 아무리 그러한 질문들과 대답들이 우리 시대의 과학이나 의학, 그리고 신학과는 거리가 있는 경우가 많다고 하더라도, 과거에나 현재에나 인간의 인간됨은 동일하다는 점을 고려한다면, 푸티우스의 글에 담겨있는 성경적이고 학문적인 통찰들을 한 번쯤 진지하게 참고해보면서 오늘 우리의 인간론을 반성해보는 것도 흥미로운 작업이 될 수 있을 것이다.

---

[1] *Works of Jonathan Edwards*, ed. Edward Higman (London, 1840), vii: "...flaccid solids, vapid, sizy and scarce fluids, and a low tide of spirits...."

하지만 국내는 물론이고 해외에서도 푸티우스의 인간론에 대해 다룬 글들을 찾기가 어려운 것이 현실이다. 국내에서는 그동안 푸티우스의 생애와 사상이 부분적으로나마 소개되고 다루어져 왔지만 인간론에 대해서만큼은 별도의 논문이나 연구서로 다루어진 적이 없으며,[2] 해외에서도 푸티우스에 대한 다양한 연구가 있어왔으나,[3] 인간론에 대한 연구만큼은 희귀했다. 실제로 1989년 3월 3일 네덜란드 위트레흐트에서 열렸던 푸티우스 학회에서 발표된 논문 중에서도 푸티우스의 인간론에 대한 글은 없으며,[4] 반 아셀트(Willem J. van Asselt, 1946-2014)의 푸티우스 개론서에서도 푸티우스의 인간론에 대한 체계적인 언급은 찾을 수 없는 실정이다.[5] 2차 자료의 이와 같은 빈곤 속에서도 이 주제에 대하여 필자에게 실질적인 도움을 준 책이 두 권 있으니, 그것은 바로 개혁파 정통주의와 철학의 관계에 대해서 다루면서 푸티우스와 그의 제자 마스트리히트(Petrus van Mastricht, 1630-1706), 그리고 드리센(Anthonius Driessen, 1684-1748)의 인간 존재론에 대해서 한 단원을 할애하여 설명하고 있는 후드리안(Goudriaan)의 책과,[6] 푸티우스와 그 밖의 17세기 신학자들

---

2 황대우, "기베르투스 푸티우스의 생애와 신학," 『칼빈 이후의 개혁신학자들』 (부산: 고신대학교 개혁주의 학술원, 2013), 157-181; 유정모, "17세기 화란의 자유의지론 논쟁에 대한 연구: 히스베르투스 푸치우스(1589-1676)의 De Termino Vitae를 중심으로," 「한국개혁신학」 49 (2016), 199-236; 주도홍, "개혁교회 정통주의의 영성 이해: 푸치우스와 코케유스를 중심으로," 「한국개혁신학」 53 (2017), 223-243; 기스베르투스 푸티우스(1589-1676)의 신학교육론 『종교개혁과 교육』 (부산: 고신대학교 개혁주의학술원, 2017), 101-137; 권경철, "기스베르투스 푸티우스의 성령론," 『종교개혁과 성령』 (부산: 고신대학교 개혁주의학술원, 2020), 309-337.

3 가장 권위있는 푸티우스 전기인 A. C. Duker, *Voetius* (Leiden: Brill, 1897); 그리고 푸티우스의 안식일관에 관한 연구서적인 Cornelis Steenblok, *Voetius en de Sabbat* (Gouda: Gereformeerde Pers, 1941) 등이 대표적이다.

4 *De Onbekende Voetius: Voordrachten wetenschappelijk symposium, Utrecht, 3 maart 1989* (Kampen: Kok, 1989).

5 Willem J. van Asselt, *Voetius* (Kampen: De Groot Goudriaan, 2007).

6 Aza Goudriaan, *Reformed Orthodoxy and Philosophy, 1625-1750: Gisbertus Voetius, Petrus van Mastricht, and Anthonius Driessen* (Leiden: Brill, 2006).

의 글들의 일부를 주제별로 발췌하여 정리해놓은 하인리히 헤페(Heinrich Heppe, 1820-1879)의 개혁파 교의학 책이다.[7]

2차 자료의 상대적 빈곤함 외에도 우리가 고려해야 할 사항은, 푸티우스가 인간론이라는 신학분야를 오늘날처럼 조직신학의 한 분과로서 다루기보다는, 당시 개신교 학교의 표준적인 학풍에 따라 주요 질문과 그에 대한 대답의 방식으로써 개관하고 있다는 점이다. 그러다보니 푸티우스의 저작에서 인간론은 오늘날의 조직신학 교과서와 같은 일목요연한 방식으로 한 데 모아져서 제시되어 있지 않고, 그의 저작 각 부분에 흩어져있다. 따라서 인간론이라는 이름으로 이러한 흩어진 내용들을 모으는 자체가 푸티우스의 사상에 어울리지 않는 일일 수 있겠다. 하지만 오늘날 한국 신학도들의 입장에서 푸티우스의 인간론을 이해하려면 인간론이라는 큰 주제하에 푸티우스의 글들을 배열하는 것이 필요할 것이다. 오늘날의 조직신학에서의 인간론이란 인간의 창조 당시의 상태와 타락 이후의 변화에 대하여 다루고 있기에, 본 기고에서 필자는 푸티우스의 대표작품이라고 할 수 있는 『신학논제선집』(*Selectarum Disputationum Theologicarum*)에서 푸티우스가 오늘날 인간의 창조와 타락에 대해서 언급한 부분들을 찾아서 체계화하고 그것들을 해석하면서, 그것이 오늘 우리에게 주는 의미가 무엇인지에 대해서 고민해보고자 한다.

II. 푸티우스 인간론의 역사적 배경과 문맥

푸티우스가 『신학논제선집』에서 인간론에 대해서 가장 많이 다루는 곳은

---

7 Heinrich Heppe, 『개혁파 정통 교의학』 이정석 옮김 (고양: CH북스, 2007).

제1권이다. 예외적으로 1667년에 나온 제4권에는 1638년 5월5일에 논의된 신학논제, 곧 십계명 중 제6계명인 "살인하지 말라"에 대한 신학적 성찰이 포함되어 있는데,[8] 살인의 문제는 현대의 신학구분에서는 인간론보다는 윤리학에 가까운 것으로 볼 수 있기에 필자는 본 연구에서 깊이 다루지는 않고 참고만 하려고 한다. 그리하여 1권으로 돌아가보면, 푸티우스는 1권의 552쪽부터 881쪽까지를 할애하여 6일간의 창조에 관해 설명하고 있고, 그 후에는 인간의 원죄에 관한 내용을 등장시킨다. 그리고 1권에서 창조에 관해 설명하는 부분은 1638년 네덜란드 위트레흐트에서 논의되었던 것을 정리하여 수록한 것인 반면, 아담의 죄가 어떤 연고로 원죄이며 그것이 인류에게 어떤 영향을 미쳤는가에 관한 부분은 1636년에 논의된 내용을 정리한 것이다.[9] 푸티우스가 고향 휘스덴에서의 목회를 정리하고 당시 신설된 위트레흐트 대학교의 초대교수로 부임한 것이 1634년이고 실제로 학교가 개교한 것은 1636년임을 고려한다면, 푸티우스는 인간론을 그의 교수사역 초창기에 주로 다루었던 셈이다. 물론 1669년에 출간된 제5권에서도 푸티우스는, 아담과 하와가 죄를 지은 이후의 에덴동산이 노아홍수 전까지 아름다운 모습으로 보존되어 있었을지 여부를 묻는 질문에 대해 그가 1660년에 대답한 내용을 정리하여 수록하면서, 비록 창3:22의 가르침에 따라 에덴동산은 이전의 모습을 잃었을 것이나, 죄로 인해 상실한 그 동산에 대한 기억은 아담과 하와에게 남아있었을 것이라고 대답하기도 하였으나,[10] 그것은 직접적으로 인간론에 대한 내용이 아니고 또한 더 이상의 자세한 설명으로 이어지지도 않기에, 큰 의미를 두기는 어렵다.

---

8 Gisbertus Voetius, *Selectarum Disputationum Theologicarum* (Utrecht, 1667), 4:244-291.

9 Voetius, *Selectarum Disputationum Theologicarum* (Utrecht, 1648), 1:552-881, 1078-1117.

10 Voetius, *Selectarum Disputationum Theologicarum* (Utrecht, 1669), 5:187-188.

푸티우스 당시 유럽의 신학 교수들이 대부분이 그러했듯이, 이제 막 교수사역을 시작했던 푸티우스 역시도 그의 인간론에 있어서 기독교적으로 순화된 아리스토텔레스주의를 적극적으로 활용하였다. 아리스토텔레스는 인간을 이해할 때 그의 스승 플라톤처럼 영혼이 육체라는 감옥에 갇혀있는 존재라고 생각하지 않고, 오히려 육체와 영혼이 인간 속에서 유기적으로 존재하고 있다고 생각하였다.[11] 아리스토텔레스에게 인간의 영혼이란 다름이 아니라 생명을 가진 몸의 현실태이고, 생명이란 스스로를 유지하고 성장하며 생식능력을 가지는 것을 가리킨다.[12] 아리스토텔레스는 이와 같은 그의 유기적 영혼관을, 존재란 형상과 질료로 이루어져 있다는 그의 실재론과 조화시킨다. 그에 따르면 영혼이란 형상이요, 몸의 특수한 부분을 유기적으로 담당하는 부분이다.[13] 비록 식물과 동물에도 각각 생명을 유지하고 성장할 수 있는 내면의 원리가 있고, 동물은 식물의 원리에 더하여 움직이고 감각할 수 있는 원리가 내면에 더해져 있으므로 그것들에도 일종의 영혼이 있다고 하겠으나, 동물의 영혼은 더 많은 내면의 원리를 가지고 있기에 식물의 영혼보다 우월하고, 이성적인 능력을 소유한 인간의 영혼은 동물보다 더 우월한 영혼이라고 할 수 있다는 것이 아리스토텔레스의 논지이다.[14]

이와 같은 유기체적인 인간 이해는, 인간의 사유하는 능력(res cogitans)을 육체라고 할 수 있는 "연장"(res extensa)과 엄격하게 이분화하는 실재론을 고수했던 데카르트의 인간론과는 대조를 이룬다. 데카르트는 1637년 출간된 그의 『방법서설』(*Discours de la méthode*)에서 영혼의 사유하는 능력을 존

---

11 https://www.britannica.com/biography/Aristotle/Philosophy-of-mind
12 https://www.britannica.com/biography/Aristotle/Philosophy-of-mind
13 https://www.britannica.com/biography/Aristotle/Philosophy-of-mind
14 https://www.britannica.com/biography/Aristotle/Philosophy-of-mind

재론적 실체의 본질로 둠으로써, 영혼의 우월성을 강조한 플라톤처럼 동물적인 육체와는 확연히 구분되는 영혼의 보편적 사유능력(bon sens)이 인간을 인간되게 만든다는 점을 부각시킨 반면, 아리스토텔레스에게 영혼이란 육체와 언제나 엄격하게 구분되지는 않으면서도 육체의 특수한 기능을 담당하는 부분으로서, 동식물의 생명의 원리보다는 우월한 이성적인 기능을 포함하는 실체이다.

데카르트 철학에 대한 17세기 개신교 정통주의 신학자들의 입장은 다양했다. 아브라함 헤이다누스(Abraham Heidanus, 1597-1678)와 야코부스 위티키우스(Jacobus Wittichius, 1677-1739)는 데카르트 철학을 수용하여 그들의 신학에 접목시킨 반면, 사무엘 마레시우스(Samuel Maresius, 1599-1673)는 데카르트 철학을 매우 위험한 모험이라고 보고 강력하게 반대하였다.[15] 푸티우스 역시도 1641년경부터 데카르트의 새로운 철학에 대한 반대의견을 개진하였다.[16] 하지만 데카르트의 대표작품인 『철학의 원리』(*Principia Philosophiae*)는 1644년에야 출간되었고, 인간론 분야를 다루는 푸티우스의 글들 역시도 1648년에 편집과정을 거쳐서 『신학논제선집』 제1권으로 출간되기는 했으나 대부분의 경우 초고가 이미 1630년대에 완성되었던 것들이어서, 인간론 분야에 있어서 푸티우스가 데카르트의 철학에 대해 평가하면서 논의를 진행해나가는 부분이 그다지 비중있게 삽입되지는 않았다.

따라서 푸티우스의 인간론에서 우리는 근대적인 논의들보다는 매우 전통적인 논의들을 많이 만나게 된다. 17세기에는 영국 출신의 의학자 윌리엄 하비(William Harvey, 1578-1657)에 의하여 혈액순환의 원리가 밝혀지고 인체 해부학 수업이 활발하게 이루어지는 등의 의학적 발달이 있기는 했으나, 그

---

15 권경철, *Christ and the Old Covenant: Francis Turretin (1623-1687) on Christ's Suretyship under the Old Testament* (Göttingen: Vandenhoeck and Ruprecht, 2019), 52.

16 Goudriaan, *Reformed Orthodoxy and Philosophy*, 9, 90.

때에도 여전히 전통적인 논의들이 힘을 잃지 않고 있었다. 따라서 푸티우스의 책에서는 초대교회의 교부 아우구스티누스(Augustinus, 354-430)를 필두로 하여, 최초의 중세 교황으로 여겨지기도 하는 그레고리우스(Gregorius, 540-604), 기독교적으로 개량된 아리스토텔레스주의의 신봉자라고 할 수 있는 토마스 아퀴나스, 그리고 심지어는 그 당시 인간론 분야에서 벌어지고 있던 논의들을 생생하게 담아내려는 목적으로 프란키스쿠스 수아레즈(Franciscus Suárez, 1548-1617) 등과 같은 초기 근대시대의 로마 가톨릭 신학자들도 인용되고 있다.

우리는 현대와 17세기 사이에 있는 이러한 시대정신상의 간극을 염두에 두고, 현대과학의 혜택을 누리는 현대인의 입장에서 푸티우스의 전통을 존중하는 태도를 폄하하지 않도록 주의해야 할 필요가 있다. 환언하면, 현대의 시대적 배경이 아닌 푸티우스 자신의 시대적 배경에서, 전통적인 논의들에 대한 푸티우스의 입장을 분석해볼 필요가 있다. 푸티우스가 전통적인 논의들을 인간론 분야에서 소개하는 이유는, 그가 당시의 의학이나 과학에 무지해서도 아니었고, 혹은 "몇 명의 천사가 한 개의 바늘 위에서 춤을 출 수 있는가" 등과 같은 쓸모없는 지적 호기심을 자극하는 질문만 던지려는 메마른 스콜라주의자가 되려고 그렇게 한 것도 아니었다. 오히려 그는 당시에 발달하고는 있었으나 여전히 현대의 시각에서 보면 허점이 많았던 근대의 과학과 의학을 염두에 두었으면서도 동시에 근대 철학이 본격적으로 대학과 교회와 사회를 뒤덮기 이전에 통용되던 다양한 논의들과 질문들에 대하여 대답할 사명을 가지고 있었던 개신교 대학의 신진학자였고, 그러한 자신의 입장에서 성경적이고 신학적인 인간론을 정립하려는 학문적이고 실제적인 동기에서 전통적인 논의들을 끌어오거나 혹은 반박한 것이었다. 이 모든 작업 뒤에 있는 푸티우스의 의도는 다름이 아니라, 중세와 당대의 학교 신학, 즉 스콜라주의 신학의 논의들을 가져와서, 개신교 대학에 맞는 개신교 스콜라주의적인 인간론을 신학적으로 정립하는 것이었다. 이것은 당시로서는 근대와 현대의 기독교인들이 진화론과 현대 과학의 도전 속에서 성경과 신학의 권위를 지켜내려고 수고한 것에 비견될 만한 작업이었다고 할 수 있다. 이렇게 볼 때 푸티우스를 17세기 개신교 정통주의의 입장에서 신학적 인간론을 정립하려고 시도한 개신교 스콜라주의자라고 부를 때, 그것이 그의 논의들을 옛날에 있었던 쓸데없는 학문적 사변론 쯤으로 폄하하는 의미에서 사용되어서는 안 될 것이다. 다양한 전통적인 논의들을 절충시킨 푸티우스의 인간론이 신학적으로 독창적인 기여를 했다고 보기는 어렵겠지만, 적어도 17세기 위트레흐트의 교회와 사회, 그리고 이제 갓 설립된 학교의 입장에서는 의미있는 교본이었을 것이다.

헨리쿠스 레기우스(Henricus Regius)라는 사람과 그를 따르던 사람들이 위트레흐트에서 1641년부터 1642년까지 벌인 논쟁을 보면, 푸티우스가 위트레흐트의 교회와 사회 및 학교의 유익을 위해 전통적인 논의들을 끌어들이면서 자신의 주장을 펼치고 있다는 사실이 더욱 분명해진다. 그는 몸과 영혼이라는 두 개의 완전한 실체가 만나서, 필연이 아닌 우연에 의해 인간이라는 존재(ens per accidens)를 만들어냈다고 주장하였다.17 푸티우스는 이러한 주장이 아리스토텔레스 이래로 강조되어온 통전적인 인간 이해를 허물어뜨림으로써, 육을 영의 도구로 전락시키는 아르미니우스 항론파와, 몸의 부활이라는 기독교 정통 교리를 무너뜨리는 소키누스주의자들에게 이용당할 여지를 줄 수 있다고 판단하고는 더더욱 전통적인 견해를 고수하였다.18 우리가 푸티우스의 인간론

---

17 Goudriaan, *Reformed Orthodoxy and Philosophy*, 234-235.
18 Goudriaan, *Reformed Orthodoxy and Philosophy*, 235; Voetius, *Selectarum Disputationum Theologicarum*, 1:757.

을 분석할 때에 이러한 배경과 상황을 염두에 두지 않는다면, 푸티우스의 인간론이야말로 고리타분하고 시대에 뒤떨어진 사변론에 불과한 것처럼 오해할 수 있겠지만, 실상 당시 푸티우스의 입장에서 보기에는 그것이야말로 최신의 논쟁상황을 반영한 매우 적실한 논의였던 것이다.

마지막으로 우리가 고려해야 할 사안은, 당시 유럽인들이 세계 구석구석을 알지 못한 상태에 있었다는 것이다. 유럽 밖에 살고 있는 사람들에 대한 지식이 아직 부족한 상태에서, 많은 유럽인들은 신화와 전설에 등장하는 괴물들과 인종들의 존재를 믿고 있었다. 따라서 푸티우스는 그의 인간론의 상당한 자면을 이러한 미신과 무지를 타파하는 일에 할애해야만 했다. 이러한 작업은 과학 문명에 힘입은 세계화 시대를 사는 현대인의 입장에서는 우스꽝스러운 일로 보일 수 있겠으나, 목회자의 입장에서는 피할 수 없는 과제였을 것이다. 따라서 이러한 부분에서도 우리는 푸티우스의 시대 상황을 고려하며 그의 글을 분석하고 해석해야 할 것이다.

III. 푸티우스 인간론의 내용

위에서 언급한 주의사항들과 배경을 바탕으로 해서, 이제부터 필자는 본격적으로 푸티우스가 인간론 분야에 있어서 남긴 통찰들을 구체적으로 정리하고 분석해보려고 한다. 필자는 푸티우스의 인간론을 크게 두 분야로 나누어서 설명하려고 하는데, 먼저는 제6일에 하나님의 형상을 따라 창조된 인간이 어떤 존재인지에 대한 푸티우스의 논의들을 다루고, 그 다음에는 아담 이후로 죄가 세상에 들어와서 모든 인류를 지배하게 된 것에 대한 푸티우스의 논의를 "인죄론"이라는 제하에 살펴보도록 하겠다.

1. 사람의 창조

6일간의 창조에 대해 자세하게 다루는 글에서, 푸티우스는 하나님이 사람을 창조하신 것과 관련된 많은 물음에 대답하면서 그의 인간론을 개진한다. 먼저 푸티우스는 신학적으로 그리고 철학적으로 사람이란 무엇인가에 대해서 묻는 말로 그의 논의를 시작한다. 푸티우스는 사람이 무엇인지에 관해 탐구하려면, 본질적이고 존재론적인 차원(essentiam & existentiam)에서와 내면적인 차원(affectiones)에서, 그리고 남성과 여성이라는 성적인 차원에서 탐구해야 한다는 대전제를 먼저 내세운다.[19] 본질적이고 존재론적으로 볼 때, 사람은 천사와는 다른 존재이므로, 인간은 천사가 될 수 없고, 천사가 인간이 될 수도 없다.[20] 마찬가지로 사람이라는 존재는 짐승이 될 수 없고, 반인반수도 될 수 없는, 특별한 존재이다.[21] 인간이라는 본질은 심지어 타락 이후에도 변하지 않았다.[22] 행 17:26이 증거하듯이 하나님께서는 인류를 한 혈통으로 만드셨으므로, 외모나 특성과는 관계없이 인류라는 종자(species)는 단일하다.[23] 아담과 하와와 그리스도도 우리와 동일한 인류이며, 심지어는 마귀에게 눌려서 악마같은 인간이 나온다고 하더라도, 그 역시도 동일한 인간 종자임을 부인할 수 없다.[24] 실제로 성경에는 아낙 자손과 같은 거인족도 나오고, 겔27:11의 아르왓 사람과 같은 소인족도 등장하지만, 성경은 그들을 가리켜 괴물이 아니

---

[19] Voetius, *Selectarum Disputationum Theologicarum*, 1:738.
[20] Voetius, *Selectarum Disputationum Theologicarum*, 1:738.
[21] Voetius, *Selectarum Disputationum Theologicarum*, 1:738.
[22] Voetius, *Selectarum Disputationum Theologicarum*, 1:738.
[23] Voetius, *Selectarum Disputationum Theologicarum*, 1:738.
[24] Voetius, *Selectarum Disputationum Theologicarum*, 1:755.

라 인류라고 한다.[25] 하나님께서는 보이는 것과 보이지 않는 것, 위와 아래, 그리고 땅과 하늘을 아우를 수 있는 우주에서 가장 완벽한 피조물인 사람을 창조 마지막 날에 하나님의 형상으로 단일하게 만드심으로써 6일간의 창조의 대미를 장식하셨을 뿐만 아니라, 하나님의 아들이 친히 사람이 되심으로써 하나님께서 인간을 존귀하게 취급한다는 사실을 친히 증명하셨다(창 9:25-26; 시 8:6-7; 빌 2:7; 히 2:16).[26] 물론 이처럼 존귀한 인간이라도 하나님께 비교하면 먼지와 벌레만큼이나 아무것도 아니고 헛것 같은 존재이지만, 하나님의 피조물 중에서만 보면 인간만큼 뛰어난 피조물이 없다는 것 역시도 사실이다.[27]

푸티우스는 이처럼 인간의 단일성과 특별성을 주장하는 동시에, 민간에 퍼져있는 신화와 전설과 민담을 성경적으로 타파하려고 시도한다. 로마 역사가 플리니(Pliny)의 영향으로 민간에 널리 퍼져있던 외눈박이족(Arimaspi), 개머리족(Cynocephali), 외발족(Sciapodes) 등과 같은 신화상의 종족들이 존재하며, 그들도 인류로 인정받아야 한다고 믿을 필요는 없다.[28] 프랑스나 독일 신화에 나오는 존재이든, 네덜란드 신화에 나오는 존재이든, 오른손이 두 개고 귀는 당나귀와 같은 존재이든, 혹은 아랍에 존재한다던 눈이 3개 있는 존재이든, 꼬리가 있고 뿔이 있든지 간에 모두 상상의 존재이든지 혹은 사람이 아닌 괴물이든지 둘 중 하나일 뿐이다.[29] 또한 인류의 남성성과 여성성이 바다의 신에서 나왔다고 가르치는 그리스 신화 역시도 우화일 뿐이며, 성경적으로, 경험적으로, 이성적으로나 그러한 일은 있을 수 없다.[30] 인간에게 저주를 가져

25 Voetius, *Selectarum Disputationum Theologicarum*, 1:739-742.
26 Voetius, *Selectarum Disputationum Theologicarum*, 1:755-756.
27 Voetius, *Selectarum Disputationum Theologicarum*, 1:756.
28 Voetius, *Selectarum Disputationum Theologicarum*, 1:742.
29 Voetius, *Selectarum Disputationum Theologicarum*, 1:753-754.

다주는 유령이나 괴물이란, 가짜 인간이거나 혹은 인간의 탈을 쓴 악마일 뿐이다.[31] 푸티우스의 이러한 가르침들은, 당시에도 민간에 그리스-로마 신화를 비롯한 각국의 신화와 전설과 민담이 민간에 얼마나 큰 영향을 미치고 있었는지를 미루어 짐작할 수 있게 한다.

그 다음으로 푸티우스는 17세기의 의료와 과학 수준으로는 미처 증명하지 못했던 부분들에 대해서 신학과 철학, 그리고 이성 및 경험을 토대로 논의를 전개해나간다. 해부학과 의학이 발달하던 17세기에도, 사람들은 인간이 짐승을 낳을 가능성, 그리고 인간 배아와 태아의 생성과 발달 등에 대해서 충분한 과학적 지식을 갖지 못했다. 실제로 당시 이탈리아의 저명한 의학자 파올로 자키아(Paolo Zacchia, 1584-1659)조차도, 인간이 짐승을 낳을 가능성에 대하여 학문적으로 긍정하지도 못하고 부정하지도 못하는 실정이었다.[32] 일단 푸티우스는, 인간이 짐승을 낳았다고 주장하는 몇몇 사례들이 있음을 언급하면서도, 인간과 짐승의 생식과정에는 분명한 차이가 있다는 견해를 굽히지 않는다. 많은 사람들이 신화를 통해서 켄타우로스 등과 같은 반인반수의 존재에 친숙함을 느끼지만, 그렇다고 하더라도 짐승과의 성적 접촉은 범죄이다.[33] 인간의 태아는 짐승의 태아와 분명히 다르고, 따라서 동물에게는 세례를 주지 않지만 아기에게는 세례를 줘야 하는 것이며, 얼마 살지 못하고 죽은 아이라고 해도, 부활시에는 다시 만날 수 있다는 소망을 가질 수 있다.[34] 그러나 동물은 그렇지 않다. 따라서 비록 출21:22-23에서 성인을 살해하는 것과 태아를 낙태

30 Voetius, *Selectarum Disputationum Theologicarum*, 1:742-747.
31 Voetius, *Selectarum Disputationum Theologicarum*, 1:755.
32 Francesco Paolo de Ceglia, "The woman who gave birth to a dog Monstrosity and bestiality in Quaestiones Medico-Legales by Paolo Zacchia," *Medicina nei Secoli Arte e Scienza* 26/1 (2014), 117-144.
33 Voetius, *Selectarum Disputationum Theologicarum*, 1:752.
34 Voetius, *Selectarum Disputationum Theologicarum*, 1:747.

시키는 것을 구별하기는 하지만, 태아는 엄연히 앞으로 태어날 인간의 종자이므로, 그것을 낙태시키는 것은 죄악이다.[35] 그리고 인위적으로 생식능력을 제거하는 것도 매우 악한 일이다.[36] 따라서 비록 낙태된 태아에게 세례를 주거나 교회 묘지에 안장하지는 않더라도,[37] 사회법정이든 교회법정이든, 고의적인 생식능력 제거와 낙태는 살인죄로 취급되어왔다.[38]

　푸티우스는 낙태가 살인인 이유에 대해서 추가로 설명하는 과정에서, 인간이 육체와 영혼의 유기적 연합으로 이루어져있다는 통전적 이분설을 내세운다. 푸티우스에 따르면, 영과 혼은 한 인간 안에서 한꺼번에 존재할 수 없고, 오직 한 사람에게는 하나의 영혼만이 존재하는데, 이러한 견해는 헤페의 주장처럼 삼분설에 반대하는 문맥에서 나온 것일수도 있지만, 후드리안의 견해처럼 영혼이 한 사람에게서 다른 사람에게로 넘어갈 수 있다고 생각했던 플라톤의 견해에 반대하는 차원에서 나온 발언이라고 볼 수도 있다.[39] 영혼과 육체가 유기적으로 결합한 것이 인간이라고 한다면, 태아에게도 육체와 영혼이 결합되어 있으므로, 그것 역시도 사람이라고 할 수 있다.[40] 비록 푸티우스가 정자와 난자가 수정되는 순간부터 즉시로 배아에게 영혼이 들어간다는 견해에 동의하지는 않았지만, 최소한 그는 모친의 뱃속에서 어느 정도 이상 자라나서 영혼과의 유기체를 이룰 준비가 된 육체를 가진 태아에게는, 유기체적 육체의 현실태인 영혼이 들어가 있다고 보았다.[41]

---

35 Voetius, *Selectarum Disputationum Theologicarum*, 1:747-748.
36 Voetius, *Selectarum Disputationum Theologicarum*, 1:748.
37 Voetius, *Selectarum Disputationum Theologicarum*, 1:766.
38 Voetius, *Selectarum Disputationum Theologicarum*, 1:749.
39 Voetius, *Selectarum Disputationum Theologicarum*, 1:763; Heppe, 『개혁파 정통 교의학』, 330.; Goudriaan, *Reformed Orthodoxy and Philosophy*, 236.
40 Voetius, *Selectarum Disputationum Theologicarum*, 1:749-750; Heppe, 『개혁파 정통 교의학』, 330.
41 Voetius, *Selectarum Disputationum Theologicarum*, 1:766; Goudriaan, *Reformed*

이처럼 푸티우스는 아리스토텔레스의 견해에 따라 육체와 영혼의 유기적인 연합을 인간의 기본적인 존재양식으로 보았으면서도, 피와 정액과 체액, 혹은 머리털 등과 같은 육체의 일부분에서 영혼의 존재와 기원을 찾을 수 있다는 제안에 대해서는 부정적인 견해를 피력하였다.[42] 물론 푸티우스는 폐와 신경과 피와 영혼 등이 모두 식물과 동물처럼 감각 기능을 가지고 있고, 머리털과 손톱과 피와 체액 및 정액 등의 경우 모두 생명의 구성요소라고 부를 수 있다고 인정하면서도 동시에 육체와 영혼 사이의 유기적인 결합에 대해서 지속적으로 강조함으로써, 영혼이 물질적 육체의 일부로 취급되거나 혹은 육체적 생명의 본질 정도로 취급당하는 것을 막으려고 하였다.[43]

영혼과 육체에 존재하는 이러한 유기적인 연합 덕분에, 영혼의 여러 가지 기능과 능력은 육체의 각 부분을 통하여 표현된다.[44] 육체는 하나님께서 친히 흙으로 만드신 특별한 질료이며(창 2:7; 3:19; 시 90:3; 139:14-15), 영혼은 육체를 실제적으로 움직이고 형성하는 현실태적인 형상이기에, 사람의 존재 그 자체는 육체와 영혼의 유기적이고 우연치 않은 결합관계에 그 좌소를 두게 된다.[45] 이는 영혼만 놓고 따지면 사람의 영혼이란 하나님의 본질에서 파생된 것이 아니며 하나님보다 확실하게 못한 존재이지만, 적어도 천사와는 구분할 수 없는, 부분과 전체가 동일한 단일한 존재이기에, 사람의 존재 그 자체는 영혼에만 달려있는 것이 아니라 육체와 영혼의 결합에 달려 있는 것이라고 봐야하기 때문이다.[46]

Orthodoxy and Philosophy, 240.

42 Voetius, *Selectarum Disputationum Theologicarum*, 1:769.

43 Heppe, 『개혁파 정통 교의학』, 332; Voetius, *Selectarum Disputationum Theologicarum*, 1:772.

44 Voetius, *Selectarum Disputationum Theologicarum*, 1:768.

45 Voetius, *Selectarum Disputationum Theologicarum*, 1:757-758, 762; Heppe, 『개혁파 정통 교의학』, 331.

그런데 세상에 죄가 들어오면서, 사람의 영혼과 육체간의 유기체적인 선순환이 깨지게 되었다. 영혼과 육체가 유기체적으로 하나님께서 창조하여 넣어주심으로써 본래 불멸하도록 만드신 영혼과는 달리,[47] 인간의 육체는 죄의 결과로 죽음을 맛보게 되었다. 그리하여 그 어떤 의학으로도 막을 수 없는 노화와 병과 결핍과 우울증이 육체를 갉아먹게 되었다.[48] 필자는 이제부터 아담의 죄가 모든 인류에게 전가되면서 생겨나게 된 이 모든 부정적인 현상에 대해서 푸티우스가 어떤 언급을 했는지에 대해서 살펴보도록 하겠다.

2. 인죄론

하나님께서 단일한 몸과 단일한 영혼을 가진 첫 사람 아담을 창조하시고 그에게 자연법을 주신 후에, 아담은 하나님의 말씀을 불순종했고, 그 결과로 세상에 죄와 악이 들어오게 되었다.[49] 첫 사람 아담이 범한 원죄는 인간을 존재론적으로 바꾸어놓지는 않았지만, 부정적인 의미에서 인간의 내면세계(affection)의 지향점과 성향을 완전히 바꾸어놓았다.[50] 이러한 타락은 사람들에게 필수적인 필요악과 같은 것이 아니었지만, 하나님의 섭리와 허용적 작정에 따라 일어나게 되었다.[51] 결국 원죄로 인하여 온 인류가 죄 아래 있게 되면서, 원죄 교리에 대해서 무지한 이교도들과 유대인들과 이단자들을 포함한 그 누구도 그리스도의 은혜 없이 스스로를 죄의 노예생활에서 구원할 수 없게 되었다.[52]

---

46 Voetius, *Selectarum Disputationum Theologicarum*, 1:758, 762, 767.

47 Goudriaan, *Reformed Orthodoxy and Philosophy*, 243.

48 Voetius, *Selectarum Disputationum Theologicarum*, 1:759-760.

49 Voetius, *Selectarum Disputationum Theologicarum*, 1:1093-1094.

50 Goudriaan, *Reformed Orthodoxy and Philosophy*, 41.

51 Voetius, *Selectarum Disputationum Theologicarum*, 1:1071-1072,

그렇다면 죄악의 원인은 무엇인가? 아우구스티누스와 같은 신학자들은 인죄론에 대해서 논할 때, 하나님께서 죄가 세상에 들어오는 것을 허락하셨기에 하나님은 죄의 원인자라는 식의 비난을 피하려고 시도하는 과정에서, 악이라는 것이 실제 존재하는 것이 아니라 선의 결핍을 의미한다는 식의 설명을 덧붙여 왔다.[53] 그러나 푸티우스는 아우구스티누스의 견해를 있는 그대로 받아들이지 않고, 아리스토텔레스의 논리를 사용하여 악의 원인을 분석하고 그 실체를 규명한다. 그에 따르면, 하나님께서 악을 창조하신 것이 아니기에 일차적 원인이신 하나님의 영역에서 악이란 비존재라고 할 수 있으나, 피조물의 세계인 이차적 원인의 차원에서는 하나님을 대적하는 성향을 품게 만드는 실제적인 악이 존재하고 있으므로, 이 경우 악을 단순히 비존재라고 할 수는 없다.[54] 펠라기우스주의자들의 주장과는 달리 원죄는 모방에 의해서가 아닌, 원죄의 공로적 원인이라고 할 수 있는 아담의 죄에 의하여 온 인류에게 들어오게 되었다.[55]

많은 정통신학자들이 인정하듯이, 원죄로 인한 온 인류의 전적인 타락은, 사람에게 있는 의와 진리와 거룩함이라는 하나님의 형상을 왜곡시키고, 행위언약을 지킬 능력을 상실하도록 만들었다.[56] 인류에게는 이제 악한 성향이 생겼고, 악한 내면세계가 형성되게 되어, 선을 행할 자유의지를 상실하게 되었다.[57] 그리하여 아담의 죄는 인류 모두를 원죄 뿐만 아니라 자범죄에도 물들게 만들고, 인류에게 죄의 삯인 사망을 가져왔다.[58]

---

52 Voetius, *Selectarum Disputationum Theologicarum*, 1:1078.
53 Voetius, *Selectarum Disputationum Theologicarum*, 1:1080.
54 Voetius, *Selectarum Disputationum Theologicarum*, 1:1080, 1084.
55 Voetius, *Selectarum Disputationum Theologicarum*, 1:1082.
56 Voetius, *Selectarum Disputationum Theologicarum*, 1:1082-1083, 1090-1091.
57 Voetius, *Selectarum Disputationum Theologicarum*, 1:1083-1084.
58 Voetius, *Selectarum Disputationum Theologicarum*, 1:1083.

그렇다면 아담의 죄는 어떠한 방식으로 온 인류에게 전가되었는가? 푸티우스에 따르면, 부모로부터 영혼을 물려받는 방식을 통하여 아담의 죄가 온 인류에게 전가되었다는 유전설(traducianism)은 원죄의 전가방식에 대한 정확한 설명이 될 수 없다.[59] 비록 루터파조차도 영혼을 통한 원죄의 유전을 말하지만, 그 외의 종교개혁자들이 믿었던 것처럼 영혼이란 하나님께서 창조하시는 것이며, 그렇게 창조된 영혼이 육체와 결합되면서 인간이 현실태가 되는 것이라는 견해를 견지한다면, 영혼 유전설은 옳은 주장이 될 수 없다.[60] 오히려 하나님께서 인간의 영혼을 새롭게 창조하실 때, 원죄는 새롭게 창조된 인간의 영혼에 먼저 들어와서 육체와의 결합을 통해 육체로 퍼지게 되는 것이다.[61] 그러므로 원죄를 타고난 인간에게는 원죄의 궁극적이고 공로적인 원인은 아담이 되고, 원죄의 근접원인은 원죄를 가지고 태어나서 자범죄를 짓게 되는 개개인이 된다.[62]

아담의 범죄를 허용하셨던 하나님께서는, 죄에 고통하는 인류를 그대로 내버려두지 않으시고, 구세주와 보증인으로서 속죄의 사역을 하실 예수 그리스도를 보내시기로 작정하셨다(롬 2:31-32; 갈 3:22; 요 3:16; 고후 5:18-19; 엡 1:6-7).[63] 이와 같은 하나님의 은혜로우신 작정은 죽음을 생명으로 바꿔주시는 사역이었으며, 죄악에 물든 인류를 회복시켜주시는 사역이었다.[64] 따라서 죄를 허용하시기는 했으나 그 죄를 계기로 그리스도를 보내주시는 선하신 일을 작정하신 하나님의 오묘한 손길을 찬양하면서, 최초의 중세적 교황이라고 할

---

59 Voetius, *Selectarum Disputationum Theologicarum*, 1:1095.
60 Voetius, *Selectarum Disputationum Theologicarum*, 1:1095-1096.
61 Voetius, *Selectarum Disputationum Theologicarum*, 1:1104.
62 Voetius, *Selectarum Disputationum Theologicarum*, 1:1106.
63 Voetius, *Selectarum Disputationum Theologicarum*, 1:1072.
64 Voetius, *Selectarum Disputationum Theologicarum*, 1:1072.

수 있는 그레고리는 아담의 범죄야말로 그리스도의 오실 길을 예비하는 "행복한 범죄"(Felix Culpa)였다고 평가하기도 했던 것이다.[65]

이상의 논의를 통하여, 우리는 푸티우스가 한편으로는 전통적인 신학에서 믿었던 그대로의 아담의 원죄 교리를 주장하면서도, 다른 한편으로는 하나님께서 죄의 원인자가 아니라는 사실을 설명하려고 했다는 점을 알 수 있다. 또한 그렇게 함에 있어서 푸티우스는 초대교회와 중세교회에서 있었던 많은 인죄론 논의들을 참고하면서 자신의 신학을 공교화했다. 당시 개혁파 내에서도 프랑스 소뮈르 신학파의 대표주자 중 하나인 조쉬에 들 라 플라스(Josué de la Place, 1596-1665)와 같은 이들은 원죄의 직접적인 전가를 부정하였던 반면, 푸티우스는 17세기 정통주의 신학의 대표자라는 별명에 걸맞게 아담의 죄에 대한 하나님의 작정 및 원죄의 전가에 대한 진리를 수호하는 역할을 충실히 감당하였고, 그럼으로써 과거와 17세기 개신교 정통주의의 스콜라주의적인 신학을 잇는 가교 역할을 충실히 감당하였던 것이다.

IV. 나가는 말

필자는 이제까지 푸티우스의 『논박신학강요』를 중심으로 그의 인간론을 재구성해보았다. 그에게 인간이란, 하나님의 형상대로 17세기보다 발전된 의학과 과학의 혜택을 누리고 있는 현대인의 입장에서, 17세기와 그 이전부터 존재했던 전통적인 물음들에 기반하여 전개되는 푸티우스의 논의를 수정하고 보완해야 할 부분은 분명히 존재한다. 하지만 옛날이나 지금이나 인류에게는 공통

---

[65] Voetius, *Selectarum Disputationum Theologicarum*, 1:1072.

적인 부분이 매우 많다. 아무리 많은 사람들이 과학의 이름으로 역사적 아담에 대한 의문을 제기하면서 원죄 교리에 의문을 제기하더라도, 하나님을 떠난 인간의 죄악된 속성은 매일의 삶 속에서 큰 소리로 아담의 죄가 사실임을 입증하며 우리를 고발하고 있고, 낙태와 짐승세례는 전세계적으로 퍼져나가고 있으며, 기계문명과 인공지능의 발달 속에서 인간의 존재의미와 출산율은 땅에 떨어져가고 있다. 과거 사람들이 신화의 종족들을 찾아 헤매었던 것처럼, 이제 과학자들은 외계 생명체를 찾아 우주를 헤매고 있고, 예나 지금이나 정신적이고 심리적인 방황 속에서 마음의 쉼을 찾지 못한 사람들은 방탕하게 살거나 혹은 초자연적인 존재에게 길흉을 묻고 있는 실정이다. 이런 상황 속에서, 푸티우스의 이야기가 새삼 적실하게 느껴지는 것은 전혀 이상한 현상이 아니다. 그러므로 욥8:8-9의 말씀이야말로 이 글의 결론이 되기에 가장 적절할 것이다. "청하건대 너는 옛 시대 사람에게 물으며 조상들이 터득한 일을 배울지어다 우리는 어제부터 있었을 뿐이라 우리는 아는 것이 없으며 세상에 있는 날이 그림자와 같으니라."

/

청교도의 인간론

/

우병훈

(고신대학교 조교수, 교의학)

William Ames(1576-1633)

서울대학교 자원공학과(B.Eng.)와 서양고전학 대학원(M.A 졸업, Ph.D 수학)을 거쳐, 고려신학 대학원(M.Div)과 미국의 칼빈신학교(Th.M, Ph.D)에서 공부했다. 저서로 『그리스도의 구원』, 『처음 만나는 루터』, 『기독교 윤리학』, 『룻기, 상실에서 채움으로』, 번역서로 『교부들과 함께 성경 읽기』(공역) 등이 있으며, 박사논문이 B. Hoon Woo, *The Promise of the Trinity: The Covenant of Redemption in the Theologies of Witsius, Owen, Dickson, Goodwin, and Cocceius* (Göttingen: Vandenhoeck & Ruprecht, 2018)로 출간되었다. 국내외 저널에 게재한 수십 편의 논문을 calvinseminary.academia.edu/BHoonWoo에서 볼 수 있다. 현재 고신대학교 신학과 교의학 조교수이다.

우병훈

I. 웨스트민스터 신조들에서 가르치는 인간론

청교도의 인간론 가운데 가장 중요한 논의가 하나님의 형상에 대한 논의이다. 청교도의 하나님 형상론은 성경의 가르침에 충실하고, 개혁신학의 전통을 이어가면서도, 그들의 구원론과 조화를 이루는 특징이 있다. 이 글에서는 청교도 및 개신교 정통주의의 인간론을 전반적으로 살펴보고, 특히 윌리엄 에임스 (William Ames, 1576-1633)의 가르침을 보다 집중적으로 살펴보고자 한다.

청교도들의 인간론을 살펴보기 위해 먼저 웨스트민스터 신앙고백 제4장 2절,[1] 소교리문답 10문답,[2] 대교리문답 17문답[3]을 보면, 청교도들의 표준적인 가르침이 제시되어 있다. 이들 신조에서 인간의 창조에 대해 가르치는 바를

---

[1] 하나님께서 다른 만물들을 창조하시고 나서, 사람을 남자와 여자로(창 1:27), 이성적이고 불멸적인 영혼을 구비하도록 창조하시고(창 2:7; 전 12:7; 눅 23:43; 마 10:28), 자기 형상을 따라 지식과, 의와 참 거룩으로 입히시어(창 1:26; 골 3:10; 엡 4:24), 그들의 마음에 하나님의 법을 기록하시고(롬 2:14-15), 그것을 수행할 수 있는 힘도 주셨다(전 7:29). 그러나 변질할 수 있는 그들의 의지의 자유 때문에 범죄할 가능성이 있었다(창 3:6; 전 7:29). 그들의 마음에 기록된 이 법 외에도 그들은 선악의 지식을 알게 하는 나무를 먹지 말라는 명령을 받았다(창 2:17; 3:8-11, 23). 이 명령을 지키는 동안, 저들은 하나님과 사귀면서 복락을 누렸고, 만물을 다스렸다(창 1:26, 28).
[2] 문 10. 하나님은 사람을 어떻게 창조하셨습니까?
답. 하나님은 사람을 남자와 여자로 창조하시고, 자신의 형상을 따라(창 1:27), 지식과 의와 거룩함이 있게 하셨으며(창 1:26; 골 3:10; 엡 4:24), 피조물을 다스리게 하셨습니다(창1:28; 2:15; 시 8:6-8).
[3] 문17. 하나님께서 사람을 어떻게 창조하셨습니까?
답. 하나님께서 모든 다른 피조물을 지으신 후에 사람을 남자와 여자로 창조하시되(창 1:27), 땅의 흙으로 남자의 몸을(창 2:7), 그리고 남자의 갈빗대에서 여자의 몸을 만드시고(창 2:22), 그들에게 살아있고, 이성이 있으며, 죽지 않는 영을 부여하셨습니다(창 2:7; 전 12:7; 욥 35:11; 마 10:28; 눅 23:43). 또한 그들을 지식(골 3:10)과 의와 거룩함(엡 4:24)에서 하나님의 형상대로 지으시고(창 1:26, 27), 그들의 마음에 하나님의 법을 새기시고(롬 2:14, 15), 그것을 성취할 능력(전 7:29)과 모든 피조물을 통치하는 권세를 주셨습니다(창 1:28, 29). 그러나 그들을 타락할 수도 있는 존재로 지으셨습니다(창 3:6; 전 7:29; 창 2:16, 17).

정리하자면 다음과 같다.

첫째, 인간은 어떤 우연의 산물이 아니라, 하나님께서 분명한 목적을 가지고 직접 창조하신 피조물이다. 하나님은 다른 모든 피조물들을 지으신 후에 인간을 창조하셨으며, 그에게 모든 피조물들을 통치하는 권세를 주셨다.

둘째, 하나님은 인간을 남자와 여자로 창조하셨다. 다시 말해서 남자와 여자는 동등하게 하나님의 형상으로 지음 받았다.

셋째, 하나님은 아담을 먼저 만드시고 아담의 갈빗대에서 하와를 만드셨다. 인류는 한 사람 아담에게서 기원했다. 하나님은 다른 모든 피조물들은 한 번에 다수를 창조하셨다. 하지만 인간만큼은 제일 먼저 아담 단 한 사람을 만드시고 그에게서 모든 인류가 나오게 하셨다. 그런 점에서 아담은 인류의 조상이며, 행위 언약의 대표자가 된다. 인류가 한 사람에게서 기원했다는 사실은 원죄론과 구원론에서 매우 중요한 의미를 지닌다. 인류가 한 사람에게서 기원하지 않고 만일 다양한 진화의 경로를 통해서 형성되었다는 생각은 성경이 가르치는 원죄론과 구원론과는 정면으로 배치되는 생각이다.[4]

넷째, 하나님은 인간의 몸은 땅의 흙으로부터 만드셨고, 그들에게 불멸하는 이성적인 영혼을 주셨다.[5] 인간은 영육이 하나로 결합된 존재이다.[6]

다섯째, 하나님은 인간을 하나님의 형상대로 지으셨다. 특별히 청교도들은 하나님의 형상의 내용을 지식과 의와 거룩함이라는 특질에서 찾는다.

---

[4] 자세한 내용은 우병훈, 『기독교 윤리학』(서울: 복있는사람, 2019), 116, 119에서 아우구스티누스의 성(性) 윤리를 다룬 부분을 보라.

[5] 인간이 다른 동물로부터 진화되었다는 사상은 성경이 가르치는 인간 창조의 모습과는 배치된다. 우병훈, "유신진화론의 아담론 비판: 데니스 알렉산더의 견해를 중심으로," 「성경과 신학」 92 (2019), 151-86을 보라.

[6] 영육 통일체로서의 인간에 대한 존 쿠퍼의 설명에 대해서는 아래 글을 보라. 윤철호, 『인간』(서울: 새물결플러스, 2017), 57-89(제 2장, "창발적 전일론의 관점에서 본 성서적 인간론: 존 쿠퍼를 중심으로").

여섯째, 하나님은 인간의 마음에 하나님의 법을 새기셨다. 이것을 "자연법"(lex naturalis)이라고 한다. 청교도들은 모든 인간의 마음에 하나님께서 자연법을 주셨다는 것을 가르쳤다.7 특히 웨스트민스터 신앙고백서 4장 2절에서는 인간에게 의지의 자유를 주셨음을 강조한다.

일곱째, 인간은 하나님의 법에 순종할 수 있는 능력을 받으나, 그것을 상실할 수도 있었다. 청교도들은 이를 "타락할 수도 있는 존재"로 인간을 지으셨다고 표현했다.

여덟째, 하나님은 인간에게 하나님의 법을 주셨을 뿐 아니라, 선악의 지식을 알게 하는 나무를 먹지 말라는 명령도 주셨다. 이 명령을 지키는 동안, 저들은 하나님과 사귀면서 복락을 누렸고, 만물을 다스렸다.

인간의 창조에 대하여 웨스트민스터 신조, 소교리문답과 대교리문답에서 가르치는 내용 중에 중요한 것은 "하나님의 형상"에 대한 내용이다. 세 곳 모두에서 하나님의 형상을 지식과 의와 거룩함으로 파악하며, 세 곳 모두에서 골로새서 3:10과 엡 4:24을 인용한다.8

II. 하나님의 형상론에 대한 로마 가톨릭과 개신교의 차이

---

7 자연법 사상은 흔히 오해되듯이 로마 가톨릭의 전유물이 아니다. 개신교 신학에서도 자연법 사상이 많이 발전하였다. 우병훈, 『기독교 윤리학』, 60, 103-104, 192, 220, 225, 257, 278, 304 등에 실린 자연법에 대한 논의를 보라. 보다 심도 있는 논의는 Stephen John Grabill, *Rediscovering the Natural Law in Reformed Theological Ethics* (Grand Rapids: Eerdmans, 2006); B. Hoon Woo, "Pannenberg's Understanding of the Natural Law," *Studies in Christian Ethics* 25, no. 3 (2012), 346-366을 보라.

8 (골 3:10) 새 사람을 입었으니 이는 자기를 창조하신 이의 형상을 따라 지식에까지 새롭게 하심을 입은 자니라; (엡 4:24) 하나님을 따라 의와 진리의 거룩함으로 지으심을 받은 새 사람을 입으라.

하나님의 형상에 대한 논의는 종교개혁기에 아주 활발했다.[9] 16-17세기 신학자들은 하나님의 형상을 라틴어로 "이마고 데이"(*imago Dei*)라고 불렀다. 때로 이것을 "이마고 디비나"(*imago divina*)라고 하여 "신적인 형상"이라고 표현하기도 했다.

아담과 하와가 하나님의 형상을 따라 창조되었다는 것을 개혁신학자들은 아담과 하와가 하나님을 닮아서 창조된 것으로 설명했다. 그리고 개혁신학자들은 아담과 하와가 타락하게 되었을 때에 하나님의 형상은 상실되었거나 아니면 오직 흔적들(*vestigia*)만 남게 되었다고 보았다. 종교개혁 당시에 로마 가톨릭은 "덧붙여진 은사"(*donum superadditum*)라는 개념을 가르쳤다. 그에 따르면 "신적 형상"은 인간에게 "은사"(*donum*)로 덧붙여졌을 뿐이고, 인간이 본성상 갖고 있는 것은 아니었다. 이와는 달리 종교개혁자들은 개혁파건 루터파건 간에 모두 "신적 형상"은 인간에게 은사 혹은 선물로 주어져 있긴 하지만 인간의 원래의 본성에 내재되어 있는 것이라고 주장하였다. 그래서 그들은 "신적 형상"을 "함께 창조된 은사"(*donum concreatum*)라고 불렀다. 여기에서 말하는 "신적 형상"은 "하나님의 형상"과 같은 개념이며, 그 핵심에는 "원의"(原義; *iustitia originalis*)가 있다. 원의란 인간이 창조될 때 하나님으로부터 받은 원래의 의를 뜻한다.

개신교 신학자들은 루터파와 개혁파 모두 이 원의가 인간이 창조될 때에 인간의 본성(natura)을 구성하는 요소가 되었다고 주장했다. 그래서 그들은 하나님의 형상을 "본성적 은사"(*donum naturale*)라고 부르기도 했다. 그리고

---

9 이하의 내용은 Richard A. Muller, *Dictionary of Latin and Greek Theological Terms: Drawn Principally from Protestant Scholastic Theology*, 2nd ed. (Grand Rapids, MI: Baker, 2017), 158-60("*imago Dei*")을 참조했다.

그것은 은혜로 주어지기에 "그저 주어지는 은사"(*donum gratuitum*)라고 불렀다. 개신교 신학자들에 따르면, 타락은 인간 본성의 구성 요소가 상실되는 것이며, 그 회복은 오직 하나님의 은혜로만 가능한 것이었다. 이에 반하여 중세 후기의 가톨릭 신학자들, 특히 그 중에서도 스코투스주의자들이나 유명론적 신학자들은 "덧붙여진 은사"가 인간의 선행과 순종으로 회복 가능하다고 주장하였다. 그들의 견해는 인간이 구원을 얻는 데 있어서 공로적으로 기여할 수 있다고 보았다는 점에서 반(半)펠라기우스주의라고 부를 수 있다.[10] 이와는 달리 개신교 신학자들은 또한 타락한 인간은 하나님의 형상을 거의 상실했으며, 인간이 스스로의 힘으로는 결코 그 상실한 것을 회복할 수 없다고 주장했다. 그런 점에서 개신교 신학자들은 루터파건 개혁파건 간에 펠라기우스주의를 전적으로 배격했다고 볼 수 있다.[11]

III. 하나님의 형상에 대한 루터파 정통주의의 이해

루터파와 개혁파는 이러한 공통점이 있긴 했지만, 정확하게 하나님의 형상이 무엇인지에 대해서는 둘 사이에 의견이 일치하지 않았다. 루터파 정통주의 신학에서는 마티아스 플라키우스 일리리쿠스(Matthias Flacius Illyricus; 1520-1575)의 주장을 경계하느라 하나님의 형상에 대해 소극적으로 설명하는 경향과 함께, 그것을 기독론적으로 정의하려는 적극적인 움직임이 함께

---

10 이 내용은 Muller, *Dictionary of Latin and Greek Theological Terms*, 2nd ed., 97-98("*donum concreatum*")을 참조했다.

11 16세기 이후의 역사에서 루터파 신학에는 반(半)펠라기우스주의가 여러 가지 모양으로 침투했다. 이에 대해서는 헤르만 바빙크, 『개혁교의학』, 제3권, 박태현 역(서울: 부흥과개혁사, 2011), 646-48을 보라.

나타났다.

플라키우스는 루터파 신학자였다. 그는 오늘날로 치면 크로아티아에 해당하는 지역인 이스트리아(Istria) 출신이었다. 그는 죄의 영향력을 너무나 강하게 설명한 나머지, 아담의 원죄는 인간에게 우연적인 영향력을 갖는 것이 아니라 인간 실체를 변경시키는 결과를 낳았다고 주장했다. 그리하여 그는 원죄로 말미암아 인간 본성이 완전히 변화되어 버렸고, 인간은 악마와 마찬가지로 되어 버렸다고 주장했다. 플라키우스의 이러한 주장은 다른 루터파 신학자들의 맹렬한 비판을 받았다.[12]

플라키우스는 하나님의 형상(形像)을 인간의 "실체적 형상"(實體的形狀; *forma substantialis*)이라고 주장했다. 이에 반하여 루터파 정통주의자들은 하나님의 형상에 대해 실체적 형상(substantial image)과 우연적 형상(accidental image)을 구분하였다. 여기에서 실체적 형상은 그리스도 자신이시며, 우연적 형상은 인간이 처음 창조될 때 그 본성 안에 있는 것으로서 신성과 닮은 요소를 가리킨다.

루터파 정통주의에 따르면, 실체적 형상이란 성부 하나님의 형상과 본질인데, 그것은 삼위의 제2위이신 그리스도께서 자신 안에 소유하고 있는 것이다. 좀 더 적극적으로 표현하자면, 실체적 형상은 바로 성자 하나님 자신이시다. 따라서 루터파 정통주의는 인간이 실체적 형상을 소유한 적도 상실한 적도 없다고 가르쳤다. 그렇게 보자면 타락이 인간 본성의 실체를 파괴하지도 못했을 뿐 아니라, 인간의 구속에서 작용하는 은혜가 그것을 회복하거나 재창조하는 것도 아니게 된다. 오히려 타락은 인간이 가지고 있는 우연적 속성들만을

---

12 자세한 논의는 Philip Schaff, *The Creeds of Christendom, with a History and Critical Notes: The History of Creeds*, vol. 1 (New York: Harper & Brothers, Publishers, 1878), 268-70을 보라.

상실하게 만들었다. 그리고 그것은 구속의 은혜에서 회복된다. 여기에서 말하는 하나님의 형상의 우연적 요소란 은혜의 선물로 정의될 수 있다. 그것은 곧 의, 거룩, 하나님에 대한 지식 등을 뜻한다.

결론적으로 루터파 정통주의에 따르면, 타락으로 말미암아 심각하게 훼손된 하나님의 형상은 의, 거룩, 지혜라는 "원리적 완전성"(principal perfections)이다. 이 세 가지 요소에 루터파 정통주의는 인간의 몸과 영혼에 속한 세 개의 부수적인 속성들을 덧붙였다. 첫째는 불감성(impassibility)인데, 이것은 고통이나 외부로부터 영향을 받아 변하는 것으로부터의 자유를 뜻한다. 둘째는 불멸성인데, 이것은 죽음으로부터 자유를 뜻한다. 하지만 이 때 죽지 않는다는 것은 "죽을 수 없음"(non posse mori)이 아니라, "안 죽을 수 있음"(posse non mori)을 뜻한다. 이러한 불멸성은 원의에 근거한 순종을 통해서 얻게 되는 능력이다. 셋째는 피조물을 다스리는 통치권이나 능력이다. 그것은 하나님의 능력에서부터 기인하는 것인데, 땅의 산물들을 즐길 수 있는 권리를 포함한다.

Ⅳ. 하나님의 형상에 대한 개혁파 정통주의의 이해

개혁파 정통주의자들은 하나님의 형상이 실체적인 것이 아니라 우연적인 것이라는 점에서는 루터파와 동의했다. 그에 따르면 하나님의 형상은 인간에게 전해질 수 있고, 상실될 수도 있는 것이었다. 그러나 개혁파 정통주의자들은 인간 안에 있는 하나님의 형상이 가지는 기독론적 요소를 지나치게 강조하지는 않았다. 또한 그들은 실체적 형상과 우연적 형상을 병치시키면서 설명하지 않았다.

개혁파 정통주의자들은 하나님의 아들이자 삼위일체의 제2위이신 그리스도
는 "보이지 아니하시는 하나님의 형상"(*imago Dei invisibilis*)이시며,[13] 따라
서 "본질적 혹은 본성적 하나님의 형상"(*imago Dei essentialis sive
naturalis*)이라고 부를 수 있다고 보았다. 이때 개혁파 정통주의자들은 그리스
도가 인간의 원형이라는 점에서가 아니라, 하나님과 동등하다는 점에서 그렇다
고 설명했다.

거기에 더하여 개혁파 정통주의자들은 하나님의 형상에 대한 논의에서 제
1차적인 속성, 제2차적인 속성을 구분하지 않았다. 오히려 그들은 인간의 육체
와 영혼을 보다 긴밀하게 결합시켰다. 따라서 개혁파 정통주의자들은 하나님의
형상이 비록 실체적인 것은 아니지만, 인간 전존재의 본질에 속한 것이며,
영혼의 1차적 기능들 즉 지성과 의지에 속한 것이며, 영혼의 모든 능력들과
관련된다고 주장했다. 이런 맥락에서 튜레틴은 하나님의 형상의 고유한 소재지
는 몸이 아니라 영혼이라고 가르쳤다.[14]

개혁파 정통주의자들은 영혼이 육체와 긴밀하게 연결되어 있기에, 하나님의
형상은 영혼뿐 아니라 육체에까지도 관련된다고 주장했다. 가령, 튜레틴은 하
나님의 형상이 어떤 신체적 특징이나 외적인 풍채에도 있지 않다고 주장하면서
도, 하나님의 형상이 인간의 몸과 전혀 관계가 없다고 생각하지는 않았다.
예를 들어 인간의 불멸성은 몸에도 나름대로 반영되어 있기에, 인간의 몸에도
역시 하나님의 형상이 몇 줄기 빛나고 있다고 보았다.[15] 그럼에도 불구하고

---

13 이 부분에 대해서는 Stephen Charnock, *The Knowledge of God*, in *The Complete Works of Stephen Charnock*, vol. 4 (Edinburgh: James Nichol, 1866), 112를 보라.

14 Francis Turretin, *Institutes of Elenctic Theology*, trans. George Musgrave Giger, ed. James T. Dennison, Jr., 3 vols. (Phillipsburg, NJ: P&R Publishing, 1992-1997), 5.10.5. 아래의 한글 번역을 참조했다. 프란키스쿠스 투레티누스, 『변증신학강요』, 박문재·한병수 역(서울: 부흥과개혁사, 2017), 701.

튜레틴은 인간의 몸에서 빛나는 하나님의 형상은 본질적인 것이 아니라 결과적인 것이라고 가르쳤다. "왜냐하면 인간의 모습 자체와 거기에서 생겨난 위엄은 다른 모든 피조물에 대한 인간의 권세, 즉 인간이 사고와 지식에 합당한 영혼을 지니고 있음을 증언해 주는 역할"을 하기 때문이다.[16]

따라서 개혁파 정통주의자들은 하나님의 형상을 거룩이라는 1차적 속성보다는 인간 영혼과 육체의 완전한 지복의 상태와 관련하여 설명하기를 좋아했다. 이러한 측면에서 그들은 루터파 정통주의자들과 마찬가지로 아주 수준 높은 지혜가 하나님의 형상에 속한다고 보았는데, 그것은 하나님에 대한 참된 지식과 인간 자신에 대한 참된 지식을 포함하는 것이었다. 또한 그들은 원의와 창조에 대한 통치권도 역시 하나님의 형상에 포함시켰다.

개혁파 정통주의는 또한 "자유 의지"(혹은 "자유 선택"; *liberum arbitrium*)도 역시 하나님의 형상에 포함되어 있다고 보았다. 그리고 그들은 아담의 타락 이후에 인간의 자유 의지는 훼손되었지만 여전히 인간 안에 남아 있다고 보았다.[17] 자유 의지는 "죄를 안 지을 수 있는(*posse non peccare*) 자유"라는 측면에서 규정된다. 그것은 곧 하나님께 온전히 순종할 수 있는 자유이다. 이러한 자유 속에서 타락 전의 인간은 선을 선택할 수 있었고, 원의를 지속할 수 있었다.

타락 이후에 인간의 의지 자체는 사라진 것이 아니다. 인간의 의지는 영혼의

---

15 Turretin, *Institutes of Elenctic Theology*, 5.10.5; 투레티누스, 『변증신학강요』, 701.

16 Turretin, *Institutes of Elenctic Theology*, 5.10.5; 투레티누스, 『변증신학강요』, 701.

17 코케이우스도 역시 영적 자유와 내적 자유를 구분하면서, 타락한 인간은 영적 자유는 상실하였지만 외적 자유는 여전히 유지하고 있다고 보았다. 여기에서 영적 자유란 하나님께서 요구하시는 선행을 할 수 있는 자유라고 한다면, 외적 자유는 일반적인 시민 생활을 할 수 있는 자유를 뜻한다. 보다 자세한 설명은 아래를 참조하라. B. Hoon Woo, *The Promise of the Trinity: The Covenant of Redemption in the Theologies of Witsius, Owen, Dickson, Goodwin, and Cocceius* (Göttingen: Vandenhoeck & Ruprecht, 2018), 273-76.

기능으로서 여전히 존속한다. 그리고 지성이나 정서도 역시 타락 이후에 사라지지 않았다. 선한 것이 무엇인지를 알 수 있는 능력인 양심(conscientia)도 완전히 없어진 것은 아니었다. 타락 이후에 이러한 것들은 인간 안에서 훼손되고 왜곡되었지만 완전히 없어지지는 않았다. 하지만 의는 박탈되었고 인간은 죄에 노예가 되어 버렸다. 죄는 하나님의 형상의 "상실" 아니 보다 정확하게는 "심각한 훼손"(profound distortion)을 야기했다. 죄는 인간 존재 자체를 없애버리지는 않았지만, 실체 안에 있는 속성들을 굉장히 망가트려 버렸다.

따라서 개혁파 정통주의자들은 "내재적 하나님의 형상"(*imago Dei intrinseca*)과 "외재적 하나님의 형상"(*imago Dei extrinseca*)을 구분했다. 내재적 하나님의 형상이란 지성, 의지, 감정, 양심 등과 같은 능력들을 가리킨다. 외재적 하나님의 형상이란 이러한 능력들이 의, 거룩, 순결의 상태에 있는 것을 가리킨다. 전자는 하나님의 형상을 추상적이고 형이상학적으로 고려한 것이라면, 후자는 그것을 구체적이고 윤리적으로 고려한 것이다. 내재적 하나님의 형상은 인간의 본질로서 타락 이후에도 여전히 남아 있다. 하지만 외재적 하나님의 형상은 타락 이후에 분명히 상실했다.

개혁파 정통주의자들은 하나님의 은혜로 중생한 사람이라고 해서 타락 시에 인간이 상실한 모든 것을 다 회복하지는 못한다고 보았다. 물론 성령께서는 중생을 통하여 원의의 일부와 인간 자신에 대한 지식의 일부를 회복시켜 주신다. 다시 말해서 성령의 역사를 통하여 "영적인 하나님의 형상"(*imago Dei spiritualis*)이 회복되는 것이다. 하지만 온전한 회복은 예수님의 재림 이후에야 가능하게 된다.

루터파 정통주의와 개혁파 정통주의의 공통점이 하나 더 있는데, 그들 모두 아담이 어떤 점에서는 불멸성 즉 "죽지 않을 수 있음"을 소유했다고 보았다는 것이다. 루터파와 개혁파 모두 그러한 불멸적 능력을 하나님의 형상에는 포함시키지는 않았다. 오히려 그들은 그 능력이 자유 의지를 올바르게 사용할 때에만 지속된다고 주장했다. 그렇기에 불멸성은 의의 결과인 것이다. 개혁파 정통주의에 따르면, 그러한 불멸성은 육체적 변화와 연결된 육체의 죽음을 배제하지 않는다. 그리고 그 불멸성은 계속 유지되어야 하는 것이며, 타락으로 인해 상실될 수 있는 것이었다. 아담이 최초에 지녔던 불멸성은 하나님의 형상에서 파생되는 것이지, 하나님의 형상의 한 측면인 것은 아니라고 그들은 설명했다. 여기에서 루터파 정통주의와 개혁파 정통주의가 차이가 난다. 루터파 정통주의는 파생적 속성을 육체에 주로 속한 제2차적 완전성에 포함시켰는데, 개혁파 정통주의는 그와 같은 구분을 하지 않았기 때문이다.[18]

V. 하나님의 형상과 자연적 믿음, 영적 지식, 그리고 예배

청교도들은 아담이 하나님의 형상에 따라 지음 받은 것을 매우 강조하였다. 토마스 굿윈은 아담이 하나님의 형상으로 지음을 받았다는 사실에서, 아담이 "자연적 믿음" 혹은 "본성적 믿음"을 소유하고 있었다고 추론했다.[19] 매튜 바커(Matthew Barker)는 아담은 그 자신 안에 심겨진 하나님의 말씀(implanted Word of God)과 피조물을 통해 주어지는 계시로 말미암아 하나님에 대한 지식을 갖고 있었다고 가르쳤다.[20] 안토니 벌지스는 아담이 자연적으로 하나님

---

18 이상의 내용은 Muller, *Dictionary of Latin and Greek Theological Terms*, 2nd ed., 158-60("imago Dei")을 참조하고 나의 설명을 덧붙였다.
19 Goodwin, "Of the Creatures," *Works*, 7:54-60. Joel R. Beeke and Mark Jones, *A Puritan Theology: Doctrine for Life* (Grand Rapids, MI: Reformation Heritage Books, 2012), 227에서 재인용.

의 형상을 가지고 있었지만, 그렇다고 해서 그에게 초자연적인 은혜가 주어지지 않은 것은 아니라고 설명하였다.[21] 존 볼은 아담이 하나님의 형상으로 지음 받았기에 그에게는 삼위 하나님으로부터 주어지는 신적인 특질들이 가득했으며, 그리하여 하나님의 뜻에 전적이고, 자발적이고, 정확하게 순종할 수 있는 능력이 있었다고 가르쳤다.[22] 굿윈은 아담 안에 있던 하나님의 형상으로 말미암아 아담이 에덴동산에서 자연적으로 약속과 경고들을 알았다고 본다. 그에 따르면, 생명나무와 선악을 알게 하는 나무는 이미 주어져 있는 지식을 더 강화시키는 역할을 했다는 것이다.[23]

웨스트민스터 총회 참석자들 가운데 비교적 잘 안 알려져 있는 사람인 존 메이나드(John Maynard; 1600-1665)는 하나님의 형상에 대해 많이 다룬 책인 『창조의 아름다움과 질서』라는 작품을 썼다. 거기에서 메이나드는 아담이 하나님의 형상대로 지음 받았기에 자연적으로 하나님을 경외하고 사랑할 수 있었으며, 첫 언약에 주어진 의무들을 수행할 수 있는 능력이 있었다고 주장했다.[24] 이처럼 청교도들은 아담이 하나님의 형상으로 지음 받았다는 사실을 여러 측면에서 설명하였는데, 특히 아담이 본성적으로 갖고 있었던 믿음과 영적 지식에 대해 강조했다.

청교도들은 아담이 타락하기 전에는 하나님을 자연적으로 믿는 믿음을 갖고

20 Matthew Barker, *Natural Theology* (London: N. Ranew, 1674), 4. Beeke and Jones, *A Puritan Theology*, 13에서 재인용.

21 Anthony Burgess, *The Doctrine of Original Sin* (London, 1658), 126-27. Beeke and Jones, *A Puritan Theology*, 204에서 재인용.

22 John Ball, *A Treatise of the Covenant of Grace* (London, 1645), 11. Beeke and Jones, *A Puritan Theology*, 222에서 재인용.

23 Goodwin, "Of the Creatures," *Works*, 7:46-47. Beeke and Jones, *A Puritan Theology*, 222에서 재인용.

24 John Maynard, *The Beauty and Order of the Creation* (London, 1668), 132, 190. Beeke and Jones, *A Puritan Theology*, 222에서 재인용.

있었지만, 타락 이후에 그것을 상실했다고 보았다. 그리하여 타락 이후에 아담에게 필요한 믿음은 오직 하나님의 은혜의 역사로만 주어지는 초자연적 믿음이었다.[25]

존 오웬은 하나님의 형상을 예배와 연관시킨다. 그에 따르면, 하나님의 형상은 '인간'과 '짐승'을 구분시키는데, 그 중에 중요한 요소가 바로 하나님을 예배드리는 능력이다. 오웬이 쓴 『대교리문답』 4문답은 이렇게 되어 있다.

> 문. "사람은 하나님께서 요구하시는 섬김과 예배를 수행할 수 있었습니까?
> 답. 예. 힘껏 수행할 수 있습니다. 그것은 순결함, 순전함, 의, 거룩함 속에서 하나님의 형상으로 정직하게 지음을 받았기 때문입니다.

오웬에 따르면, 하나님의 형상은 무엇보다 예배할 수 있는 능력과 관련된다. 최초의 인간이 가진 영적 특질들은 바로 하나님께 올바르게 예배드리기 위한 특질들이었다.[26]

VI. 아담의 타락 이후 하나님의 형상의 잔존

오웬은 타락한 인간이 하나님의 형상을 상실하였다고 주장하였다. 그는 1679년 작품인 『기독론』에서 이렇게 주장한다.

---

[25] Goodwin, "Of the Creatures," *Works*, 7:56. Beeke and Jones, *A Puritan Theology*, 227에서 재인용.

[26] Sinclair B. Ferguson, *John Owen on the Christian Life* (Edinburgh: Banner of Truth Trust, 1987), 156-58. Beeke and Jones, *A Puritan Theology*, 670에서 재인용.

죄로 말미암아 우리는 하나님의 형상을 상실했고, 그로써 하나님과 함께 하는 모든 은혜로운 승인 즉 그분의 사랑과 호의 안에 있는 모든 유익도 상실했다. 우리가 앞에서 선언한 것처럼, 우리가 회복될 때에 이 형상은 다시 우리에게 복원될 것인데 다시 말해 우리는 하나님의 모양으로 새롭게 될 것이다.[27]

또한 오웬이 쓴 대교리문답 제8장("타락한 본성의 상태에 관하여")의 제 1문에 대한 추가적 해설에서도 그는 타락한 인간이 하나님의 영광스러운 형상과 순결과 거룩을 상실(loss) 하였다고 적고 있다.[28]

오웬의 견해는 다수의 개혁신학자들과는 다른 견해였다. 더 많은 개혁신학자들은 타락한 인간에게 하나님의 형상이 부분적으로 상실되었지만, 부분적으로는 훼손된 채로 유지된다고 보았기 때문이다.[29] 대표적으로 튜레틴은 하나님의 형상이 타락한 자들에게도 여전히 남아 있다고 주장하였다.[30] 먼저 튜레틴은 하나님의 형상이 성경에 네 가지 종류로 언급된다는 것을 지적한다.

---

27 Owen, "Christologia," *Works*, 1:218: "We had by sin lost the image of God, and thereby all gracious acceptance with him,—all interest in his love and favour. In our recovery, as we have declared, this image is again to be restored unto us, or we are to be renewed into the likeness of God." Beeke and Jones, *A Puritan Theology*, 671(한역 765쪽)을 보라.

28 Owen, *The Works of John Owen* (1862), 1:477("Loss of God's glorious image, innocency and holiness").

29 이에 대한 자세한 논의는 아래 논문을 보라. Suzanne McDonald, "The Pneumatology of the 'Lost' Image in John Owen," *The Westminster Theological Journal* 71, no. 2 (Fall 2009), 323–35(특히 324n5). 오웬은 하나님의 형상과 모양이라는 개념을 서로 동의어처럼 사용했고, 그것이 타락 시에 상실되었으며, 오직 은혜로만 회복될 수 있다고 보았다 (McDonald, 앞 논문, 325).

30 Turretin, *Institutes of Elenctic Theology*, 1:464–73(5.10.7–5.11.17); 611–13(9.7.16–9.8.8).

2. 우리는 성경이 네 가지의 하나님의 형상을 언급한다는 것을 전제해야 한다. 첫 번째는 "보이지 아니하는 하나님의 형상"('에이콘 투 테우 아오라투', 골 1:15)이라 불리는 하나님의 아들이고, 두 번째는 "하나님의 형상을 따라" 지음 받았다고 하는 아담이며, 세 번째는 "자기를 창조하신 이의 형상을 따라 지식에 까지 새롭게 하심을 입은"(골 3:10) 자들이라 불리는 거듭난 자들이고, 네 번째는 여자와 대비해서 특별한 방식으로 "하나님의 형상"이라 불리는 남자다(고전 11:7). 하나님의 아들은 성부와 수적으로 동일한 본질을 지니고 완벽하게 동등성을 지닌 "본질적인 형상"이고, 아담은 본성과 은사들과 상태와 관련해서 완전히 동일하지는 않으며 또한 불완전한 유사성을 지닌 "비본질적이고 유비적인 형상"이며, 거듭난 자들은 초자연적인 은사들과 관련해서 "영적인 형상"이고, 여자와 대비되는 남자는 그가 자신의 아내에 대해 지니는 권세와 관련해서 "권위의 형상"이다.[31]

튜레틴이 제시한 하나님의 형상에 대한 정의들 가운데 중요한 점은 하나님의 아들이 지닌 형상과 인간이 지닌 형상을 구분한다는 것이다. 튜레틴은 인간이 지닌 하나님의 형상은 타락 이후에도 여전히 남아 있다고 주장한다.

16. 아담은 타락 후에도 여전히 하나님의 형상을 지니고 있었고, 오늘날 그의 자손들도 마찬가지다. 왜냐하면 그들이 하나님의 형상대로 지음 받은 자들이라고 말해지기 때문이다. 하지만 이것은 절대적으로가 아니라 오직 상대적으로, 즉 그 형상의 몇몇 자연적인 잔재들을 가리키는 것으로 이해해야 한다. 신령하고 초자연적인 특질들은 분명히 상실되었고 중생의 은혜로 말미암아서만 우리에게 회복되기 때문이다.[32]

---

31 Turretin, *Institutes of Elenctic Theology*, 5.10.2; 투레티누스, 『변증신학강요』, 1:700 (번역을 약간 수정함).
32 Turretin, *Institutes of Elenctic Theology*, 5.10.16; 투레티누스, 『변증신학강요』, 1:705

물론 튜레틴은 아담이 타락으로 말미암아 하나님의 형상을 상실했다고도 가르친다.[33] 그것은 하나님의 형상을 원의와 동일하게 볼 때 그런 표현을 쓴 것이다. 특히 튜레틴은 하나님의 형상이 타락 이후에도 여전히 동일하게 남아 있다고 주장하는 소키누스파를 반박하면서, 타락한 인간에게 하나님의 형상은 상실되었다고 주장하였다. 하지만 그와 동시에 튜레틴은 하나님의 형상이란 개념이 종종 좀 더 넓은 개념으로 사용되었고, 그런 의미에서는 타락한 인간에게도 여전히 하나님의 형상이 잔존한다고 가르쳤다.[34] 이처럼 하나님의 형상이 인간의 타락 이후에도 상대적으로 혹은 잔재적으로 남아 있다고 보는 것이 다수 개혁신학의 입장이었다.[35]

칼빈도 역시 그러한 입장을 취하였다. 칼빈은 하나님의 형상이 죄인에게도 여전히 남아있지만, 너무나 오염되어서 흉측하게 되어버렸다고 주장한다.[36] 이런 상황에 대해서 칼빈은 한편으로는 죄로 말미암아 인간 안에 있는 "하늘의 형상이 지워졌다"고 한다.[37] 하지만 다른 한편으로 칼빈은 타락 이후에도 하나님의 형상의 표지들을 볼 수 있고, 이것이 인간을 다른 피조물과 구별되게 한다고 주장한다.[38] 그렇기에 칼빈은 살인이 모든 사람에게 부여된 하나님의

(번역을 약간 수정함).

33 Turretin, *Institutes of Elenctic Theology*, 9.8.1; 투레티누스, 『변증신학강요』, 1:909.

34 Turretin, *Institutes of Elenctic Theology*, 9.11.6; 투레티누스, 『변증신학강요』, 1:945.

35 이에 대한 구체적인 설명은 앤서니 후크마, 『개혁주의 인간론』, 이용중 역 (서울: 부흥과개혁사, 2012), 제 3-5장을 보라.

36 Calvin, *Institutes*, I.xv.4.

37 Calvin, *Institutes*, II.i.5.

38 Calvin, *Institutes*, II.ii.17. 여기에서 칼빈은 타락 이후에 하나님의 일반은혜(*generalem Dei gratiam*)이 퇴색되지 않는다고 주장한다. 아울러, 크루쉐는 "[칼빈에 따르면] 하나님의 형상으로 지음 받은 인간은 타락으로 인해 동물이 되지는 않았다!"라고 적고 있다. 베르너 크루쉐, 『칼빈의 성령론』, 정일권 역, 우병훈 감수(부산: 고신대학교개혁주의학술원, 2017), 109.

형상과 그것을 담고 있는 육체와 나아가서 영혼을 해치는 것이라 설명하는 것이다.**39** 종합하자면, 칼빈은 타락한 인간의 본성이 어느 한 부분도 부패하고 사악하지 않은 곳이 없다고 말하지만, 형상이 여전히 잔재하는 것으로 보았다고 정리할 수 있다.**40**

청교도 신학에 따르면, 아담과 하와는 하나님의 형상의 담지자였긴 하지만 여러 면에서 하나님과 달랐다. 그 중에 하나가 바로 가변성(mutability)이었다.**41** 아담과 하와는 선하게 창조되었지만 타락할 수도 있었다. 그들은 "죄를 지을 수 없는(*non posse peccare*) 존재"는 아니었다. 그들은 완성을 향해 나아가야 했다. 하지만 그들은 실패하고 말았다. 타락한 것이다(창 3).

타락은 아담과 하와의 본성에 심각한 결과를 초래했다. 그들이 갖고 있었던 하나님의 형상은 죄로 말미암아 훼손되었다. 이에 대하여 웨스트민스터 신앙고백서 제6장 2절과 4절이 자세하게 설명한다. 그에 따르면 원죄(原罪)로 말미암아 인간은 원의(原義)를 상실하였고, 하나님과의 교제를 잃어버렸다(창 3:6-8; 전 7:29, 롬 3:23). 그들은 죄로 인하여 죽었다(창 2:17, 엡 2:1). 그들의 영혼과 몸은 모든 부분들과 모든 능력들이 다 훼손되었다(딛 1:15, 렘 17:9, 롬 3:10-18). 이러한 원죄로 말미암아 인간은 모든 선한 일을 할 능력을 상실했다(롬 5:6, 8:7, 7:18; 골 1:21). 그리고 악으로 기울었다(창 6:5, 8:21; 롬 3:10-12). 그리하여 모든 자범죄를 짓게 되었다(약 1:14-15, 엡 2:2-3, 마 15:19).

하지만 인간에게는 여전히 하나님의 형상의 잔재들이 남아 있다. 그것을 과대평가할 수는 없다. 영적으로 인간은 철저하게 무능력해졌기 때문이다. 하

---

39 Calvin, *Institutes*, II.viii.40.
40 Calvin, *Institutes*, II.iii.1.
41 Beeke and Jones, *A Puritan Theology*, 204.

지만 그럼에도 불구하고 하나님은 불신자에게조차 하나님의 형상의 모든 것을 다 박탈하지는 않으셨다. 흥미롭게도 스트롱은 이것을 은혜 언약의 한 측면에서 파악한다. 불신자들조차도 은혜 언약 덕분에 그리스도로부터 오는 빛을 받아 누린다는 것이다.[42] 그렇게 보자면, 소위 "신칼빈주의"(Neo-Calvinism)에서 말하는 "일반 은혜"(common grace)도 그 자체로 생각하기보다는 은혜 언약의 빛 아래에서 생각하는 것이 좋아 보인다.[43] 은혜 언약이 시행되는 데에는 일반 은혜적 측면이 또한 필요하기 때문이다.[44]

VII. 인간에 대한 윌리엄 에임스의 교리

1. 윌리엄 에임스의 생애

윌리엄 에임스는 라틴어로 "아메시우스"(Amesius)라고 불리기도 한다. 그의 인간론을 소개하기 전에, 그의 생애를 잠시 살펴보는 것이 그의 신학을

---

42 William Strong, *A Discourse of the Two Covenants* (London: J. M. for Francis Tyton and Thomas Parkhurst, 1678), 16. Beeke and Jones, *A Puritan Theology*, 234에 서 재인용.

43 "일반 은혜"란 신자와 불신자에게 공통으로 주어지는 은혜를 뜻한다. 아브라함 카이퍼는 일반 은혜를 노아 언약의 연장선상에서 파악하였다(아브라함 카이퍼, 『일반은혜』, 임원주 역 (서울: 부흥과개혁사, 2017), 47). 하나님은 피조물을 보존하시며, 불신자들에게도 역시 자비를 베푸신 다. 그것이 일반 은혜의 중요한 측면이다. 그런데 청교도 신학에 따르면, 이런 일반 은혜는 은혜 언약의 시행에 따른 종속적 차원에서 생각할 수 있다. 은혜 언약이 제대로 시행되려면 일반 은혜가 전제가 되어야 하기 때문이다.

44 여러 학자들이 지적하는 바와 같이, 아브라함 카이퍼는 특별 은혜와 일반 은혜를 너무 나누고서 은혜의 이중적 출처로 창조주 하나님과 구원자 하나님을 너무 강하게 구분한 문제가 있다고 한다면, 헤르만 바빙크는 보다 삼위일체적인 관점에서 특별 은혜와 일반 은혜를 파악하여 카이 퍼 사상의 단점을 극복했다고 평가할 수 있다. 헤르만 바빙크, 『개혁교의학』, 제3권, 박태현 역(서울: 부흥과개혁사, 2011), 266-67(#347)을 보라.

이해하는 데 도움이 될 것이다. 윌리엄 에임스는 1576년 서포크(Suffolk)의 입스위치(Ipswich)에서 아버지 윌리엄 에임스(같은 이름을 가짐)와 조앤 스넬링(Joane Snelling) 사이에 태어났다. 그는 어려서부터 매우 철저한 청교도 교육을 받았다.[45] 그는 1594년 캠브리지 대학의 크라이스트 칼리지(Christ College)에 입학했는데, 당시에 그 학교는 청교도와 라무스주의 철학의 중심지였다. 에임스는 1598년에 문학사 학위를 받고, 1601년에 문학석사 학위를 받았다. 그는 크라이스트 칼리지에서 가르쳤고, 목사 안수도 받았다. 이 무렵 그는 윌리엄 퍼킨스(William Perkins)의 설교를 듣고 극적인 회심을 경험한다.[46] 이러한 심오한 영적 체험을 한 이후에 에임스는 "사람은 좋은 윤리가(bonus ethicus)는 되었어도 여전히 좋은 신학자(bonus Theologus)가 안 될 수 있다."라는 명언을 남겼다.[47]

1604년 이후로 제임스 왕의 청교도 박해가 심해지자, 에임스는 1610년에 신앙과 학문의 자유를 찾아 네덜란드로 갔다. 그리고 여생을 거기에서 망명자로 보냈다. 네덜란드에서 에임스의 명성은 널리 알려졌다. 그는 "홀랜드의 아우구스티누스", "아르미니우스주의자들에 대한 망치" 등의 별명을 얻었다.[48] 1618-1619년에 네덜란드에서는 아르미니우스주의 신학을 견지했던 항론파 때문에 도르트 총회(The Synod of Dort)가 열렸다. 에임스는 이미 아르미니우스주의자들을 논박하는 책들을 많이 냈으므로, 이 총회에 자문위원 격으로

---

45 에임스의 생애에 대해서는 아래를 보라. Joel R. Beeke and Randall J. Pederson, *Meet the Puritans: With a Guide to Modern Reprints* (Grand Rapids, MI: Reformation Heritage Books, 2006), 39-45.

46 Beeke and Pederson, *Meet the Puritans*, 39.

47 William Ames, *Fresh Suit Against Human Ceremonies* (1633), 1:131; Beeke and Pederson, *Meet the Puritans*, 39-40에서 재인용.

48 *Oxford Dictionary of National Biography*, 1:943; Beeke and Pederson, *Meet the Puritans*, 41에서 재인용.

초청을 받았다. 17세기에는 에임스나 굿윈과 같은 청교도들의 많은 작품들이 네덜란드어로 번역되었다. 이런 점들을 고려한다면 네덜란드의 개혁신학의 발전에 있어서 청교도의 영향은 무시할 수 없다.

1622년에 에임스는 프리슬란트(Friesland) 지역의 비교적 신생대학이었던 프라네커 대학(Franeker University)의 신학 교수가 된다. 에임스의 신학이 집대성 된 책은 『신학의 정수』(*The Marrow of Theology*)이며, 이 책 외에도 『양심론』(*De conscientia*)이라는 유명한 작품이 있다. 그는 "라무스 철학"(Ramism)을 신학에 적용하여 크게 발전시켰다.49 요한네스 코케이우스 (1603-1669), 기스베르투스 푸티우스(1589-1676), 페트루스 판 마스트리히트(1630-1706)는 에임스로부터 많은 배움을 얻었던 대표적인 개혁신학자들이다.50 비록 에임스는 윌리엄 퍼킨스의 제자들 가운데 가장 중요한 인물로 손꼽히곤 했으나, 안타깝게도 생전에 자신의 조국인 잉글랜드에서는 큰 영향력을 갖지 못했다. 그러다가 점차로 에임스의 작품들은 영향력이 증대되어, 청교도 신학에 큰 영향을 끼쳤다.51

2. 윌리엄 에임스의 인간론

윌리엄 에임스의 『신학의 정수』는 청교도 신학을 가장 잘 알려주는 책 중에 하나이다. 토마스 굿윈은 『신학의 정수』를 가리켜서 "성경 다음으로, 세상에서 가장 훌륭한 책"이라는 평가를 남겼다.52 이 책에서 에임스는 창조 교리를

---

49 라무스주의에 대해서는 아래를 보라. 우병훈, "스코틀랜드 최초의 언약신학자, 로버트 롤록의 생애와 신학," 『칼빈 이후 영국의 개혁신학자들』, 개혁주의 신학과 신앙 총서, 제10집(2016), 117-18.

50 푸티우스에 대해서는 아래 논문을 보라. 우병훈, "기스베르투스 푸티우스(1589-1676)의 신학 교육론," 『종교개혁과 교육』, 개혁주의 신학과 신앙 총서, 제11집(2017), 101-135.

51 Beeke and Pederson, *Meet the Puritans*, 45.

52 Beeke and Pederson, *Meet the Puritans*, 45.

다루면서 인간에 대한 교리를 설명한다.[53] 먼저 에임스는 창조의 6일을 순서대로 설명하면서 이러한 순서에서는 하나님의 지혜와 능력, 선이 풍부하게 나타난다고 가르친다(1.8.57).[54] 그에 따르면, 하나님의 지혜는 다음과 같은 네 가지 점에서 분명하게 드러난다.

첫째, 단순한 원소들이 복합적인 사물보다 먼저 창조되었다는 점에서 하나님의 지혜가 나타난다(1.8.58). 둘째, 하나님의 지혜는 창조 시에 단순한 사물들 중에서도 보다 완전하고 하나님의 본성에 가장 가까운 것이 먼저 만들어졌다는 점에서도 드러난다. 셋째, 오직 존재만 가진 것이 먼저 창조되었고, 그 다음에는 존재뿐만 아니라 생명을 지니고 있는 것이, 그 다음에는 존재와 생명뿐만 아니라 감각을 지니고 있는 것들이, 그리고 마지막으로는 존재, 생명, 감각 이외에도 이성을 가지고 있는 것들이 창조되었다는 점에서 하나님의 지혜가 드러난다. 넷째, 단순한 것들은 보다 완전한 것으로부터 보다 덜 완전한 것의 순서로 창조되었고, 복잡한 것들은 보다 덜 완전한 것으로부터 보다 완전한 것의 순서로 창조되었다는 점에서 하나님의 지혜가 충분히 드러난다. 예를 들어 복잡한 피조물 중에서 풀들이 인간보다 먼저 창조되었다는 점에서 하나님의 지혜가 나타나는 것이다.

이와 더불어 에임스는 창조에 있어서 "하나님의 능력"이 풀과 채소와 나무가 통상적으로는 이들의 생장(生長)에 원인이 되는 태양과 별들보다 먼저 창조되었다는 점에서 나타난다고 주장한다(1.8.59). 그리고 그는 창조 시에 "하나

---

53 창조론은 『신학의 정수』의 제 1권, 제 8장에 나온다. 우리말 번역으로 아래의 책을 참조하라. 윌리엄 에임스, 『신학의 정수』, 서원모 역(서울: 크리스챤다이제스트, 2007). 윌리엄 에임스의 신학에 대한 전반적인 설명은 아래를 보라. Billy Kristanto, "William Ames and His Contribution to Evangelical Theology," *Evangelical Review of Theology* 39, no. 4 (2015), 343-55. 이 논문의 346-47쪽에는 인간론에 대한 설명이 나와 있다.

54 이 괄호 안의 숫자를 표현해서, 이하에서 에임스의 『신학의 정수』를 '권, 장, 절'의 순서로 괄호 안에 인용한다. 그리고 서원모 역을 참조하여 내용을 정리하고 설명한다.

님의 선"은 하나님께서 동물보다 그들의 서식지를 먼저 창조하시고, 피조물보다 음식을 먼저 창조하시고, 인간에게 유용한 것들을 인간보다 먼저 창조하셨다는 점에서 잘 나타난다고 가르친다(1.8.60).

이제 에임스는 인간에 대해 다룬다. 그에 따르면, 모든 피조물들의 마지막인 인간은 모든 것들의 총화이며, 절대적으로도 일시적으로도 완전하다(1.8.61). 그는 절대적인 완전은 인간의 영혼에서 발견되며 일시적인 완전은 인간의 몸에서 발견된다고 주장한다(1.8.62). 이처럼 인간의 영혼을 몸보다 더 우선시 하는 것은 교부신학 이후로 기독교 신학에서 계속 이어지는 전통이었다. 사실 이것은 예수님께서 가르치신 내용이다. 마태복음 10:28에서 예수님은 "몸은 죽여도 영혼은 능히 죽이지 못하는 자들을 두려워하지 말고 오직 몸과 영혼을 능히 지옥에 멸하실 수 있는 이를 두려워하라."고 말씀하신다. 야고보서는 "영혼 없는 몸이 죽은 것"이라고 가르친다(약 2:26). 이런 말씀에서 몸에 비해서 영혼이 가지는 우선성이 드러난다고 볼 수 있다. 그렇다고 해서 성경이 영혼과 몸에 대해 이원론적인 입장을 취하여 영혼만 소중하고 몸은 아무렇게나 해도 된다는 영지주의적인 가르침을 주는 것은 아니다. 성경은 인간의 육체 또한 소중하게 생각한다. 인간의 육체 또한 하나님의 피조물이며, 하나님께서 만드신 모든 만물은 선하기 때문이다.

에임스는 인간이 일시적으로 완전한 피조물들 중의 마지막이며, 동시에 모든 피조물들 위에 있었다고 주장하는데, 여기에서 말하는 "일시적으로 완전한 피조물들"은 하나님과 대조가 되지만 여전히 완전성을 갖춘 선한 피조물의 상태를 뜻한다(1.8.62).

인간은 다른 피조물들과는 상이한 방식으로 창조되었다(1.8.63). 왜냐하면 인간은 보다 위대한 계획과 심사숙고로써 지어졌기 때문이다(창 1:26). 인간의 몸이 먼저 준비되고 이후에 영혼이 불어넣어졌다(창 2:7). 몸은 원소적 질료로 만들어졌지만 영혼은 이미 존재하는 질료가 아니라 하나님의 직접적인 능력에 의해 만들어졌다(1.8.64).

특별히 에임스는 인간의 탁월성을 여러 가지로 강조한다. 무엇보다 인간이 하나님의 형상을 담지했다는 점이 인간의 탁월성을 보여준다(1.8.65). 에임스에 따르면, 어떤 것이 형상이 되기 위해서는 세 가지 내용이 요청된다. 첫째, 형상이란 어떤 것과 유사해야 한다. 둘째, 형상은 모사(模寫)로서 어떤 것을 모방함으로써 형성되고 구형되어야 한다. 셋째, 형상은 특정한 본성에 있어서든, 최고의 완전성에 있어서든 유사성이 존재해야 한다(1.8.66).

에임스는 인간 이외의 피조물들에서는 하나님의 형상이 발견될 수 없고 다만 그 그림자나 흔적만을 발견할 수 있을 뿐이라고 가르친다(1.8.67). 하나님의 형상에 대한 진정한 기초는 인간에게서 발견된다(1.8.68). 그러나 에임스는 분명히 주장하기를 인간이 "하나님의 완전한 형상"은 아니라고 본다. 왜냐하면 하나님의 완전한 형상은 오직 하나님의 아들에게서만 존재하기 때문이다(골 1:15, 히 1:3). 인간 안의 하나님의 형상은 인간이 자신의 분수 안에서 하나님의 최고 완전성에 일치하는 것을 의미한다(1.8.69).

에임스에 따르면, 하나님의 형상은 인간에게 본래적이다(1.8.70). 하나님의 형상은 부분적으로는 인간의 본성 자체이며, 부분적으로는 본성의 원리들과 완전의 결과이며, 부분적으로는 그리고 어떤 방식으로는 본성의 행동이다. 그렇게 보자면, 인간 안에 있는 하나님의 형상은 내적이고 동시에 외적이라고 할 수 있다(1.8.71). 에임스는 이에 대해서 좀 더 설명한다.

첫째, 내적인 측면에서 본 하나님의 형상은 몸과 영혼의 완전성이다. 몸의 완전성(1.8.72)은 하나님의 의지에 부합되는 아름다움과 유용성의 구현에서 나타난다(창 2:25, 롬 6:13). 영혼의 완전성(1.8.73)은 그 불멸의 본성에 있다. 또 영혼의 완전성은 자신의 행동들에서, 즉 지성과 의지에서의 자유를 구가하게 하는 능력뿐만 아니라 인간이 올바르게 살아갈 수 있도록 하고 이에 부합되게 하는 은사들 즉 지혜, 거룩, 의의 수여에서도 나타난다(엡 4:24, 골 3:10). 이처럼 에임스는 하나님의 형상을 영혼에서부터 파악하며, 특히 지혜, 거룩, 의라는 측면에서 하나님의 형상을 정의한다.

둘째, 외적인 측면에서 본 하나님의 형상(1.8.74)은 하나님의 영광과 자신의 필요를 위해 다른 피조물들을 자유롭게 활용하는 피조물에 대한 인간의 지배로 구성된다(창 1:26, 2:19-20). 인간은 땅을 경작하고 땅의 식물들로부터 음식을 구하도록 위임받았다(창 2:15)고 에임스는 주장한다(1.8.75). 그는 여기에서 피조물들이 자신들의 주인인 인간에게 다가오게 되었고 주인으로서 인간에게 이름들이 부여되었다(창 2:19)는 사실을 중요하게 지적한다(1.8.76). 그가 에덴에 살도록 하신 하나님의 뜻도 바로 거기에 있다(1.8.77).[55]

에임스가 주장한 내용 중에 피조물에 대한 인간의 지배를 하나님의 형상으로 보는 내용에 대해서 생각해 볼 필요가 있다. 칼빈은 『기독교 강요』 1.15.4에서 아래와 같이 적고 있다.

> 하나님의 모양은 모든 것의 상속자며 소유자로서 세움을 받은 사람에게 양도된 통치권에 자리한다고 여기고 오직 그 표지만으로 사람이 하나님과 닮기라도 하듯이 주장하는 사람들의 의견에는 어떤 개연성도 없다. 하나님의 형상은 사람 밖에서가 아니라 사람 안에서 찾아야 한다. 실로 그것은 영혼의 내적 선(善)이다.[56]

---

55 위의 서원모 역에는 1.8.77이 빠져 있다. 그리고 1.8.76의 성경 구절이 잘못 인용되어 있다.
56 칼빈, 『기독교 강요』, 문병호 역(서울: 생명의말씀사, 2020), 1:427(1.15.4).

그러나 칼빈은 하나님의 형상을 외적인 측면에서만 찾으려고 하는 사람들을 비판하기 위해 이런 표현을 쓴 것이다. 창세기 1:26에 대한 자신의 주석에서는 칼빈은 땅을 다스리는 인간의 통치가 비록 적은 분량이기는 하지만 하나님의 형상의 어느 정도를 점하고 있다는 것을 기꺼이 인정하고 있기 때문이다.[57] 따라서 종합적으로 판단하자면 칼빈 역시도 피조물에 대한 인간의 지배를 하나님의 형상의 한 부분으로 인정하는 것을 알 수 있다.[58]

에임스에 따르면, 이러한 일들이 결합되어 인간의 완전성(perfection)은 완성되었다. 여기에서 말하는 "완전성"이란 인간을 완전하게 하는 속성을 뜻한다. 그 완전성으로부터 일정한 하나님의 형상 혹은 신적 완전성이 연원되었다 (1.8.78).

이어서 에임스는 인간이 남자와 여자로 지음 받은 사실에 대해 설명한다 (1.8.79). 인간의 창조는 남자와 여자로 이루어졌고, 그들 모두는 무(無)로부터 지어졌다. 남자의 몸은 다른 원소들과 함께 흙으로부터 만들어졌고 여자의 몸은 남자로부터 만들어졌다. 이것은 인간의 안녕을 위해 어떤 것도 빠뜨리지 않게 하시려는 하나님의 의도였다(고전 11:8, 9).[59] 에임스의 인간론에서 남성

---

57 John Calvin, *Commentary on the First Book of Moses Called Genesis*, vol. 1, trans. John King (Bellingham, WA: Logos Bible Software, 2010), 94: "The exposition of Chrysostom is not more correct, who refers to the dominion which was given to man in order that he might, in a certain sense, act as God's vicegerent in the government of the world. This truly is some portion, though very small, of the image of God. Since the image of God has been destroyed in us by the fall, we may judge from its restoration what it originally had been. Paul says that we are transformed into the image of God by the gospel. And, according to him, spiritual regeneration is nothing else than the restoration of the same image. (Col. 3:10, and Eph. 4:23.) That he made this image to consist in 'righteousness and true holiness,' is by the figure synecdoche; for though this is the chief part, it is not the whole of God's image." (밑줄은 필자의 것)

58 안토니 후크마, 『개혁주의 인간론』, 류호준 역(서울: 기독교문서선교회, 2004), 77-78.

과 여성은 위계질서적이라기보다는 인간 전체의 안녕을 위해 협력하는 존재로 묘사된다.[60]

이제 마지막으로 에임스는 이렇게 창조를 이해함으로써 우리의 신앙은 자연의 질서를 넘어서서 예수 그리스도 안에 있는 하나님의 영광을 알게 한다고 가르친다. 그리고 고린도후서 4:6을 인용한다. "어두운 데에 빛이 비치라 말씀하셨던 그 하나님께서 예수 그리스도의 얼굴에 있는 하나님의 영광을 아는 빛을 우리 마음에 비추셨느니라."

이처럼 인간론을 기독론으로 마무리 지음으로써 에임스는 인간에 대한 이해는 예수 그리스도에 대한 이해가 없이는 제대로 이뤄질 수 없음을 가르친다. 그에 따르면 예수 그리스도는 인간의 구원만을 위해서 오신 것이 아니라, 인간이 과연 누구인지, 인간다운 삶이란 무엇인지를 알려주시고 보여주시기 위해서도 오신 것이다. 예수 그리스도는 하나님의 참된 형상이시기에 우리 인간이 하나님의 형상을 회복하려면 어떻게 살아야 하는지 분명히 보여주시는 분이시다.[61]

---

59 필자는 아래와 같은 원전에서 밑줄 친 "his well being"을 남자만의 안녕이 아니라, 인간의 안녕으로 해석하였다. Ames, The Marrow of Theology, 1.8.79: "This Creation of man, was, of the Male, and Female, both of them of nothing, as touching the soule. The body of the Male, of the Earth, mingled with other Elements. The body of the Woman, of the Male, and for the Male, that nothing might be wanting to <u>his well being</u>. 1 Cor. 11. 8. 9."

60 Kristanto, "William Ames and His Contribution to Evangelical Theology," 347에 나오는 해석이다.

61 Kristanto, "William Ames and His Contribution to Evangelical Theology," 346-47.

프란시스 튜레틴의 인간론

이신열

(고신대학교 교수, 조직신학)

Francis Turretin(1623-1687)

고신대학교 신학과에서 교의학을 교수이며, 개혁주의학술원 원장으로 섬기고 있다. 저서로는 『칼빈신학의 풍경』,『종교개혁과 과학』,『개혁신학의 관점에서 본 기독교윤리학』이 있으며, 역서로는 낸시 피어시(Nancey Pearcey)와 찰스 택스턴(Charles Thaxton)이 공저한 『과학의 영혼』(*The Soul of Science*), 『성찬의 신비』(저자:키이스 매티슨), 『구약 윤리학 - 구약의 하나님은 윤리적인가?』(저자:폴 코판) 등이 있다. 기독교와 과학의 관계, 오순절 및 은사주의 신학에 대한 개혁주의적 비판, 칼빈신학의 현대적 함의 등이 주요 연구 분야이다.

이신열

I. 시작하면서

이 글에서는 17세기 제네바(Geneva)의 개혁신학자 프란시스 튜레틴 (Francis Turretin, 1623-1687)의 인간론은 그의 주저(opus magnum)로서 알려진 『변증신학강요』(*Institutes of Elenctic Theology*, 1679-1685)를 중심으로 살펴보고자 한다. 튜레틴은 누구이었는가?

그는 제네바에서 출생하고 교육받았으며, 거기에서 목회 및 교수 활동에 임했으며 17세기 이 도시에서 가장 강력한 영향력을 행사한 정통파 개혁신학 자였다.[1] 튜레틴가(family)는 이탈리아에서 제네바로 16세기에 이민했다. 이 탈리아의 루카(Lucca)라는 도시에서 피터 마터 버미글리(Peter Martyr Vermigli)는 개신교 신앙을 이유로 1542년 8월 12일에 취리히로 피난을 떠났 는데 프란시스의 증조부 레골로(Regolo)도 개신교 신앙을 접했지만 로마 가톨 릭 신앙을 저버리지는 않았다.[2] 레골로의 아들 프란체스코(Francesco)는 종교 재판(the Inquisition)을 두려워하여 1592년에 제네바로 피난했다. 이미 실크 사업으로 상당한 부를 축적했던 그는 제네바에서 시민권을 획득했고 얼마 지나 지 않아 거기에서 상당한 영향력을 행사하는 위치에 놓이게 되었다. 이런 부요 한 가문 출신인 프란시스는 제네바 아카데미(the Geneva Academy)에서 수 학했을 뿐 아니라 유럽의 다양한 개신교 대학에서 신학을 연마했다. 네덜란드 의 레이든(Leiden), 안트베르프(Antwerp)에서 시작하여 파리, 소뮤르

---

[1] 튜레틴의 초기 삶과 그가 받은 교육, 그의 목회 및 교수 사역에 대해서는 다음을 참고할 것. Nicholas A. Cumming, *Francis Turretin (1623-87) and the Reformed Tradition* (Leiden: Brill, 2020), 22-69.

[2] James T. Dennison, Jr., "The Life and Career of Francis Turretin", in *Institutes of Elenctic Theology*, vol. 3, ed. James T. Dennison, Jr. (Philipsburg, NJ: P & R, 1997), 639-40.

(Saumur), 몽타방(Montaban)과 니메(Nimes)에서 수학했다. 소뮤르에서는 가설적 보편주의를 주창했던 모세 아뮈로(Moses Amyraut, 1596-1664)의 강의를 듣기도 했는데 아뮈로는 그의 일탈적 칼빈주의(deviant Calvinism)로 프랑스 개혁교회에서 문제를 불러일으킨 인물이기도 했다.[3] 1648년에 제네바에서 이탈리아인 교회에서 목회활동을 시작했다. 1649년 12월에 프란시스는 제네바 목사회에서 목사 안수를 받았으며 1650년부터 제네바 아카데미에서 교수 사역을 시작했다. 남은 일생 동안 그는 교수 사역과 이탈리아인 교회에서 목회 사역을 동시에 담당했다. 그는 많은 논쟁적 글을 남겼지만 그의 대표적 저서는 아무런 의심의 여지없이 『변증신학강요』이다.

그는 이 책에서 서양 기독교의 여러 잘못된 그룹들의 주장을 배격하고 논박하는 작업에 임했는데 이 책은 수많은 신학생들의 필독서가 되었다. 이 책의 영역본 편집자인 제임스 데니슨(James Dennison)에 의하면 튜레틴의 이 주저가 얼마나 오랜 기간 동안 지속적으로 출판되었는가를 알 수 있다.[4] 1679년에서 1685년까지 처음 인쇄된 후에 1680년에서 1686년까지 재판되었는데 이 재판은 3권으로 출판되었다. 1682년에서 1688년까지 새롭게 제2판이 출판되었고 이 2판의 재판은 1688년부터 1690년까지 출판되었다. 1734년판에는 그의 『논박서』(Dispuationes)가 첨가되어 4권으로 출판되기도 했다. 영역본은 1847년에 완성되었는데 찰스 핫지(Charles Hodge)의 친구였던 조지 머스그로브 가이거(George Musgrove Giger)가 번역자였다. 가이거는 1847년부터 1865년까지 프린스턴대학의 고전어 교수로 봉직했던 인물이었다. 이 영역본의 일부는 핫지의 프린스턴 조직신학 과목에 교재로 선정되어서 활용되

---

3 아뮈로의 일탈적 칼빈주의가 제네바에 불러온 파장에 대해서는 다음을 참고할 것. Dennison, "The Life and Career of Francis Turretin", 643-45.

4 James T. Dennison, Jr., "Editor's Preface", in *Institutes of Elenctic Theology*, vol. 1, ed. James T. Dennison, Jr. (Philipsburg, NJ: P & R, 1992), xxvii-xxix.

었는데 특이한 것은 많은 사람들이 이 영역본이 출판되기를 원했음에도 불구하고 당대에는 한번도 정식으로 출판되지 않았다는 점이다. 1992년부터 1997년까지 데니슨에 의해서 이 영역본 전부가 3권으로 출판되어서 많은 연구가들과 신학생들에게 약 150년이 지난 후에야 비로소 세상에 빛을 보게 되었다.[5]

이 글에서는 튜레틴의 인간론을 인간의 기원, 죄의 정의, 원인, 그리고 결과, 자유의지와 죄, 마지막으로 자연언약의 4가지 주제로 나누어서 고찰하고자 한다.

II. 인간의 기원: 순수한 본성의 상태(a state of pure nature)와 하나님의 형상(imago Dei)을 중심으로

1. 순수한 본성의 상태

튜레틴은 인간 창조에 있어서 하나님께서 그를 순수한 본성의 상태로 지으셨다는 펠라기우스(Pelagius)의 주장에 반대한다. 아우구스티누스(Augustinus)에 의하면, 펠라기우스가 주장하는 순수한 본성이란 인간이 원래 지음 받았을 때 선과 악을 행할 수는 있지만 이 두 가지를 지닌 상태로 태어나지 않았음을 지칭하는 용어에 해당된다.[6] 펠라기우스가 주장하는 순수한 본성의 상태는 인간에게 결핍된 것으로 그의 행동에 의해서 채워져야 하는 것으로 이해된다.

---

5 Francis Turretin, *Institutes of Elenctic Theology*, 3 vols. trans. George Musgrove Giger & ed. James T. Dennison, Jr. (Philipsburg, NJ: P & R, 1992-97). 이하 *IET*로 약칭하여 사용하며 권과 페이지 번호를 제시하는데 괄호 안에 주제, 질문, 답변의 번호를 차례로 명시했다.

6 Augustinus, *A Treatise on the Grace of Christ and on Original Sin*, 2.14 (NPNF1, 5, 241).

인간의 자유의지에서 비롯된 이 행동은 인간이 도덕적 중립의 상태로 지음 받았음을 전제로 삼고 있으며,[7] 이 도덕적 중립 상태가 곧 순수한 본성의 상태와 동일시될 수 있다. 펠라기우스를 추종하는 새로운 펠라기우스주의자들은 이 결핍이 초자연적 은사에 의해서 충족될 수 있다고 보았다는 점에 있어서 펠라기우스와 이해를 달리한다.

튜레틴은 펠라기우스의 이 주장에 반대하는 이유로 다음의 네 가지를 언급한다.[8] 첫째, 인간이 하나님의 형상으로 지음 받았으므로 그는 도덕적으로 선하고 올바르다고 보았다. 이 형상은 주로 원의(original righteousness)로 구성되었기 때문에 인간의 처음 상태가 소위 순수한 본성의 상태로 지음 받았다고 가정하는 것은 불가능하다고 보았다. 인간은 원의라는 선물을 통해 상대적으로 완전한 상태로 지음 받았다고 볼 수 있다.[9] 둘째, 인간이 지음 받은 목적은 하나님을 영화롭게 하고 그를 예배하는 것인데 이는 지혜와 거룩함과 같은 선물이 주어지지 않은 상태로는 수행할 수 없는 의무에 해당된다. 셋째, 인간에게 의와 죄는 직접적으로 서로 반립되는 것이므로 둘 중에 하나는 반드시 인간 속에 내재해 있어야 한다. 이 사실은 튜레틴에게 의롭지도 않으며 죄인이지도 않은 인간은 존재할 수 없음을 뜻한다. 넷째, 인간의 순수한 본성이란 개념은 순전한 허구이다. 튜레틴은 우리가 인간을 어떤 방식으로 상상한다 하더라도 그 인간은 실질적이며 구체적인 인간이지 결코 펠라기우스주의에서 주장하는 순수한 본성을 지닌 인간이 될 수 없다고 보았다.

---

7 헤르만 바빙크, 『개혁교의학 2』, 박태현 역 (서울: 부흥과개혁사, 2011), 666.
8 *IET* 1:463-64 (5.9.5-11).
9 루이스 벌코프, 『벌코프 조직신학 상』, 권수경 · 이상원 옮김 (고양: 크리스챤다이제스트, 2000), 419.

2. 하나님의 형상

하나님의 형상에 대한 고찰에 있어서 튜레틴은 먼저 이 형상이 아닌 것에 대한 설명을 두 가지로 나누어서 제공한다.[10] 첫째, 이 형상은 신적 본질에 참여함을 뜻하지 않는다. 이런 경우 인간의 본성은 신적인 것의 그림자(aposkiasmation)나 신적 호흡의 한 요소로 이해된다. 튜레틴은 이런 방식으로 신적 본질에 참여하는 존재는 곧 하나님의 아들이라고 밝힌다. 하나님의 아들은 신적 본질에 본질적, 형상적, 그리고 내적(intrinsic)으로 참여하지만, 인간이 하나님의 형상에 참여하는 것(벧후 1:4)은 단지 은혜로 가능한 것이다. 이 참여는 어디까지나 유비적이며, 우연적이며 외적(extrinsic) 참여에 지나지 않는다. 둘째, 이 형상은 인간이 하나님의 몸이나 신적인 모습을 닮는 것을 뜻하지 않는다. 튜레틴은 구조, 대칭성, 유기체로서의 인체의 모든 기관들의 활용에 있어서 인체가 지닌 탁월함과 아름다움에 신적 빛이 반영되었다는 사실을 부인할 필요는 없다고 보았다. 인간이 하나님의 형상을 지닌다거나 하나님이 된다(theopreptos)는 표현이 의도하는 바는 그가 형식적 또는 적합한 방식이 아니라 단지 비유적 그리고 유비적 방식으로 그렇게 된다는 점을 강조함에 놓여 있다.

이렇게 하나님의 형상이 아닌 것에 대한 설명을 제공한 후에 튜레틴은 하나님의 형상이 은사로 구성된다는 사실을 언급하는데 이 은사는 우연적일 뿐 아니라 본질적이며, 내적일 뿐 아니라 또한 외적이다. 구체적으로 이 은사는 거룩함과 지혜로 나타나는데[11] 이는 사실상 앞서 언급된 원의에 해당된다.

또한 튜레틴은 하나님의 형상의 구성 요소를 다음의 세 가지로 나누어서

---

10 *IET* 1:465-66 (5.10.4-5).
11 *IET* 1:612 (9.8.3).

고찰한다.[12] 첫째, 하나님의 형상은 영혼의 실체에 놓여 있다. 마틴 루터 (Martin Luther)는 하나님의 형상이 원의, 즉 인간의 합리적이고 도덕적인 능력에 놓여 있다고 보았으며 이런 이유에서 이 형상을 진리의 형상으로 보았 다.[13] 그 결과 그는 인간이 죄를 범할 때 이 형상이 상실된다고 보았다. 튜레틴 은 이와 유사한 사고를 마티아스 플라키우스(Matthias Flacius Ilyricus, 1520-1575)에서 찾았는데 죄가 영혼의 본질에 상처를 입힌다고 보았던 이 강경파 루터파 신학자의 견해를 옳지 않은 것으로 비판한다.[14] 둘째, 이 형상은 원의로 구성되는데 이는 올바름(rectitude)과 온전함(integrity)으로 구성된 다. 여기에서 튜레틴은 원의에 대해서 추가적인 설명을 제공하는데 이 설명은 어떻게 원의가 인간의 삶에서 구체적으로 그 모습을 드러내는가를 보여주되 어떻게 죄 없는 삶이 가능한가를 다음과 같이 제시한다.

원의는 사람과 더불어 피조되었고 그의 기원에 있어서 그에게 부여되었는데 이는 마음에서는 지혜를, 의지에 있어서는 거룩함을, 그리고 사랑에 있어서는 올바름과 좋은 질서를 품는다. 이는 인간의 모든 기능 가운데 조화를 말하는데 각각의 기능들은 사랑에, 사랑은 의지에, 의지는 이성에, 이성은 신적 율법에 순종한다. 그 결과 인간은 올바르고 무흠하며 죄 없이 존재하게 된다. ... [15]

---

[12] *IET* 1:466-70 (5.10.6-23).

[13] 바빙크, 『개혁교의학 2』, 730; 벌코프, 『벌코프 조직신학 상』, 413. *WA* 39, I, 108, 5-8: "인간은 하나님의 형상대로 창조되었다. 그러므로 그는 하나님의 모습이었다. 이러한 사실은 인간이 하나님의 형상으로 창조되었다는, 즉 의와 거룩과 신적인 진리의 형상으로, 더 나아가서 이러한 것을 획득할 수 있도록 창조되었다는 사실을 말해준다." 베른하르트 로제, 『마틴 루터의 신학: 역사적, 조직신학적 연구』, 정병식 옮김 (서울: 한국신학연구소, 2002), 340에서 재인용.

[14] *IET* 1:466 (5.10.7). 플라키우스에 관해서는 다음을 참고할 것. Oliver K. Olson, *Matthias Flacius and the Survival of Luther's Reform* (Minneapolis: Lutheran Press, 2000); Luka Ilić, *Theologian of Sin and Grace. The Process of Radicalization in the Theology of Matthias Flacius Illyricus* (Göttingen: V & R, 2014).

[15] *IET* 1:466 (5.10.8).

셋째, 하나님의 형상은 인간의 지배(dominion)와 불멸성(immortality)으로 구성된다. 여기에서 튜레틴이 말하는 지배란 하나님에 의해서 모든 하등한 피조물에 대한 수장으로서의 인간에게 주어진 능력으로서 그는 이들을 자신의 즐거움을 위해서 사용할 권리를 가지는 것으로 정의된다.[16] 인간의 지배는 하나님의 탁월한 지배에 대한 모방(impress)으로 볼 수 있지만, 이 지배는 독립적이며, 자연적이고, 절대적이며 무제한적인 하나님의 지배와는 달리 의존적이며, 불안정적이고 한정적인 성격을 지닌다. 그럼에도 불구하고 인간의 지배와 하나님의 지배는 다음의 두 가지 차원에서 공통된 토대를 갖게 된다.[17] 첫째, 다른 피조물에 대한 능력의 탁월함이 이 토대로 작용한다. 우월하고 보다 탁월한 존재가 열등하고 보다 비참한 존재들에 대해서 지배권을 갖는 것은 자연의 이치에 부합된다. 둘째, 한 사람이 다른 사람보다 우위에 서는 권한을 지니게 되는 것은 자선(beneficence)으로 간주된다. 그는 자애롭기 때문에 (다른 사람들에 대한) 주인이 된다.

튜레틴의 불멸성에 대한 주장은 사실상 앞서 언급된 의로움의 관점에서 비롯된 것이며 그 결과에 해당된다.[18] 왜냐하면 의로움과 생명 사이에는 하나님에 의해 제정된 필수적인 연결점이 존재하기 때문이다. 여기에서 불멸성이란 하나님에게만 적용될 수 있는 절대적 불멸성이 아니라 비교적이며 참여적인 불멸성을 뜻한다.[19] 이에 대해서는 몇 가지 설명이 제공되는데 첫째 설명은 이 불멸성이 인간의 존재와 자연적 상태에 관한 불멸성을 지칭하는 것이 아니라 도덕과

---

16 *IET* 1:469 (5.10.22).
17 *IET* 1:250 (3.22.2).
18 *IET* 1:474 (5.12.4).
19 *IET* 1:473-74 (5.12.1-2).

행복에 관한 것임을 보여준다. 하나님의 섭리와 공의는 선을 선으로, 악을 악으로 갚는다는 맥락에서 영혼의 불멸성을 요구한다.[20] 둘째, 이 불멸성은 죽음의 절대적 불가능성을 뜻하는 불멸성이 아니라 죄를 짓지 않음으로서 획득하게 되는 죽지 않을 수 있는 가능성을 말한다. 이 가능성은 죽지 않는 조건적 능력에서 비롯된다. 셋째, 이 불멸성은 원격적 가멸성(remote mortality)이 아니라 근접적(proximate) 가멸성에 관계된다. 여기에서 원격적 가멸성은 죽음의 능력이 멀리 떨어져 있음을 뜻하는데 구체적으로 이는 인간이 지상적인 물질로 구성되었다는 사실에서 비롯된다. 예를 들면, 아담은 그의 몸이 흙으로 구성되었기 때문에 원격적 가멸성을 지닌 존재로 간주될 수 있다. 이와 달리 근접적 가멸성이란 죽음의 필연성을 즉각적으로 불러일으키는 행위에 의해 정의되는 가멸성을 가리킨다.[21] 여기에서 제기될 수 있는 질문은 아담이 근접적 능력에 의해서 죽을 수밖에 없는 존재이었는가에 관한 것이다. 튜레틴은 소키누스(Faustus Socinus, 1539-1604)가 내세운 인간의 자연적 죽음이 죄의 삯이 아니라 인간 본성에서 비롯되는 적절한 결과라는 주장[22]에 대해서 아담이 그의 온전함을 지키고 죄악을 범하지 않았더라면 그는 죽지 않을 가능성(posse non mori)을 지니게 되었을 것이라고 보았다.

---

20 *IET* 1:485 (5.14.10).

21 인간에게 불멸성과 가멸성 모두가 적용된다는 사실에 대해서 부카누스(Guilielmus Bucanus)는 다음과 같이 주장했다. 하인리히 헤페, 『개혁파 정통교의학 1』, 이정석 역 (고양: 크리스챤다이제스트, 2000), 368: "인간이 신에게서 받은 육체가 불멸적인가? 가멸적인가? 실제가 보여주는 것처럼 죽을 수 있기 때문에, 부분적으로는 가멸적이다. 그러나 만일 신에게 순종하였더라면 죽지 않을 수도 있기 때문에, 부분적으로는 불멸적이다. 그 본성의 조건으로서 죽음의 가능성을 가지고 있었던 것이다. 죽지 않을 가능성도 그에게 있었는데, 그것은 본성의 구성요소가 아니라 은혜의 혜택에 의한 것이었다. 만일 그가 신의 명령을 순종하였다면 신이 인간에게 죽지 않을 수 있는 은총을 부여하였을 것이기 때문이다." (*Institutiones theologicae*, XI, 12). 부카누스의 생애와 신학에 대한 간략한 고찰로는 다음을 참고할 것. Sung-Jai Cho, *Trinitarische theologie bij Guilielmus Bucanus* (d. 1603) (Apeldoorn: Theologische universität, 2013), 21-29.

22 Socinus, *De Iesu Christo Servatore*, Pt. III. 8 (1594), 294; *IET* 1:474 (5.12.2).

III. 죄의 정의, 원인, 그리고 결과

1. 죄의 정의

튜레틴은 '죄'라는 단어를 디자인으로부터 편향(deflection)으로 설명한다.[23] 여기에 하나님의 창조와 율법에서 제시된 인간의 목표에서 벗어나서 방황하는 것 또한 죄의 개념으로 이해된다. 이런 맥락에서 죄를 짓는 것은 마치 짐승처럼 비이성적으로(alogos) 행동하는 것을 뜻하기도 한다. 튜레틴은 죄의 두 가지 차원을 언급하는데 이는 구체적이며 실질적인 차원과 추상적이며 형식적인 차원으로 구분된다. 전자의 차원에서 죄는 욕망과 하나님의 율법에 반대되는 행위로 정의된다는 어거스틴이 인용된다.[24] 히포의 주교가 제시한 이 정의가 단지 자범죄(actual sin)만 다루고 있다는 이유에서 튜레틴은 이 정의 대신에 죄를 경향, 행위 또는 하나님의 율법에 대한 다양한 간과(omission), 또는 거기에 당연히 있어야 하는 법적 올바름(rectitude)의 결여로 새롭게 정의한다. 이런 올바름의 결여라는 측면에서 죄는 무법성(illegality, anomia) 또는 율법과의 차이 또는 격차(discrepancy)로 이해되기도 한다.

죄의 본질과 관련해서 튜레틴은 모든 죄가 의지적(voluntary, hekousion)이라는 로마 가톨릭주의자들과 소시니우스주의자들의 견해를 논박한다. '의지적'이라는 용어가 넓은 의미가 아니라 좁은 의미로 이해되기 때문에 그에게 죄는 선택의 행위와 의지와 관계된다. 이 용어가 넓은 의미로 파악될 경우

---

23 *IET* 1:591 (9.1.2).
24 Augustine, *Reply to Faustus the Manichean* 22.27 (NPNF1 4:283).

죄는 행동이 아니라 의지에 영향을 주는 것으로 이해된다. 튜레틴의 죄의 의지적 차원에 대한 이런 이해는 어거스틴의 다음 주장과 상충되는 것으로 보인다. "죄는 전적으로 의지적이므로, 그것이 의지적이지 않는 한 그것은 전혀 죄가 아니다."[25] 튜레틴은 이 표현이 모든 죄에 적용되는 것이 아니라 단지 자범죄(actual sin)에만 적용된다는 입장을 취했다.

2. 죄의 원인

튜레틴은 죄의 정의를 이렇게 고찰한 후에 죄의 원인에 대해서 다룬다.[26] 죄의 원인은 참된(true) 원인과 외적(external) 원인으로 구분된다.

먼저 참된 원인이란 근접적(proximate)이며 적절한(proper) 원인을 뜻하는데 이는 구체적으로 인간의 자유의지로 나타난다. 자유의지가 죄의 참된 원인이라는 주장의 의미는 인간 자신을 제외한 다른 요소가 이 원인으로 작용하지 않으며 죄악은 전적으로 인간 자신에게서 비롯된다는 사실을 가리킨다. 달리 말하자면, 이는 인간이 죄를 짓는 원인은 어떤 강압(compulsion)이나 외적 힘에 놓여 있지 않음을 뜻한다. 만약 인간이 원한다면, 그는 자신에게 주어진 도움을 사용하여 쉽사리 죄를 피할 수도 있었을 것이다. 그러나 인간에게 주어진 자유의지는 그 자체로서 가변성(movability)을 지니고 있다. 최초의 인간은 의롭고 거룩한 존재로 지음 받았지만 이 상태는 어디까지나 가변성을 지닌 상태를 의미했다. 칼빈은 이와 관련하여 최초의 인간이 지녔던 자유의지에 대해서 다음과 같은 설명을 제공한다. "그에게 인내를 위한 일관성이 부여되지 않았기 때문에 그의 의지는 양면으로 굽어질 수 있었다."[27] 정리하면, 인간

---

25 Augustine, *Of True Religion* 14 (LCC 6:238).
26 *IET* 1:607-11 (9.7.6-18).
27 John Calvin, *Institutes of Christian Religion*, 1.15.8.

322 | 종교개혁과 인간

의 자유의지는 죄의 참된 원인인데, 이는 내적이며 동적인(internal and moving) 원인에 해당된다.

둘째, 죄의 외적 원인으로 사탄을 들 수 있다. 이 원인은 구체적으로 인간으로 하여금 죄를 짓도록 부추기고 유혹하는 결과를 초래하는데 이런 이유에서 이 원인은 외적이며 조력적(assisting) 원인에 해당된다. 위에서 설명된 죄의 참된 원인이 내적이며 동적 원인으로 간주되는 반면에, 외적 원인은 인간이 죄를 짓도록 만든다는 맥락에서 단지 조력의 차원에 머무른다는 점에 있어서 이 원인은 죄의 참된 원인과는 구별된다고 볼 수 있다. 튜레틴은 이 외적 원인을 다시 둘로 구분하여 제시하는데 주요한(principle) 원인과 수단적 또는 도구적 (instrumental) 원인을 들 수 있다. 여기에서 전자는 사탄이며 후자는 뱀으로 간주된다. 사탄은 하나님의 영광과 인간의 행복을 부러워하고 시기하여 최초의 인간이 배교의 길로 달려가도록 자극하고 부추겼다. 사탄의 이런 사악한 행위들은 그가 지닌 자유의지의 오용에서 비롯된 것이었다.[28] 사탄은 뱀을 이용해서 최초의 인간을 폭력이 아니라 간교함으로 공격했다. 뱀이 간교하면 간교할수록, 그는 사탄의 목적에 더욱 적합하게 이용될 수 있었다. 사탄은 죄 자체에 대한 직접적 또는 참된 원인이 아니라 죄로 이끄는 유혹의 저자였다.

3. 죄의 결과

죄의 결과는 죄책(guilt)과 오염(pollution)이라는 두 가지 개념으로 설명된다.[29] 첫째, 죄책은 인간이 전에 지은 죄에 대한 형벌을 받을 의무를 가리킨다.

---

[28] 헤페, 『개혁파 정통교의학 1』, 323: " 자유의지의 오용으로 범한 천사의 첫 번째 죄가 무엇인지는 성경에 명백하게 서술되어 있지 않다. 그러나 그것이 신성에 대한 욕망과 신의 아들에 대한 반항심이었을 것이라는 생각이 상당히 높은 가능성을 가진다. 이것은 사탄이 우리의 최고 조상을 유혹한 시험과 질투적으로 신의 영광을 자기에게 돌리려는 계속적 노력, 그리고 특별히 그리스도와 그의 교회를 핍박하는 미움으로부터 유추된 것이다." (*Leidse Synopsis*, XII, 28).

죄책은 하나님 앞에서 인간에게 부과되는 것으로서 그 결과는 인간을 비참하게 만든다. 죄책은 칭의라는 그리스도의 은혜를 불러일으키는 개념에 해당된다. 튜레틴은 죄책의 두 가지 개념을 제시한다. 먼저 잠재적(potential) 죄책을 들 수 있는데 이는 죄와 분리될 수 없는 형벌의 내재적 방치(desert) 상태를 가리킨다. 또한 실제적(actual) 죄책이 언급된다. 이는 죄책이 하나님의 자비에 의해서 형벌로부터 분리될 수 있음을 뜻하는데, 이는 죄책이 실제적으로 제거될 수 있음을 의미한다.죄책의 제거는 모든 죄책의 완전한 제거를 의미하며 또한 형벌로부터의 면책을 포함한다.30 튜레틴은 스콜라주의자들이 죄책을 죄의 원인으로 간주하여 이를 죄의 형식(formal)이라고 불렀다는 사실을 상기시킨다. 그러나 이는 충분하게 정확하지 않은 개념에 지나지 않는다. 죄책은 죄의 무법성에서 비롯된 결과물임이 분명하다. 둘째, 오염은 영적이며 도덕적 오염을 가리키며 이는 인간 속에 내재한다. 이 오염의 결과로 인간은 사악해지며 그 결과 죄는 불순함, 질병 또는 상처로 간주된다. 이런 이유에서 오염은 성령의 효능으로 씻음을 받을 수 있으며 이는 또한 성화의 은혜의 작용이기도 하다.31 튜레틴은 다른 곳에서 성화를 통해서 오염에서 깨끗함을 받는 것은 그리스도의 피가 지닌 능력에 의해서 가능하다고 주장한다.32

IV. 자유의지와 죄

---

29 *IET* 1:594-96 (9.3.1-7). 죄의 결과로서 주어지는 형벌 자체가 죄라는 튜레틴의 견해에 대해서는 다음을 참고할 것. Nicholas A. Cumming, "'Sin is Righteously Called the Punishment of Sin: Francis Turretin's Reformed Doctrine of Sin", *Reformation & Renaissance Review* 32/1 (2020), 48-63.

30 *IET* 2:661-62 (16.5.9).

31 튜레틴은 성화론을 다음에서 다루고 있다. *IET* 2:689-724 (17).

32 *IET* 2:691 (17.1.14).

1. 자유

튜레틴은 최초의 인간 아담이 누렸던 자유를 다음의 세 가지로 나누어서 고찰한다.33 첫째, 이 자유는 강제(coaction)에서의 자유를 뜻한다. 이 자유는 오직 하나님만이 누릴 수 있는 독립의 자유나 절대적 자유가 아니라 인간이 자발적으로 행동할 수 있는 자유를 가리킨다. 둘째, 이 자유는 이성적 자유로서 물리적 필연성에서의 자유를 의미한다. 아담에게 선택의 권한이 주어졌으므로 그는 야만적 본능이나 분별력을 상실한 충동에 의해서 행동하지 않고 합리적으로 선택할 수 있는 자유에 해당된다. 이 두 가지 자유는 아담이 누렸던 본질적 자유로 간주될 수 있다. 셋째, 이 자유는 노예 상태에서의 자유를 가리킨다. 여기에서 노예 상태란 죄와 비참함을 지칭하지만 이 세 번째 자유가 곧 위에서 언급된 가변성(mutability)에서의 자유를 뜻하지는 않는다. 따라서 아담이 누렸던 이 자유가 곧 그가 죄를 지을 수 있는 가능성(posse peccare)로부터 완전히 면제되었다는 것은 아니다. 이 가변성은 은혜의 상태보다 덜 완전한 것인데 은혜의 상태란 선물로서 주어진 것이지 결코 아담의 본성의 상태에 원래부터 내재해 있었거나 또는 그의 노력으로 획득 가능하지 않았다.

튜레틴은 죄와 관련하여 인간의 자유를 4가지로 나누어서 설명한다. 이 구분은 인간이 어떻게 죄로부터 자유로울 수 있는가에 관해서 일목요연하게 그의 입장을 제시한다는 점에서 주목할 만한 가치를 지닌 것으로 볼 수 있다. 첫째, 영광의 자유가 언급된다. 이 자유는 지복의 상태에 들어간 인간이 누리게 되는 자유로서 모든 죄로부터 해방되는 자유를 가리킨다. 이 자유를 통해서 인간은 죄를 짓지 않을 수 있는(non posse peccare) 상태에 놓이게 된다. 둘째,

---

33 *IET* 1:570-71 (8.1.6-9).

죄악의 상태에 놓인 죄인의 자유를 생각해 볼 수 있다. 이 자유를 통해서 인간은 죄를 짓지 않을 수 없는(non posse non peccare) 상태에 놓이게 된다는 뜻인데 사실상 이 자유는 죄의 노예된 상태에 해당된다고 볼 수 있다. 칼빈은 이런 자유에 대해서 다음과 같이 주장한다. "이런 방식으로 인간이 자유의지를 가졌다고 말하는 이유는 *그*가 선과 악을 모두 자유롭게 선택할 수 있기 때문이 아니라, 자기의 의지로, 즉 강요에 의하지 않고 악하게 행동하기 때문이다."[34] 셋째, 은혜 아래 놓인 신자의 자유가 제시된다. 이 자유는 죄를 지을 수 있음과 동시에 죄를 지을 수 없는(posse peccare et non peccare) 상태를 가리킨다. 신자는 "의인임과 동시에 죄인"(simul justus et peccator) 이라는 루터의 유명한 주장을 상기시키는 대목이라고 볼 수 있다. 마지막으로, 앞서 언급된 아담의 자유를 들 수 있다. 그에게 주어졌던 자유는 죄를 짓지 않을 수 있는 (posse non peccare) 가능성을 지닌 자유였다.[35]

튜레틴은 이 4가지 종류의 자유를 죄와 관련해서 요약적으로 다음과 같이 간략하게 제시한다: 첫째, 죄를 절대적으로 짓지 않을 자유; 둘째, 올바른 행동의 불가능성의 자유; 셋째, 죄를 지을 능력과 올바르게 행동할 능력의 자유; 넷째, 죄를 짓지 않을 능력의 자유.

2. 자유의지

(1) '자유의지'라는 용어에 대하여

타락 이전의 자유의지에 대한 논의에 앞서 튜레틴은 자유의지(free will)라

---

34 Calvin, *Institutes of Christian Religion*, 2.2.7.

35 튜레틴은 이 4가지 자유에 대한 설명이 어거스틴에 의해서 훌륭하게 설명되었다고 주장한다. Augustine, *Admonition and Grace*, 12 [33] (*The Fathers of the Church*, 2:285-86). 이 가운데 첫 번째 자유와 네 번째 자유는 다른 개혁신학자들에 의해서도 논의되었다. 다음을 참고할 것. 바빙크, 『개혁교의학 2』, 715-16.

는 용어의 기원에 대한 설명을 제공한다.[36] 먼저 성경에는 이 용어가 등장하지 않는다는 사실이 올바르게 언급된다. 고전 7:37에 언급된 "자기 뜻대로 할 권리(eksousian peri tou idiou thelematos)"라는 표현이 자유의지와 동일시 될 수 없다는 사실이 지적된다.[37] 이 용어가 플라톤주의자들이 사용했던 autexousion에서 비롯되었다는 추론이 제기된다.[38] 이 용어가 헬라 철학에서 유래했다 하더라도 올바른 방식으로 설명되고 적절하게 사용된다면 신학에서 사용하지 못할 이유가 없다고 보았던 것이다.[39]

(2) 자유의지의 주체에 대하여

튜레틴은 지성이나 의지가 자유의지의 단독적 주체가 될 수 없으며 이 두 개념이 결합되는 경우에 그 주체가 될 수 있다고 보았다. 이 결합을 묘사하기 위해서 결혼(wedlock), 만남(synkyrian)이라는 단어가 사용되었는데 지성과 의지라는 두 기능이 혼합을 강조하기 위해서 채택되었던 것으로 볼 수 있다. 그럼에도 불구하고 튜레틴은 자유의지의 뿌리는 지성에 놓여 있다고 주장하는

---

36 *IET* 1:660-61(10.1.2).

37 최근에 리처드 멀러(Richard Muller)의 주도 아래 여러 튜레틴 연구가들은 '자유의지'라는 용어 대신에 '자유 선택'이라는 표현을 선호한다. 다음을 참고할 것. Richard A. Muller, *Dictionary of Latin and Greek Theological Terms: Drawn from Protestant Scholastic Theology* (Grand Rapids: Baker Academic, 1985), 176; J. B. Korolec, "Free Will and Free Choice', in *The Cambridge History of Later Medieval Philosophy: From the Rediscovery of Aristotle to the Disintegration of Scholastics, 1100-1600*, ed. Norman Kretzmann, Anthony Kenny and Jan Pinborg (Cambridge: Cambridge Univ. Press, 1988), 630; HyunKwan Kim, "Francis Turretin on Human Free Choice: Walking the Fine Line between Synchronic Contingency and Compatabilistic Determinism", *Westminster Theological Journal* 79 (2017), 29.

38 17세기 네덜란드의 개혁신학자 마스트리히트(Petrus van Mastricht, 1630-1706)는 이 헬라어 단어가 상응하는 라틴어 arbitrium보다 더 자만하다고 평가한다. 헤페, 『개혁파 정통교의학 1』, 358.

39 빌렘 판 아셀트, 234-35. "정통주의 절정기의 스콜라주의(1620-1700년)", 빌렘 판 아셀트 외 3명, 『개혁신학과 스콜라주의』, 한병수 옮김 (서울: 부흥과개혁사, 2012), 234-35.

데 그 근거로서 아리스토텔레스(Aristotle)가 사용했던 '식욕을 증진시키는 지성'(appetitive intellect, orektikon) 또는 '지성적인 식욕'(intelligent appetitie, orexin dianoetiken)을 든다.[40] 이런 설명을 통해서 튜레틴은 자유의지에 있어서 지성은 긍정과 부정의 역할을, 그리고 의지는 욕망과 회피의 역할을 담당한다고 보았다.

(3) 자유의지와 필연성(necessity)에 대하여

모든 필연성이 자유의지와 맞서는 입장에 놓이며 서로 상반된다는 로마 가톨릭주의자들과 항론주의자들의 주장에 대해서 튜레틴은 다음과 같은 반론을 제시한다.[41] 이를 위해서 먼저 필연성을 다음의 6가지로 세분화하여 설명한다: 1) 강제적(coactive) 필연성 2) 물리적이며 야만적 필연성 3) 피조물이 하나님께 의존해야 하는 필연성 4) 실천적 지성을 활용하여 어떤 사물에 대해서 결정을 내리는 합리적 필연성 5) 도덕적 필연성 6) 사물의 존재의 필연성.[42]

이렇게 필연성을 세분화해서 설명하는 가운데 모든 필연성이 자유의지와 상반되지 않는다는 견해가 옹호된다. 그렇다면 위에 제시된 6가지 필연성 가운데 어떤 경우가 자유의지와 상반되는가? 튜레틴은 자유의지와 상반되는 필연성으로 강제적 필연성과 물리적 필연성을 내세운다. 그 이유를 설명하기 위해서 자유의지의 두 가지 중요한 특징이 다음과 같이 제시된다. 첫째는 선택(heproairesis)인데 이는 선택의 행위가 이성의 판단에 의해 행해진다는 사실을 강조한다. 그러나 물리적 필연성은 이성 작용에 의한 선택의 권한을 박탈하는 경우에 해당된다. 왜냐하면 이 필연성은 야만적 필연성으로서 분별력을

---

40 Aristotle, *Nichomachean Ethics*, 1.13.18, 20.
41 *IET* 1:661-65 (10.2.1-17).
42 이에 대한 해설로는 다음을 참고할 것. 판 아셀트, "정통주의 절정기의 스콜라주의(1620-1700년)", 236-40.

상실한 충동 또는 야만적 본성으로 정의되므로 지성의 역할이 배제되거나 차단하기 때문이다. 그렇다면 물리적 필연성은 선택의 권한을 박탈한다는 맥락에서 자유의지와 반립 된다고 볼 수 있다. 둘째는 자발성(to hekousion)인데 여기에서는 자유의지의 행사에 있어서 그 행위가 자발적으로 이루어지고 강제성이 없이 이루어져야 한다는 사실을 강조한다. 강제적 필연성의 경우에는 의지 작용이 차단되므로 이 필연성은 논리적으로 자유의지와 정확하게 반립된다고 볼 수 있다.[43] 이제 튜레틴은 나머지 4가지필연성의 경우 자유의지와 필연성이 서로 반립되지 아니하고 일치한다고 주장한다. 먼저 세 번째 필연성으로서 언급되었던 피조물이 하나님께 의존해야 하는 필연성과 같은 경우는 자유의지와 필연성이 일치한다고 주장한다. 왜냐하면 자유의지가 하나님께 의존하는 이 필연성을 전제로 삼기 때문에 양자는 서로 반립되지 아니하고 오히려 일치한다. 또한 네 번째 필연성으로서 합리적 필연성은 실천적 지성에 의해 작동되는 필연성에 해당되는데 여기에서 의지는 합리적 식욕(a rational appetite)으로 간주되므로 의지는 자유의지는 합리성에 근거를 둔 필연성과 서로 대치되는 개념이 될 수 없다고 보아야 한다. 다섯 번째 필연성에 해당하는 도덕적 필연성은 경향성(habit)에서 비롯된 것으로 이해된다. 여기에서 '경향성'이란 스콜라주의적 개념으로 이것의 결여가 의지를 자유롭게 만든다고 볼 수 있다. 달리 말하자면, 경향성은 의지를 파괴한다. 따라서 인간의 행위가 어느 정도 경향에 의해서 결정되어 행해진다면, 이 행위는 노예적(slavish) 행위일 수밖에 없다. 이런 고찰에 근거해서 튜레틴은 도덕적 경향성을 선한 것과 악한 것의 두 가지로 구분한다. 여기에서 노예됨의 두 가지 차원이 비롯되는데 하나

---

[43] 헤페, 『개혁파 정통교의학 1』, 532: "이 경우에 선택이 자유롭다고 할 수 있는 것은 반대 쪽, 즉 악으로 제한되며, 강요된 필연성에 의해서가 아니라 기쁨으로 범죄할 수 있다는 말이다." (Leidse Synopsis, XVII, 26).

는 선을 위한 의에 대한 노예됨이며 다른 하나는 악을 위한 죄에 대한 노예됨이 이에 해당된다. 의에 노예된 자는 참된 자유를 누리는 자이며 그는 은혜의 상태에 놓인 자이다. 이런 이유에서 도덕적 필연성과 자유의지는 서로 반립되지 않고 오히려 일치한다고 볼 수 있다.

3. 타락 이후의 자유의지

아담이 범죄하여 타락한 이후에 자유의지에 어떤 변화가 초래되었는가? 튜레틴은 이 질문에 대해서 다음과 같은 몇 가지 답변을 제공한다.[44] 첫째, 타락 이후에 인간이 중생의 은혜의 도움 없이 죄를 짓지 않을 수 있는가에 대해서 부정적인 답변이 주어진다. 타락 후의 인간이 외적이며 시민적인 선행을 행할 수 있는 능력을 어느 정도 지니고 있기 때문에 정의와 관용, 자비와 자선을 위시한 다양한 선행들이 우리 사회에서 행해진다. 그러나 영적이며 초자연적인 선행을 행할 수 있는 능력은 이제 완전히 상실되었다. 달리 말하자면, 인간은 타락 이후에 더 이상 죄를 짓지 않고 선을 행할 수 있는 자유를 상실했으므로 죄의 노예된 상태에 놓이게 된 것이다. 그러나 펠라기우스주의자들은 타락 이후에도 인간의 자유의지가 남아 있다고 주장하며 인간을 자유로운 존재로 만들며 더 나아가서 구원에 관하여 하나님과 인간을 부분적이며 공동의 원인으로 삼고자 한다. 로마 가톨릭주의자들도 타락 이후에 하나님의 은혜의 도우심 아래 인간의 자유의지가 여전히 유효하다고 주장하면서 자유의지의 잔존과 그 능력을 극찬한다.[45] 이 사실에 대해서 이탈리아 예수회(Jesuit) 신부이자 로마   가톨릭의   주교(Cardinal)였던   벨라민(Robert   Bellarmine,

---

44 *IET* 1:668-71 (10.4.1-8).

45 *Canons and Decrees of the Council of Trent*, trans. Henry J. Schroeder (St. Louis: Herder, 1941), 43 (Canon 5). *IET* 1:670 (10.4.7).

1542-1621)은 다음과 같이 주장한다. "경건과 구원의 사실에 관해서 인간은 하나님의 특별한 은혜 없이 아무 것도 할 수 없으며 또한 하지 않으려 한다."**46** 또한 항론자들(Remonstrants)도 타락 이후 자유의지를 긍정하는 대열에 합류한다. 이들은 타락의 심각성과 중생의 필요성을 인정하지만, 궁극적으로 자유의지를 마치 우상을 대하듯이 극찬하면서 펠라기우스주의로 되돌아가는 우를 범한다. 아르미니우스(Jacobus Arminius, 1560-1609)는 자유의지가 무관심 또는 아디아포라로 구성된다고 주장했을 뿐 아니라 은혜의 도움 없이도 이 의지가 선과 악 가운데 어느 방향으로도 기울 수 있는 유연함을 지니고 있다고 보았던 것이다.**47**

자유의지에 대한 이런 잘못된 견해들에 맞서서 튜레틴은 죄와 관련하여 자유의지의 무능함이 6가지로 나뉘어서 증명될 수 있다는 답변을 제공한다.**48** 첫째, 자유의지의 무능함은 죄의 노예된 상태에 의해서 증명된다. 성경은 인간을 죄의 노예로 언급한다(요 8:43). 그 결과 인간은 죄의 지배 아래 놓이게 되었으며(롬 6:12, 14), 사탄에게 붙들린 바 되었다(벧후 2:19). 이 노예 상태에서 인간은 사탄을 즐겁게 하기 위해서 필연적이 아니라 자발적으로 죄를 지으며 죄의 멍에를 짊어지는 삶을 추구한다. 둘째, 이 무능함은 영적 죽음(spiritual death, 엡 2:1)에 의해서 증명된다. 여기에서 '영적 죽음'은 하나님과의 연합의 파괴와 거룩함의 결여에 기인한다. 이런 영적 죽음에 놓인 인간은 자신을 죽음에서 생명으로 회복시킬 수 없다. 이 죽음의 상태는 죄를 짓는 가운데, 즉

---

46 Robert Bellarmine, "De Gratia et Libero Arbitrio," 6.4 in *Opera* (1858) 4:438. *IET* 1:670 (10.4.7). 벨라민의 생애에 관해서는 다음을 참고할 것. Shaun McAfee, *St. Robert Bellarmine* (St. Louis: En Route Books and Media, 2019).

47 Jacobus Arminius, *Opera Theologica* (1631), 604. *IET* 1:670 (10.4.8). 아르미니우스의 생애와 신학에 관해서는 다음을 참고할 것. Carl Bangs, *Arminius: A Study in the Dutch Reformation* (New York: Abingdon, 1971).

48 *IET* 1:671-83 (10.4.9-40).

죄 '안에서'(in) 살아 있는 상태를 가리킨다. 예를 들면, 사탄은 영적 죽음에 놓인 존재이지만 여전히 죄 가운데 활동하고 죄 안에서 살아 있다고 보아야 한다. 특히 사탄은 죄 가운데서 하나님을 대적하는 마음이 점증적으로 완악해진다는 (hardening) 사실에 주목할 필요가 있다.[49] 셋째, 이 무능함은 인간의 마음이 무지하고 돌처럼 완강하다는 사실에 의해서 증명된다. 인간의 마음이 이렇게 부패 타락한 결과, 마치 맹인이 아무 것도 볼 수 없고 돌이 생각하거나 스스로를 움직이지 못하는 것과 마찬가지로, 그는 어떤 진리도 알지 못하며, 어떤 선행도 행할 수 없다. 넷째, 이 무능함은 다수의 성경 본문에 의해서 증명되는데 이 증명은 구체적으로 '전적 또는 절대적' 무능(total or absolute impotency)이라는 개념을 통해서 주어진다. 타락한 인간에게 어느 정도의 선행, 어려움이 있지만 노력하면 선행이 가능하다는 표현이 성경에 등장하지 않는다. 다섯째, 이 무능함은 인간들 사이의 구원에 관한 차이(i. e. 어떤 사람은 구원받고 다른 사람은 구원받지 못하는 차이)의 문제가 곧 자유의지의 문제라는 사실에 의해서 증명된다. 튜레틴은 고전 4:7[50]에 언급된 "받았던 것"은 다름 아닌 하나님의 구원의 은혜를 지칭한다고 보았다. 만약 타락한 인간에게 아직 자유의지가 남아 있고 이것이 아직 능력을 지니고 있다면, 어떤 사람이 하나님의 은혜를 받고 구원 받은 자신의 모습을 놓고, 이렇게 은혜로 받은 구원이 마치 자신이 지닌 자유의지의 능력의 결과로 주어진 것처럼, 그래서 자신이 받지 아니한 것으로 이루어진 것처럼 교만하게 행동하는 것에 대해서 튜레틴은 비판하고 있다. 이 비판을 통해서 자유의지는 무능한 것으로 판명되었다는 것이 바울의 주장이고 이에 대한 튜레틴의 해석의 내용에 해당된다.

---

[49] 사탄의 완악해짐에 대해서는 다음을 참고할 것. *IET* 1:525 (6.7.28).
[50] "누가 너를 남달리 구별하였느냐 네게 있는 것 중에 받지 아니한 것이 무엇이냐 네가 받았은즉 어찌하여 받지 아니한 것 같이 자랑하느냐"

여섯째, 이 무능함은 자신의 구원에 대해서 인간이 할 수 있는 것이 전혀 없다는 사실에 의해서 증명된다. 타락한 인간의 자유의지에 조금이라도 그의 구원에 기여할 수 있는 가능성이 남아 있다면, 이 의지는 무능하지 않고 여전히 능력을 지닌 것으로 간주될 수 있다. 그러나 은혜의 사역으로서의 인간의 회심은 하나님의 창조, 부활, 중생, 그리고 새로운 마음의 생산에 의해서 이루어지고 인간에게 값없이 주어지는 일종의 선물이므로, 자유의지는 하나님의 작용적 은혜 (operating grace)가 주어져서 작용하게 되지 않고서는 그 자체로서는 무능하다는 사실이 증명된 것으로 볼 수 있다. 작용적 은혜에 관해서 튜레틴은 어거스틴을 언급할 뿐 아니라 클레어보의 베르나르(Bernard of Clairvaux, 1090-1153)의 다음 주장을 인용한다.

자유의지가 무엇을 하는가? 그것은 구원함을 받았다고 나는 간략하게 답한다. 이 사역은 두 가지가 없이는 완성될 수 없다: 그것이 그에 의해 이루어지는 자와 그 안에서 그것이 이루어지는 자. 다시 말하면 구원의 저자이신 하나님과 그 구원을 단지 수용하기만 하는 자유의지가 이 두 가지에 해당된다.[51]

V. 자연언약(the covenant of nature)과 자유의지

타락 전 자유의지에 대한 튜레틴의 논의는 자연언약이라는 교리적 범주 속에서 더욱 깊이 있게 진행된다. 이 주제에 대한 본격적 논의에 앞서 먼저 자연언약

---

[51] Bernard of Clairvaux, PL 182, 1002 (*Tractatus de Gratia et Libero Arbitrio*). *IET* 1:676 (10.4.21).

에 대한 그의 이해를 간략하게 살펴볼 필요성이 제기된다.[52]

1. 자연언약의 정의

튜레틴은 왜 이 용어가 사용되어야 하는가에 대해서 다음과 같이 밝히는데 이는 곧 그 정의에 해당된다.[53] "창조주 하나님께서 그의 피조물인 무지한 인간에게 영원한 행복과 생명을 제공하기 위해서 그와 맺으신 언약으로서 그 조건은 완전하고 인격적인 순종으로 이루어진다."[54] 이 언약이 '자연'언약으로 명명된 이유는 인간에게 요구되는 의무가 자연스러운 것이기 때문이 아니라 이 언약이 인간의 본성(nature)과 그 본성의 온전함과 능력에 토대를 두고 있기 때문이다.[55] 인간의 본성이 지닌 능력은 하나님의 율법에 나타난 요구에 순종으로 나타나야 한다는 차원에서 이 언약은 또한 법적언약(legal covenant)으로 불리워지기도 한다.[56]

자연언약의 정의와 관련해서 바빙크(Herman Bavinck, 1854-1921)는 이

---

52 자연언약에 대한 튜레틴의 견해에 대해서는 다음을 참고할 것. J. Mark Beach, *Christ and the Covenant: Francis Turretin's Federal Theology as a Defense of the Doctrine of Grace* (Göttingen: V & R, 2007), 78-119; Stephen R. Spencer, "Francis Turretin's Concept of the Covenant of Nature", in *Later Calvinism: International Perspectives*, ed. W. Fred Graham (Kirksville, MO: Sixteenth Century Journal Publishers, 1994), 71-91.

53 도르트총회의 13명의 항론파 참석자 가운데 대표를 맡았던 에피스코피우스(Simon Episcopius, 1583-1643)는 자연언약이 아담과 체결되었다는 사실을 부인했다. Simon Episcopius, "Institutiones theologica (1650)", 2.1 in *Opera theologica* (1678). *IET* 1:575 (8.3.6).

54 *IET* 1:575. 이 정의에 나타난 자연언약에서 제공되는 '영원한 행복과 생명'이라는 주제에 대해서 튤틴은 다음에서 논의를 지속한다. *IET* 1:583-86 (8.6.1-17). 이 주제에 대한 2차 자료로는 다음을 참고할 것. Beach, *Christ and the Covenant*, 128-31.

55 *IET* 1:575 (8.3.5).

56 Rowland S. Ward, *God and Adam: Reformed Theology and the Creation Covenant* (Wantirna, Australia: New Melbourne Press, 2003), 95. 워드는 자연언약과 창조언약 (covenant of creation)이 동의어로 사용될 수 있다고 제안한다. Beach, *Christ and the Covenant*, 91, 각주 32.

언약과 행위언약 (the covenant of works)과의 차이를 다음과 같이 설명한다.[57] 행위언약이 성립되기 위해서 필요한 전제 조건 가운데 하나는 하나님 편에서 제공되는 시험적 계명과 인간 편에서 이에 대한 준수이다. 바빙크는 여기에서 행위언약을 맺은 인간에게 계명 준수의 결과로서 영생이 자명하게 약속되지 않았다고 주장한다. 그 이유로서 도덕법은 인간의 본성과 더불어 인간에게 주어졌지만 시험적 계명은 이렇게 주어지지 않았다는 사실을 언급된다. 따라서 튜레틴이 정의한 자연언약에 영생의 개념이 포함되어 있다는 사실로 미루어볼 때, 바빙크는 튜레틴의 이 언약 개념에 동의하지 않았을 것으로 추정할 수 있다.

2. 자연언약의 체결자와 내용

(1) 체결자

자연 언약의 두 체결자 또는 당사자는 하나님과 인간이다.[58] 튜레틴은 하나님과 인간과의 관계라는 맥락에서 하나님을 4가지 용어를 사용하여 다음과 같이 묘사한다.[59] 첫째, 하나님은 인간의 창조주이자 주(Lord)로서 그와 이 언약을 체결하신다. 둘째, 하나님은 자신이 만드신 인간을 다스리는 통치자(governor)이시기도 하다. 셋째, 통치자로서 하나님은 피조세계를 다스리시는데 필요한 율법의 제정자(Lawgiver)이시다. 그의 통치는 그가 제정한 율법을 통해서 유효화되는데 여기에서 율법은 합리적 성격을 지니고 있다. 넷째, 이 통치의 결과로서 하나님은 자신의 선하심에 기초하여 통치의 대상인 이 율법에 순종하고 선행을 행하는 인간에게 보상을 내리시는 보상자(rewarder)

---

57 바빙크, 『개혁교의학 2』, 713.
58 *IET* 1:575-77 (8.36-14).
59 Spencer, "Francis Turretin's Concept of the Covenant of Nature", 77.

이시기기도하다. 피조물인 인간은 의롭고 첫 번째(the first) 존재로 인식된다. 의롭다는 측면에서 인간은 자신에게 부과된 의무를 수행할 수 있는 능력을 지닌 것으로 간주되었다. 첫 번째 존재로서 아담에 모든 인류가 포함되어 있다는 차원에서 이 존재는 대표성을 지닌다. 따라서 이 언약은 아담 뿐 아니라 그의 모든 후손에게도 적용된다. 프랑스의 개혁신학자로서 그리스도의 대속에 관해서 기존의 개혁신학과 달리 가설적 보편주의(hypothetical universalism)[60]를 내세웠던 아미랄드(Moses Amyrald, 1596-1664)는 아담의 대표성에 대해서 다음과 같은 주장을 남겼다. "그는 첫 번째 인간으로서 그로부터 태어나게 될 모든 인류를 대표했다."[61]

(2) 언약의 내용

언약 체결을 통해서 율법이 아담에게 주어졌는데 이 율법은 언약 체결자 모두의 동의를 요구했다. 율법의 수령자(recipient)는 이에 순종해야 하는데, 만약 불순종하게 될 경우 형벌이 부과된다는 조건이 함께 주어졌다. 반면에 율법의 수여자(grantor)는 순종하는 자에게 배상금과 더불어 그에게 안전을 보장해야 했다. 이런 조건하에 어떤 내용이 언약에 포함되었는가?[62] 하나님은 인간에게 부여된 의무를 수행할 것을 요구했으며, 인간은 이 요구를 포함한 협정 조항에 동의하고 서명해야 했다. 달리 말하자면, 하나님은 축복의 약속을 인간에게 제공하고, 인간은 하나님에 의해 제시된 약속을 수용해야 했던 것이다. 인간의 의무는 부분적으로 일반적이며 또한 특별한 것이었다. 일반 의무는

---

60 Oliver D. Crisp, *Deviant Calvinism: Broadening Reformed Theology* (Minneapolis: Fortress, 2014), 175-211.

61 Moses Amyrald, "Theses Theologicae de Tribus Foederibus Divinis", 8 in *Syntagma Thesium Theologicarum* (1664). *IET* 1:576-77 (8.3.11)에서 재인용.

62 *IET* 1:577-78.

하나님에 대한 지식과 예배와 더불어 이웃을 향한 공의와 모든 종류의 거룩함을 지니는 것이었다. 특별 의무는 금지된 열매에 대한 자제를 그 내용으로 삼았다. 튜레틴은 이렇게 언약 체결을 통해서 인간에게 요구된 순종에는 4가지 특징이 주어진다고 설명한다. 첫째, 순종의 원리에 관해서 인간은 위선적이며 외적인 몸가짐이 아니라 온 마음에서 우러나온 신실하고 참된 태도를 지녀야 한다. 둘째, 순종의 범위는 보편적이다. 하나님의 율법의 일부가 아니라 모든 율법이 순종의 대상이 되어야 한다. 셋째, 순종의 강도(intensity)에 있어서 완전하고 절대적인 순종이어야 한다. 넷째, 순종의 지속성과 관련해서 인내가 요구되며 마지막 날까지 중단 없이 항구적이며 영속적인 순종이 이루어져야 한다.

VI. 마치면서

지금까지 튜레틴의 인간론에 대해서 4가지 주제로 나누어서 살펴보았다. 첫째, 인간의 기원에 대해서는 순수한 본성의 상태와 하나님의 형상을 중심으로 고찰했다. 그는 펠라기우스가 인간의 본성이 선을 행할 수도 악을 행할 수도 있는 일종의 중립상태로 지음 받았다는 주장을 논박하면서 본성은 선하게 지음받았다는 사실을 증명하고자 했다. 하나님의 형상에 대한 튜레틴의 설명은 먼저 이것이 아닌 것에 대해서 간략하게 말하는 것으로 시작된다. 그는 하나님의 형상이 영혼의 실체에 놓여 있으며, 원의로 구성되고, 마지막으로 인간의 지배와 불멸성으로 타난다고 보았다. 둘째 단락에서는 죄의 정의, 원인, 그리고 결과에 대해서 살펴보았다. 튜레틴은 죄를 하나님의 창조와 율법에서 제시된 인간의 목표에서 벗어나서 방황하는 것으로 정의한다. 또한 죄의 원인에는 참된 원인과 외적 원인의 두 가지가 있다고 보았다. 먼저 참된 원인이란 인간이 지닌 자유의지를 가리키는데 이는 구체적으로 그 원인이 강압이나 외적 힘에 놓여 있지 않음을 뜻한다. 또한 외적 원인으로는 인간으로 하여금 죄를 짓도록 유혹하고 부추기는 사탄이 지목되었다. 마지막으로 죄의 결과는 죄책과 오염의 두 가지 개념으로 제시되었다. 전자는 하나님 앞에서 인간에게 부과되는 것으로 인간을 비참하게 만드는 것인데 이는 오직 그리스도의 은혜에 의해서 제공되는 칭의를 불러일으키는 것으로 간주된다. 여기에서 칭의의 대상으로서 죄책은 칭의의 은혜를 통해서 제거될 수 있다는 사실이 특별히 강조된다. 후자는 영적이며 도덕적인 오염을 뜻하는데 이는 인간 속에 내재하는 개념으로 이해된다. 이 오염은 성령의 능력으로서 그리스도의 보혈에 의해서 씻음을 받게 되는데 이는 성화의 은혜의 작용에 의해서 가능한 것이다. 셋째, 자유의지와 죄에 대해서 살펴보았는데 이를 위해서 예비적 차원에서 튜레틴이 주장하는 4가지 자유의 개념(영광의 자유, 죄인의 자유, 은혜 아래 놓인 신자의 자유, 아담의 자유)에 대해서 각각 개괄적으로 고찰했다. 자유의지에 대해서는 용어, 주체, 그리고 필연성과의 관계라는 차원에서 간략하게 살펴보았다. 타락 이후의 자유의지에 관해서 튜레틴은 로마 가톨릭, 항론자들, 그리고 아르미니우스자들의 주장에 맞서서 자유의지의 무능함을 적극적으로 변호했는데 그는 이 변호를 위해서 이 무능함을 6가지로 세분화하여 제시하고 이를 차례대로 고찰하는 주도면밀함을 보여주었다. 마지막 주제에 해당하는 자연언약에 대해서는 용어의 정의, 체결자와 그 내용으로 구분하여 고찰했다. 이 언약을 지칭하기 위해서 '자연'이라는 용어가 선택된 이유는 이 자연이 인간의 본성과 이에 따르는 의무를 강조하기 위함이었던 것으로 해석된다. 이 언약의 체결자는 하나님이신

데 그는 창조주, 통치자, 율법의 제정자, 그리고 보상자의 개념으로 설명된다. 체결의 대상자인 인간은 의로운 존재이자 첫 번째 존재로서 묘사되는데 여기에서 '첫 번째'라는 표현은 아담이 모든 인류의 대표라는 대표성을 강조한다. 마지막으로 이 언약의 내용은 크게 두 가지로 나누어지는데 율법의 수여자이신 하나님께서 인간이 언약에 요구된 바에 순종할 때 배상과 안전을 보장해야 한다는 조건이 이 내용의 첫째 부분이며, 율법의 수령자인 인간은 하나님께 예배하고 그의 공의와 거룩을 지키는 의무가 부여되었다는 사실이 이 내용의 둘째 부분에 해당된다.